Norbert Lohfink

Studien zum Pentateuch

Stuttgarter Biblische Aufsatzbände
4

Herausgegeben von
Gerhard Dautzenberg und Norbert Lohfink

Norbert Lohfink

Studien zum Pentateuch

Verlag Katholisches Bibelwerk GmbH, Stuttgart

Inhaltsverzeichnis

Vorwort des Verfassers 7

„Macht euch die Erde untertan"? 11
Orientierung 38, 1974, S. 137–142

Genesis 2f als »geschichtliche Ätiologie«. Gedanken zu einem
neuen hermeneutischen Begriff 29
Scholastik 38, 1963, S. 321–334

Gn 3,15: »weil du ihm nach der Ferse schnappst« 47
Scholastik 36, 1961, S. 357–372 (zusammen mit Josef Haspecker)

Textkritisches zu Gn 17,5.13.16.17 67
Biblica 48, 1967, S. 439–442

Die priesterschriftliche Abwertung der Tradition von der
Offenbarung des Jahwenamens an Mose 71
Biblica 49, 1968, S. 1–8

De Moysis epinicio (Ex. 15,1–18) 79
Verbum Domini 41, 1963, S. 277–289

»Ich bin Jahwe, dein Arzt« (Ex 15,26). Gott, Gesellschaft und
menschliche Gesundheit in einer nachexilischen
Pentateuchbearbeitung (Ex 15,25b.26) 91
Norbert Lohfink u.a., »Ich will euer Gott werden«. Beispiele biblischen
Redens von Gott. Stuttgarter Bibelstudien 100. Stuttgart: Katholisches
Bibelwerk, 1981, S. 11–73

Die Abänderung der Theologie des priesterlichen Geschichts-
werks im Segen des Heiligkeitsgesetzes. Zu Lev. 26,9.11–13 ... 157
Wort und Geschichte. Festschrift für Karl Elliger zum 70. Geburtstag, hrsg. v.
H. Gese und H. P. Rüger. Alter Orient und Altes Testament, 18. Kevelaer:
Butzon & Bercker; Neukirchen-Vluyn: Neukirchener Verlag, 1973,
S. 129–136

Die Ursünden in der priesterlichen Geschichtserzählung...... 169
Die Zeit Jesu. Festschrift für Heinrich Schlier, hrsg. v. G. Bornkamm und
K. Rahner. Freiburg: Herder, 1970, S. 38–57

Der Schöpfergott und der Bestand von Himmel und Erde.
Das Alte Testament zum Zusammenhang
von Schöpfung und Heil................................ 191
G. Altner u.a., Sind wir noch zu retten? Schöpfungsglaube und Verantwortung für unsere Erde. Regensburg: Pustet, 1978, S. 15–39

Die Priesterschrift und die Geschichte 213
Congress Volume Göttingen 1977, hrsg. v. Walter Zimmerli. Supplements to Vetus Testamentum, 29. Leiden: Brill, 1978, S. 189–225

Die Schichten des Pentateuch und der Krieg 255
Ernst Haag u.a., Gewalt und Gewaltlosigkeit im Alten Testament, hrsg. v. N. Lohfink. Quaestiones Disputatae 96. Freiburg: Herder, 1983, S. 51–110

Bibelstellenregister (in Auswahl) 317
Sachregister 319
Register hebräischer Wörter (Auswahl) 322
Autorenregister 323

Vorwort des Verfassers

In diesem Band sind meine wissenschaftlichen Aufsätze zu Texten der Bücher Genesis bis Numeri und zum Gesamtpentateuch gesammelt. Meine Arbeiten zum Deuteronomium müssen, weil sie das Maß dieses Bandes gesprengt hätten, einer späteren Veröffentlichung vorbehalten bleiben – insofern ist der Titel des Bandes nicht ganz exakt. Zunächst sind Arbeiten zu einzelnen Texten in der Ordnung der biblischen Bücher aufgereiht. Dann folgen die Arbeiten, die eher den ganzen Pentateuch ins Auge fassen.
Bei ihnen steht die Priesterschrift im Vordergrund. Auch mehrere der Arbeiten zu Einzeltexten betreffen Texte der Priesterschrift. Als mir das bei der Zusammenstellung des Bandes deutlich wurde, trat mir wieder lebhaft die Gelegenheit vor Augen, bei der die Priesterschrift mich zum erstenmal fasziniert hat. Es war das erste Seminar, das ich – im Wintersemester 1966/67 – nach meiner Berufung zum Päpstlichen Bibelinstitut in Rom hielt. Es ging über die »Theologie der priesterlichen Grundschrift im Pentateuch«. Ich hatte das Thema eigentlich nur gewählt, weil mir der Pentateuch als Tätigkeitsfeld zugefallen war und ich mich irgendwie schämte, immer nur wie bisher im Bereich des Deuteronomiums zu arbeiten. Zusammen mit einer Reihe wohlbegabter und hochinteressierter Studenten erlebte ich dann in diesen Übungen und anderen, die sich anschlossen, wie ein im Lichte der damals allgemein herrschenden Auffassungen ohne allzugroße Erwartungen angegangener, ja als sprachlich dürr und theologisch steril beurteilter Textbereich des Pentateuchs sich uns immer mehr aufschloß und uns immer neue Überraschungen bereitete. Am Ende ließen uns seine unerhört kühne Gnadentheologie, sein Schöpfungsuniversalismus und seine Vision einer von Gewalt und Unterdrückung befreiten Welt kaum noch los. Eine Reihe von Teilnehmern an diesen Seminaren hat später auch wichtige Untersuchungen über die Priesterschrift veröffentlicht, so Alfred Cholewiński, Enzo Cortese, Walter Groß, Nicola Negretti, Sean McEvenue, Manuel Oliva, Jean-Louis Ska, Luc Van den Wijngaert, John F. Wimmer. Ihr

Einfluß und der aller Teilnehmer auf die hier gesammelten Arbeiten ist wesentlich größer, als die Zitationen in den Anmerkungen zeigen können. Das möchte ich mit großem Dank feststellen.

Als die ersten hier gesammelten Aufsätze erschienen, galt in der wissenschaftlichen Welt noch kaum bestritten die klassische Pentateuchtheorie von Graf, Kuenen und Wellhausen. Die katholische Exegese begann gerade erst, sich in ihr ohne Vorbehalte und Hintergedanken zu bewegen. Wer den vorliegenden Band durchblättert, wird sicher nicht den Eindruck gewinnen, daß er seine Lebenskraft aus der inzwischen in Gang gekommenen, oft recht lauten neuen Pentateuchdiskussion bezieht. An ihr habe ich mich, zum Teil auch einfach deshalb, weil andere Arbeitsvorhaben mich voll in Beschlag nahmen, wenig beteiligt. Ich war allerdings schon immer der Meinung, daß man bei der Pentateuchanalyse die Richtung vom Späteren zum Früheren, vom Vorgegebenen zum Hypothetischen einhalten solle, und deshalb scheint mir heute oft vom falschen Ende her gefragt zu werden. Ich bin im deuteronomisch-deuteronomistischen Bereich, dann im Bereich der priesterlichen Grundschrift und schließlich in dem der nachpriesterschriftlichen Pentateuchbearbeitung auf so viele ungeklärte Probleme und bisher ungesehene oder, wenn gesehen, unintegrierte Tatsachen gestoßen, daß es mir schwer fällt, jetzt schon neue Großhypothesen über ältere Stadien zu bilden oder mich solchen anzuschließen. Zur nachpriesterschriftlichen Pentateuchbearbeitung vergleiche man in diesem Band vor allem »›Ich bin Jahwe, dein Arzt‹ (Ex 15,26)« und den letzten Teil von »Die Schichten des Pentateuch und der Krieg«. In diesen Bereichen ist noch so vieles zu arbeiten, daß man sich zunächst vor allem darauf konzentrieren sollte. Die noch kaum wieder begonnene synchrone Auslegung des definitiven Pentateuchs wäre auch dem allem noch vorzuschalten. Doch sei knapp festgestellt, daß ich auch jetzt noch mit einer priesterlichen Geschichtserzählung rechne, die als eigenständiges, aus der älteren Tetrateucherzählung schöpfendes und sich auf sie beziehendes Werk verfaßt wurde. Der vorpriesterschriftliche Tetrateuch könnte durchaus eine frühdeuteronomische Redaktion gehabt haben, doch manches in Gen – Num als »deuteronomistisch« Bezeichnete gehört eher nachpriesterlichen Schichten an, die schon Deuteronomistisches und Priesterschriftliches sprachlich wie inhaltlich verbinden. Im älteren Bereich zweifle ich an einer jemals selbständigen und durchlaufenden »elohistischen« Quellenschrift. Über den »Jahwisten« und seine Entstehungsumstände wage ich nicht mehr viel zu sagen. Doch finde ich exilische oder gar nachexilische Datierungen des bisher an den Anfang gestellten Textbestands unbegreiflich, da das Deuteronomium auch in frühen Schichten schon einen älteren Tetrateuch voraussetzt.

Einige der hier gesammelten Aufsätze verraten, zumindest in der Themenstellung und in ihren Rahmenelementen, durchaus einen sachfragenorientierten Diskussionszusammenhang, in dem sie entstanden sind. Zum Teil geht es um innertheologische Fragen: etwa die rechte Deutung urgeschichtlicher Aussagen, das sogenannte »Protoevangelium« Gen 3,15, die Erbsündenlehre, die Fragenkreise »Gesetz und Evangelium« und »Natur und Gnade«. Zum Teil geht es um Fragen unserer Welt, die mir zugleich Fragen an die Theologie zu sein schienen und die vielleicht sogar durch einige hier abgedruckte Artikel stärker in die theologische Diskussion eingebracht worden sind: das menschliche Verhältnis zur Umwelt, die Problematik der Kategorie des Fortschritts, der Zusammenhang von Gesellschaft und Gesundheit, der menschliche Hang zur Gewalttätigkeit. Wegen dieser Themen scheint mir der Sammelband auch für den Systematiker, nicht nur für Exegeten wichtig. Gerade diese nicht nur von der stillen innerexegetischen Weiterarbeit bestimmten Aufsätze sind inzwischen auch öfter zitiert, kritisiert, weitergeführt worden. Nachdem mir klargeworden war, daß ich in mehreren Fällen den Verästelungen der weitergelaufenen Diskussion in kurzen Nachträgen kaum gerecht werden könnte, habe ich auf Nachträge ganz verzichtet. Ich habe daher im ganzen Band nur offensichtliche Druck- und Manuskriptfehler korrigiert und einige wenige mißverständliche Sätze klarer formuliert.

Ich habe mich durch die Jahre zu diesen aktuellen und anderen damit zusammenhängenden Fragen oft auch in Aufsätzen nichtwissenschaftlicher Art geäußert. Die meisten von ihnen sind schon in andersartigen Sammelbänden zusammengefaßt worden, die auf ein weiteres Publikum zugeschnitten sind, vor allem in: »Das Siegeslied am Schilfmeer« (Knecht), »Bibelauslegung im Wandel« (Knecht), »Unsere großen Wörter« (Herder) und »Das Jüdische am Christentum« (Herder). Auf sie sei zur Ergänzung verwiesen. Mit dem Buch »Unsere großen Wörter« gibt es in diesem Band notgedrungen einige Überschneidungen, vor allem bei »›Macht euch die Erde untertan‹?«, »Die Ursünden in der priesterlichen Geschichtserzählung« und »Der Schöpfergott und der Bestand von Himmel und Erde«. Ich habe gezögert, diese Aufsätze hier aufzunehmen. Aber inzwischen sind sie in wissenschaftlichen Veröffentlichungen schon mehrfach nach der vulgarisierenden und anmerkungslosen Fassung zitiert worden, und einigemale mit entsprechenden Mißverständnissen. So hielt ich es doch für besser, sie noch einmal in der ursprünglichen und dokumentierten Gestalt vorzulegen. Ähnliches gilt auch für den Beitrag »Der Schöpfergott und der Bestand von Himmel und Erde«. Er ist keine ursprüngliche Fachveröffentlichung, sondern der Text eines Referats auf der Evangelischen Akademie Tutzing im Jahre 1977, enthält aber im Gegensatz zu den vergleichbaren Passagen in »Unsere großen Wörter« dokumentierende Anmerkungen und stellt verschiedene Aussagenkomplexe der Priesterschrift unter einen anderen, in sich alten und zentralen Gesichtspunkt: den des Problems »Schöpfung und Heil« oder »Natur und Gnade«, des Grundproblems jeder christlichen »Theologie der Schöpfung«.

Den Aufsatz über Ex 15,1–18 hätte ich ins Deutsche übersetzen können. Doch mehrere Freunde rieten mir, ihn in der lateinischen Urfassung zu belassen. Ich konnte mich dem Rat schwer verschließen, handelt es sich doch um meine Probevorlesung bei der bibelwissenschaftlichen Promotion am Päpstlichen Bibelinstitut, der man vielleicht die sprachliche Patina doch nicht wegputzen sollte.

Ich möchte an dieser Stelle dem Verlag Katholisches Bibelwerk von Herzen dafür danken, daß er bei den Besprechungen über die Gründung der Reihe SBAB darauf drängte, daß auch meine eigenen wissenschaftlichen Arbeiten in ihr gesammelt erscheinen sollten. Ich habe jedoch vor, auch andere Sammelbände zwischen die meinen zu schieben. Als nächster Band der alttestamentlichen Reihe ist ein themenorientierter Sammelband zur Messiasgestalt im Alten Testament vorgesehen, den Frau Dr. Ursula Struppe herausgibt.

Frankfurt am Main, im April 1987   Norbert Lohfink

«Macht euch die Erde untertan»?

[137] In dieser Zeitschrift ist das Thema «Grenzen des Wachstums» im Anschluß an die vom «Club of Rome» beim «Massachusetts Institute of Technology» in Auftrag gegebene Studie[1] ausführlich abgehandelt worden.[2] Paul Erbrich drückte am Ende seines Artikels die Überzeugung aus, daß gerade die christlichen Kirchen aus ihrer Tradition heraus praktikable Wertsysteme anzubieten hätten, die in der Lage seien, die notwendige Änderung der menschlichen Grundeinstellungen heraufzuführen.[3]
    Dennis L. Meadows, der Verfasser der «Grenzen des Wachstums», ist in diesem Punkt anderer Meinung. Für ihn ringen letztlich zwei Menschenbilder miteinander. In einem Vortrag am 15. Oktober 1973 in Frankfurt a. M. hat er seine Sicht so formuliert:

«Das eine Menschenbild, das von den Befürwortern eines unbegrenzten Wachstums getragen wird, ist der *homo sapiens,* ein ganz besonderes Geschöpf, dessen einzigartiges Gehirn ihm nicht nur die Fähigkeit, sondern auch das Recht gibt, alle anderen Geschöpfe und alles, was die Welt zu bieten hat, für seine kurzfristigen Zwecke auszubeuten. Dies ist ein uraltes Menschenbild, fest in der jüdisch-christlichen Tradition verankert und erst kürzlich bestärkt durch die großartigen technischen Errungenschaften der letzten wenigen Jahrhunderte... Diesem Glauben zufolge ist der Mensch allmächtig... Das entgegengesetzte Menschenbild ist ebenfalls uralt, aber es steht den östlichen Religionen näher als den westlichen. Es geht davon aus, daß der Mensch, eine Art unter allen anderen Arten, eingebettet in das Gewebe natürlicher Prozesse ist... Es erkennt an, daß der Mensch im Hinblick auf seine Überlebensfähigkeit zu den erfolgreicheren Arten gehört, aber daß gerade

---

[1] Dennis L. Meadows u. a., Die Grenzen des Wachstums. Bericht des Club of Rome zur Lage der Menschheit (Stuttgart 1972; jetzt auch als rororo-Taschenbuch).
[2] Orientierung 1972/19 und 20, Seite 219–222 und 233–236 (Paul Erbrich).
[3] Ebd. 236. Zur weiteren Diskussion vgl. u. a. Orientierung 1973/18 und 19, Seite 198–200 und 212–216 (Heinz Robert Schlette).

sein Erfolg ihn dazu bringt, das tragende Gewebe der Natur, von dem er wenig versteht, zu zerstören.»[4]

Was deckt Genesis, 1,28

Vielleicht ist Meadows historisch im Recht. Oft genug haben Christen selbst behauptet, der große technische und welterobernde Aufbruch des Westens in der Neuzeit gehe letztlich auf einen Impuls zurück, der aus dem ersten Kapitel der Bibel stamme (Gen 1,28: *«Seid fruchtbar und mehret euch und füllet die Erde und machet sie euch untertan und herrschet über die Fische im Meer und über die Vögel unter dem Himmel und über das Vieh und über alles Getier, das auf Erden kriecht»*)[5]. Aber Impulse können ja auch von mißverstandenen Sätzen ausgehen. Es ist vielleicht nicht unwichtig, auf welcher Seite die Christen sich fühlen, wenn in unseren Jahren die Entscheidung fällt über den Zustand, in dem die nächste und übernächste Generation der Menschheit sich selbst und die Erde erleben werden. Deshalb soll im folgenden die anscheinend so akademische Frage gestellt werden, was vom Blickpunkt eines heutigen Bibelwissenschaftlers aus die Sätze über die Erschaffung des Menschen in Gen 1,26–28 *decken,* und was nicht. Um das Ergebnis vorwegzunehmen: Meadows und alle, die ähnlich denken wie er, hätten es nicht nötig, die Juden und die Christen ins falsche Lager zu treiben; und soweit diese sich schon im falschen Lager befinden, könnten sie vielleicht durch den Hinweis auf den ursprünglichen Sinn ihrer ureigensten Traditionen zu einem Wechsel des Lagers veranlaßt werden.

«Abbild Gottes» im Kontext der Priesterschrift

Unsere Analyse der Aussagen über die Erschaffung des Menschen in Gen 1 muß schon bei Vers 26 und 27 beginnen:

26 Gott sagte: Machen wir den Menschen als unser Abbild, nach unserer Gestalt.

---

[4] Dennis L. Meadows u.a., Wachstum bis zur Katastrophe? dva-informativ (Stuttgart 1974) 28f. Ganz ähnlich sieht z.B. Carl Amery, Das Ende der Vorsehung. Die gnadenlosen Folgen des Christentums (Hamburg 1972), die Bibel als Ursprung des maßlosen Herrenanspruchs der neuzeitlichen Menschheit (vgl. Orientierung 1972/19, Seite 213).

[5] Übersetzung nach der revidierten Lutherbibel. Man spricht hier gern vom «Weltauftrag des Schöpfers» für den Menschen.

Sie sollen regieren die Fische des Meeres, die Vögel des Himmels, das Vieh, die ganze Erde⁶ und alle beweglichen Wesen, die sich auf der Erde bewegen.⁷ 27 Dann schuf Gott den Menschen als sein Abbild. Als Abbild Gottes schuf er ihn. Männlich und weiblich erschuf er sie.⁸

Das Leitmotiv dieser Sätze lautet «Abbild Gottes». Was damit gemeint sei, ist offenbar nicht leicht zu sagen. Denn seit alten Zeiten gibt es darüber bei den Theologen ausgedehnte Diskussionen.⁹ Wir müssen die Frage aufgreifen, weil gerade in jüngerer Zeit die Meinung sich ausgebreitet hat, schon in dem Wort vom Menschen als «Abbild Gottes» sei seine Herrscherstellung über den Kosmos ausgesprochen.¹⁰ In der Welt nehme er gewissermaßen die Stellung Gottes ein. Man hat sich dabei vor allem auf ägyptische Texte gestützt, die den Pharao als Bild der Gottheit bezeichnen. Diese Vorstellung vom König als Bild Gottes sei im biblischen Schöpfungstext gewisserma-

---

⁶ Hier gibt es ein textkritisches Problem. Man erwartet mitten in den verschiedenen Tiergruppen nicht die Erde. Die alte syrische Übersetzung hat: «das Vieh, *alle wilden Tiere der Erde* und alle beweglichen Wesen...» Vermutlich hat sie aber keine entsprechende hebräische Vorlage gehabt, sondern selbst den Text verbessert. Trotzdem könnte sie den Urtext richtig rekonstruiert haben. Dann käme die «Herrschaft» über die Erde als solche erst in Vers 28 zur Sprache. Da sie dort mit Sicherheit ausgesagt ist, ist die Unsicherheit des Textes an dieser Stelle für die Sachdiskussion nicht so entscheidend. Im folgenden wird vermieden, aus dieser Stelle irgendwelche besonderen Folgerungen zu ziehen. Selbst wenn «die ganze Erde» ursprünglich ist, können sachlich nur die Lebewesen auf der Erde gemeint sein. Denn das Verb *rdh* «regieren» bezieht sich immer auf lebendige Wesen (selbst in den beiden Stellen 1 Kön 5,4 und Ps 72,8).
⁷ Wörtlich: «alle Kriechtiere, die auf der Erde kriechen». Doch diese Wortgruppe dient im Zusammenhang mehrfach dazu, mehrere, einmal sogar alle (Gen 9, 2) Tierarten zusammenzufassen, so daß eine etwas offenere Übersetzung angebracht zu sein scheint.
⁸ Es geht hier um die Zweigeschlechtlichkeit. Es wird schon auf den *Fruchtbarkeitssegen* übergeleitet, der in Vers 28 unmittelbar folgt. Ein einzelnes Menschenpaar im Sinne von Gen 2 muß nicht gemeint sein, es kann ebensogut an mehrere erste Menschenpaare – wie in mesopotamischen Texten – oder an die Menschheit überhaupt gedacht sein. Deshalb die Übersetzung «männlich und weiblich».
⁹ Literaturangaben bei Werner H. Schmidt, Die Schöpfungsgeschichte der Priesterschrift (WMANT 17, Neukirchen-Vluyn 1964) 132 Anm. 1. Typologie der verschiedenen Lösungen bei Oswald Loretz, Die Gottebenbildlichkeit des Menschen (München 1967) 9–41. Beides bei Claus Westermann, Genesis (BKI, Neukirchen-Vluyn 1966ff) 203–214.
¹⁰ Um Beispiele verschiedener Argumentationsweisen für diese These zu geben: Aus dem Zusammenhang schließt der jüdische Exeget Benno Jacob, Das erste Buch der Tora. Genesis (Berlin 1934) 59; aus dem Kommentar zu Gen 1, den Ps

ßen «demokratisiert» worden, d.h. es werde nun für die Rolle der Menschheit gegenüber der gesamten untermenschlichen Schöpfung verwendet.[11]

Die biblischen Aussagen müssen von Sprache und Kultur der damaligen Welt aus erhellt werden, und insofern ist nichts dagegen zu sagen, wenn ägyptische Texte herangezogen werden. Allerdings wird die Lage komplizierter, sobald eine Vorstellung wie die vom Menschen als «Abbild Gottes» im Alten Orient selbst schon in verschiedenen Kulturräumen und dort zum Teil in verschiedenen Zusammenhängen und mit verschiedener Sinngebung auftritt. Dann muß man nämlich die zusätzliche Frage stellen, wo gerade derjenige Zusammenhang sei, mit dem die biblische Verwendung der Vorstellung zusammenstimmt.[12] Eine derartige Komplikation der Fragestellung tritt nun im Fall der Vorstellung vom Menschen als «Abbild Gottes» auf.

Das Kapitel Gen 1 gehört zur sogenannten «Priesterschrift», der jüngsten Quellenschrift des Pentateuch. Sie wurde vermutlich in oder kurz nach dem Babylonischen Exil abgefaßt, und zwar wahrscheinlich

---

8,5–6 enthält, argumentiert der katholische Exeget Heinrich Groß, Die Gottebenbildlichkeit des Menschen (Lex tua veritas. Fs H. Junker, Trier 1961, 89–100); aus den außerbiblischen, vor allem ägyptischen Aussagen über den König als Abbild der Gottheit kommt der evangelische Exeget Hans Wildberger, Das Abbild Gottes (ThZ 21, 1965, 245–259 und 481–501), zu einem ähnlichen Ergebnis.

[11] Inzwischen ist das ägyptische Material gründlicher aufgearbeitet worden: Erik Hornung, Der Mensch als «Bild Gottes» in Ägypten (Loretz, Gottebenbildlichkeit – vgl. oben Anm. 9 –, 123–156). «Demokratisierung» der Vorstellung liegt auch in Ägypten vor; aber sie ist schon vor Aussagen über den König als Bild Gottes belegbar, und offenbar unabhängig von ihnen (Hornung 150). Da, wo die Aussage am eingehendsten interpretiert wird, bezieht sie sich nicht auf die Herrschaft, sondern auf die Ähnlichkeit des menschlichen Handelns zum göttlichen: «Die Menschen sind Ebenbilder Gottes in ihrem Brauch, einen Mann mit seiner Antwort zu hören» (Hornung 153). Das ägyptische Vergleichsmaterial gibt also die gesuchte These vielleicht doch nicht so leicht her wie man meinte, ganz abgesehen von der nun aufzuwerfenden Frage, ob es überhaupt herangezogen werden sollte.

[12] Die gleiche methodische Forderung erhebt auch Westermann, Genesis – vgl. oben Anm. 9 – 214f; ders., Genesis 1–11 (Erträge der Forschung 7, Darmstadt 1972) 25f.

in Babylonien.¹³ Sie setzt sich weniger mit ägyptischen als mit *mesopotamischen* Vorstellungen auseinander. Das wird immer deutlicher, vor allem seit uns eines der wichtigsten Werke der babylonischen Literatur, das Atraḫasis-Epos, endlich zugänglich geworden ist.¹⁴ Von ihm übernimmt sie den Entwurf der Urgeschichte,¹⁵ aber auch viele Einzelheiten.¹⁶ Nun gab es in Mesopotamien offenbar eine Tradition, gerade im Zusammenhang mit der Erschaffung der Menschen durch die Götter auch die Vorstellung von einem Bild Gottes oder einer Ähnlichkeit zur Gottheit einzuführen.¹⁷ Sie ist aus den uns erhaltenen Belegen schwierig zu fassen, und – soweit ich sehe – fehlt auch eine gründliche Studie eines Assyriologen dazu. Es ist möglich,

---

[13] Zum Textbestand der «Priesterschrift» im Sinne der «Priesterlichen Geschichtserzählung» (ohne die später eingeführten erzählenden Zusätze und Gesetzeskomplexe) vgl. Karl Elliger, Kleine Schriften zum Alten Testament (ThB 32, München 1966) 174f. Typische Texte der Priesterschrift sind z.B. Gen 17, Ex 6 und Ex 24–31, Ex 35–Lev 9.

[14] W. G. Lambert und A. R. Millard, Atra-Ḫasis. The Babylonian Story of the Flood (Oxford 1969).

[15] Auch die Jahwistische Geschichtserzählung, die innerisraelitische Hauptvorlage der Priesterschrift, folgte zwar schon dem Urgeschichtsaufriß des Atraḫasis-Epos. Aber die Priesterschrift bewahrte die Ereignisabfolge Schöpfung der Menschen – Wachstum der Menschheit – Sintflut – nachsintflutlicher «Kompromiß» reiner. Also muß sie auch unabhängig vom jahwistischen Werk Zugang zur Atraḫasis-Tradition gehabt haben.

[16] Als Beispiele mögen zwei Elemente in Gen 1, 26–27 selbst stehen, die beide nicht auf dem Weg über den Jahwisten zur Priesterschrift gekommen sein können. Im Plural der göttlichen Selbstberatung («Machen wir den Menschen...») schimmert noch die große Götterversammlung durch, auf der im Epos die Erschaffung der Menschen beschlossen wurde. Das zielsichere Zusteuern auf das Thema «Fruchtbarkeit und Vermehrung» am Ende von Vers 27 entspricht der Thematik des Atraḫasis-Epos; denn in ihm geht es überhaupt nur um die Probleme der Übervölkerung und der Geburtenkontrolle, wie William L. Moran, Atraḫasis: The Babylonian Story of the Flood (Bb 52, 1971, 51–61), und Anne D. Kilmer, The Mesopotamian Concept of Overpopulation and Its Solution as Reflected in the Mythology (Or 41, 1972, 160–177), unabhängig voneinander nachgewiesen haben.

[17] Diese mesopotamische Tradition ist auch den Alttestamentlern nicht unbekannt geblieben. Vgl. etwa Gerhard von Rad, in ThWNT II 388; Schmidt, Schöpfungsgeschichte – vgl. oben Anm. 9 – 137 (dort weitere Autoren); Wildberger, Abbild – vgl. oben Anm. 10 –, 254f (mit Argumenten für die Ablehnung der Parallelen); Francesco Vattioni, La creazione dell'uomo nella Bibbia (Augustinianum 8, 1968, 114–139) 122f und 127. Aber man hat im allgemeinen nicht viel auf sie geachtet oder sogar einen Zusammenhang mit Gen 1, 26–27 ausdrücklich abgelehnt.

daß sie so differenziert entwickelt ist, daß die erschaffende Gottheit aus sich heraus zunächst ein Bild ihrer selbst als eine Art geistiges Modell entwickelt, das dann als entscheidender Bestandteil in die Menschen eingeht, wenn sie aus Lehm und vielleicht noch anderen Bestandteilen (etwas göttlichem Blut) geformt werden. Ein schon länger bekannter Text steht im Gilgameš-Epos, bei der Erschaffung von Gilgamešs Gefährten Enkidu. Sobald die Göttin Aruru den Befehl des Himmelsgottes An wahrnahm, Enkidu zu schaffen,

[138] schuf sie sich im Herzen ein Bild Ans;
Aruru wusch sich die Hände, kniff sich Lehm ab, warf ihn in die Steppe,
...Enkidu, den Helden schuf sie.[18]

Eine sehr ausführliche Schöpfungserzählung findet sich in dem sumerischen Mythos «Enki und Ninmaḫ». Hier lesen wir an einer entscheidenden Stelle:

Enki stand auf das Wort seiner Mutter Nammu hin aus seinem Schlafgemach auf;
der Gott ging in dem heiligen Raum herum, schlug sich bei seinem Überlegen auf die Schenkel;
der Weise, der Wissende, der Umsichtige, der alles Erforderliche und Kunstvolle weiß, der Schöpfer (und) der, der alle Dinge formt, ließ das *Sigensigšar* herausgehen;
Enki bringt ihm die Arm(e) und formt seine Brust;
Enki, der Schöpfer, läßt in das Innere seines eigenen (Geschöpfes) seine Weisheit eindringen;
er spricht zu seiner Mutter Nammu:
«Meine Mutter, den Geschöpfen, die du vorhanden sein läßt, binde die Fronarbeit der Götter auf;
nachdem du das Innere des Lehms über dem Apšu gemischt haben wirst, wirst du das *Sigensigšar* (und) den Lehm formen; laß das Geschöpf vorhanden sein, (und) Ninmaḫ sei deine Gehilfin;
Ninimma, Egizianna, Ninmada, Ninbara, Ninmug, Sarsadu, Ninniginna, die du geboren hast, mögen dir zu Diensten stehen;
Meine Mutter, entscheide sein (=des Geschöpfes) Schicksal; Ninmaḫ möge (ihm) die Fronarbeit aufbinden.»[19]

Der Text dürfte wohl so zu verstehen sein, daß Enki zunächst das Menschenmodell schafft, mit dem dann die Muttergöttin und Nin-

---

[18] Gilgameš-Epos 1 II 33–36, hier zitiert nach Giovanni Pettinato, Das altorientalische Menschenbild und die sumerischen und akkadischen Schöpfungsmythen (Abhandlungen Akademie Heidelberg 1971, 1, Heidelberg 1971) 42.
[19] Enki und Ninmah 26–38, zitiert nach Pettinato – vgl. Anm. 18 – 71.

mah den Menschen machen sollen.[20] Es enthält Enkis körperliche Gestalt und Enkis Weisheit. Jeder Gedanke einer Herrscherstellung des Menschen liegt völlig fern. Vielmehr endet der zitierte Text mit der Feststellung eines völlig anderen menschlichen Daseinszwecks: Fronarbeit für die Götter. Damit steht dieser Text keineswegs allein. Es handelt sich um die durchgehende mesopotamische Auffassung.[21]

Aus der Übernahme der Vorstellung vom Menschen als Abbild Gottes darf nun nicht gefolgert werden, daß die biblische Priesterschrift ihre Aussage vom Menschen als Abbild Gottes genau so versteht wie die mesopotamische Tradition, die sie aufnimmt. Sie erlaubt es sich ja auch, die bei ihr ebenfalls unmittelbar folgende Aussage über den menschlichen Daseinszweck abzuändern: statt für die Fronarbeit im Dienst der Götter ist nach ihr der Mensch dazu da, die Tierwelt zu regieren. Was die Aussage vom Abbild Gottes angeht, so erklärt sie sie nicht näher – im Gegensatz zu dem Text aus «Enki und Ninmah», aber in Übereinstimmung mit anderen mesopotamischen Texten, etwa dem, der aus dem Gilgameš-Epos zitiert wurde. Sie nimmt hier einfach einen festen Bestandteil traditioneller Rede über die Schöpfung des Menschen auf. Sie unterstreicht damit in Unterscheidung von allen anderen Geschöpfen seine besondere Nähe zu Gott. Sie schlüsselt das aber nicht weiter erklärend auf.[22] Für unsere Fragestellung können wir sagen: aus der Bezeichnung des Menschen als «Abbild Gottes» in sich genommen läßt sich keinerlei Folgerung für eine Herrscherstellung oder einen «Weltauftrag» des Menschen ziehen.

Der Schöpfungssegen

Was die Herrschaft des Menschen über die Tiere betrifft, so wiederholt sich die Aussage von Vers 26 in Vers 28 in einem ausgeführteren Zusammenhang; deshalb soll sie erst in diesem Kontext besprochen werden. Vers 28, der Segen Gottes über die Menschheit, lautet:

---

[20] So Pettinato – vgl. Anm. 18–39f. Er versteht das Sigensigšar als «die von Enki geschaffene menschliche Form». Vgl. auch Kilmer, Overpopulation – vgl. oben Anm. 16 – 165f.
[21] Vgl. dazu das ganze Buch von Pettinato – vgl. Anm. 18 –, der dabei wohl zu stark zwischen sumerischer und akkadischer Konzeption unterscheidet.
[22] Vgl. die Ausführungen bei Westermann, Genesis – vgl. oben Anm. 9 – 214–218.

28 Gott segnete sie dann. Gott sagte zu ihnen: Seid fruchtbar, vermehrt euch und füllt die Erde an; nehmt sie in Besitz, regiert die Fische des Meeres, die Vögel des Himmels und alle Tiere, die sich auf der Erde bewegen.

Der Fruchtbarkeitssegen bedarf keines weiteren Kommentars, es sei denn, daß er ein Segen ist und nicht ein «Gebot». Das Wachstum der Menschheit spielt auch in Mesopotamien eine große Rolle, vor allem im Atrahasis-Epos.[23] Allerdings müßte man vorsichtig sein, wenn man mit dem Vermehrungssegen von Gen 1,28 irgendwelche Stellungnahmen zu unserem heutigen Problem der Bevölkerungsexplosion legitimieren will. Denn «Schöpfungssegen» meint im Denken der Priesterschrift keineswegs einen Segen, der für alle kommenden Generationen der Menschheit gilt. Die Priesterschrift rechnet damit, daß der Fruchtbarkeitssegen eines Tages seine Wirkung erreicht hat, daß die Menschheit die nötige Größe besitzt und daß sie dann nicht mehr weiter wachsen muß. Sie hat das ganz einfach zum Ausdruck gebracht. Jedes Gotteswort wird in der Darstellungstechnik der Priesterschrift auch irgendwann von einer Feststellung gefolgt, daß es ausgeführt worden sei oder sich erfüllt habe. So auch dieser Segen. Die Menschheitsgeschichte wird allerdings nur für ein einziges Volk bis zu dem Punkt erzählt, wo die notwendige Menschenzahl erreicht ist, nämlich für Israel. Aber ohne Zweifel dient Israel in dieser Hinsicht als Beispiel für alle Völker der Erde. Von Israel wird zu einem Zeitpunkt, wo es schon einige Generationen in Ägypten lebt, folgendes festgestellt:

Die Nachkommen Israels waren fruchtbar; sie wimmelten, sie vermehrten sich und waren kräftig in erstaunlichem Ausmaß, und das Land war voll von ihnen (Ex 1,7).

Hier werden die einzelnen Ausdrücke des Fruchtbarkeitssegens aufgegriffen. Von nun an ist in der Priesterschrift von Fruchtbarkeit und Vermehrung keine Rede mehr. Das Thema ist erledigt.[24]

---

[23] Hier sei auf meinen demnächst in den «Stimmen der Zeit» (Juli 1974) erscheinenden Aufsatz «Die Priesterschrift und die Grenzen des Wachstums» verwiesen.

[24] Vorher war der Fruchtbarkeitssegen immer neu wiederholt worden: nach der Sintflut (dabei wurde zu den übrigen Verben in Gen 9,7 das Verb «wimmeln» hinzugefügt, das Ex 1,7 dann ebenfalls aufgreift) und an verschiedenen Stellen der Patriarchengeschichte. Ferner stehen nur bis hierhin die dem Fruchtbarkeitssegen zugeordneten Genealogien, die das Wachstum der Menschheit verdeutlichen wollen. Dazu vgl. Peter Weimar, Die Toledot-Formel in der priesterschriftlichen Geschichtsdarstellung (BZ 18, 1974, 64–93) 89–90.

Das Ergebnis der Vermehrung der Menschenzahl soll sein, daß die Menschheit die Erde erfüllt. Aus dem Fortgang der priesterlichen Erzählung, vor allem in Gen 10, der sogenannten Völkertafel, kann man ersehen, daß das Wachsen der Menschheit als ihre Ausfaltung in die verschiedenen Rassen und Völker gedacht ist. Diese Völker dürfen nun nach dem Plan Gottes ihre jeweiligen Gebiete in Besitz nehmen. Genau das scheint mir in der Aussage gemeint zu sein, die sich in Gen 1,28 unmittelbar anschließt und die man gewöhnlich übersetzt: *«macht sie euch untertan (nämlich: die Erde)»*. Von dem hier gebrauchten Verb *kbš* kann man in der exegetischen Literatur oft lesen, es sei ein sehr starker Ausdruck für «unterwerfen» und meine so etwas wie «niedertreten».

Als typisch kann man vielleicht die Auslegung von *Benno Jacob* betrachten: «Mit diesem einen Worte, das Ps 115,16 widertönt, ist dem Menschen die uneingeschränkte Herrschaft über den Weltkörper Erde verliehen, deshalb kann keine Arbeit an ihr, z. B. Durchbohrung oder Abtragung von Bergen, Austrocknen oder Umleiten von Flüssen u. dgl. als gottwidrige Vergewaltigung bezeichnet werden.»[25]

Jacob macht im Anschluß daran allerdings darauf aufmerksam, daß ein anderer bedeutender jüdischer Exeget, *S. D. Luzzato,* das Verb *kbš* «weit eingeschränkter» versteht. Nach ihm solle die Menschheit die Erde «einnehmen, erobern, nämlich von den wilden Tieren», als Fortsetzung des Erfüllens der Erde. Und hier dürfte Luzzato in der Tat dem Sinn des Textes näher kommen als Jacob und viele andere. Nicht nur, daß sich so eine einzige und klare Aussagelinie ergibt: Wachstum der Menschheit bis zur Ausdehnung über die ganze Erde – Besitzergreifung von den Territorien der Erde, in denen bisher nur die Tiere gelebt hatten – Ausübung einer herrscherlichen Funktion gegenüber der Tierwelt. Und auch nicht nur, daß so eine Auslegung vermieden wird, die den Vorstellungshorizont des Verfassers der Priesterschrift schlechthin überschreiten würde. Vielmehr scheint Luzzatos Sicht darüberhinaus auch dem sonstigen Gebrauch des hebräischen Wortes *kbš* besser zu entsprechen.

Das Wort muß eine ursprüngliche Bedeutung gehabt haben wie «den Fuß auf etwas setzen, auf etwas treten».[26] Doch im Hebräischen

---

[25] Jacob, Genesis – vgl. oben Anm. 10 – 61.
[26] Ähnlich auch in den anderen semitischen Sprachen, vor allem im Akkadischen (kabasu) und im Arabischen (kabasa). Im folgenden übergehe ich die wohl korrupte Stelle Sach 9,15. Sonst werden alle Belege des Worts im Alten Testament behandelt.

ist es nur noch in zwei abgeleiteten Bedeutungen belegt, die beide durch bildhafte Vorstellungen von der ursprünglichen Bedeutung her vermittelt sind. Mit dem Objekt «Sünden» heißt das Verb «Sünden verzeihen». Die Sünden sind wie ein Feuer, das Gott mit seinen Füßen austritt.[27] Mit Menschen, Völkern und Ländern als Objekt heißt das Verb «zum Eigentum machen». Wie es zu dieser Bedeutung kam, ist leicht verständlich, wenn man bedenkt, daß ein mit dem Verb verwandtes Substantiv das Wort *käbäš* «Fußschemel» 139 ist.[28] Besiegte Feinde warfen sich vor dem siegreichen König auf die Erde, und der setzte seinen Fuß auf sie. In ägyptischen Darstellungen des Pharao können wir sehen, wie die Ägypten unterworfenen Länder als Personen oder als Kriegsbogen den Fußschemel des thronenden Königs bilden. Damit ist ausgedrückt, daß sie ihre Freiheit verloren haben und sein Eigentum geworden sind.[29] Doch müssen wir damit rechnen, daß man im Hebräischen bei diesem Ausdruck «den Fuß auf etwas setzen» sich nicht viel mehr gedacht hat als wir, wenn wir den Ausdruck gebrauchen «die Hand auf etwas legen». Das Bild kann reaktiviert werden, ist aber normalerweise verblaßt. So wird das Wort denn auch in vielen verschiedenen Zusammenhängen gebraucht: wenn freie Menschen zu Sklaven gemacht und dadurch Eigentum eines andern werden,[30] wenn Völker oder Länder nach einem verlorenen Krieg in einem Abhängigkeitsverhältnis sind,[31] wenn ein Mann durch Verkehr eine Frau zu seinem «Eigentum» macht.[32]

---

[27] Dafür gibt es nur einen einzigen Beleg: Mich 7,19. Seine Deutung ist aber ziemlich sicher, da es eine genau entsprechende Bedeutungsentwicklung des Wortes im Akkadischen gibt. Dort finden wir den neubabylonischen Beleg *kabasu ša ḫitišu* «Schuld auslöschen, verzeihen» (vgl. Wolfram von Soden, Akkadisches Handwörterbuch, Wiesbaden 1965ff, I 415).

[28] Beleg in 2 Chr 9,18, bei der Beschreibung des Throns des Königs Salomo.

[29] Vgl. Othmar Keel, Die Welt der altorientalischen Bildsymbolik und das Alte Testament. Am Beispiel der Psalmen (Zürich 1972), Abb. 341, 342 und 342a. Vgl. auch die anderen biblischen Ausdrücke, die den gleichen Sachverhalt meinen, in 1 Kön 5,17 und Ps 110,1. An den drei Stellen Num 32,22.29; Jos 18,1 und 1 Chr 22,18 kommt auch bei *kbš* das ursprüngliche Bild noch durch die syntaktische Konstruktion zum Vorschein. Man müßte hier wörtlich übersetzen: «(das Land o.ä.) befand sich, vom Fuß getreten, vor dem Angesicht von NN».

[30] Jer 34,11.16; Neh 5,5; 2 Chr 28,10.

[31] Num 32,22.29; Jos 18,1; 2 Sam 8,11; 1 Chr 22,18.

[32] Est 7,8. Es scheint mir nicht nötig, hier eine dritte Bedeutungsentwicklung von Niedertreten über Pressen zu Vergewaltigen anzunehmen.

Gerade in einem Text, in dem das Verb *kbš* in einem priesterschriftlich klingenden Zusammenhang auftaucht und als Objekt das *Land Kanaan* hat, nämlich in Num 32,22 und 29, zeigen die biblischen Parallelstellen in Dtn 3,20; 31,3; Jos 1,15 durch das Wort *jrš,* das sie an entsprechender Stelle gebrauchen, an, daß es sich darum handelt, daß das Land in das Eigentum Jahwes bzw. der Israeliten übergegangen ist.[33] Man wird deshalb auch den Text in Gen 1,28 am besten möglichst undramatisch übersetzen, etwa wie es oben geschah: «*Nehmt sie (d.h. die Erde) in Besitz.*» Und man wird das so verstehen, daß die Menschheit, wenn sie einmal so gewachsen ist, daß sie aus vielen Völkern besteht, sich über die ganze Erde verteilen und jedes Volk sein Territorium in Besitz nehmen soll. Deshalb war auch für das Volk Israel, nachdem in Ex 1,7 die Erfüllung des Fruchtbarkeitssegens festgestellt ist, die nächste Frage die, wie es in das von Gott für Israel vorgesehene Land Kanaan kommen und es in Besitz nehmen könne. Die Antwort auf diese Frage gibt Gott ganz unmittelbar, indem er – in der Priesterschrift nur einige Verse später – in Ex 6,5–8 die Befreiung aus Ägypten und die Hineinführung in das Land Kanaan, zusammen mit dessen Übereignung, verheißt.

Der Mensch und die Tiere

Sind die Völker im Besitz ihrer Länder, dann sollen sie dort herrschen, und zwar über die *Tiere*. Mit dieser Idee schließt Gen 1,28 ab. Was ist damit gemeint? Wir können jede Art von Ausbeutung der Tierwelt durch Jagd oder Schlachtung von vornherein ausschließen. Denn nach Gen 1,29 wird den Menschen nur pflanzliche Nahrung erlaubt. Erst nach der Sintflut korrigiert Gott dieses Gesetz und erlaubt auch, Tiere zu essen. Dabei wird aber dann anders formuliert: «Furcht und Schrecken vor euch soll sich auf alle Tiere der Erde legen...» (Gen 9,2). An unserer Stelle muß es sich also um etwas viel Friedlicheres und Normaleres handeln. Doch wieder liest man es anders bei der Mehrzahl der Bibelausleger. Sie sagen, das hier verwendete Verb *rdh* habe die Grundbedeutung «niedertreten», die in Joel 4,13 noch klar erhalten sei, wo es sich um das Stampfen der Trauben in der Kelter

---

[33] An den Abhängigkeitsbeziehungen der Texte zueinander besteht kein Zweifel. In welcher Richtung die Abhängigkeiten verlaufen, ist für unsere Fragestellung nebensächlich. *jrš* in der Grundform meint in deuteronomisch-deuteronomistischer Sprache einfach «in Besitz nehmen» und ist ein stereotyper Ausdruck.

durch die Kelternden handle. In Gen 1,28 werde der Mensch also zu gewaltsamem, ja geradezu grausamem Herrschen ermächtigt. Aber genaueres Zusehen führt auch hier zu einer vorsichtigeren Auffassung.

Für Joel 4,13 scheint es mir keineswegs ausgemacht, daß überhaupt das Verb *rdh* vorliegt. Es könnte sich genau so gut um eine Form des Verbs *jrd* «hinabsteigen» handeln.[34] Dann wäre hier die Aufforderung zu lesen, in die mit Trauben gefüllte Kelterwanne, die im Boden ausgehauen ist, hinunterzusteigen – selbstverständlich, um dann die Trauben zu stampfen und zu treten, aber das hätte nichts mit dem Wort *rdh* zu tun.

Ist man einmal von der Abhängigkeit von Joel 4,13 befreit, dann kann man die restlichen Belege[35] relativ leicht ordnen. Objekte des Verbs sind Schafe,[36] Sklaven,[37] Fronarbeiter,[38] unterworfene Völker oder deren Könige.[39] Wenn besondere Härte der gemeinten Handlung ausgesagt werden soll, muß eigens noch ein Ausdruck hinzugefügt werden.[40] Daraus ist zu entnehmen, daß das Wort für sich genommen nicht schon besondere Härte und Grausamkeit besagt, sondern einfach meint: regieren, kommandieren, leiten, anweisen.

Eine einzige Stelle ordnet sich in dieses Bild nicht ganz deutlich ein: Ps 68,28 «Benjamin, der jüngste, *führt sie an,* da sind die Fürsten Judas mit ihren Scharen, die Fürsten Sebulons, die Fürsten Naftalis». Es handelt sich um die Schilderung einer festlichen Prozession. Zweifellos regiert oder kommandiert Benjamin hier nicht, sondern zieht einfach an der Spitze. Man wird zu dem wurzelverwandten akkadischen Wort *redû* geführt, für das die Bedeutung «begleiten, (mit sich) führen; gehen» angegeben wird.[41] Es wird speziell auch vom Treiben und Führen von Tieren gebraucht.

---

[34] Das war die übliche Auffassung bei den älteren Auslegern. Sie spiegelt sich noch in Salomon Mandelkerns Konkordanz.
[35] Einige Stellen sind allerdings textlich so unsicher oder inhaltlich so dunkel, daß mit ihnen nicht viel anzufangen ist: Num 24,9; Ps 49,15; Klgl 1,13.
[36] Ez 34,4. Es handelt sich um ein Bild. Gemeint sind die Israeliten. In Ps 49,15 scheint ein Parallelismus mit *r^{e}h* «weiden» vorzuliegen, was auch in den Bereich der Herdenkultur verweist.
[37] Lev 25,43.46.53.
[38] 1 Kön 5,30; 9,23; 2 Chr 8,10.
[39] Lev 26,17; 1 Kön 5,4; Jes 14,2.6; Ez 29,15; Ps 72,2; 110,2; Neh 9,28.
[40] Lev 25,43.46.53; Jes 14,6; Ez 34,4.
[41] Wolfram von Soden, Akkadisches Handwörterbuch (Wiesbaden 1965ff) II 965.

So wird man sich fragen, ob die hebräischen Bedeutungen von *rdh* sich nicht aus einer Grundbedeutung des Begleitens, speziell auch von Tieren, entwickelt haben. Das Weiden einer Herde ist ein beliebtes Bild für die Tätigkeit eines Königs. Und für Gen 1,26 und 1,28 läßt sich vermuten, daß die übliche Bedeutung «leiten, regieren» aus dem menschlichen Bereich vorliegt, aber auf die Weise, daß durch die Beziehung des Wortes auf Tiere die ursprüngliche Bedeutung wieder reaktiviert wird. Der Mensch wird also als der bezeichnet, der, sobald er in seinem Land ansässig ist, die Tiere regieren soll, und das geschieht offenbar, indem er sie auf die Weide führt, als Zugtiere benutzt, ihnen Befehle gibt, die sie ausführen, mit einem Wort: indem er sie domestiziert. Das, scheint mir, ist hier gemeint, wobei als Ziel die Domestikation der Tiere in allen Bereichen der Wirklichkeit vorschwebt, im Wasser, in der Luft und auf dem Land.

Wenn beim Vermehrungssegen das Thema später häufig aufgegriffen und schließlich abgeschlossen wird und wenn die Anweisung, die Gebiete der Erde in Besitz zu nehmen, die Priesterschrift bis zum Ende bestimmt, ist zu fragen, ob auch eine Weiterführung des Themas der Regierung des Menschen über die Tiere vielleicht noch Aufschluß über den genauen Sinn des letzten Teils von Gen 1,28 gibt. Aber erstaunlicherweise wird das Thema nicht mehr aufgegriffen: Es sei denn, man betrachte die neue Formulierung in *Gen 9,2,* die schon erwähnt wurde, als Weiterführung: «Furcht und Schrecken vor euch soll sich auf alle Tiere der Erde legen, auf alle Vögel des Himmels, auf alles, was sich auf der Erde bewegt, und auf alle Fische des Meeres. Sie sind in eure Gewalt gegeben.»

Wir müssen diesen Text wohl tatsächlich als eine Revision der ursprünglichen Verhältnisbestimmung für die Beziehung zwischen Mensch und Tier sehen. Die Formulierungen «Furcht und Schrecken» und «in die Gewalt geben» stammen aus der Sprache des Krieges.[41a] Im Orakel, das man einholte, gab die Gottheit dem Kriegführenden seine Feinde «in die Gewalt», und im Kampf selbst zog die Gottheit mit und versetzte so die Feinde in «Furcht und Schrecken». Die Erlaubnis, Fleisch zu essen, schafft also ein kriegsähnliches Verhältnis zwischen Mensch und Tier, wobei der Mensch Sieger ist. Die Möglichkeit einer Ausrottung ganzer tierischer Arten

---

[41a] Vgl. zur ganzen Sprachwelt: Gerhard von Rad, Der Heilige Krieg im alten Israel (ATANT, Göttingen 1952); Manfred Weippert, «Heiliger Krieg» in Israel und Assyrien (ZAW 84, 1972, 460–493).

kommt dabei allerdings auch hier nicht ins Blickfeld. Wir können nur im Hinblick auf Gen 1,28 sagen, daß dort mit der universalen Domestikation der Tierwelt zugleich so etwas wie ein paradiesischer Tierfriede gemeint war, der aber von der Sintflut ab nicht mehr in Frage kommt. Was *nach der Sintflut* noch als Tierdomestikation existiert, muß wohl als Restbestand dieses Friedens betrachtet werden. Es ist aber immer gemischt mit Krieg.

Vortechnischer Erfahrungshorizont?

Gen 1,28 ist in seinem ursprünglichen Sinn also alles andere als eine Rechtfertigung eines Glaubens, demzufolge der Mensch allmächtig ist und ein Gehirn besitzt, das ihm nicht nur die Fähigkeit, sondern auch das Recht gibt, alle anderen Geschöpfe und alles, was die Welt zu bieten hat, ohne Rücksicht auf die Folgen auszubeuten. Man könnte nun allerdings sagen, die Harmlosigkeit von Gen 1,28 in seinem ursprünglichen Sinn sei einfach durch den noch harmlosen Erfahrungshorizont des Verfassers bedingt. Im Grunde enthalte die Ermächtigung, alle Territorien der Erde in Besitz zu nehmen und die gesamte Tierwelt zu domestizieren, im Keim doch schon 140 alles, was sich bei weiter entwickelter Rationalität und Technik heute als grenzenloser Ausbeutungsanspruch der Menschheit gegenüber dem Kosmos entpuppe. Denn auf jeden Fall werde dem Menschen eine einzigartige Stellung im Kosmos zugesprochen.

Diese Argumentation darf nicht grundsätzlich von der Hand gewiesen werden. Denn wir müssen ja aus dem Erfahrungshorizont von einst in unseren Erfahrungshorizont übersetzen, wenn wir den wirklichen Sinn eines Textes verstehen wollen. Allerdings müssen wir in unserem konkreten Fall sofort dagegenfragen, ob der Verfasser der Priesterschrift wirklich einen so schlichten und schlechthin vortechnischen Erfahrungshorizont hatte. Immerhin lebte er in der hochorganisierten Stadt- und Bewässerungskultur Babyloniens. Die Welt, in die er durch das Exil hineingeworfen war, hatte schon seit mehreren Jahrtausenden mit dem Problem der Überbevölkerung zu ringen. Es gab also Erfahrung der Technik, der rationalen Organisation des Zusammenlebens und der Grenzen menschlicher Lebensmöglichkeiten. Es gab uralte und hochgesteigerte Zivilisations- und Kunsttraditionen. Wenn er beim Schöpfungssegen die Technik ausläßt, dann gehört sie offenbar nach seiner Meinung nicht dazu. Hat er sie abgelehnt?

Auch das ist nicht der Fall. Er fand es nur nicht angebracht, sie beim Schöpfungssegen unterzubringen. Dagegen macht er sie später, wo er die Phase nach dem Anwachsen der Menschheit, doch vor der endgültigen Stabilisierung aller Völker in ihren Gebieten am Beispiel des Volkes Israel darstellt, in zwei verschiedenen Zusammenhängen thematisch, einmal negativ und einmal positiv.

Am Anfang des Buches Exodus wird die technische Zivilisation in ihrem negativen Aspekt gezeichnet. Die Technik der Antike lebte von Sklaven- und Fronarbeit. In dieses Schicksal geriet das Volk Israel hinein, als es schon seine Zahl erreicht hatte, aber noch nicht in seinem Land war. Die Ägypter «machten sie zu Sklaven. Sie machten ihnen das Leben schwer durch harte Arbeit mit Lehm und Ziegeln und durch alle möglichen Arbeiten auf den Feldern. So wurden die Israeliten zu harter Sklavenarbeit gezwungen» (Ex 1,13b.14). Diese Technik, die Sklaven braucht, um zu höherer Zivilisation zu kommen, ist für den Gott der Priesterschrift völlig uninteressant. Er hört nur, daß hier Menschen unter Sklavenarbeit stöhnen (Ex 2,23b–25). Sofort wirkt er die Befreiung aus der ägyptischen Sklaverei, die er so ankündigt: «Ich führe euch aus dem Frondienst für die Ägypter heraus und rette euch aus der Sklaverei. Ich erlöse euch mit hoch erhobenem Arm und durch gewaltiges Strafgericht über sie» (Ex 6,6). Wir können also sagen: Sobald die Herrschaft des Menschen über die Natur zu einer Herrschaft von Menschen über Menschen, und zwar im Sinne der Ausbeutung von Menschen durch Menschen wird, sagt Gott sein Nein. Da von der heute stattfindenden, immer größeren Ausbeutung und Beherrschung der Natur keineswegs alle Menschen in gleicher Weise Nutzen haben, der größere Teil der Menschheit vielmehr durch den ganzen Prozeß eher benachteiligt und in seinen physischen und geistigen Lebensmöglichkeiten eher beschnitten wird, damit es dem kleineren Teil besser gehe, ist wohl deutlich, was dazu aus der Priesterschrift zu erheben ist. Und in dem Maß, in dem der Mensch heute den Menschen selbst ausbeutet, wenn er angeblich nur seine Herrschaft über die Natur erweitern will, wird man sicher niemals sagen können, dies sei – wenn nicht explizit, so doch wenigstens keimhaft – schon in dem Schöpfungssegen von Gen 1,28 grundgelegt. Die Exodusdarstellung der Priesterschrift beweist das Gegenteil.

Vom wahren Sinn der Technik

In positiver Weise erscheint die Technik in der priesterschriftlichen Darstellung der Sinaiereignisse. Israel ist zwar noch nicht in seinem Land angekommen, aber das Leben im Land wird in seiner zentralsten Äußerung schon vorbereitet: das Heiligtum wird gestiftet, durch das Gott in der Mitte des Volkes als sein Gott weilen will. Das kunstvolle Werk des Heiligtums ist offenbar als die Aufgipfelung der menschlichen Umgestaltung der Welt zu denken. Im Gegensatz zur Weltumgestaltung in Ägypten, die auf dem Prinzip des Sklaventums basierte, herrscht in Israel das Prinzip der Freiwilligkeit. Mose fordert jeden, «den sein Herz dazu bewegt», auf, die Materialien für das Heiligtum zu stiften (Ex 35,5–9). Diejenigen, die «Sachverstand» besitzen, fordert er auf, sich zur Verfügung zu stellen und die Arbeit durchzuführen (Ex 35,10).[42] Der leitende Techniker wird geradezu enthusiastisch eingeführt:

> Seht, Jahwe hat den Bezalel, den Sohn Uris und Enkel Hurs vom Stamm Juda, beim Namen gerufen und ihn mit dem Geist Gottes erfüllt, mit Bildung, Klugheit und Wissen sowie mit jeder handwerklichen Kunstfertigkeit. Er kann Pläne entwerfen und sie ausführen in Gold, Silber und Kupfer, durch Schneiden und Fassen von Steinen und durch Schnitzen von Holz. Er kann jegliches entworfene Kunstwerk ausführen (Ex 35,30–33).

Die Leistungen von Technik und Kunst gehen also auf besondere Gaben Gottes zurück, die er einzelnen Menschen gibt. Vielleicht konnte das Thema auch deshalb im Anfang, bei der Schöpfung, wo von allen und nicht von einzelnen und besonderen Menschen zu handeln war, noch nicht angeschnitten werden. Auf jeden Fall ist das, was in zwar arbeitsteilig differenzierter, aber dennoch «klassenloser» und auf Spontaneität beruhender Gesellschaft nun an Überhöhung der Natur geschaffen wird, äußerst sorgfältig als etwas gekennzeichnet, das sich in Gottes Werk von Gott her einfügt. Dies geschieht dadurch, daß die Priesterschrift sich die riesenhafte Mühe macht, die ganze Herstellung des Heiligtums zweimal zu erzählen. Zuerst wird Mose auf den Berg zu Gott berufen, wo er bis ins Detail hinein

---

[42] Die hebräischen Ausdrücke sind: *kol n^{e}dib libbo* (35,5) und *kol h^{a}kam leb* (35,10). Man könnte auch übersetzen: «freigebige Menschen» und «kunstfertige Menschen». Zum ersten Ausdruck vgl. die noch breiteren Formulierungen in 35,21 und 35,29. Auch die freigebigen Israeliten bringen zum Teil schon Früchte ihrer Kunstfertigkeit: vgl. 35,25 und 26. Umgekehrt wird in 36,2 betont, daß die Techniker und Künstler aus freiem Willen die Arbeit auf sich nahmen («jeder, den sein Herz dazu hintrug»).

angewiesen wird, was zu tun ist (Ex 25-31). Dann wird ebenso ausführlich die Ausführung von Gottes Anweisungen erzählt (Ex 36-40). Nirgends sonst ist die Priesterschrift so ausführlich. Das Ganze nimmt sich aus wie die Fortsetzung des ersten Schöpfungswerks der sechs Tage durch den Menschen. Tatsächlich bedeckt die Herrlichkeit Jahwes am Anfang der Sinaiereignisse zunächst sechs Tage lang den Berg, und am siebten Tag ruft Jahwe dann Mose herbei, um ihm das Heiligtum zu offenbaren, das die Menschen bauen sollen (Ex 24,16).[43] Das Werk wird nicht nur in sprachlichen Anweisungen geoffenbart, sondern Mose bekommt ein himmlisches Modell des Heiligtums gezeigt:

Macht mir ein Heiligtum, damit ich in ihrer (= der Israeliten) Mitte wohne. Genau wie das, was ich dir zeige, wie das Modell der Wohnstätte und wie das Modell all ihrer Gegenstände, aussehen, so sollt ihr alles anfertigen (Ex 25,8-9).[44]

Wir werden nicht übersehen dürfen, daß der Mensch selbst nach Gottes Bild geschaffen wurde, wobei mindestens die mesopotamische Vorgeschichte dieser Vorstellung die Möglichkeit kennt, daß dies nicht einfach meint, der Mensch sei Gottes Bild, sondern Gott entlasse zunächst aus sich ein himmlisches Modell des ihm ähnlichen Menschen, nach dem dann die einzelnen Menschen geprägt werden. Selbstverständlich ist das göttliche Modell des Heiligtums nicht Bild Gottes, sondern Bild seiner himmlischen Wohnung. Immerhin ist dadurch deutlich, wozu dem Menschen die Fähigkeit, die Natur durch sein Tun zu verändern, gegeben ist. Er soll sie zur Ähnlichkeit des Himmels hinentwickeln, so daß die Erde zur Wohnstatt Gottes werden kann. Wie falsch nehmen sich von dort her die Akzentsetzungen aus, die *Carl Amery* in seinem Buch «Das Ende der Vorsehung» vornimmt:

Dem Menschen allein ist Gottebenbildlichkeit zugeschrieben. Keinem anderen Lebewesen, keiner anderen Kreatur, auch nicht der gesamten Harmonie des Kosmos wird dieses Privileg eingeräumt. Aus der Tatsache, daß ihm die Kommunikation zu anderen Arten des Lebens wie auch zu den riesigen, gleichgültigen Dingen des Kosmos verschlossen ist, wird gefolgert, daß ein tiefer Graben zwischen dem Menschen und dem Rest der Schöpfung angelegt ist; ein Graben, der nicht als

---

[43] Näheres zu dem hier sehr vereinfacht angedeuteten Verhältnis zwischen Schöpfungswoche und Sinaitheophanie in der Priesterschrift bei Nicola Negretti, Il settimo giorno (Analecta Biblica 55, Rom 1973) 224-251.
[44] Das himmlische Modell wird dann noch einmal beim Leuchter erwähnt (Ex 25,40). Aus seiner Beschreibung geht andeutungsweise hervor, daß er ein Symbol des Kosmos ist.

Unglück 141 empfunden, sondern als Ausweis der grundsätzlichen Höherwertigkeit betrachtet wird. Dies gilt bis heute. Es gilt auch für den eingefleischten Materialisten, der ganz physiologisch über die Entstehung unserer Art denkt. Er so wenig wie der Gläubige haben sich der Überzeugung entledigt, daß der Mensch in Theorie und Praxis der Kulminationspunkt ist: er ist *telos,* Ende und Ziel des Weltgeschehens.[45]

Zu solchen Ergebnissen kommt man, wenn man einen Satz aus dem Zusammenhang des literarischen Werks, in dem er steht, herausreißt. Die Priesterschrift hat Gen 1,26–28 anders gemeint. Ihre Sinaiperikope zeigt, daß der Mensch zwar diese Welt verwandeln soll, aber in ein Abbild eines himmlischen, mit dem Werk der ersten sechs Tage in Harmonie stehenden Modells. Durch diese Verwandlung soll es möglich werden, daß Gott unter den Menschen wohnt. Nicht der Mensch, sondern Gottes Wohnen unter den Menschen ist nach der Priesterschrift «*telos,* Ende und Ziel des Weltgeschehens».

Die Lehre vom Menschen, die oft aus Gen 1,28 herausgelesen wurde, findet sich dort also nicht. Man darf diesen Text nicht zur Legitimierung dessen verwenden, was die Menschheit in der Neuzeit begonnen hat und dessen bitterböse Folgen sich nun am Horizont anzudeuten scheinen. Die jüdisch-christliche Tradition vom Menschen ist anders. Sie denkt sehr hoch von ihm. Aber nie würde sie ihn zum absoluten Herrn des Kosmos stilisieren.

---

[45] Amery – vgl. oben Anm. 4 – 16.

Genesis 2f. als „geschichtliche Ätiologie"

Gedanken zu einem neuen hermeneutischen Begriff

[321] Die katholische *Theologie* pflegt bewußt zwischen „Inspiration" und „Offenbarung" zu unterscheiden. Ein biblischer Text ist für den Leser der Bibel Wort Gottes an ihn, und insofern Offenbarung. Vom menschlichen Verfasser des Bibeltextes gilt aber zunächst nur, daß er inspiriert ist. Wie er zu seiner Aussage und Formulierung kam, wie also die menschliche Seite des inspirierten schriftstellerischen Vorgangs aussah, ist eine zweite Frage. Hier können Offenbarungen (mystischer Art) eine Rolle spielen, es kann aber auch sein, daß einfach ältere Traditionen übernommen werden oder daß eigenes Nachsinnen und Schlußfolgern zu einer bestimmten Aussage führt. Man kann also vom Faktum der Inspiration her nicht unmittelbar Folgerungen über die konkrete Entstehung eines biblischen Textes ziehen.

Bei den biblischen Aussagen über den Beginn der Menschheitsgeschichte kann dieser inspirationstheologische Ansatz besonders wichtig werden. Denn die Weise, wie man sich die Gewinnung dieser Aussagen durch den biblischen Verfasser denkt, wird nicht ohne Einfluß auf die theologische Auslegung bleiben. Wurde der Autor von Gn 2f. in einer *Vision* gewissermaßen einige hunderttausend Jahre zurückversetzt und bekam die damaligen Vorgänge im eigentlichen Sinn zu schauen, oder übernahm er eine durch göttliche Vorsehung unversehrt durch die Jahrhunderttausende getragene, letztlich auf Augenzeugenschaft beruhende *Tradition,* dann sind seine einzelnen Formulierungen natürlich ganz anders zu beurteilen als in dem anderen Fall, wo er in einem gewissen Eingehen auf zu seiner Zeit gängige Urzeitvorstellungen letztlich doch selbständig aus der Erfahrung des gegenwärtigen Weltzustandes heraus und getragen vom Glauben an den einen Gott Israels und dessen bekannte Weise, mit der Welt umzugehen, durch eine Art *Rückschluß* auf das Faktum einer Ursünde kam, das er dann in der ihm gegebenen Weise konkreterzählend darstellte. Am Faktum der Inspiration und damit an der Richtigkeit des Ausgesagten (soweit es wirklich um die Aussage geht und nicht um ihre darstellende Konkretisierung) ändert sich auch in diesem dritten Fall nichts.

Welcher aus den drei angedeuteten oder noch anderen ausdenkbaren Fällen vorliegt, kann nur vom Text her entschieden werden, 322 fällt also zunächst in die Kompetenz der Exegese. Im Sinne der dritten angegebenen Möglichkeit entscheiden sich heute viele katholische Exegeten. Vor allem A.-M. Dubarle hat die Frage exegetisch bearbeitet[1]. H. Renckens, dessen Buch über die biblische Urgeschichte den bezeichnenden Titel trägt „Israels Schau in die Vergangenheit", hat diese Sicht breiteren Kreisen zugänglich gemacht[2]. Zur gleichen Zeit hat der Dogmatiker K. Rahner sich diese Auffassung zu eigen gemacht, die hermeneutischen Implikationen begrifflich schärfer gefaßt und alles in einen größeren erkenntnistheoretischen und theologischen Zusammenhang gestellt[3]. Rahners präziser Standpunkt ist nun neuerdings wiederum der Ausgangspunkt einer exegetischen Untersuchung der Frage geworden: L. Alonso-Schökel befragte mit stilanalytischen Methoden abermals den Text von Gn 2f. unter den von Rahner her sich ergebenden Gesichtspunkten, und er fand, daß diese sich voll bestätigen, ja er konnte eine ganz neue Entdeckung machen: daß speziell die heilsgeschichtliche Bundestheologie Israels bei der Gestaltung der Darstellung der ersten Menschensünde einen großen Einfluß gehabt hat[4]. Wir haben hier also ein schönes Beispiel dafür, wie fruchtbar eine gegenseitige Zusammenarbeit von Exegese und Dogmatik sein kann.

Es ist durchaus zu wünschen, daß dieses Gespräch weitergeführt wird. An Problemen wird es um so weniger mangeln, je mehr man ins

---

[1] Les Sages d'Israël, Lectio Divina 1, Paris 1946; Le péché originel dans l'Écriture, Lectio Divina 20, Paris 1958. — Auf die nichtkatholische Exegese möchte ich in diesem von einer innerkatholischen Problematik bestimmten Artikel nicht weiter eingehen.

[2] Urgeschichte und Heilsgeschichte, Mainz 1959 (holländische Urausgabe: 1957).

[3] Ätiologie, LexThKir² I (1957) 1011 f. Ausführlicher dann in: P. Overhage — K. Rahner, Das Problem der Hominisation. Über den biologischen Ursprung des Menschen, Quaestiones disputatae 12/13, Freiburg 1961, 34—42. Vgl. auch: K. Rahner - H. Vorgrimler, Kleines theologisches Wörterbuch, Herder-Bücherei 108/109, Freiburg 1961, 36.

[4] Motivos sapienciales y de alianza en Gn 2—3: Bibl 43 (1962) 295—316. Vgl. vor allem die abschließende Einzelstellungnahme zu Rahners Thesen: 312f. Zu den Spuren der Bundestheologie: 305—309.

Konkrete geht⁵. Beim Gesprächspartner K. Rahner ist auch mit dem Willen zur Weiterführung zu rechnen, denn er hat schon in der von ihm herausgegebenen Reihe „Quaestiones disputatae" ein ganzes 323 Buch zur Frage angekündigt: Theologische Interpretation von Genesis 1—3. Die nun folgenden Bemerkungen möchten nichts anderes als dazu beitragen, daß in diesem Gespräch nicht plötzlich unerwartete Schwierigkeiten auftreten. Und zwar nicht im Hinblick auf die *Sache* selbst, sondern im Hinblick auf die dafür gebrauchte *Terminologie.*

Denn K. Rahner hat eine neue, von ihm definitorisch festgelegte Terminologie eingeführt⁶. Nun hat natürlich jeder Autor das Recht, seine Begriffe zu wählen, wie er es für gut hält, und sie so zu definieren, wie er möchte. Aber gerade wenn ein Gespräch zwischen zwei verschiedenen Wissenschaften im Gange ist, wäre es besser, wenn keiner der beiden Partner eine im anderen Bereich schon gebräuchliche Terminologie in einem von vornherein und ex definitione abweichenden Sinn neu einführte. Innerdogmatisch mag also nichts dagegen einzuwenden sein, daß Rahner im Hinblick auf Gn 2f. von einer „geschichtlichen Ätiologie" spricht und diese „geschichtliche Ätiologie" als ein „literarisches Genus" bezeichnet. Aber das Gespräch mit der Exegese wird dadurch unnötig belastet, weil dort beide Worte schon in anderen Zusammenhängen im Gebrauch sind und dabei auch etwas anderes meinen. Das exegetische Unbehagen kommt z. B. in dem genannten Artikel von Alonso-Schökel da zum Ausdruck, wo dieser zum erstenmal die Rahnersche Begriffsbildung erwähnt. Er spricht von einer „terminología personal, que los exegetas no encontrarán muy feliz"⁷. Was Alonso-Schökel so in Kürze

---

⁵ Als Hinweis mag die pointierte Bitte des Exegeten H. Haag (Hochland 53 [1960/1961] 278) an die Dogmatik dienen, „die Lehre von den ‚dona praeternaturalia' im Sinne unseres heutigen Verständnisses der biblischen Erzählung neu aufzugreifen". Er stellt sie bei einer Besprechung des Buches von Renckens, bei dem er es unlogisch findet, daß er zwar die Leidensunfähigkeit des paradiesischen Menschen leugnet, seine Unsterblichkeit aber aufrechterhält. Zur Frage der paradiesischen Bewahrung vor dem Tod vgl. jetzt den Exegeten V. Hamp, Paradies und Tod, in: Neutestamentliche Aufsätze, Festschrift J. Schmid, Regensburg 1963, 100—109. Er ist wesentlich zurückhaltender als Haag, aber, wie aus dem Artikel deutlich wird, nicht aus exegetischen Gründen, sondern aufgrund kirchlicher Dokumente. Hier ist also offensichtlich ein Punkt, über den noch diskutiert werden muß.
⁶ Die Bibliographie in LexThKir² (1957) 1012 erweckt durch ihre Klassifikation den Eindruck, als sei die Terminologie schon von Vorgängern übernommen.
⁷ A. a. O. (Anm. 4) 295.

anmerkt, soll im folgenden vor allem für dogmatische Partner oder Zuhörer des Gesprächs über Gn 2f. ein wenig expliziert werden[8].
Zunächst sei das *terminologische System Rahners* kurz in Erinnerung gerufen[9].

a. Rahner kommt zum Begriff der „Ätiologie" von folgender Frage aus: *„Woher* weiß der Verfasser der Genesis das, was er berichtet?" Auf diese Frage nach dem „Woher" antwortet er mit einem „Als": „Er weiß es *als* geschichtliche Ätiologie" (34f.).

b. Bei der Definition geht Rahner von einem recht weiten Begriff der „Ätiologie" aus, den er immer mehr eingrenzt. „Ätiologie im weitesten Sinn ist die Angabe eines Grundes, einer Ursache für eine andere Wirklichkeit" (35). Ohne weitere 324 Zwischenstufe werden wir von da aus zu einer Ätiologie „in einem engeren Sinn" geführt. Sie ist „die Angabe eines früheren Geschehens als Grund eines erfahrenen Zustandes oder Vorkommnisses im menschlichen Bereich, wobei dieser Zustand der Erkenntnisgrund der Ursache ist" (35). Hier ist eine dreifache Eingrenzung des Begriffs geschehen: 1. Die in der Ätiologie zu erklärende Wirklichkeit ist ein „erfahrener Zustand oder Vorkommnis im menschlichen Bereich"; 2. die angegebene Ursache liegt „früher", ist also geschichtlich; 3. die historische Ursache darf nicht aus eigener Erinnerung oder durch (zuverlässige oder unzuverlässige) historische Nachrichten bekannt sein, sondern muß von der zu erklärenden Wirkung her erschlossen worden sein. Auf dieses dritte Element kommt es Rahner vor allem an. In seinem Bereich sucht er nun das Prinzip einer weiteren Unterteilung des Begriffs. Er fragt gewissermaßen nach dem Gelingen des Schlußverfahrens aus der Wirkung auf die Ursache. Je nach Mißlingen oder Gelingen unterscheidet er eine „mythologische" und eine „geschichtliche" Ätiologie. Der „Rückverweis auf ein früheres Geschehen kann entweder a) gestaltet sein als bildhafte Vorstellung einer Ursache, die im

---

[8] Ich möchte K. Rahner herzlich für das Interesse danken, mit dem er einen ersten Entwurf dieses Artikels gelesen hat, für seine Einwände und Hinweise und vor allem für die Großherzigkeit, mit der er mich ermuntert hat, meine Gedanken zu veröffentlichen. Das war schon vor geraumer Zeit, und es bestand der Plan, diesen Artikel zusammen mit der in Anm. 4 zitierten Untersuchung von L. Alonso-Schökel zu veröffentlichen. Ich habe ihn aber dann so lange zurückgehalten, wie es K. Rahner schwierig gewesen wäre, in gleicher Öffentlichkeit zu antworten.

[9] Die Seitenangaben bei den nun folgenden Zitaten verweisen auf Overhage - Rahner (vgl. Anm. 3). Hervorhebungen sind von Rahner in Teil b, von mir in Teil a und c.

Grunde doch nur den gegenwärtigen Zustand verdeutlicht zum Bewußtsein bringen soll: *mythologische* Ätiologie. Diese kann als solche bewußt sein oder mit der Meinung verbunden sein, das frühere Geschehen habe sich wirklich zugetragen. Oft wird sich hinsichtlich dieser Frage das menschliche Bewußtsein dichterisch-denkerisch in einer unreflektierten Schwebelage befinden... Oder b) dieser Rückverweis ist die wirkliche, d. h. sachlich mögliche, berechtigte und erfolgreiche Erschließung einer geschichtlichen Ursache *aus* einem gegenwärtigen Zustand, der durch die Verdeutlichung seiner geschichtlichen Herkunft selbst deutlicher erfaßt wird, wobei die wirkliche Ursache und die jetzige Folge in einer Perspektive gesehen werden. Dabei kann der Grad, in dem die wirklich geschichtliche Ursache in ihrem konkreten Sein erfaßt wird, sehr verschieden sein. Dementsprechend kann auch die Aussageweise ... mehr oder weniger auf eine Bildhaftigkeit angewiesen sein, die ... aus dem Erfahrungsbereich des Ätiologen stammt...: *geschichtliche Ätiologie"* (35f.).

c. Rahner ist der Ansicht, hier eine literarische Gattung definiert zu haben. Denn er schreibt zu Beginn eines späteren Abschnitts: „Was folgt nun, wenn wir diesen Begriff der geschichtlichen Ätiologie auf den Genesisbericht als dessen *literarisches Genus* anwenden...?" (38.).

Die nun folgenden Überlegungen stehen unter drei Gesichtspunkten: der literarische Bereich, an dem und für den der Begriff der Ätiologie gewonnen wird; die Rolle echter historischer Nachrichten in einer Ätiologie; die Bezeichnung und Behandlung der Ätiologie als literarische Gattung.

1. Der literarische Bereich der Ätiologie

Bei Rahner ist es deutlich, daß er das ganze Begriffssystem nur im Hinblick auf die Paradies- und Sündenfallerzählung der Genesis schafft.

So ist ja der gegen das Wort „geschichtlich" kontradistinguierte Begriff „mythologisch" doch fast nur bei ätiologischen Erzählungen sinnvoll, die in der Urzeit oder jenseits aller Zeit spielen und in denen himmlische Wesen auftreten. Sonst spricht man ja gewöhnlich nicht vom Mythos. Nun wird man z. B. die ätiologische Namenserklärung von „Edom" in Gn 25,30 zweifellos nicht als „geschichtliche Ätiologie" im Sinne Rahners nehmen, aber deshalb von einer „mythologischen ⟨325⟩ Ätiologie" reden zu wollen wäre doch sicher auch nicht (ganz) angebracht. Es ist deutlich, daß Rahner aus einer konkreten exegesegeschichtlichen Situation heraus zu seinem wohl nicht ganz adäquaten Gegensatzpaar geschichtlich-mythologisch gekommen ist: gegenüber der in der evangelischen Auslegung vorherrschenden „mythologischen" Deutung von Gn 2f. versucht er, ein zwar nicht im üblichen Sinne, aber doch in einem noch echten Sinne „geschichtliches" Verständnis zu ermöglichen. Andere biblische Texte als Gn 2f. treten dabei kaum ins Blickfeld.

Nun gebraucht die alttestamentliche Wissenschaft den Begriff der Ätiologie schon seit längerer Zeit[10]. Er haftet dort an literarischen Phänomenen, die über einen großen Teil des Alten Testaments verstreut sind. Manche Erzählungen, vor allem aus der Frühzeit, laufen darauf hinaus, daß als Effekt des erzählten Ereignisses oder als Erinnerung an es ein sichtbares Zeichen, ein Name oder ein fester Brauch *„bis auf den heutigen Tag"* (d. h. bis in die Zeit, in der die betreffende Erzählung formuliert wurde) bestehen blieb. Oder es heißt gar — für diesen Typ ätiologischer Motive gibt es sogar einen Beleg aus Gn 2 —: *„darum* verläßt der Mann Vater und Mutter und hängt

---

[10] Seine Verwendung ist dabei ähnlich, wenn auch nicht ganz genau so wie in der allgemeinen Religionswissenschaft und in der Volkskunde. Soweit ich sehe, geht dieser Gebrauch des Wortes (daneben gab es stets auch einen anderen, naturphilosophischen, der ebenfalls schon aus der Antike stammt) letztlich auf Kallimachos von Kyrene (310—240 v. Chr.) zurück. Sein Hauptwerk waren die Αἴτια, „ein ‚Kranz ätiologischer Sagen' (Rohde) ... es war darin der Ursprung von Kulturen und Bräuchen, Festen und Spielen, Heiligtümern und Städten, Namen von Göttern und Heroen aus Ereignissen der Vorzeit hergeleitet, ohne daß durchweg die Grenzen der Mythengeschichte eingehalten gewesen wären... Sein Hauptbestreben war es, unbekannte Sagen ans Licht zu ziehen und bekannten neue Seiten abzugewinnen; dabei beschränkte er sich durchaus nicht auf solche, die ihrem Ursprung oder eigentlichen Wesen nach ätiologischen Charakters waren, sondern wußte auch andersgeartete Mythen solchen Zwecken dienstbar zu machen" (Herter in: Pauly - Wissowa, Real-Encyklopädie der classischen Altertumswissenschaft, Suppl. V, Stuttgart 1931, 408). Ein ätiologischer Rückgriff gerade auf die Urzeit wird in den genannten Wissenschaften nur als eine unter den verschiedenen Möglichkeiten der Ätiologie betrachtet. Der Artikel „Ätiologie" in: Bächtold - Stäubli, Handwörterbuch des deutschen Aberglaubens I, Berlin 1927, 647—666 (Beth), führt, soweit ich sehe, unter den vielen Beispielen überhaupt keinen Urzeitmythos auf. Die ätiologisch erklärten Wirklichkeiten sind normalerweise Kulte, Namen, erstaunliche Einzeltatsachen, seltener die Grundbefindlichkeit des Menschen als solchen. Aber ich darf mich in diesem Artikel auf den Gebrauch des Terminus in der alttestamentlichen Wissenschaft beschränken.

seinem Weibe an, und sie werden ein Leib". Die feste Formel „bis auf den heutigen Tag", der mit „darum" eingeleitete Erzählungsabschluß oder auch beide Formen zusammen (Gn 32,33) zeigen deutlich, daß das Vergangene erzählt wird, *um* etwas Gegenwärtiges zu erklären. Hier offenbart sich also eine Intention des Erzählers, ein Zweck, den er seinem Erzählen setzt. Ob dies immer der einzige oder der erste Zweck ist, muß durch weitere literarische Analyse festgestellt werden. Ebenso kann literarische Analyse natürlich manchmal auch eine solche Intention des Erzählers erarbeiten, wo die festen Formeln fehlen. Jedenfalls: diese Intention des Erzählers nennt man „ätiologisch". „Ätiologie" 326 bezieht sich also vor allem auf die Absicht des Erzählers. Dabei kommt es auf zwei Tatsachen an: 1. der Begriff der Ätiologie wird im Alten Testament an bestimmten topischen Formulierungen gebildet, die oft in erzählendem Zusammenhang auftauchen; 2. der Begriff wird auf sehr viele und verschiedenartige Texte in großen Teilen des Alten Testaments angewendet.

H. Gunkel hat schön ausgeführt, wie sich in den verschiedenen Klassen ätiologischer Motive, die in der Genesis enthalten sind, schon die Vorstufen mehrerer Wissenschaften zeigen[11]. Auch in Gn 2f. waren an mehreren Einzelstellen ätiologische Intentionen bestimmend für die konkrete Einzeldarstellung[12]. Aber mindestens bei einem Teil handelt es sich dabei um untergeordnete Nebenmotive. Ob die leitende und umfassende Intention des Verfassers ätiologisch war, und wenn ja, in welchem Sinne, ist gar nicht so leicht auszumachen[13].

[11] Genesis (HK), Göttingen 1910. Schöpfungs- und Paradiesesgeschichten: Anfänge von Philosophie und Theologie, dazu der Kulturgeschichte (XV f.). Vätersagen: ethnologische Sagen als Anfang der Geschichtsphilosophie, etymologische Motive als Anfänge der Sprachwissenschaft, kultische Sagenmotive (Frage nach dem Ursprung von Kultorten und -bräuchen) als Anfänge der Religionsgeschichte, geologische Sagenmotive (etwa die Erklärung der Entstehung des Toten Meers) als Anfänge der Geologie (XX—XXV).
[12] In 2, 24 und 3, 14—19 liegen Einzelätiologien vor (Eros, Mensch und Schlange, Mühen von Schwangerschaft und Geburt, Arbeit und Mühe, Tod).
[13] Nach G. v. Rad wäre es vielleicht besser, von einer Theodizee zu sprechen. Letztlich geht es darum, „Gott und seine Schöpfung freizusprechen von all dem Leid und der Mühsal, die in die Welt gekommen ist" (Das erste Buch Mose, Genesis Kapitel 1—12,9 [ATD], Göttingen ^{5}1958, 81 f.). Eine Intention der Theodizee umschließt natürlich als inneres Moment auch eine Intention der Ätiologie aller Leiden und Mühsale der Welt, ist aber umfassender. Allerdings wird eine noch umfassendere ätiologische Intention von der Gesamtstruktur der Genesis her deutlich: die Urgeschichte muß „als eines der wesentlichsten Elemente einer theologischen Ätiologie Israels verstanden werden" (G. v. Rad, Theologie des Alten Testaments I, München ^{2}1958, 168).

Wenn man von so breiter Basis herkommt, ist es zweifellos etwas eigentümlich, nur einem ganz auf einen einzigen Text und dessen gerade jetzt aktuelle hermeneutische Problematik zugespitzten Begriff der Ätiologie zu begegnen. Auf die Dauer müssen Mißverständnisse befürchtet werden, wenn Dogmatiker mit ihrem Begriff der Ätiologie im Kopf dem exegetischen Begriff der Ätiologie begegnen — und natürlich auch umgekehrt. Die Lage wird dadurch noch eigenartiger, daß die Exegese zur Zeit ebenfalls daran ist, eine Art von Begriff der „geschichtlichen" Ätiologie zu entwickeln, aber mit einer ganz anderen Bedeutung.

2. Historische Nachrichten in ätiologischen Erzählungen

Um sofort zusammenzufassen: Für Rahner ist der entscheidende Punkt an der „geschichtlichen Ätiologie", daß die erzählte Tatsache der Vergangenheit nicht historischem Wissen entstammt, sondern von der zu erklärenden Wirkung her *erschlossen* wurde — die alttestamentliche 327 Wissenschaft ringt zur Zeit um eine Fassung des Begriffs der Ätiologie, der es erlaubt, anzunehmen, daß die erzählte Tatsache der Vergangenheit *echter historischer Tradition* entstammen kann und gerade deshalb geschichtlich sein kann. Natürlich wird dieses Problem nicht im Zusammenhang mit Gn 2f. aktuell, sondern vor allem bei Texten aus der Patriarchen- und Landnahmezeit.

Rahner hat den Begriff der Ätiologie vermutlich aus einem Raum empfangen, wo dieses Problem noch nicht aktuell war. Es ist nämlich zuzugeben, daß die alttestamentliche Wissenschaft (wie andere Wissenschaften auch) den Begriff des Ätiologischen weithin fast automatisch mit dem des nachträglich Erfundenen und damit Unhistorischen verkoppelt. Gerade in dieser Begriffsverkoppelung gründet die große Skepsis gegenüber dem historischen Wert der Patriarchen- und Landnahmeerzählungen der Bibel, die auch heute noch weit verbreitet ist. Vor allem die Landnahmeerzählungen enthalten viele ätiologische Motive. Doch gerade in diesem Bereich ist es nun auch in den letzten Jahren zu einer Diskussion über das Wesen ätiologischer Erzählungen gekommen, in der das Verhältnis der ätiologischen Aussage zur Geschichtlichkeit des Ausgesagten heiß umstritten war.

Die Ereignisse der Landnahme der israelitischen Stämme in Kanaan sind ja durch archäologische Ausgrabungen und die Möglichkeit des Vergleichs verschiedener biblischer Überlieferungen wenigstens zum Teil auch historisch-kritischen Methoden zugänglich. So kam es, daß neue Ergebnisse dazu reizten, die historische Unzuverlässigkeit ätiologischer Erzählungen, die lange Zeit vertreten worden war, in Frage zu stellen. Vor allem W. F. Albright und seine Schüler erhoben ihre Bedenken[14]. In Auseinandersetzung mit diesen Stimmen gab dann M. Noth auf dem Internationalen Alttestamentlerkongreß zu Oxford 1959 die wohl beste Bestimmung des Verhältnisses zwischen Ätiologie und Historie:

„Nun haben ätiologische Erzählungen von Natur ein Verhältnis zur Geschichte; denn sie erklären ja einen bestimmten Sachverhalt durch irgendeinen geschichtlichen Vorgang. Es ist im Einzelfall nur zweifelhaft, wie nahe oder wie weit das wirkliche Verhältnis zur Geschichte ist. Aus der Beobachtung, daß geschichtliche Vorgänge ihre sichtbaren oder sonst erkennbaren Spuren hinterlassen können, ist die ätiologische Erzählweise überhaupt erst entstanden zu denken. Dabei ist es durchaus möglich, daß eine zutreffende und konkrete geschichtliche Überlieferung sich zu einer ätiologischen Erzählung gestaltet. W. F. Albright hat an Hand von einigen Beispielen aus alter und neuer Zeit mit vollem Recht darauf hingewiesen, daß geschichtliche Erinnerungen sich besonders dann in der mündlichen Weitergabe lebendig erhalten, wenn sie immer wieder anknüpfen können an noch bekannte Folgen der geschichtlichen Vorgänge... Von dieser Beobachtung des erkennbaren Nachwirkens geschichtlicher Vorgänge aus ist es nun aber auch dazu gekommen, daß der |328| umgekehrte Weg eingeschlagen wurde, indem von irgendeiner auffälligen Erscheinung aus zurückgeschlossen wurde auf einen geschichtlichen Vorgang, der diese Erscheinung zu erklären geeignet schien. Auch dann besteht noch ein Verhältnis zur Geschichte. Zunächst ist die auffällige Erscheinung selbst, die den Ausgangspunkt bildet, ein geschichtliches Element; sodann geht auch der Vorgang, mit dem die Erscheinung erklärt wird, auf eine geschichtliche Überlieferung zurück. Die Frage ist dann nur, ob Erscheinung und Vorgang wirklich geschichtlich zusammengehören oder nur nachträglich miteinander kombiniert worden sind und ob die geschichtliche Überlieferung, die zur Erklärung dient, noch einigermaßen konkret oder nur ganz vage ist. Man kann es einer ätiologischen Erzählung im allgemeinen nicht ansehen, welchen Weg hierbei die Überlieferung gegangen ist und wie eng ihr Verhältnis zur wirklichen Geschichte ist. Es ist mit einer ganzen Skala von Möglichkeiten zu rechnen."[15]

Daß die zu erklärende Tatsache allein der Ausgangspunkt für die Findung und Konstruktion des erklärenden Geschehnisses ist, bildet also nur eine Grenzmöglichkeit ätiologischen Erzählens. An sich ist ätiologisches Erzählen gegenüber der Herkunft seiner Inhalte indifferent. Man findet den Zugang zum Wesen der Ätiologie, wie sie im Alten Testament als literarisches Phänomen vorliegt, indem man fragt: Warum wird erzählt?, und nicht indem man fragt: Woher weiß der Erzähler, was er erzählt? Diese Frage stellt sich erst hinterher und übersteigt das, was das Wort „Ätiologie" eigentlich meint. Unter

---

[14] Am wichtigsten: J. Bright, Early Israel in Recent History Writing, London 1956.
[15] Der Beitrag der Archäologie zur Geschichte Israels, VTSupl 7 (1960) 279f.

dieser Frage erweist sich weiterhin als Ursprüngliches und gewissermaßen als Normalfall das ätiologische Erzählen aufgrund überlieferten Wissens um die Vergangenheit. Die Formulierung „geschichtliche Ätiologie" ist meines Wissens für diesen Normalfall noch nicht gebraucht worden, und vermutlich wird sie es auch nicht werden. Eher möchte man in Fällen, wo es sich begründen läßt, von „geschichtlich zuverlässiger Ätiologie" sprechen. Doch auch dann bleibt es mißlich, wenn der sehr ähnlich klingende Ausdruck „geschichtliche Ätiologie" für den Sonderfall von Gn 2f. gebraucht wird, vor allem, wenn bei dem dabei verwendeten Begriffssystem eine geschichtlich zuverlässige Ätiologie, die mit echten Überlieferungen arbeitet, ex definitione den Namen Ätiologie gar nicht erhalten kann.

Interessant ist, daß sowohl bei Rahner hinsichtlich von Gn 2f. als auch bei Albright hinsichtlich der Landnahmeerzählungen eine Bemühung um Wiedergewinnung der Geschichtlichkeit biblischer Aussagen vorliegt. Gleichlaufende, aber voneinander unabhängige Bemühungen haben hier also zu einem Gegensatz der Verwendung einer bestimmten Terminologie geführt. In diesem Fall sind aber die Exegeten wohl nicht nur in possessione, sondern können auch deshalb schwerer nachgeben, weil sie ihren Begriff durch eine viel breitere Induktion gewonnen haben als die Dogmatiker, die von einem einzigen Fall ausgingen und die anderen Fälle nicht beachteten. Äußerlich sieht sich Rahners Begriffssystem sogar wie willkürliche apriorische Festsetzung an, die erst nachher am Phänomen verifiziert wird.

3. Ist die Ätiologie eine literarische Gattung?

[329] Rahner bezeichnet seine „geschichtliche Ätiologie" so. Doch setzt er sich selbst in Widerspruch zu dieser Klassifizierung.

Rahner gelangt zur „geschichtlichen Ätiologie", indem er innerhalb der „Ätiologie im engeren Sinn" unterscheidet zwischen „mythologischer" und „geschichtlicher" Ätiologie. Diese Unterscheidung ist nicht von der Art, nach der man literarische Gattungen voneinander abzuheben pflegt.

Gewöhnlich gibt man unterschiedliche Formmerkmale, verschiedenen Sitz im Leben, verschiedene typische Inhalte und Motive und ähnliches an. Hier dagegen tritt — mindestens teilweise — Wahr und Falsch als spezifischer Unterschied auf. Das sei näher erklärt.

So schwierig es auch ist, genau zu erfassen, was Rahner unter dem Stichwort „mythologisch" versteht, so ist doch eines klar: das

Mythologische fingiert ein Faktum am Anfang der Menschheitsgeschichte, erreicht es aber in Wirklichkeit nicht, selbst da, wo es das Faktum erreicht zu haben glaubt. Die „geschichtliche Ätiologie" ist in ihrem Versuch, geschichtlichen Grund zu erreichen, „erfolgreich", die „mythologische" dagegen ist es nicht. Die beiden von Rahner unterschiedenen „Ätiologien" verhalten sich also wie gelungenes und nicht gelungenes Unternehmen, wie wahr und falsch. Kann man auf diese Weise literarische Gattungen unterscheiden?

Wenn in der Morgenzeitung zwei gleich aufgebaute Nachrichten stehen, von denen — wie sich später herausstellt — die eine wahr, die andere falsch ist oder, in Rahners Formulierung, die eine „erfolgreich", die andere nicht „erfolgreich", dann liegt trotzdem in beiden Fällen die gleiche Gattung „Zeitungsnachricht" vor. Wahr und Falsch bewirkt nicht, daß die Gattung der Zeitungsnachricht sich in zwei Untergattungen der wahren und der falschen, der historischen und der unhistorischen Zeitungsnachricht aufspaltet. Ich kann diese Ausdrücke zwar bilden, aber dann verlasse ich den Bereich der Gattungsbestimmung. Die Frage nach der literarischen Gattung ist zwar dienlich, um festzustellen, welche *Art von Wahrheit* zu erwarten ist (historische Nachricht, religiöse Aussage, lyrische Kundgabe usw.), aber innerhalb des gattungshaft abgesteckten Wahrheitsbezirks bleibt es Sache des individuellen Textes, im Sinne von Ja und Nein, wahr oder falsch, „erfolgreich" oder nicht „erfolgreich" zu sein. Dafür sind Dinge verantwortlich wie Wahrhaftigkeit oder Lügenhaftigkeit des Verfassers, vorhandene Evidenz oder Irrtum. Das liegt auf einer anderen Ebene als alles, was mit literarischer Gattung zu tun hat.

Hätte Rahner also eine Gattungsbestimmung vorgenommen, dann hätte er den „Erfolg" nicht in die Definition eingeführt. Man könnte Rahners Unterscheidung zwischen mythologischer und geschichtlicher Ätiologie ohne das Merkmal des „Erfolgs" und damit unter Absehung von der Wahrheitsfrage vielleicht sogar durchprobieren. Etwa so, daß Ätiologien der Art von Gn 2f., die innerhalb des Raums der Geschichte auf den Anfang der Geschichte zurückweisen wollen, „geschichtliche Ätiologien" genannt werden, während der Name der „mythologischen Ätiologie" da anzuwenden wäre, wo der Raum der Geschichte gesprengt wird und zur Begründung gegenwärtiger Zustände Ereignisse erzählt werden, die sich selbst als in einer Art zeitloser Zeit ablaufend verstehen. Natürlich käme man da dem üblichen Begriff des Mythus ins Gehege. Aber sei es! Ferner würde das zu einer Gattungsbestimmung nicht genügen. Literarische Gattungen sind positive Fakten. Es käme daher darauf an, ob beide Arten von Ätiologie literarisch belegbar wären, und |330| zwar so, daß sie durch bestimmbare äußere Merkmale voneinander abgehoben werden können. Vorausgesetzt, all das sei geschehen, dann könnte man natürlich auch für jeden einzelnen der Gattung „geschichtliche Ätiologie" unterzuordnenden Text die Wahrheitsfrage stellen. Sie wäre dann — wie es sachgemäß ist — nicht eine Frage an die Gattung, sondern an den Einzeltext. Stellt der Historiker die Wahrheitsfrage, dann wird er historische Methoden anwenden; stellt der Theologe im Hinblick auf einen biblischen Text die Wahrheitsfrage, dann wird er darüber hinaus unter Umständen auch die Inspiration berücksichtigen. Das wäre hier durchaus sachgemäß. Dagegen ist es unsachgemäß, die Inspiration direkt oder indirekt schon in den Bereich der Definition literarischer Gattungen einzuführen, was bei Rahner ebenfalls mindestens naheliegt.

Ein weiterer Punkt wurde soeben schon berührt: Rahner bemüht sich nicht, für die von ihm definierte Gattung formale, motivliche, lexikalische, auf jeden Fall am Sprachleib selbst greifbare Kennzeichen zu finden. Nun sind zwar literarische Gattungen durch solche äußeren Merkmale allein nicht bestimmbar, aber doch auch nicht ganz ohne sie. Literarische Gattungen wachsen historisch, entwickeln sich historisch weiter und gehen auch historisch wieder zugrunde, indem sie anderen Gattungen Platz machen. Literarische Gattungen gehören in den Bereich der „Institutionen", so wie die Universität oder der Staat Institutionen sind — wie diese lassen sie sich nicht ohne Rückgriff auf eine gewisse Materialität und Greifbarkeit definieren. Ohne Hinweis auf Eigentümlichkeiten der sprachlichen Gestalt entbehrte die „literarische Gestaltung" des eigentlich „Literarischen". Derartige Hinweise fehlen nun ganz bei Rahners Definition der „geschichtlichen Ätiologie".[16]

Man vergleiche zur Abhebung etwa die Untersuchung von J. Fichtner, Die etymologische Ätiologie in den Namensgebungen der geschichtlichen Bücher des Alten Testaments[17].

---

[16] Näheres zum Wesen literarischer Gattungen: R. Wellek und A. Warren, Theorie der Literatur, Bad Homburg v. d. H. 1959 (engl. Urausgabe 1942), 256—269. Eine Bibliographie zur Frage: ebd. 390—392. Unter besonderer Berücksichtigung des Alten Testaments: L. Alonso-Schökel, Genera litteraria: Verbum Domini 38 (1960) 3—15. Ebenfalls: V. Hamp, Genera litteraria, Lex ThKir² IV (1960) 686—689. Hamp geht bei der Definition der „Gattung" vor allem von ihrer Klassifizierungsfunktion aus, ein ebenfalls wichtiger Gesichtspunkt.

[17] VT 6 (1956) 327—396.

Im einzelnen ist noch zu sagen: Wenn Rahner den Begriff der „geschichtlichen Ätiologie" zunächst hypothetisch entwickelt und dann erst in einem zweiten Schritt verifiziert, dann könnte das auch noch in der literarischen Gattungsforschung als legitim betrachtet werden. Aber Rahner konfrontiert seinen Begriff dann eben nicht zwecks Präzision und konkreter Auffüllung mit dem biblischen Text, sondern unmittelbar mit den unaufgebbaren Forderungen der kirchlichen Lehre. Das ist in sich wiederum voll berechtigt. Aber es gehört sicher nicht in den methodischen Bereich der Gattungsforschung.

So dürfte wohl folgen, daß Rahners Meinung, er spreche von einer „literarischen Gattung", von seinem eigenen Umgang mit der Sache widerlegt wird. Dazu kommt aber im konkreten Fall der Ätiologie, 331 daß man für das Alte Testament fragen muß, wieweit es sich bei den „Ätiologien" um eine „Gattung" handelt.

Das gilt wenigstens, wenn man unter „Gattungen" jene feste Einheiten mit klar bestimmbarem Zweck, Sitz im Leben, Inhaltsbereich, Formenbestand versteht, die in vor- und frühliterarischen Kulturen auftreten und auch im Alten Testament eine große Rolle spielen.

Den ätiologischen Elementen fehlt im Alten Testament vielfach das Abgeschlossene, Selbständige. Vermutlich hatten sie es in einem früheren Stadium ihrer Existenz. Aber jetzt sind es oft nur noch Anhängsel an oder Schlußstücke von Erzählungen, die auch ohne diese „Ätiologien" in sich abgerundet und sinnvoll darstehen würden. Man dürfte also höchstens von gattungshaften *Motiven* sprechen. Manchmal schieben sie sich auch mitten in eine Erzählung hinein, um nur einem nebensächlichen Zug der Erzählung eine ätiologische Spitze zu verleihen. Oder das Ätiologische ist eine mitschwingende Intention, die aber für die Prägung der betreffenden Erzählungseinheiten nicht allein ausschlaggebend ist.

Gunkel benutzte in seinem Genesiskommentar die verschiedenen Weisen ätiologischer Einstellung nur, um innerhalb des „Mythos" und der nicht historischen oder ethnographischen „Vätersagen" (seines Systems) einige Untergruppen zu unterscheiden. Eine eigentliche Gattung „Ätiologie" scheint er nicht anzusetzen.

Doch selbst wenn es im alten Testament Belege einer eigentlichen Gattung der Ätiologie gibt, ist für Gn 2f. noch einmal die Frage zu stellen, ob diese Gattung hier vorliegt. Gn 2f. benutzt zwar vorliterarische Gattungen als Bausteine, so in den drei Verdikten Jahwe-

Elohims über Schlange, Frau und Mensch[18]. Aber als Ganzes gehört es nicht mehr auf jene Stufe. Seine „Einfachheit" darf uns nicht täuschen. Sie ist nicht „archaisch, sondern höchste Beherrschung der Kunstmittel"[19]. Die Gattungsfrage kann dann höchstens in einem neuen, dieser Stufe entsprechenden Sinn gestellt werden, und dann muß wohl auf jeden Fall mindestens von einer Gesamtbetrachtung des ganzen „jahwistischen Werks" ausgegangen werden.

Doch das mag offenbleiben. Es kam nur darauf an, zur Vorsicht zu mahnen. Es ist keineswegs ausgemacht, daß das, was Rahner beschreibt und meint, in den Bereich der „Gattungen" gehört. Man müßte hier auch vom Dogmatiker etwas mehr Präzision in der Verwendung von Begriffen literarischer Theoriebildung verlangen, oder doch wenigstens eine Rechtfertigung seiner Begriffssprache (da die literarischen Theoretiker sich natürlich oft auch nicht einig sind).

Es ist im katholischen Raum üblich geworden, vom „genus litterarium" zu reden. Der Begriff wird manchmal ungefähr auf die Bedeutung von „literarisches Phänomen" ausgeweitet, leider selbst bei Exegeten. Tatsächlich ist die „Gattung" natürlich nur ein einziger — und keineswegs der wichtigste — Aspekt der literarischen Realität. Die Gattung ist nicht einmal das einzige, was an literarischen Gebilden zur Bestimmung der Intention des Verfassers berücksichtigt werden muß, | 332 | was also in einer inspirationstheologischen Hermeneutik wichtig werden kann. Das wird selbst aus den päpstlichen Dokumenten deutlich, die neben dem Ausdruck „genus litterarium" (558, 580, 581)[20] im Zusammenhang der Frage der Bestimmung der Aussageintention auch eine ganze Reihe anderer Ausdrücke gebrauchen, etwa „dicendi formae" (558, ähnlich 559, 560, 581), „loquendi modi" oder „rationes" (559, ähnlich 558, 560), „exponendi narrandique artes" (559, ähnlich 560). Diese meinen teilweise einzelne literarische Sachverhalte, teilweise die Gesamtheit literarischer Sachverhalte. Das wird vor allem aus den mehr technischen Formulierungen des Briefes an Kardinal Suhard deutlich (die Enzyklika „Divino afflante Spiritu" war offensichtlich nicht in der Lage, sich im Sinne

---

[18] Vgl. J. Haspecker und N. Lohfink, Gn 3,15: „weil du ihm nach der Ferse schnappst": Schol 36 (1961) 364—370.
[19] G. v. Rad, Das erste Buch Mose (vgl. Anm. 13), 80.
[20] Diese und alle folgenden Zahlen verweisen auf die Nummern im Enchiridion Biblicum, Documenta ecclesiastica Sacram Scripturam spectantia, Neapel ³1956.

einer modernen literarkritischen Fachsprache präzis auszudrücken, da sie auf Lateinisch geschrieben ist): „les procédés ... de la pensée et de l'expression" (580), „les formes littéraires", „tous les problèmes littéraires", „les procédés littéraires", „tout le matériel ... de la science littéraire", „langage" (alles 581). Man sieht: die päpstlichen Dokumente sind nicht die Ursache dafür, daß „genus litterarium" zu einem mehr als zulässig verwendeten Schlagwort wurde. Vielleicht ist daran schuld, daß der Begriff zu Beginn unseres Jahrhunderts eine Zeitlang im Mittelpunkt der innerkatholischen hermeneutischen Diskussion stand und daß er in jüngerer Zeit durch den Streit um die Formgeschichte der Evangelien wieder hochgespielt wurde. Jedenfalls sollten ihn die Dogmatiker nur da verwenden, wo er sachlich angebracht ist, weil sich sonst auch hier wieder auf die Dauer ein Spalt zwischen Dogmatik und Exegese ergeben würde, der zu Mißverständnissen führen müßte.

Damit sind die Bedenken gegenüber der Terminologie von K. Rahner dargestellt. Es sei nochmals betont: es geht nicht um die Sache, sondern um die Worte; auch die Eigenwilligkeit der Wortwahl könnte man übersehen, ginge es nicht darum, der immer größer werdenden Entfremdung zwischen den verschiedenen Gebieten der Theologie entgegenzutreten.

Abschließend läßt sich fragen, wie denn das, was Rahner darlegt, besser eingeordnet und benannt werden könne. Mir scheint hier wichtig, daß Rahner ausgeht von der Frage: *Woher* weiß der Verfasser von Gn 2 f. das, was er berichtet? Rahners Blick ist also gar nicht auf den fertigen biblischen Text und seine literarische Gestalt gerichtet, sondern auf den Erkenntnisprozeß, der dem Text voranliegt. Und darum geht es tatsächlich in seinen Ausführungen. Rahner spricht daher eigentlich von *Geschichtserkenntnis,* und zwar von einem ganz besonderen Fall der Geschichtserkenntnis: von *Geschichtserkenntnis durch Rückschluß.*

Alonso-Schökel hat in seinem Abschnitt II, 4 das Dreiecksschema herausgearbeitet, das bei diesem Erkenntnisvorgang als leitendes Prinzip wirksam ist[21]. Eine breite Serie von Tatsachen in einem bestimmten geschichtlichen Augenblick bildet die Basis, von der aus zurückgefragt wird nach einer einzigen Ursache am „Anfang". Auf diese eine Ursache laufen alle ursächlichen Linien zusammen, wie die verschiedenen Linien, die man von den verschiedenen Punkten der

---

[21] A. a. O. (Anm. 4), 309—312.

Basis eines ⌐333¬ Dreiecks aus nach der Spitze ziehen kann. Hinter dem modernen Geschichtsbewußtsein steckt ein unterschiedliches Leitbild. Es ist eher das Bild eines Gewebes. Hinter der Pluralität der Tatsachen eines geschichtlichen Augenblicks steht in einem früheren Augenblick eine ebenso vielfältige und verwirrende Pluralität von Ursachen, und dahinter wieder eine andere, ähnliche, und so fort. Es wäre eine dankbare Aufgabe für einen erkenntnistheoretisch interessierten Dogmatiker, einmal grundsätzlich nachzuweisen, daß das Dreieckschema mindestens für den einen Sonderfall der Aussage über den Anfang der Menschheitsgeschichte gegenüber dem Schema der vielfachen Verflechtung verschiedener paralleler Ursachen objektiv berechtigt ist.

Da wir uns hüten müssen, bei einem so intensiv literarischen Text wie Gn 2f. den Erkenntnis- und den Gestaltungsvorgang zu sehr zu trennen, da wir außerdem faktisch den Erkenntnisvorgang ja nur aus der resultierenden Gestaltung erschließen können, impliziert Rahners Aussage über die Gn 2f. voranliegende Geschichtserkenntnis zugleich Wesentliches für den *schöpferischen Vorgang,* im Verlauf dessen Gn 2f. zustande kam. Diese Folgerung hat Alonso-Schökel in seinem Abschnitt „Hipótesis sobre el proceso creativo"[22] bewußt gezogen. Zugleich gilt, daß diese bestimmte Weise des Erkenntnis- und Gestaltungsvorgangs den Text in seiner *konkreten Gestalt* geprägt hat, wenn auch offenbleiben mag, ob man die daraus resultierenden Stilzüge und Strukturen des Textes unbedingt der Ebene der „Gattung" zuordnen muß. Jedenfalls sind es literarische Phänomene, die uns dazu helfen, die *Aussageintention* des Textes zu bestimmen.

Die Aussageintention muß *literarisch* bestimmt sein, ehe es Sinn hat, in einer theologischen Auswertung des Bibeltextes das Faktum der Inspiration hinzuzuziehen[23]. Es muß sogar darauf aufmerksam gemacht werden, daß selbst mit der Feststellung, der Verfasser denke offensichtlich mit dem nach einer letzten Ursache fragenden Dreiecksschema, die historische Aussageeintention von Gn 2f. noch nicht voll geklärt ist[24].

---

[22] A.a.O. (Anm. 4), 313f. Ich sehe davon ab, daß er an dieser Stelle seines Artikels das Faktum der Inspiration schon eingeführt hat.

[23] Dies ist hier betont gesagt, weil bei Rahner die Grenze zwischen den beiden methodisch zu trennenden Bereichen etwas verschwimmt.

[24] Das wird auch bei Alonso-Schökel nicht ganz deutlich. Doch ist dort wenigstens auf S. 300 angedeutet, daß ein mythisches Selbstverständnis von Gn 2f. durch den größeren Kontext, in dem Gn 2f. steht, ausgeschlossen ist.

Genesis 2f als »geschichtliche Ätiologie«

Gerade die von Alonso-Schökel zusammengestellten vielfachen Belege für das Denken nach diesem Dreiecksmodell lassen die Frage aufkommen, ob dieses Modell stets nur verwendet wurde, um echt historische Aussagen zu machen. Das Modell als Modell impliziert unsere Raumzeitwelt und gibt deshalb auch stets für die Spitze des Dreiecks einen Raumzeitpunkt an. Aber steht wirklich fest, daß das gesamte Modell mitsamt Raumzeitschema nicht auch gebraucht werden konnte, um Aussagen einfach über das Jetzt der Welt des Aussagenden zu machen? Gibt man auf Grund der vielfachen Verwendung des Modells im Alten Testament die Berechtigung dieser Frage zu, dann ist für jeden Einzelfall noch einmal gesondert die [334] Frage zu stellen, ob der jeweilige Verfasser, der mit Hilfe des Dreiecksmodells als Ursache für gegenwärtige Zustände ein Geschehnis der Vergangenheit vorlegt, auch wirklich historische Aussageintention hat. Im Fall von Gn 2f. läßt sich diese Frage kaum durch eine stilistische Analyse der beiden Kapitel allein beantworten, sondern nur durch die Untersuchung des größeren Zusammenhangs von Gn 2f., also des Pentateuchs oder — falls man etwas einschränken will und die entsprechende Theorie für richtig hält — des jahwistischen Werks. Es genügt natürlich auch nicht der Nachweis, daß dort generell historische Aussageintention vorliegt (dieser Nachweis dürfte nicht allzuviel Schwierigkeiten machen), sondern man muß darüber hinaus zeigen, daß der urgeschichtliche Vorbau ebenfalls noch dem Bereich der echt historischen Aussageintention eingegliedert ist. Erst diese grundsätzliche Feststellung kann dem Dreiecksmodell in Gn 2f. seine volle Wirksamkeit verleihen. Erst dann kann man von ihm her die Aussageintention von Gn 2f. als echt geschichtlich bezeichnen.

Ist die Aussageintention bezüglich einer am Anfang der Menschheitsgeschichte stehenden Sünde auf diese Weise literarisch geklärt, dann kann man das Faktum der *Inspiration* einführen und so zu einer echt *theologischen Auswertung* gelangen. Dabei werden dann die vorherigen Feststellungen über den Erkenntnis- und Gestaltungsprozeß, der zum biblischen Text führte, äußerst wichtig sein, um die eigentliche Aussage des Textes in ihren *Einzelheiten* herauszuarbeiten.

Gn 3,15: „weil du ihm nach der Ferse schnappst"

|357| Trotz der überaus zahlreichen Literatur zu Gn 3,15b[1] ist der genaue Sinn des Textes noch keineswegs sicher erfaßt, und einige Einzelfragen werden voraussichtlich immer unbeantwortet bleiben, falls nicht der archäologische Zufall Texte mit relevantem Vergleichsmaterial ans Tageslicht bringt. Der folgende Beitrag möchte in seinem zweiten Teil im Grenzgebiet zwischen Bekannt und Unbekannt, zwischen Sicher, Wahrscheinlich und Möglich einige an sich schon bekannte, aber noch nicht oder kaum mit Gn 3,15b in Zusammenhang gebrachte Texte und Tatsachen untersuchen und für die Deutung von Gn 3,15b zum Reden bringen. Sie scheinen nahezulegen, den letzten Stichus von Gn 3,15 in einem noch näher darzustellenden Sinn als *Begründungssatz* aufzufassen. Diese Deutung ist anscheinend bisher noch nicht vertreten worden. Es ist deshalb wichtig zu wissen, wieweit sie mit den üblichen Auffassungen übereinstimmt, wo sie sich von ihnen entfernt. Daher soll der erste Teil des Beitrags die innere Dialektik des Auslegungsprozesses von Gn 3,15b bis zu dem Punkt verfolgen, wo die neue Deutung sich anbietet.

I. Entwicklung eines Übersetzungsvorschlags

1. *Gn 3,15b als Heilszusage für den Menschen*. Nach kirchlicher Tradition enthält Gn 3,15b das sogenannte „Protoevangelium". Die Exegese hat natürlich nochmals mit den ihr eigenen Mitteln zu erörtern, ob hier ein Heilssinn vorliegt.

Die nichtkatholische Auslegung schlägt teilweise schon hier andere Wege ein. O. Procksch sprach vom „Bild einer unendlichen Tragödie, die Mark und Bein erschüttert"[2]. G. v. Rad findet hier die Vorhersage

---

[1] Bibliographie 1840—1951: D. J. Unger, The First Gospel Gn 3,15, New York 1954, 325—355 (334 Titel). Für die letzten Jahre vgl. P. Nober, Elenchus Bibliographicus Biblicus: Bibl.
[2] O. Procksch, Genesis, KAT, 37.

eines ständigen Kampfes zwischen Mensch und Schlange, „in dem sich beide gegenseitig aufreiben"[3]. Man kann nicht sagen, diese Deutungen beruhten auf textfremden Vorentscheidungen. G. v. Rad etwa kennt das heilsgeschichtliche Denken des Jahwisten (zu dessen Werk Gn 2f. nach allgemeiner Auffassung gehört) und betont außerdem, daß Gn 3 nicht nur von einem Exemplar der zoologischen Species Schlange, sondern von einer Gestaltwerdung des Bösen handelt. Es muß also im Text selbst Elemente geben, die einem Heilssinn zu widersprechen scheinen.

Gn 3,15b ist der Schlußteil der Verfluchung bzw. des Strafurteils[4], das Gott über ⌐358¬ die Schlange spricht. Wenn gesagt wird, der Same der Frau werde der Schlange den Kopf zertreten, so ist das direkt und in erster Linie Verfluchung und Bestrafung der Schlange. Man möchte meinen, in zweiter Linie und indirekt sei damit auch ein Sieg des Menschen über die Schlange, besser: ein Sieg Gottes durch den Menschen, ausgesagt. Aber nun folgt eben der letzte Stichus der Verfluchung, das Wort vom Schlangenbiß in die menschliche Ferse. Diesen Schlangenbiß möchte man nicht gern verharmlosen, vor allem, weil durch die Verwendung eines und desselben Tätigkeitsworts *(šwp)* Vernichtung der Schlange und Biß der Schlange stilistisch aufeinander bezogen sind[5]. Ist also nicht auch der Schlangenbiß tödlich? Der Fluch über die Schlange weitete sich an seinem Ende aus zu einem Bild gegenseitiger Vernichtung, lichtloser Tragik der gefallenen Schöpfung. Der Gedanke gegenseitiger Vernichtung von Schlange und Mensch findet sich auch schon in einem Pyramidentext, der einen altägyptischen Schlangenzauber enthält: „Geschlagen worden ist der

---

[3] G. v. Rad, Das 1. Buch Mose, I. ATD, ²75.
[4] Früher sprach man in bezug auf Gn 3,14—19 meist von den drei Verfluchungen. Seitdem K. Budde, Die biblische Paradiesgeschichte, BZAW 60 (1932), 60, darauf hingewiesen hat, daß eigentlich nur Schlange (3,14) und Ackerboden (3,17), nicht aber Frau und Mann schlechthin verflucht werden, setzt sich der von ihm vorgeschlagene Ausdruck „Strafurteil" durch. Im 2. Teil dieser Arbeit wird die Gattung des Spruchs über die Schlange und des Spruchs über den Mann zu diskutieren sein. Vielleicht bildet die Einschränkung des Fluchs im Spruch über den Mann doch eine sekundäre Abweichung von einer ursprünglichen Fluchgattung. In Gn 3,14f. ist das Strafurteil auf jeden Fall zugleich ganz Verfluchung.
[5] Die Übersetzungen verwischen das meist notgedrungen. Aber vgl. M. Buber: „Er stößt dich auf das Haupt, du stößest ihn in die Ferse."

Tausendfuß vom Hausbewohner, geschlagen worden ist der Hausbewohner vom Tausendfuß."[6] Dennoch ist der Heilssinn gesichert, und zwar nicht nur durch die Tradition, sondern auch durch Kontext und Gesamtzusammenhang. Der Jahwist widerspräche der Grundanlage seines ganzen Werks und dem Leitgedanken des Kapitels, wenn er den Menschen, dessen kurz darauf recht nuanciert geschilderte Bestrafung keineswegs so grundsätzlich wie die der Schlange ist, hier schon einmal global dem Untergang verschriebe. Man kann sich auch fragen, ob in der geistig-moralischen Sinnschicht, die Gn 2f. sicher besitzt, eine wirkliche Tragik überhaupt möglich ist. Der Mensch könnte das Böse nicht überwinden, überwände dieses zugleich ihn selbst. Diese Hinweise mögen genügen, denn die Erhebung des Heilssinns aus Kontext und Gesamtzusammenhang ist oft und gültig geleistet worden[7].

2. 359 *Dunkelheiten im Wort vom Schlangenbiß.* Der abschließende Stichus von Gn 3,15 war der Grund der tragischen Deutung gewesen. Bei Voraussetzung eines aus dem Kontext erwiesenen grundsätzlichen Heilssinns wird er zur Hauptschwierigkeit. Müssen wir ihn, um den leitenden Gedanken des Zusammenhangs nicht zu zerstören, etwa zur Glosse erklären, wie H. Holzinger es tat?[8]

Tatsächlich ist die von der tragischen Deutung vorausgesetzte Auffassung des letzten Stichus nicht die einzig mögliche. Mindestens

---

[6] Spruch 284, Nr. 425c. Vgl. K. Sethe, Übersetzung und Kommentar zu den Altägyptischen Pyramidentexten, II, Glückstadt o.J., 191 ff. S. A. B. Mercer, The Pyramid Texts, II, New York 1952, 198, führt nicht über Sethe hinaus. Es handelt sich um einen Schlangenzauber, der wohl auch gegen Tausendfüßler angewandt wurde. Zitiert (nach Sethe) durch P. Humbert, Études sur le récit du Paradis et de la chute dans la Genèse, Neuchatel 1940, 76. Humbert erwähnt nicht, daß Sethe auch noch eine andere Deutungsmöglichkeit sieht. Sethe schreibt: „Der giftige Tausendfuß (Scolopendra) ist ‚geschlagen', d.i. verschlagen, worden von dem nw.tj, den er stechen wollte, und umgekehrt ist dieser von ihm getötet worden, wenn nicht, wogegen das augenscheinlich beabsichtigte ṯs.pḫr spricht, dieser zweite Satz als perfektischer Zustandssatz zum ersten aufzufassen ist; in diesem Falle würde das Schlagen hier nur ein Stechen ohne Todeserfolg sein können" (192). Man wird also mit der Heranziehung dieses Textes vorsichtig sein, auch deshalb, weil das ägyptische Zauberwesen doch eine sehr eigene Welt bildet.
[7] Vgl. etwa H. Holzinger, Genesis, KHAT, 34 (1898); F. Coppens, Le Protévangile, EphThLov 26 (1950) 5—36. Die neueste Darstellung: J. Haspecker, Die frohe Botschaft von der kommenden Erlösung, Bibel u. Kirche 15 (1960) 98—101.
[8] Holzinger (vgl. vorige Anm.) 34.

für uns heute gibt es hier mehrere Dunkelheiten und Offenheiten für verschiedenes Verständnis. Eine Reihe möglicher Auffassungen sind aber mit grundsätzlichem Heilssinn von Gn 3,15b vereinbar. Steht dieser vom Kontext her fest, dann kommen nur sie in Frage. So bildet *šwp* ein lexikalisches Problem. Es ist keineswegs sicher, daß es nur von tödlicher Verletzung gebraucht werden kann[9]. Die imperfektische Verbform kann neben anderen Bedeutungen auch inchoativen Sinn haben und so ein Nichtgelingen des Schlangenbisses ausdrücken. Die Antithese „Kopf — Ferse" kann der tödlichen eine nichttödliche Verletzung entgegenstellen. Selbst bei Ausscheidung eines tragischen Sinns bleibt also noch die Qual der Entscheidung zwischen verschiedenen Möglichkeiten und Möglichkeitskombinationen.

Alle auf diese Weise gesuchten nichttragischen Lösungen implizieren, daß das Wort *šwp* in den beiden Sätzen in seiner Bedeutung variiert. Gegen ein derartiges stilistisches Spiel ist nichts einzuwenden. Damit Leser und Hörer den Wandel der Wortbedeutung und das Spiel mit ihr sofort erkennen konnten, muß die Wortverbindung „Schlange — *šwp* — Ferse" allerdings wohl idiomatisch gewesen sein — eine hier einzuführende, aber durchaus tragbare Hilfshypothese.

So sagt also Gn 3,15 b zwei Dinge: 1. Der Same der Frau vernichtet die Schlange; 2. die Schlange sucht den Samen der Frau zu vernichten, verwundet ihn o. ä. — jedenfalls vernichtet sie ihn nicht auch.

3. *Das Wort vom Schlangenbiß als Teil der Verfluchung.* Doch das Ausweichen in die verschiedenen Deutungsmöglichkeiten des letzten Stichus genügt noch nicht. Warum folgt er überhaupt noch? Was hat er mit der Verfluchung der Schlange zu tun? Ist er nicht am Ende der wuchtigen Verfluchung eine durchaus entbehrliche Abschweifung?

Je mehr eine Exegese sich der formalen Kräfte und Gesetze, die ihre Texte prägen, bewußt wird, desto stärker muß sie das Gewicht dieser Frage empfinden. Ohne Zweifel liegt hier auch ein weiteres Motiv, das zur tragischen Deutung führte. Denn in ihr ist eines jedenfalls gesichert: der Spruch über die Schlange bleibt bis zum letzten Wort Verfluchung. Allerdings: bleibt er dann auch bis zum Ende noch Spruch über die Schlange?

Gn 3,14f. ist unverkennbar in strenger und gebundener Form als Einheit durchkonstruiert. Dies fordert auch Einheit des Inhalts. Auch

---

[9] Neben *šwp* „zermalmen, niedertreten": *šwp* eine Nebenform zu *šʾp* „schnappen, gieren"? *šwp* „blicken auf"?

der abschließende Stichus muß noch zum Fluch gehören, und zwar zum Fluch über die Schlange. Die bisher entwickelten Erklärungsmöglichkeiten sichern das noch nicht.

[360] Hier führt eine syntaktische Betrachtung weiter. Gn 3,15 b besteht aus zwei Sätzen, die durch Waw verbunden sind. Derartiger syndetischer Satzanschluß kann gleichgeordnete Hauptsätze verbinden, kann aber auch ein Satzgefüge herstellen, in dem der zweite Teil dem ersten als Zeitangabe, Begründung, Gegensatz, Einräumung, Bedingung, Folge usw. untergeordnet ist[10]. Eine echte Koordination sprengt in unserem Fall wohl den Fluch und macht aus dem letzten Stichus eine vom Hauptthema weggleitende Nebenbemerkung. Im Sinne der bisher entwickelten Auslegung legt sich am ehesten die Übersetzung durch einen adversativen Nebensatz nahe, präzisiert durch das einschränkende Wort „nur": „Er wird dir den Kopf zertreten, während du nur ... (ihn zu beißen versuchst, nach seiner Ferse schnappst, ihm ohne tödliche Wirkung in die Ferse beißt o. ä.)." Dann drückt der abschließende Stichus des Spruchs weder den unterbrochenen Versuch noch Teilerfolg, sondern nur den Mißerfolg der Schlange aus. Er besagt damit eine Verschärfung des Fluchs. Die Schlange wird nicht nur selbst vernichtet, sondern es gelingt ihr auch nicht, im Kampfe untergehend ihren Besieger hinter sich her zu reißen, oder auch nur, ihm ernsthaft zu schaden. Im Nebensinn ist das zugleich Unterstreichung der Heilszusage für den Menschen.

Bei dieser Deutung des verbindenden Waw steht deutlich das Bild eines Kampfes vor Augen. Mensch und Schlange kämpfen um Leben und Tod. Der Mensch siegt, die Schlange wird vernichtet. Indem nicht nur vom Sieg des Menschen die Rede ist, sondern auch von der Vergeblichkeit des Schlangenangriffs, ersteht das Bild der Kämpfenden lebendiger vor unseren Augen, und der Fluch wird plastischer.

Die schon gemachte Hilfshypothese eines idiomatischen Ausdrucks im letzten Stichus muß hier allerdings dahin präzisiert werden, daß dieser Ausdruck irgendwie einen negativen Beiklang hatte, daß er jene Nuance des „nur" insinuierte, die wir der Übersetzung zugefügt

---

[10] Außer den Grammatiken vgl. speziell im Hinblick auf Gn 3,15: M. Brunec, De sensu Protoevangelii Gn 3,15, VD 36 (1958) 193—200; 321—37, vor allem 199 ff. u. 215 f. Die Vertreter der tragischen Deutung sehen neben der Möglichkeit strenger Koordination der beiden Sätze wohl zu wenig die Berechtigung der anderen Möglichkeiten. Brunec entscheidet sich für eine temporale Deutung, die sich bei ihm dann sofort mit einem unmittelbaren Weissagungssinn verbindet — was sich bei unserem zweifellos vielschichtigen Text nicht empfiehlt.

haben, ohne im Text einen positiven Ansatzpunkt dafür zu finden. Vielleicht hängt diese Nuance am Wort „Ferse".

4. *Der Schlangenbiß als Schlangenschuld.* Die bisher dargestellte, den üblichen Auffassungen entsprechende Deutung des verbindenden Waw bleibt eine reine Möglichkeit neben anderen Möglichkeiten, falls andere Deutungen des Waw ebenfalls sowohl den grundsätzlichen Heilssinn als auch die Forderung der Einheitlichkeit des ganzen Schlangenspruchs sicherstellen. Als derartige gleichberechtigte [361] Möglichkeit bietet sich nun die Deutung des letzten Stichus als eines nachgestellten *Begründungsansatzes* an. Er enthielte die Angabe der Schuld der Schlange — die Frage einer Einschränkung oder gar Gefährdung des Heilssinns des Textes wäre damit von vornherein ausgeschaltet, da die schuldhafte Tat all dem vorangeht. Auch an der Einheitlichkeit des Schlangenspruchs könnte kein Zweifel mehr bestehen — er begänne und er endete mit Hinweisen auf die Schuld der Schlange („Weil du das getan hast" — „weil du ihm nach der Ferse trachtest"). Gn 3,15 b wäre nicht nur die abschließende Hauptaussage der Schlangenverfluchung, sondern zugleich eine (chiastische) Wiederholung ihrer beiden formalen Teile, Begründung und Verfluchung: „Er wird dir den Kopf zertreten, weil du nach seiner Ferse schnappst."[11]

Vor Augen stünde nicht so sehr das Bild eines Kampfes, der noch im Gange ist, als das Bild eines Siegers, der seinen vor ihm auf dem Boden liegenden Gegner durch einen Tritt tötet. Das Fluidum des Spruches wäre weniger mythologisch-naturverbunden, stärker juristisch-stilisiert.

Daß Waw Begründungssätze einleiten kann, bedarf keiner Diskussion[12]. Begründungssätze stehen zwar gewöhnlich im Perfekt, aber es gibt genügend Belege im Imperfekt[13]. Die Nuance, die das Imperfekt dem Satz dann gibt, hat die Auslegung natürlich zu berücksichtigen.

Ferner sei hier vorgreifend darauf hingewiesen, daß das Material des 2. Teils dieses Beitrags nicht einen rein begründenden Nachsatz, sondern ein logisch etwas kompliziertes Gebilde nahelegt. Neben dem begründenden steht mindestens noch ein vergleichender Sinn des Waw („wie"). Unsere üblichen deutschen Konjunktionen haben leider nicht die Offenheit für solche logische Multivalenz. Für die

---

[11] Die hier gegebene Übersetzung von *šwp* gehört nicht zum Vorschlag. Mit dem Vorschlag sind alle Deutungsmöglichkeiten von *šwp* vereinbar, vielleicht sogar die eines tödlichen Schlangenbisses — die Schuld liegt ja stets der Strafe voraus.

[12] Vgl. Brockelmann, Syntax, § 135b; Gesenius-Kautzsch § 154a; Joüon § 170c.

[13] Gesenius-Kautzsch § 158d: Dt 7,1f.; 8,20; 1 Kg 8,33.

Übersetzung mußte eine auswählende Entscheidung gefällt werden, die auf „weil" fiel.

Nach der bisherigen Darstellung steht also die Übersetzung „weil" mehr oder weniger gleichberechtigt neben der Übersetzung „während nur", die der üblichen Auffassung entspricht. Beide reiben sich weder mit dem grundsätzlichen Heilssinn noch mit der Forderung der formalen Einheit des ganzen Spruchs. Beide sind Möglichkeiten. Für welche der beiden soll man sich entscheiden?

Es will scheinen, daß die nun folgenden Beobachtungen des 2. Teils die Waagschale zugunsten des „*weil*" neigen. Die prekäre hermeneutische Situation, in der wir uns bei Gn 3,15b befinden, ist in der vorangehenden Darstellung so weit deutlich geworden, daß apodiktische Entscheidungen sich verbieten. Neues Material, neue Methoden, neue Einsichten können das Bild jederzeit wieder verändern. Aber gerade wegen der schwierigen Lage in der Auslegung des so wichtigen Textes darf man auch die kleinste Hilfe, die sich von anderen Texten her anbietet, |362| nicht verachten. Am bedeutendsten ist wohl das Vergleichsmaterial aus der Gattung der prophetischen Gerichtsankündigung, das deshalb auch am ausführlichsten behandelt wird.

II. Vergleichsmaterial

1. *Das Talionsdenken.* Die Tradition hatte schon immer betont, daß die Schlange in Gn 3 gerade durch den ihre Strafe erfährt, an dem sie sich versündigt: durch den Menschen. Dieser Zug ist sicher vom Jahwisten beabsichtigt. Neuere Exegeten haben darin ein Anklingen des Talionsdenkens erkannt[14]. Man vergleiche den vom Talionsdenken geprägten Rechtssatz in Gn 9,6:

Wer das Blut eines Menschen vergießt — durch einen Menschen werde sein Blut vergossen[15].

Das Talionsdenken gehört also zu den Gestaltungskräften des Spruches über die Schlange.

Nun ist die Entsprechung zwischen Geschädigtem und Rächer, die hier vorliegt, eine seltenere und nicht so sehr in den Vordergrund

---

[14] Coppens (vgl. Anm. 7) 14; Brunec (vgl. Anm. 10) 206f.; R. Laurentin, Genèse 3,15 dans la tradition jusqu'au 13e siècle, in: La Nouvelle Eve: Études Mariales 12, Paris 1954, 82.
[15] O. Eißfeldt, Einleitung in das AT, Tübingen ²1956, 78: wohl der Rechtspraxis entlehnt.

tretende Gestalt des Talionsdenkens. Die Hauptentsprechung ist die zwischen schuldhafter Tat und strafender Tat (etwa in Gn 9,6: Blutvergießen), neben der zwischen geschädigtem Wert und Gegenleistung. Letzteres in den klassischen Talionsformeln („Leben um Leben, Auge um Auge usw."[16]) und Texten wie 1 Kg 20,42: „Nun haftet dein Leben für sein Leben und dein Volk für sein Volk." In sakralen Urteilssprüchen wird die Entsprechung von schuldhafter Tat und strafender Tat ausgedrückt, so Jos 7,25: „Wie hast du uns ins Unglück gestürzt! So wird Jahwe dich ins Unglück stürzen an diesem Tag."[17] Ähnlich die Selbstverfluchung in Ps 137,5: „Vergesse ich dein, Jerusalem — meine rechte Hand werde vergessen!"[18] Ähnlich Fluchtexte am Ende westsemitischer Inschriften, z.B. in Sendschirli: „Wer diese Inschrift zerschlägt — sein Haupt zerschlage Ba'l-Ṣamad von Gabar..."[19] Gott sagt zu Abraham Gn 12,3: „Ich segne den, der dich segnet." Formal entsprechend heißt es schon in einem altkanaanäischen Text: „Ich erschlage den, der meinen Bruder erschlägt, ich vernichte den, der das Kind meiner Mutter vernichtet!"[20] Die Beispiele ließen sich erheblich vermehren.

Sieht man im letzten Stichus von Gn 3,15 eine begründende Schuldangabe, dann enthält auch der Gottesspruch über die Schlange diesen Wesenszug des Talionsdenkens. Die über die Schlange verhängte Strafe (der Same der Frau vollzieht die durch *šwp* ausgedrückte Handlung ⌞363⌟ am Kopf der Schlange) entspricht dann talionartig der schuldhaften Tat der Schlange (daß die Schlange die durch *šwp* ausgedrückte Handlung an der Ferse des Menschen vollzog). So zeigt sich das im Spruch schon entdeckte Talionsdenken erst in seiner ganzen Fülle. Die übliche Deutung des letzten Stichus verfehlt das.

Das Talionsdenken drängt ferner fast notwendig dazu, sich sprachlich durch Wortentsprechungen und Wortwiederholungen auszudrücken. Die oben angeführten Beispiele beweisen es zur Genüge. Erst unsere Deutung sichert dies auch für den Spruch über die Schlange.

---

[16] Ex 21,23; Lv 24,18—20; Dt 19,21 u.a.
[17] Vgl. 1 Sm 15,33.
[18] Lies *tiššākaḥ* (LXX, Hier.).
[19] Klmw-Inschrift, Z. 14f. Vgl. Pritchard, Ancient Near Eastern Texts (ANET), 500f. Dort Literatur.
[20] I D IV (= Gordon 1 Aqht) 196f. Vgl. ANET 155.

Oft liegt die Entsprechung überhaupt nur im Wort, während die tatsächlichen und durch dasselbe Wort bezeichneten Handlungen ganz verschieden sind. So etwa im oben zitierten Jos 7,25. Ähnliches ist auch in Gn 3,15b nicht ausgeschlossen und könnte durch die konträren Worte „Kopf" und „Ferse" angedeutet sein. Um so stärker spricht dann das rein sprachliche Hereinholen des Talionsdenkens für den hier vertretenen Übersetzungsvorschlag.

2. *Eine kanaanäische Vorstellungsverknüpfung um das Wort „Ferse".* In einem mythologischen Text aus Ugarit[21] möchte die Göttin ʿAnat vom höchsten Gotte El die Erlaubnis haben, den Helden Aqht zu bestrafen, weil er ihr nicht seinen Bogen geschenkt und sie überdies noch ausgelacht hat. Nach einigem Hin und Her erteilt ihr El die Erlaubnis. Er hält dazu die Rede, die mit dem lapidaren, an biblische Partizipialgesetze erinnernden Satz schließt:

dṭ.jdṭm.ʿqbk
Zertreten, zertreten soll werden, wer dir nachstellt[22].

Man kann die Parallelwurzeln zu ug. *dṭ* in den anderen semitischen Sprachen etwas verschieden ansetzen.

Arab. *djṭ* „zertreten" (Gaster) entspricht zweifellos; arab. *dṭṭ* „heftig schlagen" (de Vaux) ist nur eine Wurzelvariante dazu. Fraglich ist, ob man die Gruppe akk. *diāšum*[23] „zertreten, dreschen", hebr. *dwš* dass., aram. *dwš* dass. und arab. *dws* dass. heranziehen darf. An sich scheint hier protosemitisches *š* als letzter Radikal vorzuliegen, während die ugaritische Wurzel eindeutig protosemitisches *ṯ* voraussetzt. Aber das hebr. und akk. Wort sind auch bei protosemitischem *ṯ* möglich, könnten also unmittelbar mit dem ugaritischen *dṯ* zusammengestellt werden. Dann wäre eine sekundäre Übernahme des Worts vom Hebräischen ins Aramäische anzunehmen[24], von dort ins Arabische[25]. — Die akkadischen Wörterbücher bieten interessante Parallelen für das Niedertrampeln von Schlangen und Feinden.

---

[21] III D II (=Gordon 3 Aqht Rev) 19 (Driver: A III, VI 16). Vgl. ANET 152.
[22] Passive Form mit inf. absol.; das Subjekt ist ein Partizip. In Is 28,28a steht ein inf. absol. von *dwš* in ʾAfel, den 1 QJesᵃ in ein Hifil verwandelt (Hinweis von M. Dahood).
[23] So AHw; im CAD unter *dâšu*.
[24] Vgl. ugar. *kṯr,* hebr. *kšr,* auch aram. *kšr!*
[25] Das Nebeneinander der Wurzeln im Arabischen könnte dafür sprechen, daß *djṯ* und *dṯṯ* ursprünglich, *dws* dagegen die gleiche vom Aramäischen her hereingenommene Wurzel ist (Hinweis von M. Dahood).

Wie man die Ableitung der Wurzel auch faßt, auf jeden Fall meint sie den Vorgang des Zertretens, Zertrampelns. In Gn 3,15 b entspricht 364 dem die andere Wurzel *šwp,* so wie sie im ersten Stichus gebraucht ist: „Er wird dir den Kopf zertreten." Das ist das erste Element, das die beiden Texte verbindet.

Das zweite verbindende Element ist eine gemeinsame Wurzel. Das ugar. *mʿqbk* wird durch die hebräische Wurzel *ʿqb* „nachstellen, betrügen" zu erklären sein. Sie ist auch die Wurzel, die im Wort „Ferse" von Gn 3,15 b steckt. Das hebräische Tätigkeitswort *ʿqb* „nachstellen, betrügen" weckt im Hebräischen unmittelbar die Assoziation an das Substantiv *ʿaqēb* „Ferse".

Der Name Jakob *(jaʿᵃqōb)* wird in der Bibel sowohl durch *ʿaqēb* „Ferse" als auch durch *ʿqb* „hintergehen" gedeutet[26].

Diese Vorstellungsverbindung müssen wir nun auch im Ugaritischen voraussetzen, um die Logik und das innere Funktionieren des Textes zu verstehen. *mʿqbk* „wer dir nachstellt": dieser Ausdruck trägt in sich durch seine Wurzel die Verbindung zur Vorstellung der Ferse. *jdṯ* „er soll zerstampft werden": das Bild der ihre Gegner mit dem Fuß tretenden Göttin steht vor Augen. Der ungenannte, aber auch unentbehrliche Mittelbegriff, gewissermaßen das Gelenk der Aussage, ist die Ferse. Um das ins Wort zu heben, müßte man etwa übersetzen: Zertreten soll werden, wer dir an die Ferse will![27]

Sollte Gn 3,15 b nicht dem gleichen Vorstellungsablauf folgen? Unsere Kopien der Aqht-Texte wurden zwischen 1400 und 1350 v.Chr. angefertigt, das Werk selbst ist vermutlich noch älter[28]. Die Vorstellungsverknüpfung kann im kanaanäischen Sprach- und Kulturraum[29] für Aussagen vom Typ unseres ugaritischen Textes und des Textes Gn 3,15 b parat gelegen haben.

In diesem Fall bedeutet *šwp ʿaqēb* ähnlich wie das Tätigkeitswort *ʿqb* etwas wie „nachstellen" oder „hintergehen". Das paßte einerseits gut zum ganzen Kapitel Gn 3, ließe aber andererseits kaum ein das Tun der Schlange minderwertig machendes „nur" in der Übersetzung zu.

---

[26] Gn 25,26 :: Gn 27,36; Os 12,3f.
[27] So zuerst T. H. Gaster, Thespis, New York 1950, 452: „There is, of course, a pun on *ʿqb* ‚heel'."
[28] G. R. Driver, Canaanite Myths and Legends, OTS 3, Edinburgh, 1956, 1.
[29] Nach C. H. Gordon, Eretz-Israel 5 (1958) 12* kommt das Motiv der Verletzung der Ferse im alten Orient nur in Syrien und Palästina, nicht aber in Mesopotamien und Ägypten vor. Er hält es für indogermanisch.

Die Schlange verhielte sich als echter und gefährlicher Gegner des Menschen. Deshalb zerträte ihr dieser den Kopf. Auch zu diesem ugaritischen Text läßt sich wohl von der begründenden Auffassung des letzten Stichus von Gn 3,15b, nicht aber von einer anderen aus die Brücke schlagen.

3. Formverwandtschaften zur prophetischen Gerichtsankündigung.

C. Westermann hat uns vor kurzem eine eingehende Untersuchung der grundlegenden prophetischen Redeform ⌐365¬ geschenkt[30]. Er hat gezeigt, daß das Gerichtswort an einzelne am Anfang steht, wobei schon außerisraelitische Formtraditionen aus dem 2. Jahrtausend aufgenommen werden. Die Form ist vom Ursprung her zweiteilig: einem Hinweis auf die Schuld („Begründung") folgt das Wort, welches das Gericht ankündet („Gerichtsankündigung"). Die beiden Teile können durch ein ganz leichtes Bindeglied zusammengehalten werden („deshalb", „ und nun" o.ä.); oft leitet die Botenformel („so spricht Jahwe") von der Schuldangabe zur Gerichtsankündigung über. Die deutlichsten Belege der ursprünglichen Gattung lassen sich aus den Prophetenworten der Samuel-, Königs- und Chronikbücher erarbeiten. Als Beispiel sei hier im Anschluß an Westermann 1 Kg 21,19 zitiert. Gott beauftragte Elias, an den König Ahab folgendes Wort zu richten:

[ ]Du hast gemordet und hast nun auch schon die Erbschaft angetreten? [ ] — So spricht Jahwe:
Da wo die Hunde das Blut Naboths geleckt haben, sollen die Hunde auch dein Blut lecken![31]

Es läßt sich nun zeigen, daß Gn 3,14f., das Strafurteil über die Schlange, seiner Form nach zu einer Gattung gehört, die zur Gattung der prophetischen Gerichtsankündigung in verwandtschaftlicher Beziehung steht. Dies vorausgesetzt, lassen sich dann bestimmte Einzelelemente der prophetischen Gerichtsankündigung für die Deutung von Gn 3,15b verwenden.

Die Form, zu der Gn 3,14f. gehört, ist durch folgende Stellen belegt: Gn 3,14f.; Gn 3,17ff. (Wort Gottes über Adam); Gn 4,10ff. (Wort Gottes über Kain); Gn 49,6 b. 7 (Spruch Jakobs über Simeon

---

[30] C. Westermann, Grundformen prophetischer Rede, Beitr. z. evgl. Theol., 31, München 1960. Dort auch ein Abriß der Forschungsgeschichte.
[31] So bei der Auftragserteilung an den Propheten. In der Ausführung des Auftrags werden die schon gebrachten Sätze nicht noch einmal wiederholt, sondern nur Entfaltungen hinzugefügt. Das entspricht der üblichen Erzähltechnik.

und Levi)³²; Dt 28,15—46 (ein in sich geschlossenes, wohl Erweiterungen enthaltendes Stück des Fluch- und Segenteils des dtn. Gesetzes)³³; Jos 9,22f. (Josue zu den Gibeoniten)³⁴. Die Form ist in ihrer Grundanlage wiederum zweiteilig: einem Hinweis auf die Schuld folgt die Verfluchung.

[366] Die Schuldangabe kann, wie im prophetischen Gerichtswort, als Frage vorangestellt sein (Gn 4,10; Jos 9,22), als reine Feststellung voranstehen (Gn 4,10; 49,6 b?) oder syntaktisch mit dem Nachfolgenden verbunden sein (Gn 3,14.17).

Am Übergang zum zweiten Teil kann ein „und nun" stehen, wie beim prophetischen Gerichtswort (Gn 4,11; Jos 9,23).

Da keine Botensituation vorausgesetzt ist, fehlt der Botenspruch. Typisch für die hier vorausgesetzte Situation ist vielmehr, daß ein Fluch ergeht. Daher folgt unmittelbar auf die Schuldangabe oder auf das überleitende „und nun" als Einsatz des zweiten Teils ein mit 'ārûr „verflucht" beginnender grundsätzlicher Fluchspruch. Er wird dann sofort präzisiert und konkretisiert, damit auch eingeschränkt, wie vielleicht am deutlichsten Jos 9,23 zeigt: „Nun also, verflucht seid ihr! Es soll unter euch nie fehlen an Sklaven [ ] des Hauses meines Gottes."³⁵ In allen Fällen außer Gn 3,17, wo wohl mit literarischer und theologischer Absicht von der Grundform abgewichen wird, verflucht der grundsätzliche Fluchspruch den oder die Angeredeten.

Wie beim prophetischen Gerichtswort hat der zweite Teil der Form die Tendenz, sich zu entfalten und aufzugliedern (am stärksten in Dt 28). Dabei treten typische Einzelformen auf, die auch für das prophetische Gerichtswort kennzeichnend sind.

---

³² Hier ist die Form schon erweitert. Eine genaue Analyse liegt außerhalb des Rahmens unserer Untersuchung. Westermann ist gerade bei Gn 49,5—7 auf unsere Form und ihre Nähe zur prophetischen Gerichtsankündigung gestoßen (S. 141: „in Richtung auf das prophetische Gerichtswort abgewandelt"), ist dem aber nicht weiter nachgegangen.

³³ Der Segensteil Dt 28,1—13 entspricht in der Form ziemlich genau. Typisch sind Sechserreihen (Segen, Flüche, „Jahwe wird", Antithesen). Entsprechend den Gesetzen das Bundesformulars ist der Fluch hier bedingt vorgelegt. — E. Mørstad, Wenn du der Stimme des Herrn, deines Gottes, gehorchen wirst —: Die primären Einführungen zu Dt 28,3—6 und 16—19, Oslo 1960, war uns noch nicht zugänglich.

³⁴ Hier ist die Form wohl in ihrer einfachsten Gestalt erhalten.

³⁵ Ansetzung eines Eintrags aus 9,27 nach M. Noth, Josua², HAT. — Daß der Nachsatz eine Präzisierung des Fluchs ist, zeigt der Gebrauch der gleichen Formel in 2 Sm 3,29.

So gehört es zum Stil der prophetischen Gerichtsankündigung, im zweiten Teil durch Anspielungen oder Wiederaufnahmen die Verbindung zum ersten Teil wieder herzustellen, die Entsprechung von Schuld und Strafe anzudeuten[36]. Das ist auch bei unserer Form der Fall (Beispiele: Gn 3,17 ff. „essen"; Gn 4,10 ff. „Ackerboden" und „Blut deines Bruders"; Gn 49,7 „Zorn", auch die beiden kurzen Begründungen; in Dt 28,45 schließt die ganze Form ab mit einer neuen Anspielung auf die die Form eröffnende Bedingung, ähnlich vorher beim Segen Dt 28,13).

Ähnlich wie die Prophetenworte schließen auch unsere Fluchworte gern mit einem volltönenden, stark durchstilisierten Satz ab (Gn 3,15 doppeltes *šwp;* Gn 3,19 doppeltes *'āpār;* Gn 4,12 *nā' wānād,* ein „eindrucksvoll schauriger Stabreim"[37]; Gn 49,7 poetischer Parallelismus; Dt 28,45 f. mündet in eine deuteronomische Paränese aus).

An der Verwandtschaft der hier untersuchten Form der Verfluchung mit der Grundform prophetischer Gerichtsdrohung besteht kein Zweifel, selbst wenn sich Ursprungsbeziehungen, Entwicklungsgeschichte der Formen und der jeweilige ursprüngliche Sitz im Leben nicht mehr mit Sicherheit ermitteln lassen.

Westermann denkt bei Gn 49,5—7 an eine Entwicklung einfacher Fluchformen auf die Form prophetischer Gerichtsworte hin. Dafür spräche grundsätzlich, daß eine Reihe von Fluchworten einfacherer Art etwa dem zweiten Teil der hier untersuchten Fluchform entsprechen: Gn 9,25; Jos 6,26; Jer 17,5; 20,14f. Natürlich könnten das ebensogut Schrumpfgestalten der größeren Form sein. Es wäre ebensogut möglich, daß die hier untersuchte Verfluchung und die prophetische Gerichtsankündigung zu einem umfassenderen Formkreis gehörten, der seinen Sitz etwa im Rechtsleben hat. Es ist ja typisch, daß das prophetische Gerichtswort zunächst da auftritt, wo ein normales Rechtsverfahren nicht zum Zug kommen kann oder falsch gelaufen ist, und daß der Fluch andererseits oft die Verhängung einer Strafe ohne sofortige Durchführung ist (ganz deutlich bei bedingten Flüchen, dann bei den allgemeinen Flüchen gegen Unbekannte, die geheime Sünden getan haben; man vergleiche auch etwa im 367 Hinblick auf 2 Sm 3,29 die Erklärung Davids 2 Sm 3,38 f.). Doch könnte Dt 28 und manches im Vokabular der Prophetenworte der historischen Bücher auch auf einen gemeinsamen Grund der

---

[36] Westermann (vgl. Anm. 30) 114 f.
[37] H. Gunkel, Genesis, HAT, 45.

Formen in der Institution des Bundes hinweisen[38]. Alle diese Dinge bleiben Vermutungen. Sie sind für die hier anzustellenden Überlegungen nicht wichtig. Dafür genügt das Wissen um eine lebendige und vielfache Formverwandtschaft der in Gn 3,14f. verwendeten Form zu den prophetischen Gerichtsankündigungen. Auch ein chronologisches Problem besteht nicht, da die prophetische Grundform auf jeden Fall recht alt ist.

Nun ist es möglich, die festgestellte Formverwandtschaft für die Deutung von Gn 3,15b auszunützen. Gn 3,15b besteht aus zwei eng verbundenen Sätzen, die den Spruch über die Schlange abschließen und sich durch die Identität des Tätigkeitsworts auszeichnen. Derartige Sätze finden sich auch als fakultatives, aber offensichtlich typisches Teilelement in den prophetischen Gerichtsworten. Hier die Belege:

> Weil du Jahwes Wort abgelehnt hast,
> lehnt er dich als König ab (1 Sm 15,23).
>
> Du hast im geheimen ausgeführt —
> ich aber will diese Sache vor ganz Israel und vor der Sonne ausführen (2 Sm 12,12).
>
> Da, wo die Hunde das Blut Naboths leckten,
> werden die Hunde auch dein Blut lecken (1 Kg 21,19).
>
> Ihr habt mich verlassen—
> so habe auch ich euch verlassen, in die Hand des Schischak (2 Chr 12,5).
>
> Ihr habt Jahwe verlassen—
> und so hat er euch verlassen (2 Chr 24,20).
>
> Du wirst straucheln am Tag —
> strauchelt doch auch das Volk, als wäre es Nacht[39].
> Ich lasse deine Mutter umkommen —
> kommt mein Volk doch um, weil ihm das Wissen fehlt.
> Ja: du hast das Wissen abgelehnt —
> so lehne ich dich als meinen Priester ab.
> Du hast die Weisung deines Gottes vergessen —
> so vergesse deine Söhne auch ich (Os 4,5f.)[40]

---

[38] Neben weisheitlichem Denken gehört das Bundesdenken zu den gestaltenden Kräften von Gn 2f. (L. Alonso Schökel mündlich).

[39] So dieser Halbvers, falls *nabî* Jerusalemer Glosse ist (lies: *kāšal gam 'am kallājlāh*). Sonst: „und straucheln wird auch der Prophet mit dir bei Nacht". Näheres in der in der folgenden Anmerkung zitierten Arbeit.

[40] Der Text wird allgemein als schwierig betrachtet, aber wohl nur aus Verkennung der formalen Struktur. Vgl. N. Lohfink, Zu Text und Form von Os 4,4—6: Bibl.

Diese formal sehr ähnlichen Texte haben natürlich inhaltlich durchaus ihre Individualität.
[368] So vertauscht Os 4,5f. zweimal die sonst übliche Reihenfolge der Sätze. 2 Sm 12,12 steht viel weniger als die anderen Stellen in sich selbst, es ist nur eine Zusammenfassung des vorangehenden Textes (wo übrigens mit den Motiven „Schwert" und „Frau" schon andere talionartige Entsprechungen vorkamen). Die ursprüngliche Parataxe ist noch deutlich zu spüren, aber manchmal setzt schon verdeutlichende Verknüpfung ein. Als Schlußsatz steht 1 Sm 15,23; 2 Sm 12,12; 2 Chr 24,20; 2 Chr 12,5 bildet den ganzen Spruch; 1 Kg 21,19 bildet den zweiten Teil eines Spruchs; 1 Sm 15,23 könnte einmal ursprünglich der ganze Spruch gewesen sein, der dann im Laufe der Überlieferung erweitert wurde[41]. Das grundlegende logische Verhältnis der beiden Sätze zueinander ist zweifellos das von Schuld und Strafe. Der eine Satz begründet also den anderen. Um diese Grundbeziehung spielen aber in einzelnen Fällen andere, so in 2 Sm 12,12 die der Steigerung, in 1 Kg 21,19 die des Vergleichs. Gerade von der ursprünglichen Parataxe her legt sich eine stilistisch ausgenutzte Mehrheit logischer Beziehungen nahe.

Hinter aller Individualität der einzelnen Texte steht jedoch ihre Einheit. Sie gehören in die gleiche Gattung, sie drücken das gleiche, vom Talionsdenken geprägte Lebens- und Rechtsgefühl aus, sie folgen formal denselben Gesetzen, und sie bauen inhaltlich stets auf dem Bezug Schuld — Strafe auf. Ist also Gn 3,15 b nach den Gesetzen einer verwandten und noch lebendig mit der anderen verbundenen Gattung geformt, dann mußte der durch Gewohnheit und Bildung mit diesen Zusammenhängen vertraute israelitische Leser des Jahwisten den Schlußvers Gn 3,15 b doch wohl notwendig im Sinne der neu vorgeschlagenen Übersetzung verstehen: „Er wird dir den Kopf zertreten, denn du stellst seiner Ferse nach." Die übliche Deutung dagegen ist mit den Gesetzen der untersuchten Form nicht in Einklang zu bringen.

---

42 (1961). Setzt man dort die Glossierung voraus, dann liegt unser Schema viermal vor, wobei zweimal die Gerichtsankündigung, zweimal die Anklage voransteht. Die Reihung des Schemas kommt durch die Kombination mit einem anderen Schema, dem „Dreigenerationenfluch": zuerst ergeht eine umfassende Drohung an den angeredeten Oberpriester, dann wird die Drohung im Hinblick auf seine Sippe nach den 3 Zeitdimensionen entfaltet: Mutter — er selbst — Söhne.

[41] Vgl. die späteren Anspielungen: 1 Sm 15,26; 16,1.

Man kann allerdings fragen, ob nicht doch zwei Elemente den Text Gn 3,15 b wieder von den herangezogenen prophetischen Worten entfernen und zu einer Größe sui generis machen: Die Voranstellung des Urteils vor die Begründung, dann die Verwendung des Imperfekts im Begründungssatz. Zwar ist auch in Os 4,5 f. die Schuldangabe zweimal nachgestellt, und es gibt auch, wenn auch seltener, neben den normalen Begründungssätzen im Perfekt solche im Imperfekt — aber beide Dinge sind offensichtlich nicht das Normale und bilden, da sie sich addieren, einen Einwand. Die Frage ist einfach, wie stark das Formbewußtsein war, das der Jahwist voraussetzen konnte. War die Einführung des wesentlichen Formmerkmals, der doppelten Setzung des gleichen Tätigkeitsworts in zwei kurzen, aufeinander bezogenen Sätzen am Ende der zweiteiligen Verfluchungsform, schon deutlich genug, um sich mit dem Leser über den Grundsinn der Aussage zu verständigen, und lebenskräftig genug, um an einer Umkehrung der Reihenfolge und einer ungebräuchlichen Verbalform, die dem Text zu einer noch individuelleren Gestalt verhelfen sollten, nicht zugrunde zu gehen? Die Antwort auf diese Frage hängt stark vom individuellen Empfinden |369| des Auslegers ab. Beim Abwägen der Gründe für und wider darf auch die Konvergenz der verschiedenen, in dieser Arbeit vorgelegten Beobachtungen nicht übersehen werden. Auch fragt sich, ob sich in den Abweichungen von der Normalform ein positiver Sinn entdecken läßt.

Was zunächst die Verbalform angeht, so haben wir immer mehr gelernt, vorsichtig zu sein, wenn die Wahl bestimmter Formen erklärt werden soll. Instruktiv ist innerhalb unseres Formenkreises der Unterschied zwischen Dt 28,13 b und Dt 28,45 b. Beide Sätze stehen innerhalb des formalen Rahmens genau an derselben Stelle, entsprechen einander auch inhaltlich ziemlich genau (seien sie nun Bedingungs- oder Begründungssätze). Aber einmal steht Perfekt, einmal Imperfekt. Sicher wird dadurch (und durch einige kleine andere Unterschiede) innerhalb der grundlegenden gemeinsamen Aussage jedem der beiden Texte noch eine individuelle Nuance verliehen. Welche — das mag hier offenbleiben. Für Gn 3,15 b dagegen kann man vielleicht mit aller nötigen Vorsicht darauf verweisen, daß das Imperfekt — falls es sich nicht einfach als Ausdruck des reinen Beginns der Handlung oder des reinen Versuchs erklärt — der Tendenz von Gn 3,15 entspricht, die Verfluchung in die Zukunft hinein zu eröffnen. Eine Zeitangabe scheint grundsätzlich zur Gattung der zweiteiligen Verfluchung zu gehören (vgl. Gn 3,17.19 „alle

Tage deines Lebens", „bis du zur Erde zurückkehrst"; in der Kainsgeschichte wird die Zeitfrage sofort anschließend diskutiert, ist also in der Verfluchung selbst ausgespart; in Dt 28 wiederholt sich immer wieder das „bis daß du"; in Jos 9,23 b steckt eine implizite Zeitangabe „immerdar"). In Gn 3,14 b steht zunächst als Zeitangabe: „alle Tage deines Lebens" (vgl. Gn, 3,17, wo es bei dieser Festlegung bleibt). Dann weitet aber Gn 3,15a den Zeitraum der Verfluchung in alle Zukunft hin aus: „Feindschaft setze ich zwischen dir und der Frau, zwischen deinem Samen und ihrem Samen." Dies meint zunächst die Verlängerung des Fluches über die Schlange. Der Mensch soll der Vollzieher des Fluches sein. Aber das Wort „Feindschaft" deutet zugleich auch ein Weiterlaufen der Haltung und des Tuns der Schlange an. Auch sie wird dem Gesetz ihres Wesens weiterhin folgen und dem Menschen nachstellen. Die endgültige Vernichtung, die sie treffen wird, wird Strafe nicht nur für ihre erste Tat, sondern für all ihr Tun sein. Gewänne der Text am Ende nicht diese Dimension des Grundsätzlichen und der Zukunft, sondern bliebe in der einen Versuchung des Anfangs eingeschlossen, dann wäre ein Perfekt besser, so, wie es in Gn 3,14 steht. Das Imperfekt dagegen deutet die neugewonnene Dimension des Spruches an. Man wählt am besten eine präsentische Übersetzung.

Für einen Augenblick zeigt sich die Vielschichtigkeit der Aussage. Es geht ja nicht nur um das Ereignis am Anfang der Menschheitsgeschichte. Der Text hat auch eine naturkundliche Sinnschicht, die man nicht unterschlagen sollte[42], und in ihr geht es um alle je geschehenden Angriffe von Schlangen auf Menschen. Und in der entscheidenden theologischen Sinnschicht erscheint das in der Schlange Gestalt werdende Böse als eine Macht, die stets und überall den Menschen bedrängt und gerade deshalb zu totaler Vernichtung verurteilt wird.

Daß die Begründung nach-, nicht vorgestellt ist, mag rein formalen Bedürfnissen entspringen, vielleicht sogar nur dem literarischen Drang, sich nicht zu sklavisch an ein festes Schema zu halten. Gn 3,14f. ist in wesentlich höherem Maß Literatur als etwa die in den geschichtlichen Büchern überlieferten Prophetenworte. Wenn sich die Umkehrung der Reihenfolge gerade in dem schon auf Literatur hin weiterentwickelten Osee-Beleg findet, so mag dort ein ähnliches Bedürfnis vorgelegen haben. An sich liebt es der hebräische Stil, eine längere Ausführung durch einen kurzen, abklingenden Begründungs-

---

[42] Vor allem H. Gunkel (vgl. Anm. 37) hat darauf hingewiesen.

satz abzuschließen[43]. Im prophetischen Gerichtswort im allgemeinen 370 wird nicht zu selten die Reihenfolge von Begründung und Gerichtsankündigung vertauscht[44].

4. *Die bildliche Vorstellungswelt.* Beim Vergleich der beiden Übersetzungsmöglichkeiten „während nur" und „weil" war schon deutlich geworden, daß ihnen etwas verschiedene bildliche Vorstellungen entsprechen. Natürlich darf man keinen absoluten Gegensatz konstruieren. Immerhin fördert die eine Übersetzung die Vorstellung eines Ringens und Kämpfens, die andere die eines Siegergestus. Die eine klingt eher naturhaft, die andere eher juristisch.

Nun ist die Forschung schon seit einiger Zeit davon abgekommen, in der Paradies- und Sündenfallerzählung das schlichte Fabulieren eines einfachen palästinensischen Landmanns zu sehen. G. v. Rad sagt einmal, daß die „Einfachheit" des Jahwisten in Gn 2f. „nicht archaisch, sondern vielmehr höchste Beherrschung aller Kunstmittel" ist[45]. In diesem Sinne hat sich auch schon gezeigt, daß Gn 3,14b („auf dem Bauch sollst du kriechen und Staub sollst du fressen") nur ganz nebenbei Beobachtung der Lebensweise der Schlange in freier Natur ist. Vor allem wird hier auf das altorientalische Siegeszeremoniell angespielt. Auf dem Bauche kriechen und Staub fressen: das verweist auf Prozeduren, denen sich ein besiegter Fürst bei den Siegesfeiern und oft lebenslang zu unterziehen hatte[46]. Sie haben ihre Entsprechungen im üblichen Hofzeremoniell, wie es etwa die Einleitungssätze von El-Amarnabriefen[47] oder Darstellungen von Tributleistungen[48] zeigen.

Sind so neben der Naturbeobachtung hinter Gn 3,14 eine konkrete traditionelle Vorstellungswelt und zeremonielle Verhaltensweise zu vermuten, so ist es angebracht, auch nach dem bildhaften Hintergrund von Gn 3,15 zu fragen. Der Übersetzung „während nur" entspräche das mythologische Motiv vom Schlangen- oder Drachen-

---

[43] Hinweis von L. Alonso Schökel. Einige Beispiele: Gn 17,14; in Lv 18—26 der Motivsatz „ich Jahwe euer Gott"; Dt 4,24 31; 7,26; 8,20; 9,6; Jos 24,18; Ri 2,17 18 19; 1 Kg 22,23.
[44] Westermann (vgl. Anm. 30) 127.
[45] G. v. Rad (vgl. Anm. 3) 80.
[46] Vgl. Brunec (vgl. Anm. 10) 204ff.
[47] „Siebenmal und siebenmal falle ich nieder zu den Füßen des Königs mit Rücken und Bauch."
[48] Vgl. Gressmann, Altorientalische Bilder z. AT (AOB) 55,87,123; Pritchard, Ancient Near East in Pictures (ANEP) 5,45,46,52,355.

kampf[49]. Aber abgesehen davon, daß dieses mythologische Motiv in Gn 3 höchstens die Folie ist, vor der eine Kontrast-Erzählung mit der Kontrast-Theologie aufgebaut wird, wird der Kampf gewöhnlich mit Waffen geführt, nicht mit dem Fuß. Dem entsprechen die bildhaften Darstellungen[50]. ⌐371⌐ Das Zertreten des Kopfes verweist vielmehr an das Ende des Kampfes, wo es entweder als letzter Akt des Kampfes oder als Gestus des Siegers über dem toten Körper des Gegners seinen traditionellen Sinn hat.

So endet im babylonischen Gedicht Enuma Eliš der Kampf Marduks mit der Urschlange Tiamat so: „Als er sie bezwungen hatte, tilgte er ihr Leben aus. Ihren Leichnam warf er hin, sich darauf zu stellen."[51] Ein verbreiteter Bildtyp der Rollsiegeldarstellungen zeigt einen Helden (meist Gilgamesch), wie er als Sieger über Löwe oder Stier dem überwundenen Tier auf den Kopf oder Nacken tritt, während er es an einem Hinterfuß in die Höhe reißt[51 a]. Auch Ps 91,13 („über Löwe und Otter wirst du schreiten, zertreten Leu und Drachen") ist hier zu nennen. Nach dem Kontext liegt hier zwar primär der Gedanke des den Weg sichernden Schutzes Gottes vor, doch schließt das die eigene siegreiche Auseinandersetzung mit den Gefährdungen nicht aus. Und gerade in diesem Sinn spezifiziert und steigert V 13 b durch die Wahl des Verbums *rāmas* (niedertreten, zertreten, zerstampfen) die Aussage von V 13 a.

Tötung von Gegnern durch Zertreten des Kopfes findet sich etwa am Kriegswagen Tutmosis' IV., wo der Pharao als Königssphinx dargestellt ist[52]. Der Löwenleib der Sphinx schreitet majestätisch

---

[49] Überblick: M. Eliade, Drache, in: RGG II ³1958. Literatur: vgl. die Artikel Drache, Leviathan, Rahab, Schlange in den einschlägigen Lexika. Der Drachenkampf in der Bibel: H. Gunkel, Schöpfung und Chaos in Urzeit und Endzeit, Göttingen 1894.
[50] Vgl. AOB 374a, 397; ANEP 669—671, 678, 691, 696. Am nächsten käme noch das sehr naturalistische ägyptische Grabgemälde ANEP 669. Unter einem Baum sitzt eine Katze, die den Kopf einer sich krümmenden Schlange mit der rechten Vorderpfote zur Erde drückt, um ihn dann — und hier zeigt sich dann der typische Unterschied doch — mit einem in der linken Vorderpfote erhobenen großen Messer abzutrennen.
[51] IV 103f. Hier nach Gressmann, Altorientalische Texte zum AT, wiedergegeben.
[51 a] O. Weber, Altorientalische Siegelbilder, Leipzig 1920 (=Der Alte Orient, Bd. 17 und 18). Vgl. bes. Bd. 1: Text, S. 21 und 76; Bd. 2: Abbildungen, Nr. 27—30, 134, 137, 144, 230.
[52] Nachzeichnung AOB 60; eine ganz ähnliche Darstellung (vom Thron) aus der gleichen Grabkammer ANEP 393 (Foto).

voran. Unter der linken Hinter- und der rechten Vordertatze krümmen sich zwei mit dem Kopf zur Erde gepreßte Feinde, während die linke Vordertatze nach vorn ausgreift und gerade den Kopf eines weiteren Feindes zur Erde hinunterdrückt. Königliche Sieger werden gern mit dem Fuß auf einem getöteten Feind dargestellt. So steht Naram-Sin von Akkad auf der Stele, die seinen Sieg über die Lullubäer feiert, mit seinem linken Fuß auf den Körpern zweier getöteter Gegner[53]. Ganz entsprechend setzt auch der Lullubäerfürst Anu-banini in seinem Felsbild den linken Fuß auf einen Toten[54]. Derselbe Bildtyp als Götterdarstellung findet sich in einem Rollsiegel des 3. Jahrtausends[55]. Wenn die Soldaten Eannatums auf der Rückseite der Geierstele über die Kopf an Kopf und Fuß an Fuß gereihten Leichen ihrer Feinde wie über eine Straße in geschlossener Phalanx marschieren, so stellt dieses Bild nicht so sehr die Schlacht selbst dar als wiederum den vollständigen Sieg[56]. Von der endgültigen Tötung des Feindes durch Zertreten des Kopfes über das Treten auf den Feind als Siegergeste führt ein unmittelbarer Zusammenhang zu der Sprache, vielleicht sogar Wirklichkeit des Hofzeremoniells, das Ps 110,1 bezeugt: „bis ich deine Feinde hinlege zum Schemel deiner Füße". Dieses Wort wird glänzend illustriert durch ein Grabgemälde, das Amenophis II. darstellt[57]. Der thronende König setzt seine Füße auf die Köpfe seiner tiefgebeugt 372 daknienden Gegner, denen überdies noch die Arme auf dem Rücken gefesselt sind, wie auf einen Schemel.

Ist man von dem Befund in Gn 3,14 her berechtigt, auch in Gn 3,15 neben der alltäglichen Erfahrung des Niedertretens von Schlangen auch traditionelle, symbolträchtige Bildvorstellungen zu vermuten, so weist der Wortlaut von Gn 3,15b eindeutig auf die Vorstellung des Sieges, nicht aber auf die eines noch währenden Kampfes. Das ist zwar nur ein kleiner Unterschied der Akzentsetzung — aber auch er spricht wieder für die Übersetzung „weil".

---

[53] AOB 41, 43; ANEP 309.
[54] AOB 254; ANEP 524.
[55] ANEP 699.
[56] AOB 32; ANEP 300.
[57] AOB 59.

Textkritisches zu Gn 17,5.13.16.17

[439] **1.** In Gn 17,13 TM *ylyd* hat Sam *ylydy*[1]. Die Ausdrücke *ylyd byt* und *mqnt ksp* (dieser teilweise verbunden mit *bn nkr*) stehen in Gn 17 viermal, zweimal in der göttlichen Anordnung der Beschneidung (17,12.13), zweimal im Ausführungsbericht (17,23.27). Unter Voraussetzung der samaritanischen Lesung *ylydy* bilden die Variationen der Ausdrücke in den 4 Belegen ein chiastisches System:
  12 *ylyd byt mqnt ksp bn nkr*
  13 *ylydy bytk mqnt kspk* —
  23 *ylydy bytw mqnt kspw* —
  27 *ylyd byt mqnt ksp bn nkr*
Steht *bn nkr*, dann stehen keine Suffixe, und *ylyd* ist im Singular. Fehlt dagegen *bn nkr*, dann stehen Suffixe, und *ylyd* ist im Plural. Dieses System dürfte typisch sein für den oft bis in Kleinigkeiten ausgeklügelten P-Stil. Die Lesung des TM in 17,13 erklärt sich leicht als Angleichung an den unmittelbar vorangehenden Vers 12. Die hier sichtbar werdende Tendenz der Angleichung an den Nachbarvers ist in Perfektion zum Zug gekommen in LXX:
  12 ὁ οἰκογενὴς τῆς οἰκίας σου καὶ ὁ ἀργυρώνητος
  13 ὁ οἰκογενὴς τῆς οἰκίας σου καὶ ὁ ἀργυρώνητος
Auch 17,23 und 17,27 sind in LXX stark aneinander angeglichen. Sam dürfte also den ursprünglichen Text haben. Die Lesung von Sam ist in *BH*³ nicht einmal erwähnt.

2. In Gn 17,16 bezieht der TM die zweite Vershälfte auf Sara (*ūbēraktīhā w^{e}hāy^{e}tā ... mimmennā^h* ....), Sam zunächst auf Isaak und dann wieder auf Sara *(wbrktyw whyth ... mmnh ...)*, LXX nur auf Isaak (καὶ εὐλογήσω αὐτόν ... ἐξ αὐτοῦ...). Die aspektreichste Gedankenführung [440] liegt im Sam vor, TM und LXX können als Simplifizierung der Lesung von Sam nach zwei verschiedenen Seiten hin betrachtet werden. Sachlich ist nach dem TM zweimal von der

---

[1] A. Freiherr VON GALL, *Der hebräische Pentateuch der Samaritaner* (Gießen 1918), z. St.: so die Mehrzahl der dort verglichenen Manuskripte.

Segnung Saras die Rede, und da der ersten Erwähnung der Segnung Saras ein Kind entspringt (16a), würde man nach der zweiten Segenserwähnung wieder ein Kind erwarten. Es kommt aber nicht. Umgekehrt macht die Lesung der LXX[2] aus 17,16 schon einen Text über Isaak. Das ist er aber offenbar nicht: Das Thema Isaak wird erst, verwoben mit dem Thema Israel, in 17-21 abgehandelt. 16 gehört zu 15 und behandelt noch das Thema Sara. Die Lesung von Sam läßt das bestehen und kündet nur durch den kurzen Aspektumsprung in der Mitte das sofort kommende Thema Isaak schon einmal an (und zwar noch ohne den Namen, der wird ja erst in 17a *wayyiṣḥāq* vorbereitet). 25,11 wird auf die Aussage von der Segnung Isaaks zurückgreifen. Dies wäre also der ursprüngliche Gedankengang: Sara wird gesegnet, daher wird sie Mutter eines Sohnes; dieser Sohn wird gesegnet, auch er wird also Nachkommen haben, und dadurch wird Sara zur Stammutter von Völkern und Königen. Orthographisch war der Übergang zur Lesung des TM leicht, wenn das Maskulinsuffix nach *ūbēraktī* ursprünglich noch nicht kontrahiert war (wie heute nach Sam). Ausfall eines *w* aus *yhw* = *-īhū* ist leicht möglich, denn das folgende Wort begann mit dem gleichen Zeichen *(whyth)*. E. A. Speiser (AB), der die Lesung von Sam nicht erwähnt, kommt rein spekulativ von TM, LXX, Syr und Vulg aus ebenfalls zu unserem Vorschlag.

3. Doppelfragen werden im biblischen Hebräisch meist mit *h^a* vor der ersten und *ʾim* oder *w^{e}ʾim* vor der zweiten Frage gebildet. In Gn 17,17 TM folgt nach dem ersten Wort der zweiten Frage, die regulär mit *w^{e}ʾim* eingeleitet wird, vor dem dann folgenden Wort *bat* noch die Fragepartikel *h^a*. Eine Parallele zu dieser Konstruktion scheint es nicht zu geben. Ehrlich streicht das *h*. Er hätte Dittographie des auslautenden *h* von *śārā^h* als Begründung angeben können. Andere benutzen die Gelegenheit, noch mehr zu streichen[3]. Skinner (ICC) versucht eine Erklärung: "a combination of the disjunctive question with *casus pendens*". Aber bei *casus pendens* würde man das normale *w^{e}ʾim* gerade hinter dem vorangezogenen Wort erwarten. Besser erklärt es schon Keil (BCAT³): "Die Wiederholung des *h^a* nach *h^a–w^{e}ʾim* ist emphatisch". So war es wohl von den Masoreten gemeint. Wieso aber hier eine Emphase, die zu derart einmaligen Mitteln greifen muß?

---

[2] Von *BH*³ und G. VON RAD (Das Alte Testament Deutsch) z. St. als ursprüngliche Lesung empfohlen.

[3] *Śārā^h h^a* R. KITTEL, in *BH*³, E. KÖNIG, *Die Genesis* (Gütersloh 1925), z. St. (als Möglichkeit); *w^{e}ʾim Śārā^h* O. PROCKSCH (Kommentar zum AT) z. St.

Die Annahme einer Emphase fällt schon leichter, wenn man einige Worte vorher statt TM *yiwwāled* mit Sam *ẇlyd* als ursprüngliche Lesung voraussetzt. *'ōlīd* wäre 1. Person Singular Hifil, Subjekt wäre Abraham. Dann müsste nämlich eine neue Erklärung für das *l* in *hlbn* gesucht werden. 441 Am naheliegendsten wäre in diesem Falle emphatisches Lamed, so daß auch der erste Teil der Doppelfrage seine Emphase besäße.

Der Parallelismus wäre noch deutlicher, wenn das *h* vor *bat* nicht Fragepartikel, sondern Artikel in emphatischer Funktion wäre. Allerdings ist *bat* hier als *status constructus* nach Normalgrammatik nur vom abhängigen Genitiv her determinierbar, nicht durch vorgesetzten Artikel. Doch gibt es dazu so viele Ausnahmen[4], daß man keine Schwierigkeiten mehr haben sollte, auch noch weitere Ausnahmen zu akzeptieren, wo sie sich aufdrängen. Das scheint hier der Fall zu sein.

Die Lesung des TM *hiwwāled* dürfte also Konsequenz eines nicht mehr erkannten emphatischen Lamed, die Deutung des *h* vor *bat* als Fragepartikel Auswirkung grammatischen Systemzwangs sein. Die Worte, die Abraham in seinem Herzen sprach, als er auf der Erde lag vor Gott und lachte, waren also:

"Soll wirklich ich, ein Mann von hundert Jahren, zeugen, soll Sara, diese Frau von neunzig Jahren, gebären?"

Ein weiteres Motiv des Übergangs von Hifil (Sam) zum Nifal (TM) könnten chronologische Skrupel gewesen sein: nach genauer P-Chronologie war Abraham, als er Isaak zeugte, ja erst 99 Jahre alt. Das Nifal beseitigt die Zeugung.

4. In den drei bisher besprochenen Fällen ergab sich stets die Vermutung, daß der Konsonantentext des Sam dem des TM vorzuziehen sei. Das weist in die gleiche Richtung wie die Ergebnisse, die Cross vor allem bei der Untersuchung von Manuskripten aus 4Q erzielt hat[5], und wie überhaupt die Handschriftenfunde aus der judäischen Wüste nahezulegen scheinen: es gab im vorchristlichen Palästina mehrere hebräische Texttraditionen, und deshalb muß auch der

---

[4] Zusammengestellt und wegerklärt bei GESENIUS-KAUTZSCH[28] § 127 *f-h;* inschriftliche Parallelen und Diskussion des Phänomens bei M. DAHOOD, "Punic *hkkbm'l* and Isa 14,13", *Orientalia* 34 (1965) 170-172 (172).
[5] F. M. CROSS, "The History of the Biblical Text in the Light of the Discoveries in the Judaean Desert", *Harvard Theological Review* 54 (1964) 281-299; vgl. P. W. SKEHAN, "The Biblical Scrolls from Qumrân and the Text of the OT", *Biblical Archaeologist* 28 (1965) 87-100.

Samaritanus da, wo er von der Tradition des TM abweicht, ernsthafter beachtet werden als das manchmal geschah. Deshalb wäre — um zur letzten zu behandelnden Stelle zu kommen — vielleicht auch zu überlegen, ob nicht in Gn 17,5 Sam den älteren Text hat (Sam läßt ʾet des TM aus). Grammatisch bietet die Lesung des TM keine Schwierigkeit[6]. Da wir auch in 17,13 eine 442 Angleichung an einen anderen Vers annehmen mußten, könnte das ʾet des TM in 17,5 eine Angleichung an dasjenige in 17,15 sein. Die Tatsache, daß in Gn 17 Sam und LXX häufig einen harmonisierten Text haben, schließt nicht aus, daß in anderen Fällen auch der TM eine harmonisierende Lesung haben kann. Die Tatsache, daß in Gn 17 Sam und LXX im allgemeinen den zerdehnten Text haben, spricht aber dagegen, hier mit der Kürzung eines ursprünglich längeren Textes durch Sam und LXX zu rechnen.

---

[6] Zum direkten Objekt bei Passivkonstruktion im Althebräischen: GESENIUS-KAUTZSCH[28] § 121 a.b. Nach den Kollationen von KENNICOTT, DE ROSSI und GINSBURG lesen auch insgesamt 15 mittelalterliche Handschriften (BH[3] spricht von 11; der Unterschied kommt daher, dass ich auch die Rasur in KENNICOTT 151 und die von KITTEL offenbar übersehenen 3 von GINSBURG beigebrachten Handschriften mitzähle) den Text ohne ʾet. Falls man hier nicht mit einem Weiterlaufen der in Sam bezeugten Texttradition rechnen will, muss man Erleichterung der schwierigen Konstruktion durch mittelalterliche Schreiber annehmen. Das ist durchaus möglich, denn Schreibern, die auch europäische Sprachen sprachen, konnte das direkte Objekt beim Passiv leichter Schwierigkeiten bereiten. Doch folgt daraus nicht, dass die Konstruktion schon im vorchristlichen Palästina als schwierig empfunden worden wäre.

Die priesterschriftliche Abwertung der Tradition von der Offenbarung des Jahwenamens an Mose

☐ 1 ☐ In der Frage, wieviele göttliche Bundessetzungen die Priesterschrift kenne, stehen sich immer noch die beiden Parteien des vorigen Jahrhunderts gegenüber. Wellhausen gab dem priesterlichen Geschichtswerk das Sigel Q, was er mit "Vierbundesbuch (quatuor)" erklärte[1], Valeton begann seine grundlegende Untersuchung über $b^e r\hat{\imath}t$ im Priesterkodex mit dem Satz: "Im Priestercodex ist hauptsächlich nur von einer zweifachen *Berith* die Rede"[2]. Vor einigen Jahren hat Zimmerli die Valetonsche Position neu begründet und entfaltet[3], doch jüngst begab sich die von Fohrer völlig neu geschriebene Sellinsche Einleitung in Kenntnis des Aufsatzes Zimmerlis ganz ins Gefolge Wellhausens[4]. Der Verfasser dieses Beitrags ist mit Zimmerli überzeugt, daß P[5] die Bundeskategorie bewusst von ☐ 2 ☐ den Sinaiereignissen ferngehalten und dafür die alte Tradition von einer

---

[1] J. WELLHAUSEN, *Die Composition des Hexateuchs und der historischen Bücher des Alten Testaments* (Berlin ³1899) 1.

[2] J. J. P. VALETON jr., "Bedeutung und Stellung des Wortes *bryt* im Priestercodex", *ZAW* 12 (1892) 1-22 (1).

[3] W. ZIMMERLI, "Sinaibund und Abrahambund. Ein Beitrag zum Verständnis der Priesterschrift", *TZ* 16 (1960) 268-280 [= *Gottes Offenbarung. Gesammelte Aufsätze* (TB 19; München 1963) 205-216].

[4] G. FOHRER, *Einleitung in das Alte Testament*. Begründet von Ernst SELLIN (Heidelberg ¹⁰1965) 199f. — Der Versuch einer Mittelstellung wäre der von H. CAZELLES, "Pentateuque", *SDB* 7 (1964) 687-858 (833f), der Ex 19,3-8 als P-Text betrachtet, dort einen Bundesschluß findet und dann mit 3 Bundesschlüssen in P^g rechnet.

[5] Ich setze im folgenden die Unterscheidung zwischen einem priesterlichen Geschichtswerk P^g und weiterem priesterlichen Material P^s voraus. Da für die Zwecke dieses Beitrags eine möglichst einengende Abgrenzung von P^g vorzuziehen ist, lege ich die Analyse von K. ELLIGER, "Sinn und Ursprung der priesterlichen Geschichtserzählung", *ZTK* 49 (1952) 121-143 (121f) [= *Kleine Schriften zum Alten Testament* (TB 32; München 1966) 174-198 (174f)], zugrunde.

Abrahams*bᵉrît* ausgebaut hat. Die geschichtstheologische Aufwertung Abrahams hatte jedoch nicht nur Folgen im Bereich der Sinaierzählung, welcher das Wort *bᵉrît* vorenthalten wurde, sondern auch im Bereich der Tradition von der Offenbarung des Jahwenamens an Mose: deren Bedeutung wurde heruntergedrückt. Das soll im folgenden in kritischer Auseinandersetzung mit einer anderen, jüngst geäußerten Auffassung und durch Vorlage einer Reihe von Beobachtungen wahrscheinlich gemacht werden. Das Fehlen einer Sinai*bᵉrît* im Geschichtsentwurf von P könnte vielleicht ein wenig verständlicher werden, wenn es sich als eine unter *mehreren* Umwertungen vorgegebener Erzähltraditionen erweist, die ein sehr systematisch denkender Geschichtstheologe vornahm.

1. In Ex 6,3 setzt P die Väterzeit und die Mosezeit durch ein Gotteswort voneinander ab:

Ich bin Abraham, Isaak und Jakob als *ʾēl šadday* erschienen *(wāʾērā)*,

aber mit meinem Namen *yhwh* habe ich mich ihnen nicht zu erkennen gegeben *(lōʾ nôdaʿtî lāhem)*.

Wir sind gewohnt, dies nicht nur im Sinne eines Nebeneinander, sondern im Sinne einer Stufung zu lesen. Die Offenbarung des Jahwenamens wäre nicht nur etwas Neues, sondern etwas Grösseres. Der Vers wäre eine genial knappe Zusammenfassung der Theologie der alten Erzählungen in Ex 3. Rendtorff hat das vor kurzem noch etwas zu verdeutlichen gesucht. Nach ihm sind in diesem Vers nicht nur die beiden Gottesnamen gegeneinandergestellt, sondern darüber hinaus erstreckt sich der Gegensatz auch auf die beiden Verben: "Hier wird dem *nrʾh* das *nwdʿ* gegenübergestellt, und es kann nicht zweifelhaft sein, daß das in dem durchreflektierten Sprachgebrauch der Priesterschrift sehr bewußt geschieht. Das Erscheinen Jahwes wird einer vorläufigen Stufe zugewiesen; mit Mose beginnt etwas Neues: Jahwe gibt sich als er selbst zu erkennen"[6]. Zimmerli hat das als "schöne Wahrnehmung" akzeptiert[7]. Man kann die Berechtigung dieser Interpretation des Textes nachprüfen, indem man sich fragt, ob von nun an P bei göttlichen Offenbarungen *rʾh* nif nicht mehr gebrauche, ja vielleicht sogar an dessen Stelle *jdʿ* nif einsetze.

---

[6] R. Rendtorff, "Die Offenbarungsvorstellungen im Alten Israel", in: W. Pannenberg u.a., *Offenbarung als Geschichte* (KerDo Beiheft 1; Göttingen 1961) 21-41 (25).

[7] W. Zimmerli, "Offenbarung im Alten Testament", *EvTh* 22 (1962) 15-31 (17).

Beides ist nicht der Fall. P^g gebraucht *r'h* nif auch noch für die mit Mose einsetzende Zeit. Die Belege sind: Ex 16,10; Lev 9,4.6.23; Num 14,10; 20,6[8]. War der Erscheinende in der Patriarchenzeit *ĕlōhîm* (Gen 17,1[9]; 35,9) = *ēl šadday* (Gen 17,1; 35,11; 48,3; Ex 6,3) = *yhwh* (Ex 6,2f), so ist es in derFolge der *k^{e}bôd yhwh* (alle Belege außer Lev 9,4), der jedoch nach Lev 9,4 *yhwh* selbst ist. Es gibt also verschiedene Bezeichnungen des sich zeigenden Gottes, aber die Offenbarungsweise wird immer durch das gleiche Verbum *r'h* nif bezeichnet.

Es handelt sich dabei um durchreflektierten Sprachgebrauch der Priesterschrift. Denn für den Gebrauch von *r'h* nif finden wir in der P vorliegenden Tradition zwar Ansatzpunkte: Ex 33,10 *r'h* qal; 33,18 *r'h* hif, *kābôd;* Num 14,14 *r'h* nif, direkt allerdings auf Jahwe bezogen; 14,22 *r'h* qal, *kābôd*. Aber die systematische erzählerische Durchführung des Prinzips, dass in der Wüstenzeit der *k^{e}bôd yhwh* erscheint, und zwar unter Verwendung des Verbs *r'h* nif[10], ist erst das Werk von P^g.

So muß man folgern: P^g gebraucht bewußt für die Wüstenzeit die gleiche Erscheinungsterminologie wie für die Patriarchenzeit. ⎿ 4 ⏋
Dem entspricht eine andere Beobachtung: P^g verwendet den Ausdruck *npl 'al pānîm*, der im Zusammenhang mit dem Erscheinen des *k^{e}bôd yhwh* Anbetung (Lev 9,24) oder Bittgebärde (Num 14,5; 20,6)

---

[8] P^s: Num 16,19; 17,7.
[9] TM *yhwh*, aber P^g hatte nach üblicher Annahme ursprünglich *ĕlōhîm*. Doch vgl. H. HOLZINGER, *Genesis* (KHC; Freiburg 1898) 125 (*yhwh* sei möglicherweise ursprünglich: "eine der versteckten Finessen von P"); O. PROCKSCH, *Die Genesis* (KAT; Leipzig 1913) 473 (dasselbe).
[10] Eine Sonderstellung nimmt nur das eigentliche Berggeschehen im Bereich von Ex 24-31 ein. Die Formulierungen in Ex 24,17 lassen vermuten, dass P auch hier die Erscheinungsaussage schon auf der Zunge lag, dass er sie aber aus uns unbekannten Gründen wieder heruntergeschluckte. Mose geht dann in die auf dem Berg lagernde Wolke hinein (24,18), hört dort das Gotteswort und bekommt das Modell des Heiligtums zu sehen (*r'h* hif 25,9; 27,8). Nachdem Gott sein Sprechen vollendet hat (31,18, vgl. Gen 2,2; 17,22 — der Terminus zeigt, daß es sich innerhalb von P um ein sehr wichtiges Ereignis handelt), erhält er die zwei beschriebenen Tafeln, deren Inhalt (älteren Traditionen gemäß der Dekalog) verschwiegen wird. — Wäre nicht Num 20,6, wo der *k^{e}bôd yhwh* nur Mose und Aaron erscheint, läge es nahe, die Vermeidung der Erscheinungsterminologie beim Berggeschehen einfach der Tatsache zuzuschreiben, daß sie sonst in der Zeit der Wüstenwanderung nur verwendet wird, wenn Jahwe sich dem ganzen Volk offenbart.

meint, schon für den Zusammenhang der Abrahamserscheinung (Gen 17,3.17)[11].

Wenn in Ex 6,3 gesagt wird, Jahwe sei den Vätern als *ʾēl šadday* erschienen, dann kann das nicht sagen wollen, *nur* damals sei er *erschienen*, von jetzt an dagegen tue er sich auf neue, höhere Weisen kund[12]. Zwischen den beiden Satzgliedern in Ex 6,3 kann nur im Hinblick auf die Gottesnamen, nicht aber im Hinblick auf die Weise des göttlichen Sichkundtuns in den verschiedenen Epochen ein Gegensatz bestehen. Nun ist zu fragen, ob P den Unterschied der Gottesnamen im Sinne einer qualitativen Steigerung betrachtet wissen wollte.

2. Die Kundgabe des Jahwenamens geschieht in P in Ex 6,2. Das Erstaunliche ist nun: während die Kundgabe des Namens *ʾēl šadday* innerhalb einer Gotteserscheinung geschieht (Gen 17,1 *wayyērāʾ yhwh*), fallen die Gottesworte von Ex 6,2f nicht innerhalb einer Gotteserscheinung (in Ex 6,2 steht als Einleitung nur *wayᵉdabbēr ʾĕlōhîm ʾel mōše wayyōʾmer ʾēlāw*). Um diesen Sachverhalt werten zu können, muß kurz nach dem Stellenwert von Erscheinungserzählungen einerseits, reinen Gotteswortreferaten andererseits in P^g gefragt werden.

Es gibt in P^g sechs "Erscheinungen": Gen 17; 35; Ex 16; Lev 9; Num 14; 20. Dazu kommt, genau in der Mitte, die Offenbarung des Heiligtums an Mose auf dem Sinai. Die sechs Erscheinungen lassen sich leicht in Zweiergruppen anordnen, die dann die Erzväter, die Offenbarung von Jahwes Herrlichkeit und die Reaktion Jahwes auf das sündige Israel betreffen. Selbstverständlich *spricht* Jahwe auch in all diesen Erscheinungen. Neben ihnen gibt es aber nun noch eine

---

[11] Vgl. noch in P^s: Num 16,4.19.22; 17,8.10. Der Ausdruck findet sich zwar auch in älteren Erscheinungserzählungen (Jos 5,14; Ri 13,20), kommt aber wohl aus höfischem und kultischem Zeremoniell (zu Letzterem vgl. Jos 7,6.10; 1 Kön 18,39) und ist auf jeden Fall nicht in den älteren Traditionen über Gottesoffenbarungen an die Erzväter nachweisbar.

[12] Bei Rendtorff (vgl. oben Anm. 1, S. 2) 24f spielt noch der Gedanke mit, die Vorstellung vom Erscheinen Gottes sei in Israel eine archaische Vorstellung gewesen. Deshalb habe P sie nur für die Patriarchenzeit zugelassen, für spätere Perioden aber dann als "unangemessen empfunden". Diese Erklärung ist schon deshalb unwahrscheinlich, weil P es gerade liebt, archaische und massive Vorstellungen wieder ans Tageslicht zu holen — man vergleiche den Abschluss der beiden Patriarchenerscheinungen bei P^g durch eine Himmelfahrt Gottes (*ʿlh* in Gen 17,22; 35,13), zu der es in älteren Traditionen nur in der volkstümlichen Simsonerzählung eine Parallele gibt (Ri 13,20).

ganze Reihe von Texten, in denen Jahweworte referiert werden, ohne daß der Rahmen einer Erscheinung darumherum gelegt würde. Zu diesen Texten, die schon mit Gen 1 beginnen, gehört auch Ex 6. Die Sorgfalt, mit der die "Erscheinungen" in ein harmonisches System gebracht sind, lässt darauf schließen, daß die göttlichen Offenbarungen im Sinne der priesterschriftlichen Theologie auf andere, tiefere Weise für die Existenz Israels grundlegend sind als das sonstige Sprechen Gottes, das den Gang der Geschichte bewegend oder deutend begleitet. Die Offenbarung des Jahwenamens steht also nicht im Zusammenhang einer dieser wichtigen Selbstkundgaben Gottes, sondern in einem der Gottesworte von geringerem Stellenwert. Die Offenbarung des Namens *ʾēl šadday* steht dagegen in einer "Erscheinung", obwohl daraus nun wieder nicht gefolgert werden darf, dort sei das Erscheinungsschema *wegen* dieses Namens und seiner Kundgabe eingeführt worden.

Daß die Erscheinungsterminologie in Ex 6 fehlt, läßt sich wiederum durch Vergleich mit den Vorlagen als bewußten Akt des priesterlichen Verfassers aufweisen. Denn nirgends sonst findet sich in den erzählenden Quellen von P die Erscheinungsterminologie so deutlich wie gerade in der Geschichte von der Dornbuschoffenbarung. In Ex 3,2ff wird mit der Wurzel *rʾh* geradezu gespielt[13].

So wird man annehmen müssen, daß P^g aus uns nicht mehr bekannten Gründen sich zwar nicht in der Lage fühlte, wie so manches andere auch schon die Offenbarung des *Jahwe*namens in die Väterzeit zu verlegen, daß er aber diesen Zwang dadurch umging, daß er in die Väterzeit einfach eine andere Namensoffenbarung legte, die Offenbarung des Namens *ʾēl šadday,* und dieser dann erzählerisch größeres Gewicht gab. Der Sinn von Ex 6,3 wäre dann nicht, eine Offenbarungssteigerung anzukündigen, sondern einfach festzustellen, daß die Offenbarung des Jahwenamens die Weiterführung einer göttlichen Selbsterschließung durch *Namens*mitteilung sei, die schon in der Väterzeit begonnen habe. Eine weitere Beobachtung kann diese Auslegung bestärken.

 6 3. Im Kult Israels war zweifellos einer der wichtigsten Orte

---

[13] Dazu verweisen Ex 3,16; 4,1.5 mit *rʾh* nif auf diese Erscheinungen zurück.

der göttlichen Selbstvorstellung die Verkündigung der Gebote.[14] Entscheidender Text war in dieser Hinsicht der Dekalog. Vielleicht entspringt sogar der formgeschichtliche Zusammenhang zwischen Selbstvorstellung Gottes und göttlicher Willenskundgabe ursprünglich dem Dekalog[15]. Wie das Heiligkeitsgesetz zeigt, war der priesterlichen Tradition dieser Gebrauch der Selbstvorstellungsformel keineswegs fremd. Wie Ez 20,5-7 zeigt, konnte innerhalb priesterlicher Tradition die Kombination "Selbstvorstellung plus Gebot" auch leicht in den Zeitpunkt der Offenbarung des Jahwenamens vor dem Exodus verlegt werden. All dies war dem Verfasser der Priesterschrift vertraut. Wie hat er die Möglichkeiten dieser Formzusammenhänge ausgenutzt?

Die volle Form einer göttlichen Selbstvorstellung mit folgender göttlicher Forderung findet sich in P^g nur in Gen 17,1:
Ich bin *ēl šadday*:
Wandle vor mir und sei untadelig!
Um ganz vorsichtig zu sein: Es wäre denkbar, daß die letzten Worte schon konsekutiv gemeint sind ("...dann bist du untadelig") oder daß beide Gebote im Hinblick auf die sofort anschließende Bundesverheißung (V. 2) einen leicht konditionalen Beiklang haben ("wenn du vor mir wandelst..."). Aber selbst dann bliebe eindeutig der formale Sachverhalt von zwei unmittelbar auf die göttliche Selbstvorstellung folgenden göttlichen Geboten. Daß inhaltlich keine Dekalogformulierungen da sind, darf nicht überraschen. Genau so wenig wie den Jahwenamen wird P die tragenden Dekaloggebote in die Väterzeit haben vorziehen können[16]. Dafür wird die Grundforderung ⟨7⟩ des

---

[14] Näheres bei W. ZIMMERLI, "Ich bin Jahwe", in: *Fschr. A. Alt,* (Tübingen 1953) 179-209 [= *Gottes Offenbarung. Gesammelte Aufsätze* (ThB 19; München 1963) 11-40]; K. ELLIGER, "Ich bin der Herr — euer Gott", in: *Fschr. K. Heim* (Hamburg 1954) 9-34 [= *Kleine Schriften zum Alten Testament* (ThB 32; München 1966) 211-231].

[15] Ex 20,2.5 = Dtn 5,6.9. Dazu vgl. Ex 15,26; Ri 6,10; Hos 12,10; 13,4; Ps 50,7; 81,11.

[16] Hier zeigen sich die Grenzen, die P bei der Verlagerung der Gewichte in der traditionellen Heilsgeschichtskonstruktion gesetzt waren. Die Tradition konnte nie ganz übersprungen werden. Wenn P den Bund ganz vorverlagern konnte, dann nur deshalb, weil es schon eine alte Tradition von einer Abrahamsb^erît gab (Gen 15,18) und weil die deuteronomische Predigt mit dem Schwur Jahwes an die Patriarchen außer der ursprünglichen Landesverheißung inzwischen auch schon viele andere Inhalte, bis hin zur "Bundesformel", verbunden hatte (Dtn

Die Offenbarung des Jahwenamens bei P 77

sich offenbarenden Gottes in Beziehung zu den urzeitlichen Gestalten Noah und Henoch gesetzt. Das sind die Gerechten, die entrückt wurden bzw. nicht dem Gericht der Sintflut verfielen[17]. In Ex 6,2ff fehlt die durch nachfolgende Gebote erzeugte Hochgestalt der göttlichen Selbstvorstellung. Die einfache Selbstvorstellung von 6,2 wird in 6,6.8 zwar wieder aufgenommen, aber dadurch erhält sie die stilistische Funktion einer Rahmung der Botschaft Moses an die Israeliten. Diese ist in lockerer Anlehnung an die Formen des Heilsorakels stilisiert, in dem es auch göttliche Selbstvorstellungen geben kann[18]. Dadurch ist die Selbstvorstellung mit dem ⌐ 8 ⌐ Jahwenamen in einen für P weniger zentralen Formzusammenhang gebracht. Wenn die Formel ʾănî yhwh im Fortgang des Textes von Pᵍ

13,18 Zahlreichwerden Israels; 6,18f; 9,5 siegreiche Eroberung des Landes; 8,18 Wohlstand im Land; 19,8 Gebietserweiterungen; 29,12 Verwirklichung der Bundesformel). Selbst beim Thema "Bund" ist zu beachten, daß P das Wort bᵉrît für die Väter nur in Gen 17 gebraucht. Gen 28,4 bezieht sich auf Gen 17,7f zurück mit dem Ausdruck birkat ʾabrāhām! Auch die Jakobsoffenbarung wird als "Segen", nicht als bᵉrît gekennzeichnet: Gen 35,9; 48,3. Die Segnung Isaaks in Gen 25,11 dürfte eine nicht erzählte und zu Gen 17 und 35 parallele Gotteserscheinung andeuten wollen. Nach Ex 6,4 hat dann plötzlich Jahwe allen drei Vätern einen Bund errichtet. Selbst beim Wort bᵉrît fühlte sich P also offenbar nur dort berechtigt, es zu verwenden, wo auch schon seine Vorlagen es hatten: bei Abraham.

[17] Folgende Texte sind zu vergleichen: Gen 5,22 wayyithallēk ḥănôk ʾet hāʾĕlōhîm; 5,24 wayyithallēk ḥănôk ʾet hāʾĕlōhîm wᵉʾênennû kî lāqaḥ ʾōtô ʾĕlōhîm; 6,9 nōaḥ ʾîš ṣaddîq tāmîm hāyâ bᵉdōrōtāw ʾet hāʾĕlōhîm hithallēk nōaḥ; 17,1 hithallēk lᵉpānay wehyē tāmîm. Woher stammt die Formulierung? Einerseits gibt es einen Ansatzpunkt für sie in der P vorgegebenen Abrahamstradition: Gen 24,40 yhwh ʾăšer hithallaktî lᵉpānāw vgl. 48,15 hāʾĕlōhîm ʾăšer hithallᵉkû ʾăbōtay lᵉpānāw ʾabrāhām wᵉyiṣḥāq. Hier ist allerdings nur der eine Teil der Formulierung belegt. Immerhin könnte hier der Grund für lᵉpānāy in 17,1 statt ʾet in 5,22.24; 6,9 liegen. Andererseits gehört die Verbindung von hlk und tmm zur traditionellen Psalmensprache. Doch gibt es vielleicht noch einen genaueren Zusammenhang. Wegen der Häufung von Parallelen lässt sich in Gen 6,9ff kaum eine Abhängigkeit von dem auf den König von Tyrus applizierten Paradiesesmythus von Ez 28,12ff leugnen. Dort steht in v. 14 hlk hitp und in v. 15 tāmîm, beides auf das Paradieseswesen bezogen. Näheres in einer demnächst in ThPh erscheinenden Arbeit von L. Van den Wijngaert, dort auch ältere Literatur. Von Abraham würde also eine Art urmenschlicher Vollkommenheit des Ethos gefordert.
[18] Zur Selbstvorstellung in Heilsorakeln: ZIMMERLI (vgl. oben Anm. 1, S. 6) 25-27. Zur Form des Heilsorakels in Ex 6: J. F. WIMMER, "Tradition Reinterpreted in Ex 6,2 – 7,7", *Augustinianum* 7 (1967) 405-418 (410-414).

dann in Erkenntnisaussagen weiterklingt[19], so folgt P^g einfach ihm vorgegebenen Traditionen der Darstellung der Herausführung aus Ägypten — es ist nicht so sicher, daß wir es mit seiner eigenen Handschrift zu tun haben[20].

Das Eigene der Priesterschrift bleibt die Verlegung der mit der Namensoffenbarung verbundenen göttlichen Forderung in die Patriarchenzeit. Damit ist der ersten Namensoffenbarung in Gen 17,1 — auch wenn es nur die des Namens ʾēl šadday ist — ein wesentlich größeres Gewicht gegeben als der späteren Enthüllung des Jahwenamens. Natürlich nicht, *weil* es die Offenbarung des Namens ʾēl šadday ist, sondern weil es überhaupt die erste *Namens*offenbarung ist. Die liegt schon *hier,* bei Abraham, weil es P darauf ankommt, die Patriarchenoffenbarung auf jede Weise aufzuwerten. Er nimmt dafür selbst eine Abwertung der Tradition von der Offenbarung des Jahwenamens an Mose in Kauf.

---

[19] In P^g: Ex 6,7; 7,5; 14,4.18; 16,12; 29,46. Mit "ich, Jahwe" ist zu übersetzen in Ex 12,12; 29,46 (Ende). Die meisten Belege sind noch im Bereich der Herausführung aus Ägypten.
[20] Vgl. W. ZIMMERLI, *Erkenntnis Gottes nach dem Buche Ezechiel. Eine theologische Studie* (ATANT 27; Zürich 1954) 19-30 [= *Gottes Offenbarung. Gesammelte Aufsätze* (ThB 19; München 1963) 41-119 (56-69)].

De Moysis epinicio (Ex 15,1-18)[1]

[277] In liturgia vigiliae paschalis nostis textum quendam (Ex 14,24-15,1) sollemniter legi quo Israelitarum transitus Maris Rubri narratur ac deinde initium celeberrimi illius carminis (Ex 15,1-18) quod Moyses concinnasse ipso sacro textu traditur. In «Oratione» vero responsiorum illud sequenti cum Maris Rubri transitu sacramentum baptismi comparatur. Porro ipsum quoque paschale praeconium quod a primo eius verbo «Exsultet» nuncupatur haud obscure docet inter liberationem Israelitarum e servitute Aegyptiaca et mysteria paschalia christianorum aliquam intercedere affinitatem. Quam affinitatem Patres quoque et posteriores theologi saepe exposuerunt. Verumtamen non solum gratiam baptismi, sed etiam morum conversionem quae eum consequi debet mirabili illo transitu significari putabant. Est ergo in Ecclesia traditio antiquissima pariter et testatissima[2] quae insuper sacris vigiliae paschalis ritibus quotannis denuo fidelibus inculcatur hunc in modum Maris Rubri transitum interpretari solita. Quae quidem interpretatio iam in Novo Testamento, immo iam nonnullis Veteris Testamenti textibus praeparabatur.

A placitis Veterum profecto longe distant ea quae de Moysis epinicio disputant exegetae moderni. Alia sunt eorum quaesita, alia eorum responsa. Quae res, antequam nostram ipsi sententiam promamus, brevi demonstretur conspectu eorum sive librorum sive articulorum qui post bellum universale alterum de Moysis epinicio in lucem editi sunt.

---

[1] Lectio 31. 10. 1962 Romae habita. Formam praelectionis de industria servo. Ea quae dicuntur secundum leges huius dicendi generis iudicentur oportet. Nova non praebentur nisi ubi de analysi stilistica agitur. Documentatio manet incompleta. Sermonem latinum perpolivit P. Theodorus Becker: huic ea, quae bene sonant, quae minus bene, mihi tribuenda sunt.

[2] Cf. J. Daniélou, *Sacramentum Futuri,* Parisiis 1950, 131-200.

|278| 1949 ALBRIGHT contra sententiam communem, quae etiam tum temporis primas partes sibi vindicabat, carmen iam saeculo 13 ortum esse contendit. Ratio: parallelismi repetitivi ugaritici[3].
 1952 ROZELAAR novam de textus structura strophica thesim proponit[4].
 1953 MOWINCKEL contra ALBRIGHT carmen saeculo demum 9 ortum esse affirmat[5].
 1954 TALMON ex Manuscripto I Q Is^a novos aspectus proponit qui ad criticam textus Ex 15,2 pertinent[6].
 1955 H. SCHMID canticum ex traditionibus cultus Hierosolymitani derivat[7].
 Eodem anno CROSS et FREEDMAN scribunt articulum: «The Song of Mirjam»[8]. Nullus profecto superioribus hisce annis articulus prodiit quo carmen illud tractaretur melius. Auctores methodum criticae orthographicae in schola Albright elaboratam ad textum applicant, parallelas novas, praesertim ex Ugarit, allegant, novis rationibus originem defendunt saeculo 10 priorem.
 1956 GROSS epinicum cantum liturgicum festo *pesaḥ-maṣṣōt* propriissimum fuisse defendit et ex eo psalmos eos derivat qui vocantur psalmi inthronisationis[9].
 1957 WATTS ex inconcinnitatibus quas ipse quidem deprehendisse sibi videtur ad diversa strata litteraria recurrit[10].
 1959 NOTH in suo de libro Exodi commentario carmini Moysis duas paginas et dimidiam tribuit[11]. Scriptae sunt cum optimo iudicio, tamen vere nova auctor non adfert, de origins tempore iudicium suspendit, in quaestiones theologicas non intrat.
 Eodem anno 1959 RENDTORF, postquam carmen Moysis et psalmos inthronisationis diligenter comparavit, dubitare sese edicit, num vel hi vel illud in festo regalitatis Jahveh unquam sint adhibiti[12].
 1960 FREEDMAN pro v. 6 metri causa coniecturam proponit[13].
 |279| 1961 BAARS ex Cairo-Genzia ad vv. 7-21 novum fragmentum targumicum edit[14].
 1962 DAHOOD ad v. 16 novam vocalisationem ac interpretationem offert[15].

Quid ergo faciunt exegetae? Textum originalem quaerunt ac restituunt — opus fundamentale et certe maximi momenti. Disputant quonam saeculo carmen compositum sit — quaestio magni «interesse», etsi

---

[3] *The Archaeology of Palestine*, 232S.
[4] *The Song of the Sea*, VT 2 (1952) 221-228.
[5] *Der 68. Psalm*, Oslo 1953: Appendix I: Das Alter des Psalms Ex 15,1 b-18.
[6] *A Case of Abbreviation Resulting in Double Readings*, VT 4 (1954) 206-208.
[7] *Jahwe und die Kulttraditionen von Jerusalem*, ZAW 67 (1955) 168-197.
[8] JNES 14 (1955) 237-250.
[9] *Läßt sich in den Psalmen ein Thronbesteigungsfest Gottes nachweisen?*, TrierTZ 65 (1956) 24-40.
[10] *The Song of the Sea*, VT 7 (1957) 371-380.
[11] (ATD) Göttingen 1959.
[12] DanskTTs 22 (1959) 65-81 et 156-171 (cf. ZAW 72 [1960] 75).
[13] ZAW 72 (1960) 105.
[14] VT 11 (1961) 340-342.
[15] Bibl. 43 (1962) 248 s.

non theologici; quaestio fortasse etiam insolubilis. Parallelas orientalisticas accumulant — labor necessarius, sed ad exegesim praeparativus tantum. Interdum etiam de eventibus historicis in carmine suppositis disputant — quis neget ius et utilitatem talis disputationis? Multa ergo bona et utilia faciunt exegetae moderni.

Tamen ea quae faciunt toto coelo diversa sunt ab eis quae faciebant exegetae antiquitatis. Et quidquid est de methodis Veterum — nonne interdum eos profundius atque intimius in sensum religiosum textus penetrasse quam hodiernos sentimus?

Quae cum ita sint, exegesi modernae adhuc multa desunt. Condicio exegesis hodiernae satis apparet in libro quodam optimo quidem, sed vulgo potius accomodato, a G. Auzou edito, qui inscribitur «De la servitude au service»[16] et quem libenter hic commendamus. At is, postquam carmen Moysis secundum exegetas modernos explicavit, capite demum subsequenti, quasi de rebus plane inter se diversis agat, eundem Maris Rubri transitum ad mentem Patrum et sacrae liturgiae interpretatur. Profecto minime sufficit hoc modo duos de eodem argumento veluti tractatus alterum post alterum separatim proponere.

Quid ergo faciendum? Num methodi modernae relinquendae sunt? Sed in suo campo methodis Veterum plane sunt superiores. Methodos criticas non relinquere, sed e contrario eas sic perficere debemus, ut eis ipsis ad illam textus intelligentiam perveniamus, quam Veteres via potius intuitiva et praescientifica attingebant. Hoc fieri potest praesertim per ulteriorem evolutionem atque applicationem methodi analysis stilisticae.

Epinicium Moysis quod attinet, eius analysis stilistica certe una praelectione absolvi non potest. Quare hodie unum tantum ex ⌐280⌐ compluribus aspectum stilisticum carminis proponere libet. Agitur scilicet de elemento quodam, quod veluti pro clavi nobis inservire potest qua vis religiosa et theologica carminis nobis patefiat: symbolismum dico hominis per multa et magna pericula transeuntis atque ita ad locum qualificatum et desideratum pervenientis. Qui symbolismus textui subest tamquam structura imaginativa.

Sed antequam argumentum istud aggrediamur, ipsum carminis textum paulum inspiciamus. Ideo primo quasi volantes vertemus textum massoreticum, deinde agemus de tempore compositionis et de

---

[16] Parisiis 1961.

sede vitae, denique exemplis quibusdam selectis problemata ea illustrabimus quibus in hoc carmine vexatur critica textualis. Versio sequens verbum ex verbo reddit, elegantiam spernit. In notis ad calcem addendis auctoribusque citandis parco mihi esse liceat.

Introductio (prosa)
1 Tunc cecinit Moyses et filii Israel carmen Domino et dixerunt ut sequitur:
Parvus hymnus initialis
    Cantabo Domino,
        quia extollendo se extulit (magnifice se glorificavit):
        equum et equitem eius
            deiecit in mare.
Confessio fidei interiecta
2 Robur meum et fortitudo[17] est Jah[18],
    factus est mihi salus (salvator).
    Hic est deus meus, et praedicabo eum[19],
    deus patris mei, et exaltabo eum[20].
Continuatio hymni per narrationem hymnicam
3 Dominus est vir belli (bellator)[21],
    Dominus est nomen eius.
4 281 Currus Pharaonis et exercitum eius
    praecipitavit in mare,
    et electio principum eius (ductores eius optimi)
    submersi sunt in Mari Iuncorum[22].
5 Abyssi operuerunt eos[23],
    descenderunt in profunda[24] sicut lapis.
Descriptio hymnica modi, quo Deus semper ubique agere solet
6 Dextera tua, Domine,
    excellit in potentia[25],
    dextera tua, Domine,
    percutit[26] inimicum,

---

[17] Cf. *Psalterium Pianum* et Joüon, *Mélanges Beyrouth* 3,335: arab. ḍamir «fortis».
[18] Forma brevis nominis Divini.
[19] Cf. Sir 13,3.
[20] Nun energicum et suffixum non assimilatum.
[21] Cf. Is 43,13.
[22] Cf. aeg. p³-ṯwfj.
[23] 3 exceptiones: 1. deest dageš; 2. *j* radicis conservatum est; 3. *ū* finalis loco *ō*.
[24] Cf. ṣll v. 10.
[25] Inf. Nif., stat. absol., *j* paragogicum. Loco verbi finiti, cf. usum in epistulis Amarna: Moran, JCSt 4, 169-172.
[26] Ad radicem cf. Kopf, VT 8 (1958) 205f.

7 et magnitudine excellentiae tuae
      destruis eos qui surgunt contra te (adversarios tuos);
   emittis iram tuam,
      devorat eos ut stipulam[27].

Narratio hymnica eaque secunda
8 Et flatu nasi tui
      coacervatae[28] sunt aquae;
   steterunt ut agger fluenta,
   coagulatae sunt abyssi (fluctus) in corde maris (in medio mari).
9 Dixit inimicus:
      persequar! assequar!
   dividam spolia!
   implebitur iis anima mea (satiabitur cupido mea)!
   evaginabo gladium meum,
      exterminabit eos manus mea[29]!
10 Flavisti flatu tuo:
      operuit eos mare,
   submersi sunt quasi plumbum[30]
      in aquis excellentibus (profundis).

 282 *Quaestiones rhetoricae circa praedicata hymnica: nova pars incipit*
11 Quis tibi par
      inter deos, Domine?
   quis tibi par,
      excellens inter sanctitatem (inter sanctos, i.e. inter divinitates),
   timendus (venerandus?) propter laudabiles actus[31],
      patrans mirabilia?

Narratio hymnia eaque tertia
12 Extendisti dexteram tuam,
      devoravit eos terra (Hades)[32].
13 Duxisti fidelitate tua
      populum quem redemisti[33],
   dux fuisti in fortitudine tua
      ad habitaculum sanctitatis tuae (habitaculum tuum sanctum).
14 Audiverunt populi:
      tremuerunt.
   Pavor corripuit
      sedentes (regentes[34]) Philistaeae.

---

[27] Ira Dei sub imagine ignis.
[28] Hapaxlegomenon in VT, attestatio in Mišnah.
[29] *jrš* Hif. «exterminare»: cf. Nu 14,12.
[30] *ṣll* II: Hapaxlegomenon. Cf. acc. *ṣalālu* «demergi».
[31] Sic iam HAUPT (1904).
[32] Reassumptio secundae narrationis hymnicae. Terra = Hades: cf. usum ugar. et acc., deinde in VT Is 14,9; 29,4; Jon 2,7.
[33] *zū*: particula demonstr. et relativa archaica; cf. incriptiones phoen. saec. 10.
[34] Cf. *jōšēb k^{e}rūbīm;* acc. *āšibūt kussī*.

15   Tunc perterriti sunt
         tauri Edom (regentes Edom)[35].
     Arietes (regentes) Moab:
         corripuit eos tremor.
     Contabuerunt omnes
         sedentes (regentes) Canaan.
16a Cecidit super eos
         formido et horror,
     magnitudine brachii tui
         obriguerunt[36] ut lapis –
16b donec pertransiit
         populus tuus, Domine,
     donec pertransiit
         populus quem creasti[37].
17   ⎡283⎤ Introduxisti eos et plantasti eos
         in monte hereditatis (possessionis) tuae;
     podium throni tui
         parasti, Domine;
     sanctuarum, o Dominator[38],
         fundaverunt manus tuae.

Acclamatio finalis
18   Dominus regnat
         in aeternum et semper[39].

Nota interpretativa (prosa)
19   Nam ingressus est equus Pharao cum curru eius et equitibus eius[40] in mare, et reduxit Dominus super eos aquas maris; filii Israel autem ambulaverant per siccum in medio maris[41].

Nova introductio (prosa), ad alium fontem pertinens (E?)
20   Sumpsit Mirjam, prophetissa, soror Aaronis, tympanum[42] in manum suam, et egressae sunt omnes mulieres post eam cum tympanis et saltationibus 21 et cantabat eis (victoribus?) Mirjam:

Citatio eiusdem epinicii (alia versione)
     Cantate[43] Domino,
         quia extollendo se extulit:
     equum et equitem eius
         deiecit in mare.

---

[35] Fortasse hic habetur titulus Edomiticus.
[36] Impf. Qal radicis *dmm;* cf. VT 12 (1962) 275ff.
[37] Cf Dtn 32,6; Gn 14,19.22; Ugarit et Karatepe.
[38] *ᵃdōnāj*.
[39] Impf.; psalmi inthronisationis habent perf.
[40] Vel equi iugales.
[41] Haec nota ad ea, quae in carmine narrantur, sequentia addit: 1. expressam notam de Pharao ipso; 2. transitum Israelitarum.
[42] De hoc instrumento: HICKMANN, ZDMG 111 (1961) 23-41.
[43] Introductio hymni in VT potest esse et in 1ᵃ persona sg. et in 2ᵃ persona pl. 1ᵃ persona sg. correspondet usui babylonico.

Quae *de tempore originis* disputantur, breviter tantum perstringere liceat. Secundum Noth quaestio ista adhuc quidem solvi non potest. Desunt namque criteria vere decisiva. Sufficiat ergo rationes indicare, quae pro diversis sententiis afferuntur.

Pro tempore *Mosaico*: Introductiones (v. 1 et v. 20). Sed obest narratio vv. 12-17, praesertim mentio Philistaeorum.

284 Pro originis tempore quod saeculum decimum sive *templi Hierosolymitani extructionem antecedit*: Non fit mentio Ammonitarum. Textus periodum protodynasticam rei publicae Edom et Moab reflectit. Occurrunt parallelismi «repetitivi» ex Ugarit noti sed postea dimissi. Vocabularium ex parte est archaicum illud ex Ugarit notum. Exstant vestigia orthographiae «phoeniciae» post saeculum 10 dimissae. Citantur particulae quaedam huius carminis iam in uno alterove ex Pentateuchi fontibus.

Pro tempore originis quod *templi extructione posterius* est: V. 17 de Hierosolymis agere videtur: «mons hereditatis tuae», «podium throni tui», «sanctuarium». Obicitur testimonium textuum ugariticorum: etenim in eis occurunt vocabula locutionesque eaedem et cum iisdem ideis coniunguntur[44]. Retorquent: etiam in textibus ugariticis deo Baal opus est templo seu palatio, ut vere regnare possit[45].

Pro origine *postexilica*. «Aramaismi» quos fautores huius sententiae in hoc carmine invenisse se opinatur. Indoles «psalmica» huius carminis. Quae duae rationes non iam valent.

Nobis quidem probabilius videtur carmen tempore iudicum ortum esse atque inde ab initio usui liturgico sanctuarii centralis amphictyoniae Israeliticae destinatum fuisse.

Iamiam selectis exemplis *problemata criticae textualis* illustranda sunt. Qua in re vix quidquam effici potest testimoniis externis. Proinde potius critica coniecturalis adhibenda est, quae, ut ex natura rei patet, non circa textum editoris ultimi atque formalis Pentateuchi versatur, sed immediate ad textus formam originariam regreditur. Ex rationibus practicis fieri non potest, ut methodum Cross-Freedman hic sequamur. Ideo vocalisatione massoretica quasdam coniecturas indicabo, quibus ad textum originalem propius accedere conabor.

v. 1: וְרִכְבּוֹ] textus originalis: [וְרֶכֶב] «et currum». Saeculo enim 13 in Aegypto non erant copiae equestres (cf. Löhr, OLZ 21 [1928] 152ss).

v. 2: וְזִמְרָת יָהּ וַיְהִי] textus originalis: וַיְהִי ⟨וה⟩יה זִמְרָת וְ Cf. Talmon, *l. c.* — Fortasse totus v. 2 non est originalis. Ratio: forma non hymnica, metrum, digressio a themate principali.

v. 3: אִישׁ מִלְחָמָה] lectio originalis fortasse: גִּבּוֹר. Cf Sam.

v. 4: מרכבת פרעה וחילו] conflatio variarum lectionum: 1. מרכבת פרעה; 2. פרעה וחילו. Secunda lectio probabiliter originalis est.

---

[44] Sic Albright, Cross-Freedman; etiam Noth, ut videtur.
[45] Sic H. Schmid: cf. art. cit. nota 7.

v. 9: תִּמְלָאֵמוֹ] lectio originalis: [] תִּמְלָא-ם «implebitur anima mea». Ergo Mem encliticum loco suffixi.
v. 9: תּוֹרִישֵׁמוֹ] lectio originalis (iterum supponendo Mem encliticum): תּוֹרִישׁ-ם[] «exterminabit manus mea».
v. 11: בַּקֹּדֶשׁ] lectio originalis: ⟨ם⟩בַּקֹּדָשׁ «inter sanctos». Rationes: metrum, parallelismus.
v. 15: יֹאחֲזֵמוֹ] textus originalis (sine casu pendente): [] יֹאחֲזִים «arietes Moab correpti sunt tremore».
v. 16: תִּפֹּל] textus originalis probabiliter: תַּפֵּל «iecisti super eos».
v. 16: אֵימָתָה] textus originalis fortasse habuit: [] אֵמַת. Scriptioni receptae ergo subesse videtur falsa interpretatio superstitis formae archaicae.
v. 17: אֲדֹנָי] textus originalis: יהוה. Cf. Sam et 86 Mss hebr.

Omnia quae hucusque diximus necessaria fuerunt, ut textum ipsum, antequam interpretationem eius aggrediamur, satis cognosceremus et veluti familiarem nobis redderemus. Iam igitur ad eum interpretandum transeamus! Quae quidem interpretatio, uti iam diximus, praesertim circa carminis structuram eamque imaginativam versabitur.

Porro iustas ob causas inquisitionem restringere libet ad ipsum carminis corpus, scilicet ad vv. 6-17. Etenim quae antecedunt et quae sequuntur, vel eo a textu illo intermedio clare distinguuntur, quod Moyses hic, secunda persona usus, Deum alloquitur, in illis autem versibus (1-5 et 18) tertiae personae formis de Deo loquitur. Itaque ex mutatione personae grammaticalis iamiam apparet multiplicitas quaedam, certe duplicitas habitus seu tenoris hymnici[46]. Attentionem nostram ergo ad corpus carminis restringimus.

Porro in ipso corpore carminis ex argumenti diversitate facile duas partes distinguimus. Nam usque ad v. 10 agitur de sola victoria ad Mare parta, deinde vero, incipiendo ab exitu ex Aegypto, usque ad ingressum terrae promissae totum illud Israelitarum iter celebratur.

Bimembris ista corporis divisio quae vel ex materiae diversitate satis apparet forma quoque textus confirmatur. Etenim vv. 8-10 et 12-17 sunt partes hymni narrativae sive «narrationes hymnicae», utrique vero praemittitur «cantus interiecticius»[47]: v. 6s et v. 11. Horum alter, scilicet v. 11, insuper constat ex quaestionibus rhetoricis, quippe quae in hymnis haud raro adhibeantur ad novam partem introducendam[48].

---

[46] «habitus seu tenor hymnicus»: germ. «hymnische Haltung».
[47] Sic SCHMIDT, ZAW 49 (1931) 65: «hymnischer Zwischengesang».
[48] GUNKEL-BEGRICH, *Einleitung in die Psalmen*, 57.

De Moysis epinicio (Ex. 15,1–18)

Corpus ergo carminis est, ut ita dicam, quasi diptychon quoddam hymnicum. Sed abhinc agamus de sola utriusque tabulae parte narrativa, i.e. de vv. 8-10 et 12-17. Quaenam est structura illa imaginativa quae geminae huic subest narrationi hymnicae?
Ad priorem narrationem (vv. 8-10) quod attinet, primo attendatis velim duplicem mutationem subiecti et praedicati:
v. 8 Jahveh agit
v. 9 hostis cogitat
v. 10 Jahveh agit
Sententiae diversitas etiam stilo exprimitur:
v. 8 stilum prodit maiestum
v. 9 (saltem initio) «staccato-style»[49]
v. 10 item maiestum
Ita vel ipso stilo insinuatur ea quae hostis per «staccato-style» agenda sibi proponit maiesta Dei potentia ad nihilum redigi.
Sed quaenam est actio in textu descripta?
v. 8 Deus in ipso Mari viam parat aquas homini infestissimas ita congelando, velut ut murus fiant.
v. 9 Hostis praedae cupidus viam eam ingreditur.
v. 10 Deus aquas congelatas liquefacit, fluctibus hostis perit.
Narratur ergo transitus per media pericula, et quidem catastrophicus.
Nunc gressus maximi momenti in analysi stilistica nostra faciendus. Ad analysim namque stilisticam ea quae ab auctore omittuntur saepe maioris momenti sunt quam quae scribuntur. In textu nostro describitur iter infelix, immo exitiosum Aegyptiorum, silentio premitur tutus ac prosperus Israelitarum transitus. Cur talis omissio? Narratio Ex 14 modo prorsus alio procedit:
14,21 Jahveh dividit aquas
14,22 Israelitae transeunt
14,23 [287] Aegyptii sequuntur
14,27 Aegyptii aquis pereunt
Similiter Ex 15,19 additur Israelitas per medium sicci Maris transisse. Ergo etiam auctor huius versus interpretativi animadvertit in carmine nostro transitum taceri Israelitarum. Sed cur tandem in epinicio Moysis faustissimus ille populi Israel transitus est omissus?
Respondeo: auctor carminis eam ob causam eum omisit, quod eius loco maluit in secunda corporis parte sive in altera diptychi nostri

---
[49] CROSS-FREEDMAN.

tabula aliam scribere narrationem hymnicam, cui eadem structura imaginativa subesset (vv. 12-17). Demonstrandum ergo mihi est his quoque versibus subesse structuram imaginativam populi per media pericula transeuntis.

Prius animum intendamus ad vv. 12s et 17. His describitur iter quo populus Israel in terram Canaan feliciter pervenit, iter proinde prosperus et faustus. Verum, num iter illud totum vere fuit transitus, non prosperus tantum, sed etiam periculosus? Iam consideremus vv. 14-16, quorum culmen est v. 16b: «donec pertransiit populus tuus, Domine, donec pertransiit populus quem creasti». Nullum profecto iam dubium quin iter illud tamquam transitus concipiatur. Deus vero, sicut pro filiis Israel aquas maris congelaverat, ita reliquo quoque itinere populos infestos, per quos Israelitis transeundum erat, timore ac terrore eis iniecto quasi in lapides mutat, sic viam pandens tutam populo suo.

Ex his patet duas illas diptychi tabulas eadem structura imaginativa inter se congruere. Expressa illa felicis transitus mentio quam in priore tabula desideravimus, auctor vero carminis omisit, eo copiosius et acrius fit in narratione posteriore, quam secunda diptychi tabula exhibet. Haec transitus expressio, quamquam, sive potius, quoniam in priore tabula non fit, in secunda fit, totius epinicii arcanum est unitatis principium.

Iam de momento agendum quod imaginativa illa structura transitus per pericula ad exegesim habet. Duo liceat proponere asserta:

1. Imagine transitus quo per media pericula ad locum qualificatum et desideratum pervenitur intimae quaedam indicantur hominis realitates personales et religiosae.

2. Textus ipse, cum complura facta historica sub una illa structura imaginativa subsumit, iam miram illam «perspectivam» 288 aperit, unde Novae Legis temporibus perventum est ad interpretationem carminis christologicam et ecclesiologicam.

Ad assertum prius. Imago illa transitus quo media pericula ad locum desideratum pervenitur ex eo ordine est quem psychologia moderna archetypicum vocat. Haec imago inconscia et nativitatem et mortem hominis designat. Emergitur imprimis in crisibus psychicis. Symbolum est regenerationis spiritualis. Saepe subest ritibus initiationis. Peregrinationibus et processionibus se prodit, quibus homines aliquod sanctuarium adeunt. In Novo Testamento schema quoddam invenitur christologicum «viae percurrendae», sive exactius: «descensus ascensusque Christi». Ipsa denique theologia traditionalis hac ducitur imagine, cum de homine «viatore» loquitur qui tempore vitae terrestris per multa et magna pericula transiens tendit ad «patriam».

Pericula quae undique ac perpetuo nobis impendent talia sunt, ut sine gratioso Dei interventu per ea salvi transire non possimus. Talem Dei interventum populus electus reapse initio suae historiae expertus est. Celebratur Moysis epinicio. Quod tamen supponit interventum istum non fuisse singularem.

Sed ita iam pervenimus ad thesim secundam explicandam.

In epinicio videlicet Moysis facta historica eaque complura atque diversa pondere facticitatis et singularitatis suae liberantur. Cum sub una structura imaginativa subsumuntur, facticitatis obscuritas illustratur. Transitus Maris Rubri, variae in deserto stationes, introitus denique terrae promissae cessant esse facta solitaria et obscura, quasi in unum coalescunt et mutuo inter se collustrant et interpretantur. Strata sunt alterum alteri superimposita, unius eiusdemque actionis Dei historicae. Semper Deus sic agit. Deus populum suum semper per media pericula ad montem sanctum transire facit. Historia pollet indole «perspectivitatis».

Atque bene notandum non nosmet, cum Maris Rubri transitum typum esse affirmamus eventuum posteriorum, perspectivam istam extrinsecus carmini intrudere, sed carmini eam ex ipsius structura stilistica penitus inesse, utpote ab auctore ei inditam. Certe qui perspectivam istam in carmine invenit, plane intra ambitum sensus litteralis se continet. Sed etiam is qui perspectivam istam ad posteriores eventus ingressum terrae Canaan subsequentes apertam esse contendit, nullatenus a sensu litterali discedit. Neque multae Israelitarum generationes, quae carmen hoc intra liturgiam cantabant atque ad suas experientias applicabant, 289 limites sensus litteralis excesserunt. Itaque etiam liber Iosue, cum populi in terram Canaan ingressum ut novum proponit aquarum transitum, et Deutero-Isaias, cum populi e captivitate Babylonica reditum tamquam alterum exhibet Exodum, tantum de novo dicunt quae epinicium cantat.

Quomodo ergo Patrum et liturgiae christianae «allegorica» ut aiunt carminis interpretatio ad sensum litteralem se habet? Qua quaestione, quam quidem ponere, non autem solvere velim lectio nostra iam ad ea redit, a quibus initium sumpsit.

„Ich bin Jahwe, dein Arzt" (Ex 15,26)

Gott, Gesellschaft und menschliche Gesundheit
in einer nachexilischen Pentateuchbearbeitung (Ex 15,25b.26)

Wilhelm Pesch gewidmet

[13] Als Jesus von Nazaret auftrat, ächzte die jüdische Gesellschaft unter der römischen Herrschaft. In sich selbst war sie in zerstrittene Gruppen aufgeteilt. Auch standen wenigen Besitzenden Massen von Armen und Hungernden gegenüber. Die zelotische Untergrundbewegung bereitete den Aufstand vor. Ihr Kampfwort hieß: „Reich Gottes". Nur ein gewaltsamer Herrschaftswechsel schien noch Aussicht auf Gerechtigkeit und Humanität zu versprechen.[1] Jesus kümmerte sich um all dies nicht und behauptete öffentlich, das Reich Gottes sei schon am Kommen. Fragte man ihn, woran dies zu erkennen sei, dann verwies er auf seine Wunder. Denn er zog als eine Art Heiler durch die Städte und Dörfer. Wo er durchgekommen war, zeigte man gesundgemachte Menschen vor. So steht es wenigstens in den Evangelien. Die Wunderheilungen nehmen in ihnen einen für uns heute geradezu peinlich breiten Raum ein. Peinlich schon deshalb, weil wir uns als Menschen nach der Aufklärung Wunder schlecht vorstellen können. Doch darüber kommen wir einigermaßen hinweg, wenn wir uns klarmachen, daß die Evangelien natürlich volkstümlich-legendenhafte Redegattungen enthalten. So muß man nicht alles, was da erzählt wird, als historisches Faktum nehmen. Allerdings bleibt doch ein Faktenkern, den man so nicht auflösen kann. Hier helfen psychosomatische Theorien weiter, angewendet auf das Auftreten einer starken Persönlichkeit. Seltsamerweise bleibt nach diesen mentalen Operationen immer noch ein Rest von Peinlichkeit übrig. Es zeigt sich: Eigentlich stört uns vor allem, daß Jesus sich überhaupt um die leibliche Gesundheit sorgt. Bei allem Nachdruck, den wir auf die Leiblichkeit des Menschen legen, scheint uns doch, daß es wichtiger wäre, sich um anderes seine Gedanken zu machen: um bessere

---

[1] Vgl. *M. Hengel,* Die Zeloten (AGSU 1) Leiden 1961. Zum Programmwort Alleinherrschaft Gottes: 93–114.

gesellschaftliche Strukturen, um Raum für menschliche Selbstverwirklichung, um neue Unmittelbarkeit zum göttlichen Bereich. „Jesus, der Heiland" – das mag noch angehen. Man kann es spiritualisiert verstehen. Aber „Jesus der Heiler" – wer würde das altertümliche Wort „Heiland", für viele nur noch eine religiöse Leerformel, auf diese Weise in verstehbare Sprache zurückzuverwandeln wagen?[2]

Diesem Beitrag zum Jubiläumsband der „Stuttgarter Bibelstudien" ist die Aufgabe gestellt, nach dem Reden von Gott im Pentateuch zu fragen. Die Frage kann im vorgegebenen Rahmen nicht umgreifend, sondern höchstens [14] exemplarisch aufgeworfen werden. Angesichts der soeben geschilderten Verlegenheit, die uns das Auftreten Jesu bereitet, hat es mich gereizt, eine kurze Aussage über den Gott Israels aufzugreifen, die nur wenigen bekannt ist, meist keiner der großen Quellenschichten des Pentateuchs zugeordnet wird, dem auf die großen Heilsereignisse eingestimmten Leser nur wie in einer Art Mörtelfuge zwischen den großen Blöcken des literarischen Gebäudes versteckt eingemauert begegnet, aber dem Bild, das die Evangelien von der um Jesus herum aufbrechenden Gottesherrschaft entwerfen, auf erstaunliche Weise vorausläuft. Es handelt sich um den Schlußsatz von Ex 15,26, den Luther übersetzt hat: „Ich bin der HERR dein Arzt."

Dieser Satz hat mich um so mehr gereizt, als Wilhelm Pesch, mit dem zusammen ich im Jahre 1964 die Idee der Stuttgarter Bibelstudien ausgeheckt habe und dem ich diese Seiten in dankbarer Freundschaft widme, soeben seine akademische Lehrtätigkeit vorzeitig beendet hat, um die Seelsorge in einer großen Klinik zu übernehmen.[3]

---

[2] Zu den Hintergründen dieser Verlegenheit mit Jesus von Nazaret vgl. *E. Biser*, Das Heil als Heilung. Aspekte einer therapeutischen Theologie, in: *J. Sudbrack u.a.*, Heilkraft des Heiligen, Wien 1975, 102–139.

[3] Als ich Wilhelm Pesch um die Erlaubnis zu dieser Widmung bat, meinte er, ich solle es ja nicht versäumen, bei dieser Gelegenheit auch Herrn Hermann Farnung zu erwähnen, der damals den Verlag Katholisches Bibelwerk leitete. Und das ist richtig. Andere Verlage hatten der Idee keine kaufmännische Zukunft gegeben und uns freundlich lächelnd zur nächsten Tür geschickt. Herr Farnung dagegen erkannte die Sache, um die es uns ging, schob die kaufmännischen Bedenken beiseite und erwies sich gerade dadurch als der bessere Kaufmann. Denn daß diese Reihe so lange leben würde und nach fünfzehn Jahren schon beim hundertsten Band anlangen sollte, hätte damals keiner von uns zu hoffen gewagt.

»Ich bin Jahwe, dein Arzt« (Ex 15,26)

Die beiden Verse Ex 15,25f, die unser Satz abschließt, spielen in Darstellungen der alttestamentlichen Theologie kaum eine Rolle. Sie haben dagegen in der Pentateuchtheorie der letzten hundert Jahre eine gewisse Bedeutung erlangt. Daher sind sie unter mehreren Rücksichten nicht unumstritten. Überdies läßt sich fragen, ob nicht sogar unter diesen Rücksichten einiges bisher nicht Beobachtete ans Licht gebracht werden müßte. Wir werden uns diesen Versen also vorsichtig, langsam, bisweilen fast auf Umwegen nähern müssen, ehe wir sie so im Blick haben, daß sie sich wirklich zeigen und zu uns von Gott, Gesellschaft und menschlicher Gesundheit zu sprechen beginnen.[4]

1. ISRAEL AN DEN WASSERN VON MARA

[15] Wenn die Israeliten im Buch Exodus auch schon in 12,37 von Ramses nach Sukkot, in 13,20 von Sukkot nach Etam am Rand der Wüste und in 14,2–4 zum Ort des Meerwunders gezogen sind, so

---

[4] Soweit ich sehe, gibt es bisher keine Arbeit, die sich thematisch mit Ex 15,25f befaßte. *J. Hempel,* „Ich bin der Herr, dein Arzt" (Ex. 15,26): ThLZ 82 (1957) 809–826, hat eine Art Mottotitel und behandelt in Wirklichkeit den gesamten Bereich der altisraelitischen Medizin und der damit verbundenen Vorstellungen. Zu Ex 15,26: 823.

[5] Das Vorangehende scheint mir die einzig zulässige Beschreibung des Gesamteindrucks des Lesers des definitiven Exodus-Textes zu sein. Zwar hat vor allem *G. W. Coats* mehrfach gute Argumente dafür vorgetragen, daß man die Schilfmeergeschichte sowohl traditionsgeschichtlich als auch im Sinn später Pentateuchredaktionen nicht dem Auszugs-, sondern dem Wüstenkomplex zuordnen müsse: vgl. *ders.,* The Traditio-Historical Character of the Reed Sea Motif: VT 17 (1967), 253–265; *ders.,* Rebellion in the Wilderness, Nashville 1968, 133–136; *ders.,* The Wilderness Itinerary: CBQ 34 (1972) 135–152; *ders.,* An Exposition for the Wilderness Traditions: VT 22 (1972) 288–295. Aber die das definitive Bild am stärksten prägende Schicht, die priesterliche Geschichtserzählung, hat das Meerwunder zum Höhepunkt des Auszugsgeschehens gemacht: vgl. (gegen *Coats*) *B. S. Childs,* The Book of Exodus. A Critical, Theological Commentary (OTLibrary) Philadelphia 1974, 222–224; (als neueste und gründlichste Analyse der Auszugserzählung der priesterlichen Geschichtserzählung) *J.-L. Ska,* Les plaies d'Égypte dans le récit sacerdotal (P^g): Bibl 60 (1979) 23–35. Die Auffüllung des narrativen Textes mit historisierten Ritualanweisungen in Ex 12f und der als poetischer Abschluß eines größeren Zusammenhangs wirkende Hymnus in Ex 15,1–18 tun ihr Übriges, um Ex 14 noch an die ägyptischen Ereignisse zu binden. Und ob man das, was dann in den Büchern Exodus bis Numeri folgt, im Sinn der Priesterschrift und späterer Redaktionen überhaupt unter dem Stichwort „Wüstenwanderung" zusammenfassen kann, ist eine offene Frage. Es ist hier durchaus vorläufig gemeint.

hängt das für den Leser doch noch eng mit den ägyptischen Ereignissen zusammen, und erst wenn nach der Vernichtung des Pharao im Schilfmeer Mirjam und die israelitischen Frauen in 15,20f ihr Siegeslied getanzt haben, stellt er sich innerlich auf das neue Thema „Wüstenwanderung" ein, das offensichtlich in 15,22 mit einer neuen Aufbruchs- und Wandernotiz anhebt:[5]

> Mose ließ Israel vom Schilfmeer aufbrechen,
> und sie zogen aus, zur Wüste Schur hin.

Es mag nicht zufällig sein, daß die Wurzel *jṣ'* „ausziehen", das Stichwort für den Auszug aus Ägypten, in normalen Wandernotizen durchaus unüblich, hier noch einmal steht.[6] Mit dem Abzug vom Ort, wo die 16 Ägypter untergingen, vollzieht sich die letzte Phase des Auszugs. Es folgt nicht sofort, wie sonst in Wandernotizen meistens, die Meldung der Ankunft an einer neuen Station, sondern nur die Angabe der Richtung. Es ist allerdings die Richtung auf eine Wüste (der Wüste Schur). Die nun folgende Erzählung entfaltet sich aus diesem entscheidenden Wort wie von selbst, und sie muß, um das, was nach der Ankunft an einer Station geschieht, vorzubereiten, schon unterwegs beginnen:

> Und sie gingen drei Tage lang durch die Wüste,
> und nicht fanden sie Wasser.

Sofort wird also die typische Wüstenerfahrung gemacht: der Durst. Die auf solche Not antwortende große Wundererzählung soll noch gar nicht sofort folgen: Die Wasserspende Gottes ist erst das Thema von Ex 17. Doch zumindest ein kleines Vorspiel derselben muß jetzt sofort erzählt werden, damit die Wüste in ihrem Eigentlichsten narrativ Gestalt gewinnt. Im Fortgang der Erzählung ergibt sich eine scheinbare Lösung des Problems (man kommt an einen Ort mit Wasser), doch sie enttäuscht und verschärft damit das Problem (das Wasser ist nicht genießbar):

---

[6] Das Subjekt springt (Mose läßt aufbrechen, das Volk zieht aus). Der Auszug aus Ägypten kann durchaus mit dem *qal* ausgesagt werden: vgl. Ex 12,41; 14,8. Der Samaritanus und die Septuaginta-Vorlage haben *hif*, und Mose bleibt das Subjekt. Auch Mose als Subjekt des Auszugsgeschehens ist denkbar: vgl. Ex 14,11 (allerdings polemisch). Doch dürfte der masoretische Text ursprünglich sein. Die *hif*-Lesart ist Angleichung des Subjekts, vielleicht auch Herstellung eines Bezugstexts für Ex 16,3.

»Ich bin Jahwe, dein Arzt« (Ex 15,26) 95

Und sie kamen nach Mara (= Bitter),
und nicht konnten sie trinken das Wasser von Mara (= Bitter),
denn bitter (= *mārim*) war es,
deshalb nannte man[7] den Namen dieses Ortes[8] (auch) Mara
(= Bitter).

Das Leitmotiv in diesem Gefüge lautet „bitter". Das Wort bezeichnet nicht nur eine Geschmacksqualität. Es findet sich meist in Aussagezusammenhängen, wo es um Krankheit, Tod oder Verzweiflung geht.[9] Im ⎣17⎦ Hinblick auf bitteres Wasser ist noch das „bittere, fluchbringende Wasser" *(mê hammārîm ham'ār^arîm)*[10] des Eifersuchtrituals von Num 5,11–31, vielleicht auch anderer, uns nicht erhaltener Gottesurteilsrituale, wichtig. Dem ursprünglichen Leser mag diese Assoziation sofort am Rande des Bewußtseins aufgetaucht sein. Das Wasser dieser Oase war also nicht einfach bitter. Es war Wasser, das Krankheit, ja Tod bringen konnte. Und die Wirkung – Fluch oder Segen – hing vielleicht sogar daran, wie der, der davon trank, aufgrund seines vorangehenden Tuns und Verhaltens vor Gott dastand. Dies ist zumindest ein Horizont, der der kommenden Erzählung durch das so stark betonte Wort „bitter" eröffnet wird. Das Spiel mit dem Wort hatte die Handlung einen Augenblick in einer

---

[7] Andere Übersetzungsmöglichkeit: er = Mose.
[8] Ich lese nach Septuaginta (und der hier etwas freien Vulgata wohl auch): *qārā' šēm hammāqôm hazzäh marah*. Masoretischer Text und Samaritanus haben: *qārā' š^emāh mārāh* „man nannte ihren (Mara ist Feminin) Namen Mara". Zwar verdient im Pentateuch normalerweise ein kürzerer Text des masoretischen Texts, vor allem, wenn er auch noch mit dem Samaritanus zusammengeht, den Vorzug vor einem längeren Text der Septuaginta. Ferner setzt hier die Septuaginta die übliche Formulierung voraus, während der masoretische Text ungewöhnlich ist. Doch kommt demgegenüber wohl der Tatsache ein größeres Gewicht zu, daß der längere Text einen Augensprung vom *hm* von *hammāqôm* zum zweiten *h* von *hazzäh* samt folgendem *m* von *mārāh* erlaubte.
[9] Es sei zum Beleg einfach auf die Konkordanz verwiesen. Auch der häufige Ausdruck *mar näfäš* dürfte hierhingehören. Er ist nicht metaphorisch, sondern *näfäš* ist als Kehle zu verstehen, und es geht um alle jene körperlichen Zustände und seelischen Stimmungen, bei denen die Kehle sich zusammenkrampft und trocken, hart und bitter wird. Vgl. *T. Collins,* The Physiology of Tears in the Old Testament: CBQ 33 (1971) 19–38 und 185–197 (35–37).
[10] Man beachte, daß von der Klanglogik die beiden Wörter für „bitter" und „fluchbringend" praktisch identifiziert werden.

Namensätiologie steckenbleiben lassen.[11] Nun läuft sie sofort weiter:
Und das Volk murrte[12] gegen Mose, sagend: Was sollen wir
trinken?
Und der[13] schrie zu Jahwe,
und Jahwe belehrte ihn[14] bezüglich eines Holzes,
☐ 18 ☐ und er warf (es) in das Wasser,
und das Wasser ward süß.

Das „Murren" hat hier keinen Beiklang des Ungeziemenden oder gar Rebellischen. Es ist die normale Reaktion der Geführten gegenüber dem, der sie führt, wenn etwas nicht in Ordnung ist, und der Not wird ja dann auch nach dessen Bittruf von Gott her ohne weiteres Abhilfe geschaffen.[15] Mit der Verwandlung des Wassers aus ungenießbarem in genießbares ist die vorher aufgebaute erzählerische Spannung gelöst. Es könnte noch gesagt werden, daß die Israeliten das Wasser tranken und ihren Durst löschten, oder daß sie an Jahwe

---

[11] Diese Namensätiologie ist nicht das Ziel der Erzählung, sondern hat eine narrativ untergeordnete Funktion – was bisweilen übersehen wird. Richtig: *B. O. Long*, The Problem of the Etiological Narrative in the Old Testament (BZAW 108) Berlin 1968, 12.

[12] Der masoretische Text hat das Verb im Plural, obwohl das Volk im Singular steht. Der Samaritanus hat das Verb in den Singular gebracht. Der masoretische Text ist grammatisch möglich (Aufschlüsselung eines Kollektivausdrucks), dazu die schwierige Lesart, die deshalb vorzuziehen ist. Der Samaritanus hat dann am Anfang von 15,25 das Subjekt (Mose) explizieren müssen.

[13] Der kürzere Text des masoretischen Texts ist vorzuziehen. Vgl. Anm. 12. Die Septuaginta-Vorlage entsprach dem Samaritanus, daher wohl auch bei dem in Anm. 12 behandelten Problem.

[14] So nach dem masoretischen Text *wajjôrēhû*. Der Samaritanus, die Septuaginta und die anderen alten Versionen haben *wajjarʾēhû* „und er zeigte ihm (ein Holz)". Die Entscheidung zwischen den beiden Lesarten ist nicht einfach. Gegen den masoretischen Text spricht die isolierte Bezeugung. Auch genügt die breit bezeugte Lesart für die Geschichte völlig und klingt natürlicher. Aber die Lesart des masoretischen Texts ist zweifellos die lectio difficilior. An sie schließt sich auch leichter 25b.26 an, ferner 16,4 *bᵉtôrātî*. Letzteres könnte allerdings auch wieder für eine nachträgliche Anpassung im masoretischen Text sprechen.

[15] Wichtig scheint mir die Unterscheidung von zwei verschiedenen Typen von „Murr-Geschichten", einem Typ I, wo Gott die Ursache des „Murrens" beseitigt, und einem Typ II, wo das „Murren" als Rebellion beurteilt und bestraft wird; vgl. *Childs*, Exodus (s. Anm. 5) 258–260. Die Wurzel *lwn* scheint Aufbegehren gegen eine Autorität zu bezeichnen, wobei die Frage, ob dieses Aufbegehren in der konkreten Situation und von den vorgegebenen gesellschaftlichen Spielregeln her legitim oder illegitim ist, vom Wort her noch offenbleibt. Auch in autoritär geführten Gruppen gibt es durchaus „demokratische" Ablaufmuster, wenn ihre Aktualisierung auch oft riskanter sein mag.

»Ich bin Jahwe, dein Arzt« (Ex 15,26) 97

glaubten (vgl. Ex 14,31, das Ende einer anderen Murr-Geschichte). Aber das ist auch wieder nicht unbedingt nötig, und es entspricht der zwar wirklich erzählenden, aber doch auch wieder sehr knappen Diktion der Geschichte mehr, daß sie mit dem Süßwerden des Wassers ans Ende kommt.[16] Es ist keine breit auserzählte Geschichte, sondern eher so etwas wie der knappe Leitfaden, den ein bei jedem neuen Auftritt neu variierender Geschichtenerzähler im Kopf haben mußte[17], in ihrem Verhältnis zu anderen Wüstenerzählungen etwa vergleichbar den Isaakerzählungen von Gen 26 in ihrem Verhältnis zu den viel breiteren Abrahams- und Jakobserzählungen davor und dahinter. Vermutlich war es ursprünglich einmal eine Geschichte, mit deren Hilfe man sich in Israel erklärte, warum es an einem Ort, der Mara (= Bitter) hieß, durchaus trinkbares Wasser gab.[18] Jetzt im Pentateuch-Erzählzusammenhang ⎡19⎤ verdeutlicht sie, daß Israel in der Wüste mit ihren Schrecken und Nöten ist, daß Jahwe aber den Nöten steuert. Die Kette der narrativen Und-Anfänge könnte nun sanft weiterperlen, etwa mit einer neuen Aufbruchs- und Wandernotiz. Doch das geschieht nicht. Plötzlich steilt sich die Sprache auf. Auf eine Weise, die sonst in narrativen Texten alten Erzählstils schlicht

---

[16] *U. Cassuto*, A Commentary on the Book of Exodus, Jerusalem 1967, 185, macht darauf aufmerksam, daß sich in Ex 15,22–27 insgesamt siebenmal die Buchstabenfolge *mjm* (einmal *mijjam* „vom Meer", sonst *majim* „Wasser" zu lesen) findet. Das Wasserthema bestimmt die Geschichte also durchaus – aber bis 15,25a stehen fünf Belege von *mjm*, und die zwei restlichen folgen dann erst in der neuen Wandernotiz von 15,27. Mit 15,25a ist die Wassererzählung also in der Tat am Ende.
[17] Zu den hier vorausgesetzten Erzähltechniken vgl. grundlegend: *A. B. Lord*, Der Sänger erzählt. Wie ein Epos entsteht, München 1965.
[18] Diese von *E. Meyer*, Die Israeliten und ihre Nachbarstämme, Halle 1906, 102, geäußerte Annahme scheint mir plausibler zu sein als die verbreitete, es handle sich um einen Ort, der Mara hieß und dessen Wasser in der Tat auch ungenießbar war, aber von den Reisenden durch ein bestimmtes Holz genießbar gemacht werden konnte. Diese erstaunliche Technik sei von Erzählern auf die Wüstenzeit Israels zurückgeführt worden. Bei dieser Annahme ist es dann möglich, darüber zu diskutieren, wo Mara zu lokalisieren sei und um welche Baumart es sich handle. Beides erlaubt die hier gemachte Annahme nicht. Die Quelle von Jericho, wo Elischa ein vergleichbares Wunder wie Mose in Mara wirkte, blieb nach 2 Kön 2,22 jedenfalls „geheilt bis zum heutigen Tag". Mit trinkbarem Wasser in Mara rechnete auch *M. Noth*, Der Wallfahrtsweg zum Sinai (4. Mose 33), in: Aufsätze zur biblischen Landes- und Altertumskunde I, Neukirchen-Vluyn 1971, 73 Anm. 61 (Mara = ʿēn marra östlich des Golfs von *el-ʿaqaba*).

unbelegbar ist[19], fügt sich eine neue, ganz andersartige und allerhöchstens sehr hintergründig vorbereitete Information asyndetisch an:

> Dort legte er ihm auf Gesetz und Rechtsentscheidung,
> und dort stellte er es[20] auf die Probe.

Das ist also in höchster Emphase gesagt, dazu durch die Nichtnennung der Subjekte zugleich geheimnisvoll. Allein aus sonstigem Sprachgebrauch [20] heraus kann der Leser vermuten, daß es Mose ist, der Israel Gesetz und Rechtsentscheidung gab (für uns, die wir uns nur auf die Bücher des Alten Testaments zurückbeziehen können, gibt die Parallele in Jos 24,25 den Ausschlag), und aus den beiden sonst in Wüstengeschichten gegebenen Möglichkeiten, daß das Volk Jahwe auf die Probe stellt (vgl. Ex 17,2.7; Num 14,22; Dtn 6,16) oder daß Jahwe das Volk auf die Probe stellt (vgl. Ex 16,4; 20,20; Dtn 8,2.16; 13,4), kommt von der vorangehenden Erzählung her eigentlich nur die zweite in Frage.[21] Selbst der Ausdruck śjm ḥōq ûmišpāṭ, hier tentativ mit „Gesetz und Rechtsentscheidung auferlegen" übersetzt, war wohl auch für einen Leser, der schon wußte, was alles an Gesetz und Recht

---

[19] In Poesie ist šām „dort" ohne vorangestelltes w^e am Satzanfang häufig belegt. In erzählender Prosa dagegen werden Zusatz- oder Nebeninformationen, die sich an einen Ort anhängen, fast ausnahmslos mit w^ešām „und dort" begonnen. Nur folgende mit Ex 15,25b entfernt vergleichbare Ausnahmen habe ich gefunden: Dtn 10,6 (in einem Bruchstück aus einer Wanderroutenbeschreibung, in der Art Num 21,12f vergleichbar, nicht dem üblichen Wandernotizenstil, und zwar zur Einfügung einer Zusatzinformation), Ez 23,3 (doch die Parallelismen sprechen eher für Poesie, man beachte auch die Inversion im unmittelbar vorangehenden Satz), Gen 49,31 (doch ist fraglich, ob es sich überhaupt um selbständige Sätze handelt: das dreifache šammāh „dort" könnte auch vorangehende Ortsbestimmungen einfach neu aufnehmen; vgl. die Situation in Gen 25,10, wo offenbar die vorangestellte Ortsbestimmung 10a durch šammāh „dort" am Anfang von 10b zusammenfassend wiederaufgenommen wird). Alle diese Belege sind spät, und ihr Kontext ist nicht im typischen alten Erzählstil formuliert.

[20] Auf Israel bezogen. Auch „ihn", auf Mose bezogen, wäre theoretisch möglich, ist aber sachlich unwahrscheinlich. *Liedke* (vgl. Anm. 22), der „man" als Subjekt hat und das Erproben auf Gesetz und Rechtsentscheidung bezieht, beansprucht dieses Verständnis selbst nur für ein Vorstadium des Textes.

[21] Mose als Subjekt einer „Erprobung" Israels oder Jahwes ist weder in den Wüstentexten noch überhaupt belegbar. Jahwe als Subjekt beider Sätze vertreten z. B. *Baentsch, Strack, Eißfeldt, Noth*. Für die hier vorgeschlagene Deutung spricht noch eine weitere Beobachtung. Nimmt man auch in 15,26 wieder Mose als Subjekt (vgl. Anm. 24), dann resultiert im Bereich 15,24–27 eine palindromische Anordnung der Subjekte der Aussage:

nun bald im Pentateuch folgen würde, ungewöhnlich.²² Der Fortgang des Textes mit seinen üblicheren Ausdrücken ⎡21⎤ für „Gesetz" (15,26) stellt jedoch den Sinn klar, der hier verstanden werden soll. In

>   Volk
>   (Mose)
>   Jahwe
>   (Mose)
>   Wasser
>   (Mose)
>   (Jahwe)
>   (Mose)
>   (Volk)

Die Klammer ist gesetzt, wo das Subjekt nicht ausdrücklich genannt wird. Doch ist in 15,27 durch den Plural (vgl. 15,24a) das Volk als neues Subjekt eindeutig, und in der vorderen Hälfte des Palindroms ist durch Verbalinhalt und Suffixverschränkungen eindeutig, daß Mose im 2. und 4. Glied Subjekt ist. Vgl. Anm. 12.

²² Der Doppelausdruck steht normalerweise im Plural, und zwar im deuteronomisch/deuteronomistischen Bereich als *ḥuqqîm ûmišpāṭîm*, „Gesetze und Rechtsentscheidungen", im priesterschriftlichen Bereich als *ḥuqqôt* „Gesetze" und *mišpāṭîm* „Rechtsentscheidungen"; vgl. die Tabellen bei *G. Liedke*, Gestalt und Bezeichnung alttestamentlicher Rechtssätze. Eine formgeschichtlich-terminologische Studie (WMANT 39), Neukirchen-Vluyn 1971, 13–17. Dort 180–184 findet sich auch die gründlichste Studie aller Belege für *śjm* + *ḥōq/mišpāṭ/ḥōq ûmišpaṭ*. *Liedke* streicht für den ursprünglichen Text das *lô* „ihm" und deutet dann: Dort (= in Kadesch) setzte man Verpflichtung und Rechtsanspruch fest, und dort prüfte man sie/ihn (= Verpflichtung oder Rechtsanspruch). Doch „spätestens der dtr Redaktor von v26" habe dann anders gedeutet und *lô* „ihm" eingesetzt. Aber selbst die Deutung der angenommenen Vorstufe ist nicht beweisbar. Sie ist über Jos 24,25 von einem Verständnis des Doppelausdrucks in 1 Sam 30,25 abgeleitet, das dort denkbar, aber keineswegs notwendig ist. Vgl. die Skepsis bei *H. Ringgren*, in: ThWAT III, 152f. *M. Weinfeld*, Deuteronomy and the Deuteronomic School, Oxford 1972, 152, zieht für Ex 15,25 und Jos 24,25 unmittelbar akk. *mīšaram šakānum* „ein Reformedikt erlassen" heran, was sich in beiden Fällen vom Kontext her kaum begründen läßt. Vgl. *N. P. Lemche*, The Manumission of Slaves – The Fallow Year – The Sabbatical Year – The Jobel Year: VT 26 (1976) 38–59 (39f). Auch andere Deutungen, etwa bei *R. Hentschke*, Setzung und Setzender. Ein Beitrag zur israelitischen Rechtsterminologie (BWANT 83) Stuttgart 1963, 29: „Kultordnung und Recht", präzisiert den Sinn der beiden Termini inhaltlich mehr, als sich zumindest von den Belegen des doch offenbar geprägten Doppelausdrucks her nachweisen läßt. *H. M. Orlinsky,* Notes on the New Translation of the Torah, New York 1969, 171, rechnet mit einem Hendiadyoin: „a fixed rule". Da *śjm* „auferlegen" auch mit nur je einem der beiden Termini des Doppelausdrucks stehen kann, und keineswegs sicher in genau gleichem Sinn, geht das vielleicht doch zu weit. Im Doppelausdruck könnte auch der zweite Terminus den ersten näher qualifizieren („und zwar"). Doch

solchem Zusammenhang bekommt auch das Wort *nsh* „auf die Probe stellen" einen auf Gottes Forderung bezogenen Sinn: Gott testet in der Notsituation, ob Israel sich an sein Gesetz hält, und wenn es das tut, hilft er der Not durch Segen ab. Man kann hierzu vor allem an Ex 16,4; Dtn 8,2; 13,4; Ri 2,22; 3,4 denken.[23] Der folgende Vers 26 kann ⟨22⟩ daher als eine Art Explikation des mit „auf die Probe stellen" Gemeinten aufgefaßt werden und schließt sich insofern ganz sachgemäß an:

Und er sagte:
Wenn du hörst: hörst auf die Stimme Jahwes, deines Gottes, A
und das, was gerade ist in seinen Augen, tust B

---

wir können das wohl kaum noch klären, und vielleicht müssen wir es auch nicht. Denn zumindest für den Verstehenshorizont des Lesers des fertigen Pentateuch bietet sich noch ein anderer Zugang an. Der pluralische Doppelausdruck für im Pentateuch vorliegende Rechtsordnungen Israels wird als bekannt vorausgesetzt. Um nicht gegen die offenliegende Tatsache zu stehen, daß diese Rechtsordnungen Israel erst vom Sinai ab gegeben werden, steht der Doppelausdruck hier noch im Singular. Es ist dasselbe gemeint und darf doch nicht ganz dasselbe sein. Die Möglichkeit zu dieser sprachlichen Feinheit ist dadurch eröffnet, daß der gleiche singularische Ausdruck sich schon für Josua (Jos 24,25) und David (1 Sam 30,25) findet, die ja – nun jenseits des Zeitraums, in dem Israel von Jahwe seine Lebensordnungen erhielt – in einer analogen Situation neues Recht setzen. Daß dann im folgenden Vers 26 so gesprochen wird, wie nachher von den sinaitischen und deuteronomischen Gesetzen die Rede sein wird, steht nicht dagegen. Denn da wird nicht von dem gesprochen, was zu Mara geschah, sondern ein allgemeines Prinzip aufgestellt, das selbstverständlich für alle in Frage kommenden Gesetze Jahwes gilt. Damit dürfte die spezielle Nuance des singularischen Doppelausdrucks im definitiven Pentateuchtext wohl am besten geklärt sein. Ob man für Ex 15,25 nach der Bedeutung des Ausdrucks in einem früheren Textstadium noch einmal speziell fragen muß, mag hier offen bleiben.

[23] Nimmt man die im Kontext ebenso zu verstehenden Belege Dtn 8,16 und Ri 3,1 hinzu und beachtet, daß in Ex 20,20 die Dekalogproklamation vorangeht, im unmittelbaren Kontext von Dtn 33,8 von Beobachtung des Wortes und Bundes Jahwes gesprochen wird (33,9) und die Erprobung Abrahams, von der Gen 22,1 spricht, in der Durchführung eines göttlichen Auftrags besteht, dann ist damit die Gesamtheit der Belege für *nsh* „erproben" mit Gott als Subjekt im Pentateuch und den Vorderen Propheten erfaßt, und sie weisen alle auf eine einzige Vorstellung von der Erprobung Israels durch seinen Gott. Sie ist eng mit dem normalerweise im „Gesetz" gegebenen Gotteswillen und dessen Beobachtung verbunden. *O. Eißfeldt,* Zwei verkannte militärtechnische Termini: VT 5 (1955) 232–238 (235–238), schlägt für Ex 15,25; Dtn 33,8 und Ri 3,1 die Bedeutung „einüben, ertüchtigen" vor. Doch an keiner Stelle legt der Kontext das wirklich nahe. Vgl. *L. Ruppert,* Das Motiv der Versuchung durch Gott in vordeuteronomischer Tradition: VT 22 (1972) 55–63 (58).

und das Ohr leihst allen seinen Geboten	C
und achtest auf jedes seiner Gesetze –	D
jede Krankheit, die ich auferlegt habe in Ägypten,	E
nicht werde ich sie legen auf dich.	F
Denn ich bin Jahwe, der dich Heilende.	G

Hier wird wohl Mose-, nicht Jahwerede eingeführt.[24] Obwohl diese Rede sprachlich wieder anders klingt als 25b, springt auch sie aus dem alten und knappen Erzählstil heraus. Trotz vorhandener Parallelismen dürfte es sich kaum um Poesie handeln, sondern wir haben hier hochrhetorische Prosa.[25] Eine bedingte Segensverheißung[26] wird begründet durch eine ⟨23⟩ göttliche Selbstvorstellung.[27] Rhetorisch

---

[24] Die Stilisierung der Rede selbst erlaubt kein eindeutiges Urteil. Am Anfang spricht sie von Jahwe in 3. Person, am Ende spricht Jahwe in 1. Person. Im Dtn kann, wo es als Moserede stilisiert ist, bisweilen das Ich Jahwes durchbrechen: vgl. Dtn 7,4; 11,13–15; 17,3; 28,20; 29,4f. Umgekehrt kann aber auch in einer deuteronomischen Erzählung, wenn ein Jahwewort zitiert wird, in diesem Zitat Jahwe von sich selbst in 3. Person sprechen: vgl. Dtn 1,8. Hier gibt es also stilistische Freiheiten, die in unseren Sprachen nicht gegeben wären. Daß in Ex 15,26 wohl doch eher Mose- als Jahwerede gehört werden soll, können vielleicht folgende Gründe nahelegen: 1. Am Anfang der Rede wirkt sie eher, als spräche Mose, und da der Redende nicht ausdrücklich eingeführt ist, soll der erste Eindruck ja doch wohl maßgebend sein. 2. Falls vorher eine palindromische Erwartungsstruktur aufgebaut worden ist (vgl. oben Anm. 21), ist jetzt Mose das Subjekt der Handlung, also der Rede. Letztlich ist der Unterschied zwischen beiden Möglichkeiten nicht zu erheblich, da Mose ja auf jeden Fall Mittler eines Gottesworts ist.

[25] Zu diesem Typ von Prosa vgl. als bisher gründlichste Untersuchung *G. Braulik*, Die Mittel deuteronomischer Rhetorik erhoben aus Deuteronomium 4,1–40 (AnBib 68) Rom 1978. Hier liegt allerdings nicht genau die gleiche Technik vor, es gibt auch eine gewisse Nähe zur priesterlichen Gesetzesrhetorik. Dazu fehlt noch die entsprechende Monographie. Zum narrativen Stil der Priesterschrift vgl. *S. E. McEvenue*, The Narrative Style of the Priestly Writer (AnBib 50) Rom 1971.

[26] Andere Belege für bedingte Segensverheißungen (genannt wird der Vers, wo die Bedingung einsetzt): Ex 19,5; 23,22.25; Lev 26,3; Dtn 4,29; 7,12; 11,13.27; 13,19; 15,5; 21,9; 28,1.2.13; 30,1.2.10.16 (Septuaginta); 1 Kön 3,14; 9,4; 11,38; 2 Kön 21,8; Ijob 36,11; Spr 2,1.4; Jer 17,24; Sach 6,15. Nahestehende Texte sind noch: Gen 22,28; 26,5; Lev 26,14.18.21.23.27.44; Dtn 4,25; 8,20; 11,28; 28,15.45.58.62; 30,17; Jos 23,12.16; 24,20; 1 Sam 12,15; 2 Sam 7,14; 1 Kön 9,6; Ps 81,14; Ijob 36,12; Jer 13,17.

[27] Hierzu vgl. die klassischen Abhandlungen: *W. Zimmerli*, Ich bin Jahwe, in: Geschichte und Altes Testament (BhTh 16) Albrecht Alt zum 70. Geburtstag, Tübingen 1953, 179–209; *K. Elliger*, Ich bin der Herr – euer Gott, in: Theologie als Glaubenswagnis. Festschrift zum 80. Geburtstag von Karl Heim, Hamburg 1954, 9–34. In Ex 15,26 findet sich die Langformel (Zimmerli) bzw. Huldformel

ausgebaut ist vor allem der Bedingungsteil der Segensverheißung. Von den Verben her läuft zweimal die Folge „hören – tun" ab (AB und CD), einmal in Präfixkonjugation (AB), einmal in Suffixkonjugation (CD). Während mit šmʿ „hören" beginnende Verbalreihen in bedingten Segens- und Fluchtexten häufig sind[28], findet sich sonst nirgends eine solche rhetorische Verdoppelung des Ablaufschemas.[29] Auch die Verstärkung des Verbs šmʿ „hören" durch vorangestellten Infinitiv šāmôaʿ ist zumindest selten.[30] Die beiden Verben für Hören šmʿ und ʾzn hif (AC) wie die beiden Verben für Tun ʿśh „tun" und šmr „achten auf" (BD) sind jeweils zusammengehörende Parallelismuswörter.[31] Jedes der vier Verben hat als Objekt einen Ausdruck für den Jahwewillen, doch lassen sich hier schwerer feste Wortpaare identifizieren.[32] Man wird höchstens sagen können, daß erst beim zweiten Schritt (CD) Wörter für „Gesetz" erscheinen. Die Sinneinheiten verjüngen sich aufs Ende zu.[33] Trotzdem macht der Vordersatz

---

(Elliger). Die Qualifikation Jahwes als rōfeʾākā „dein Arzt" ist unter den Selbstvorstellungsformeln des AT einmalig. Entsprechende Ich-Aussagen Jahwes, aber nicht im Rahmen der Selbstvorstellungsformeln, finden sich in Dtn 32,39; 2 Kön 20,5; Jer 30,17; 33,6; Hos 11,3; 14,5; alle außer 2 Kön 20,5 und vielleicht Jer 33,6 sind metaphorisch.

[28] Unter den 52 Belegen in Anm. 26 setzen 33 mit šmʿ „hören" ein!

[29] Höchstens Spr 2,1f ließe sich entfernt vergleichen.

[30] Nur noch Ex 19,5; 23,22; Dtn 11,13; 15,5; 28,1; Jer 17,24; Sach 6,15.

[31] ʾzn existiert fast nur als Parallelismuswort für šmʿ oder andere Ausdrücke des Hörens. Ausnahmen sind nur Jes 8,9; 51,4; Ps 77,2; 80,2; 135,17; 140,7; 141,1; Ijob 32,11; 37,14; 2 Chr 24,19 bei insgesamt 41 Belegen. Das Wort ist auch fast nur poetisch belegt. šmr „achten auf" und ʿśh „tun" gehören sowohl in deuteronomischer als auch in priesterschriftlicher Sprache als Ausdrücke für Gesetzesbeobachtung eng zusammen, vgl. N. Lohfink, Das Hauptgebot. Eine Untersuchung literarischer Einleitungsfragen zu Dtn 5–11 (AnBibl 20) Rom 1963, 68–70.

[32] Das Wortpaar miṣwôt + ḥuqqîm (in dieser Reihenfolg) ist sonst nur in Dtn 27,10 (mit vorangehendem šmʿ + qôl JHWH; ḥuqqîm allerdings nur im masoretischen Text, während der Samaritanus, jedoch wohl an das Übliche angleichend, ḥuqqôt hat) und Esr 7,11 (in einer Art Titulatur für Esra!) belegt. Ob das naheliegendere ḥuqqôtāw vielleicht aus klanglichen Gründen vermieden worden ist? Es hätte einen sehr engen Reim mit miṣwôtāw gebildet, während sich so etwas lockerer die Dreierkette beʿênāw/leʾmiṣwôtāw/kol-ḥuqqāw heraushebt und das Mittelstück BCD zusammenhält gegenüber dem mächtigeren Rahmenreim auf -ākā in AFG. Eine andere Absicht bei der Wahl von ḥuqqîm statt ḥuqqôt kann die gewesen sein, ḥōq von 25b aufzugreifen.

[33] A: 6 Wörter/B: 3 Wörter/C: 2 Wörter. D hat allerdings wieder 3 Wörter. Das macht das hinzukommende kol „jeder". Es staut die hier gekennzeichnete Bewegung auf, setzt eine Art Endpunkt und löst, da es sofort in E wieder

»Ich bin Jahwe, dein Arzt« (Ex 15,26)

den Eindruck eines durchkonstruierten chiastisch-parallelistischen Gefüges. Ihm steht nun – mit Umsprung in Gottesrede – ein ganz anders gebauter Nachsatz als Balance gegenüber. Er setzt asyndetisch ein. Durch das *kol* „jedes/jede" vor dem letzten Wort des Vorder- und dem ersten Wort des Nachsatzes wird eine genaue Entsprechung von Bedingung und Zusage signalisiert[34], dazu Universalität und grundsätzlicher Charakter der ganzen Aussage. Im übrigen wird die Aussage des Nachsatzes kunstvoll hinausgezögert. Er beginnt mit vorgezogenem Objekt, das dann noch durch Relativsatz erläutert wird: „jede Krankheit, die ich auferlegt habe in Ägypten" (E). Damit ist eine ganze Atemeinheit verbraucht, die Sprache muß für den Hauptsatz neu ansetzen. Dabei wird, nun negiert, das Verb des Relativsatzes wiederholt[35], so daß ein harter Gegensatz zwischen Jahwes Handeln 25 an Ägypten und Israel auch klanglich hervortritt. Dieses Verb stand aber auch schon in 15,25 und war dort durch den hart gefügten und nachher noch einmal nachklingenden Reim *šām šām ... w^ešām* „dort legte er auf ... und dort" stark herausgehoben worden. So unterstreicht jetzt auch die Wortwiederholung die Grundaussage: Während Jahwe den Ägyptern die Krankheit auferlegt, legt er Israel eine Lebensordnung auf, und wenn es nach ihr lebt, legt er Israel keine Krankheit auf. Der Hauptsatz F endet auf *–âkā,* den Reim zu *JHWH ^älōhâkā* „Jahwe, dein Gott" am Ende von A, und dies löst nun, durch begründendes *kî* „denn" angeschlossen,

---

aufgenommen wird, den Nachsatz gewissermaßen aus. Man kann im Nachsatz übrigens eine Entsprechung der Zeilenlängen beobachten: E: 5 Wörter / F: 3 Wörter / G: 4 = 2 × 2 Wörter.

[34] Man kann hier von „Talionstil" reden, vgl. *N. Lohfink,* Zu Text und Form von Os 4,4–6: Bibl 42 (1961) 303–332 (311–325). Er ist hier vom sonst wiederholten Verb auf das kleine Wörtchen *kol* „jeder" abgedrängt, während die Wiederholung des Verbs, die innerhalb des Nachsatzes und die Segensverheißung übergreifend bis in 15,25 zurück ihren Platz bekommt, eine andere Funktion übernimmt, vgl. unten.

[35] *śjm* „auferlegen" ist in 25 mit *l^e*, in 26E mit *b^e*, in 26F mit *'al* konstruiert, ich habe das durch jeweils variierte Übersetzung anzudeuten versucht. Doch könnte es sein, daß lediglich stilistische Variation gesucht ist, ohne daß Bedeutungsnuancen vorliegen. Beim Objekt *ḥōq ûmišpāṭ* „Gesetz und Rechtsentscheidung" könnte noch am ehesten Sprachzwang für *l^e* der Person vorliegen, vgl. Jos 24,15; 1 Sam 30,25; Ps 81,5; ferner Spr 8,29. Aber als mögliche Gegeninstanzen vgl. Jes 42,4; Ps 78,5; 81,6 (für *b^e* bei Wörtern für Gesetz) und Gen 47,26 (für *'al*). Bei Krankheiten kann sowohl *b^e* als auch *'al* stehen. Vielleicht steht in 15,26 bei *b^e* eher der territoriale, bei *'al* der personale Aspekt im Vordergrund. Aber vgl. Dtn 7,15 als Gegeninstanz.

die triumphale, Jahwe selbst in seinem Wesen neu offenbarende Schlußrede G aus: „Ich bin Jahwe, der dich Heilende." Sie endet wieder auf den Reim –*ậkā*.

Durch den konkreten Segensinhalt – Bewahrung Israels vor Krankheit – und seine Begründung – Jahwe, der Heiler Israels – ist nun der Zusammenhang zwischen dem trinkbar gemachten bitteren Wasser von Mara und dem so unvermittelt dazugekommenen Thema „Auferlegung von Gesetz und Rechtsentscheidung und Erprobung Israels" hergestellt, zumindest wenn man vorher schon beim Stichwort *mar* „bitter" die Untertöne mitgehört hat, auf die oben aufmerksam gemacht wurde. Auch das Motiv der „Belehrung" erweist sich mit seinem Anklang an das Wort „Tora" als vorausdeutend. Durch Jahwes Tora wurde das Wasser gesund, Israel wurde nicht durch bitteres Wasser in die Todeszone gebracht, und so wird es immer frei von Krankheiten bleiben, wenn es sich an Jahwes Ordnung hält. An dem einen Ereignis wurde viel Umfassenderes und Allgemeingültigeres deutlich, und die Verse 25b und 26 explizieren das. Sie erweitern daher auch erheblich den Horizont gegenüber der vorangehenden Erzählung. War in 15,22 das, was erzählt werden sollte, durch die Wörter *wajjēṣᵉʼû* „sie zogen aus" und *midbār* „Wüste" zwischen dem Verlassen Ägyptens und der vor den Israeliten sich nun ausdehnenden Wüste ausgespannt, so greift nun in 15,26 E der Relativsatz weiter zurück, in die Zeit, da Israel in Ägypten war. Er spricht von den Plagen, die Jahwe zugunsten Israels über Ägypten kommen ließ. In einem ähnlichen Zusammenhang wie in Ex 15,26 hießt es in Dtn 28,27, Jahwe werde Israel, wenn es seine Gesetze nicht beobachtet, mit dem „ägyptischen Geschwür" schlagen; in Dtn 28,60, er werde „alle ägyptischen Seuchen, vor denen du Angst hast, wieder über dich bringen". In einem Segenstext 26 heißt es in Dtn 7,15, Jahwe werde Israel „keine der schweren ägyptischen Seuchen, die du kennst", auferlegen. Die Angst und die Kenntnis ägyptischer Krankheiten können in diesen Texten auch als Angst und Kenntnis verstanden werden, die aus dem Hörensagen stammen.[36] Hier in Ex 15,26 dagegen handelt es sich nicht um allgemein bekannte, typische Krankheiten Ägyptens, sondern es wird narrativ zurückverwiesen. Und im Zusammenhang des Buches ist dies ein Rückverweis auf die sogenannten Plagenerzählungen. Da hat Jahwe Krankheiten auf

---

[36] Für Dtn 28,60 ist das allerdings nicht ganz sicher. Vgl. Anm. 79.

»Ich bin Jahwe, dein Arzt« (Ex 15,26) 105

Ägypten gelegt.[37] Zwar spielt das Stichwort „krank", das man spontan vor allem auf Menschen bezieht, in den „Plagenerzählungen" Ex 7–12[38] so gut wie keine Rolle. Aber die Aufgipfelung des ganzen Erzählungszusammenhangs, die Tötung der ägyptischen Erstgeburt, muß man sich ja wohl konkret als zum Tod führende plötzliche Erkrankung vorstellen.[39] Die vorangehende Finsternis 27 ist das Hereinbrechen der Todessphäre.[40] Die sechste Plage – Ofenruß, der

---

[37] Der Bezug des Relativsatzes auf die Plagenerzählungen ist bei den Kommentatoren keineswegs allgemein anerkannt. Vgl. z. B. *B. Baentsch* (HKAT, Göttingen 1903) z. St.: „Bei *mḥlh*, vgl. 23,25E, ist hier spec. an Krankheiten zu denken, die für Ägypten charakteristisch sind (Elephantiasis, Augenkrankheiten, Dysenterie etc.). Oder will der Verf. auf die Plagen anspielen? Aber Frösche, Hagel, Finsternis etc. sind nicht eigentlich *mḥlh;* höchstens an das Sterben der Erstgeburt könnte gedacht werden. Doch das *kl* zeigt, daß der Verf. an eine Mehrheit verschiedener Krankheiten denkt, vgl. Dtn 7,15." Daran, daß die Geschwüre von Ex 9,8–12 überhaupt nicht erwähnt werden, ist allerdings zu erkennen, daß hier gar nicht die Plagenerzählung des definitiven Buchs Exodus, sondern die der alten Pentateuchquellen zum Maßstab gemacht wird. Wenn man unter solchen Voraussetzungen fragt, hat nicht jeder Kommentator die Courage, die man etwa bei *W. Fuß,* Die deuteronomistische Pentateuchredaktion in Exodus 3–17 (BZAW 126) Berlin 1972, 331f, finden kann: Nach ihm zielt der Relativsatz durchaus „auf die ägyptischen Plagen. Aber die betreffenden Berichte hatten doch gar nicht von Krankheiten gehandelt! Unsere Bezugnahme entspricht also nicht den Vorgegebenheiten der Harmonie (= JE); statt dessen entspricht sie aber einem deuteronomistischen Glaubenssatz, der besagt, daß der Abfall von Jahwe Krankheiten nach sich zieht".
[38] Im definitiven Buch Exodus muß man den Plagenkomplex wohl bis zum 12. Kapitel ziehen.
[39] Es sei hier auf *S. E. Loewenstamm,* An Observation on Source-Criticism of the Plaguepericope (Ex. vii-xi): VT 24 (1974) 347–378 (376f), verwiesen. Er bringt Gründe dafür bei, daß es einmal ein Plagenschema gegeben haben muß, wo auf die Pest für das Vieh die Pest für die Menschen folgte, und dann kam nur noch die letzte Plage. Grundtexte für seine Analyse sind Ex 9,13–15 und Ps 78,48–51. Doch man kann sich fragen, ob Ps 78,51 gegenüber 78,50 eigentlich eine eigene, neue Plage bringen muß. Könnte im Sinn des Psalmisten die Tötung der Erstgeburt nicht gerade durch *däbär* „Pest" erfolgt sein? Mit einer solchen Idee ausgerüstet könnten die endgültigen Redaktoren von Ex 9 die Verse 13–15 vielleicht auch keineswegs als stumpfes Motiv, sondern als Vorverweis auf die Tötung der Erstgeburt betrachtet haben. Selbst wenn sie es nicht so verstanden, konnte es später so aufgefaßt werden.
[40] Vgl. die spätere, im Grundansatz zweifellos der Textintention entsprechende Deutung dieser Plage in Weish 17.

Geschwüre bewirkt – ist eine alle Menschen treffende Krankheit.[41] Die fünfte Plage ist die Pest, die aber nur das Vieh trifft, während die Menschen ausgespart bleiben.[42] Hier stellt sich daher die Frage, ob der Rückverweis auf die Krankheiten, die „ich auferlegt habe in Ägypten"[43], überhaupt auf menschliche Krankheiten beschränkt sein will. Sobald man so fragt, zeigt sich, daß dieser Rückverweis vielleicht den ganzen Komplex der Plagenerzählungen meinen kann. Sie werden unter dem ihnen selbst fremden allgemeinen Begriff der von Jahwe dem Land auferlegten „Krankheit" deutend zusammengefaßt. Geht man davon aus, dann stellt sich nochmals eine neue Beziehung her. Die Plagen in Ägypten begannen ja mit dem Ungenießbarwerden des Nilwassers. Dreimal wird betont, daß die Ägypter das Nilwasser nicht trinken konnten: 7,18.21.24. Am Anfang der Plagenreihe befinden sich die Ägypter also in einer ganz ähnlichen Lage wie die Israeliten dann in Mara, wo auch das Wasser nicht trinkbar war. Doch ihnen wird es jetzt in trinkbares verwandelt, und damit wird die ganze Plagenabfolge, die in Krankheit und Tod hineinläuft, schon am Anfang abgebrochen, weil sie eine Tora empfangen, sich durch sie auf die Probe stellen lassen und die Probe bestehen. Das ist der erste Anfang ihrer neuen Lebenswirklichkeit. Diese wird aber in 15,26 ganz grundsätzlich und ohne Bindung an ein bestimmtes Ereignis auf den Begriff gebracht. So weitet sich von Mara aus auch der Horizont zur Zukunft hin. Er geht weit über die Wüstenzeit hinaus überall dahin, wo das Gesetz, das vom Sinai bis Moab verkündet werden wird, Geltung haben soll. Immer wird gelten, daß Jahwe der ist, der für Israels Gesundheit sorgt. Mag sich das in Mara, am Anfang der Wüstenwanderung, gezeigt haben, es gilt allgemein. Aus dieser umfassenden Perspektive nimmt der nun folgende Vers 15,27 den Blick wieder zurück und ist wieder beim schlichten und knappen Reiseberichtstil. V.27 hat auch eine nähere Umstände erläuternde Einschaltung, die – im Gegensatz zu 15,25b – durch für den alten

28

---

[41] Ex 9,8–12. Dieser Text gehört exklusiv zum Plagenzyklus der priesterlichen Geschichtserzählung. Deshalb wird in den Auslegungen von Ex 15,26 gewöhnlich kein Bezug darauf genommen. Übrigens findet sich hier die einzige Wortübereinstimmung zu den „ägyptischen" Krankheiten des Buchs Dtn: $š^eh\hat{\imath}n$ „Geschwür" Ex 9,9.10.11.11; Dtn 28,27.(35).
[42] däbär „Pest" Ex 9,1–7.13–15. Vgl. Anm. 39.
[43] Zum Übersetzungsproblem vgl. oben Anm. 35.
[44] Vgl. vor allem auch Num 33,9.

Erzählungsstil normales $w^e\check{s}\bar{a}m$ „und dort" eingeführt und im nächsten Hauptsatz durch dem Verbum nachfolgendes $\check{s}\bar{a}m$ „dort" wiederaufgenommen wird:

> Und sie kamen nach Elim,
> und dort gab es zwölf Wasserquellen und siebzig Palmen,
> und sie lagerten dort am Wasser entlang.

Das Ungewöhnliche im Vergleich zu 15,22 und anderen vergleichbaren Stellen ist, daß eine Erwähnung des Aufbruchs von Mara fehlt[44] und sofort von der Ankunft an einem anderen Ort berichtet wird, der überdies in bezug auf das Zentralthema „Wasser" ein positives Gegenstück zu Mara darstellt. Es ist, als habe es in Mara gar keinen echten Halt gegeben. Erst in Elim bezieht man nach dem Aufbruch vom Schilfmeer wieder ein Lager. So rundet sich erst hier die narrative Einheit ab. U. Cassuto hat darauf aufmerksam gemacht, daß die Konsonantengruppe *mjm* und die Konsonantengruppe *š/śm* in 15,22–27 je siebenmal vorkommen – was sicher nicht zufällig ist. Aber in beiden Fällen wird die Siebenzahl erst in 15,27 erreicht.[45] Jahwe hat Israel vom Wasser des Schilfmeers über die Wüste hinweg zu neuem Wasser geführt.[46] In diesem Durchgang durch die Wüste geschah an einem geheimnisvoll-gefährlichen Ort eine Art Konfrontation mit der lebensbedrohlichen Situation, die vorher in Ägypten die Plagenerzählungen gekennzeichnet hatte. Israel wurde von Gott in eine Erprobung hineingeführt. Ein generell bedeutsamer Zusammenhang zwischen der freien Hinordnung Israels auf die ihm von Jahwe zugesprochene 29 Lebensordnung und Israels Gesundheit trat zutage. Jahwe gab sich zu erkennen als der, der Israel Heil des Leibes

---

[45] Vgl. Anm. 16. Die beiden je siebenmal vorhandenen Elemente stehen nur in 15,27 zusammen. Im übrigen findet sich *mjm* nur in 15,22–25a, der im alten Erzählstil erzählten Marageschichte, *š/śm* nur in 15,25b.26, der im Stil herausspringenden Universalisierung der Geschichte auf Gesetz und Gesundheit hin. Unter dieser Rücksicht werden die beiden Textbereiche in 15,27 also miteinander verknüpft. Das Bild ändert sich auch nicht, wenn man mit *Cassuto* auch die Belege für *šmʿ* „hören" und *šmr* „achten auf" zu den Belegen für die Buchstabenkombination *š/śm* hinzunimmt und so auf die Zehnzahl kommt.

[46] Ob es mit derartigen hintergründigeren Sinnschichten zusammenhängen könnte, daß die Israeliten in Num 33,10 nach Elim wieder ans Schilfmeer kommen? Vgl. M. *Noth* (ATD) zu Num 33,10, der allerdings mit einer „unsachgemäßen Schlußfolgerung aus der mißverstandenen Bemerkung in 2. Mos. 15,27, daß man nach der Ankunft in Elim sich am Wasser lagerte", rechnet. Nur auf historizistischer Ebene wäre hier etwas „unsachgemäß".

verleiht. An einem ganz punktuellen Geschehen wurde Vorher wie Nachher der Geschichte großflächig erhellt. Das Einzelereignis war mehr als ein Einzelereignis.[47]

2. SCHICHTUNG DES TEXTS

Ex 15,22–27 stellt so, wie wir den Text jetzt in der Bibel lesen, eine bewußt gestaltete Einheit dar. Das hat sich gezeigt. Ihre Aussage ist sowohl klar als auch tief und voll. Sie ist mehr als historische Nachricht. Das Mehr bringt der Text auch erkennbar zur Sprache.

Die gleiche Aussage könnte wohl auch sprachlich anders gemacht werden, vor allem: sprachlich einheitlicher. Das führt zur literarkritischen Frage. Vieles am Text erzeugt zwar Sinn, aber auf eine Weise, die dem Analytiker andeutet, daß der Text stufenweise entstanden ist. Er hatte eine Vorgeschichte.

Die deutlichste Spannung besteht zwischen der schlichten Mara-Erzählung bis 15,25a und ihrer Weiterführung von 15,25b an. Hier setzt ein neuer Typ von Sprache ein. Hier kommen ganz neue inhaltliche Elemente zur Sprache, mit denen man vorher kaum gerechnet hätte. Narratives wird in Allgemeingültiges überführt. Der geschichtliche Horizont weitet sich.

Man kann sich darüber hinaus fragen, ob nicht innerhalb von 15,25b.26 nochmals Bruchstellen sind. Gehören 25b und 26 ursprünglich zusammen? Ist in 15,26 eine ältere Selbstvorstellung Jahwes vielleicht sekundär zum jetzigen bedingten Segen mit angehängter Begründung erweitert worden?[48]

---

[47] Es sei noch darauf hingewiesen, daß durch 16,4bβ auch die Mannaerzählung unter den Gesichtspunkt der Erprobung Israels durch Jahwe zu stehen kommt. Jahwe will sehen, ob Israel „in seiner Tora wandelt oder nicht". Auch in dieser als Murr-Geschichte beginnenden Erzählung bewährt sich Israel im ganzen und wird – nicht nur bei dieser Gelegenheit, sondern für die ganze Zeit der Wüstenwanderung, ja zu immerwährendem Gedenken – von Gott mit Nahrung beschenkt.

[48] Entscheidet man sich hier für weitere Differenzierungen, dann kann sich die Frage erheben, ob entweder 25b oder die Selbstvorstellung von 26 von der alten Maraerzählung vielleicht nur traditionsgeschichtlich, nicht mehr jedoch literargeschichtlich abgehoben werden könne. Für *Wellhausen* war es wichtig, daß 25b, obwohl ein altes „poetisches Fragment", doch schon zu einer der alten Quellen gehörte – das war ein wesentlicher Baustein für seine Annahme einer Rechtsprechungstradition in der Oase Kadesch; vgl. *J. Wellhausen*, Prolegomena zur Geschichte Israels, Berlin [6]1905, 342. Für *E. Meyer* (vgl. oben Anm. 18)

| 30 | Neben diesem zentralen literarkritischen Problemkomplex gibt es noch einen peripheren. Gehört der Wanderungsrahmen schon ursprünglich zur Mara-Erzählung, oder ist diese sekundär in ihn eingefügt?[49] Für letzteres könnte das Fehlen einer Lager- und Aufbruchsnotiz im Zusammenhang mit Mara sprechen. Hier spielen auch umfassendere Annahmen über Pentateuchschichten und deren redaktionellen Zusammenbau schon in die Argumentation hinein.[50] Die Identifizierung der angenommenen Schichten mit Größen der jeweiligen Pentateuchtheorie kompliziert dann nochmals das Bild der Autorenmeinungen.[51]

---

war es umgekehrt wichtig, daß die Vorstellung Jahwes als Heilgott zur alten Tradition gehörte. Das erleichterte die Identifizierung von Mara mit der Hauptquelle von Elim, das selbst das Phoinikon des Agatharchides von Knidos (um 130 v. Chr.) sein sollte (100–103).

[49] So z. B. *M. Noth*, Überlieferungsgeschichte des Pentateuch, Stuttgart ²1948, 18, und ATD, Komm. z. St.: Er rechnet 15,22aα.27 zur priesterlichen Grundschrift. Wie stark Kenner des pentateuchischen Sprachstils das Fehlen von Lager- und Aufbruchnotiz empfinden, mag die verzweifelte Annahme von zwei Textausfällen bei *R. Smend*, Die Erzählung des Hexateuch auf ihre Quellen untersucht, Berlin 1912, 146, zeigen, die *O. Eißfeldt*, Hexateuch-Synopse, Leipzig 1922, in der Synopse zunächst übernahm, dann aber noch vor Fertigstellung des Drucks in der Einleitung 44f zugunsten einer nicht minder gewagten anderen Annahme wieder aufgab.

[50] Man lese z. B. *J. Wellhausen*, Die Composition des Hexateuchs und der historischen Bücher des Alten Testaments, Berlin ³1899, 77f: „Zu Q rechnet man zunächst 15,22.23.27. Zugegeben, daß Q diese Stationen enthalten hat – ebenso gewiß hat sie auch JE enthalten, denn wenn Elim hier gegenwärtig nicht mehr anderweit nachweisbar ist, so steht die Sache für Q mit Jam Suph nicht anders. Mit welchem Rechte nun macht man JE hier unvollständig, um Q vollständig zu machen? Nach dem Zusammenhange hat doch JE das nächste Recht auf diese Verse, v.22b und v.23 stehn in ganz deutlicher Beziehung zu v.24ss. Es müßten sehr bedeutende formelle Gründe für Q sprechen, um die Herausreißung zu rechtfertigen. Aber gerade das Gegenteil ist der Fall. In v. 22 ist *wjsʿmšh* dieser Quelle fremd, ebenso wie *jśrʾl* (statt dessen *bnj j...* oder *bjt j...*), in v.23 fehlt das Charakteristische *wjsʿw mn* an der Spitze. Desgleichen in v.27, im letzteren Verse paßt auch der episodische Inhalt eher zu JE als zu Q. Mit Num. 33 richtet man nichts aus, wenn man nicht vorher den Nachweis liefert, daß es unmöglich oder unwahrscheinlich sei, daß der Verfasser dieses Katalogs jünger sei als JE."

[51] Mit einem mehr oder weniger groß angesetzten P-Anteil an den Rändern der Einheit rechnen *Nöldeke, Steuernagel, Gressmann, Noth, Elliger, Fritz* – sonst folgt man eher *Wellhausens* Argumentation. Für 23–25a, manchmal auch für mehr, rechnet man ausnahmslos mit Text alter Pentateuchquellen. *Wellhausen* wagt es nicht zu entscheiden, um welche es sich handelt, später ist man (außer *Steuernagel*) zuversichtlicher in der Zuteilung. Mit E rechnen *Kuenen* und

[31] Das periphere literarkritische Problem soll hier nicht diskutiert werden. Ich persönlich rechne damit, daß 15,25aα.27; 16,1 zu dem System von Wandernotizen gehört, mit dem die priesterliche Geschichtserzählung die „Toledot Jakobs" (Überschrift Gen 37,2), die quantitativ die zweite Hälfte des Werkes darstellen, aufgliedert.[52] Das impliziert, daß die Mara-Erzählung in ihrem alten Bestand nicht mit Sicherheit einem umfassenderen älteren Erzählungszusammenhang zugeschrieben werden kann – obwohl es dies auch nicht ausschließt. Sie könnte also einer alten Pentateuchquelle zugehört haben, könnte aber ebenso eine isoliert überlieferte Geschichte gewesen sein, die bei der Pentateuchredaktion oder noch später in die Wandernotiz der priesterlichen Geschichtserzählung eingehängt wurde.[53] Die Zuteilung des Wandernotizrahmens zur priesterlichen

---

Baentsch, mit J z. B. *Jülicher, Gressmann, Noth, Fritz, Cazelles,Childs*, mit J_1, L oder N *Smend, Eißfeldt, Beer, Fohrer*. Einen Quellenwechsel innerhalb der alten Pentateuchquellen in 25b von J oder JE zu E nehmen *Steuernagel, Gressmann* und *Cazelles* an. 26 wird fast allgemein R^{JE}, R^D oder D zugeschrieben. Hier hat sich seit *Wellhausen* kaum ein Zweifel gezeigt. Nach ihm „scheint der Jehovist (Deuteronomist?) v.26 frei zugesetzt zu haben" (Composition – vgl. Anm. 50 – 79). *Jülicher, Baentsch, Beer, Noth, Fritz* und *H. H. Schmid* lassen den dtr Zusatz jedoch schon in 25b beginnen. Nach *Smend, Eißfeldt, E. Meyer, Gressmann, Cazelles* und *Childs* steckt in der Heilgottaussage am Ende von 26 noch Quellenhaftes. Neuerdings kommt der Gedanke auf, 25b.26 genauer als früh- bzw. protodeuteronomisch zu bestimmen: vgl. *H. Gese*, Bemerkungen zur Sinaitradition, in: Vom Sinai zum Zion. Alttestamentliche Beiträge zur biblischen Theologie (BevTh 64) München 1974, 32 Anm. 10; *A. Reichert*, Der Jehowist und die sogenannten deuteronomistischen Erweiterungen im Buch Exodus, Diss. Tübingen 1972, 90f (mir bei der Abfassung dieses Beitrags nicht zugänglich).

[52] Vgl. *N. Lohfink*, Die Priesterschrift und die Geschichte, in: Congress Volume Göttingen 1977 (SVT 29) Leiden 1978, 189–225 (203–207). *Wellhausens* in Anm. 50 zitierte Argumentation verliert viel von ihrer Wucht, sobald man sich von dem Bedürfnis befreit, hier unbedingt den durchlaufenden Charakter von „JE" aufzeigen zu müssen. Um das zu tun, postuliert *Wellhausen* für „Q" ein möglicherweise doch zu hohes Maß an Stereotypie des Stils. Vgl. dagegen *McEvenue*, Narrative Style (oben Anm. 25) 185: „Rather the priestly writer seems to be at pains, not only to vary when he repeats, but also to confuse and interlock symmetries, and to disturb balance."

[53] Mit einem Anfang etwa der Art wie „Als die Israeliten aus Ägypten zogen, zogen sie zur Wüste Schur hin..." kann eine solche Mara-Erzählung durchaus frei erzählt worden sein, auch noch in später Zeit. Man könnte unabhängig von einer Bindung an einen größeren Erzählzusammenhang durch Wandernotizen natürlich noch versuchen, von Sprache und Motiven im Bereich der Erzählung selbst auszugehen und hier Zusammenhänge mit sicheren Texten etwa von „J"

»Ich bin Jahwe, dein Arzt« (Ex 15,26) 111

[32] Geschichtserzählung paßt durchaus zu den nun noch zu erarbeitenden restlichen literarkritischen Daten. Doch sie hängen weder davon ab noch wären sie in Frage gestellt, wenn der Rahmen einer alten Pentateuchquelle zuzuteilen wäre, derselben, der dann auch der Text bis mindestens 15,25a zugehört.
Daß zwischen 15,25a und 25b ein Bruch vorliegt, dürfte schon aus der oben durchgeführten Analyse des jetzigen Textes deutlich geworden sein. An dieser Stelle erscheint nicht nur ein neuer Inhalt, sondern es bricht auch die klassische Erzählsprache ab.
Wellhausen und nach ihm viele andere würden das sofort zugeben. Nur glauben sie, 15,25b dennoch schon einer alten Pentateuchquelle zuweisen zu können. Wellhausen sprach von einem hier (offenbar schon von einem Quellenautor) eingesetzten „poetischen Fragment".[54] Dann gäbe es trotz des sprachlichen Bruchs zumindest eine sehr frühe Zusammengehörigkeit von Maraerzählung und 15,25b.[55] In der Tat entspricht satzeinleitendes *šām* „dort" dieser Art dem poetischen Brauch. Allerdings lassen sich, wie schon erwähnt, dafür auch einige marginale Belege in Prosa beibringen – wenn auch nie in Texten, die altem Erzählstil verpflichtet sind.[56] Ferner sind die in Gen bis 2 Kön auffindbaren, in Texte mit klassischem Erzählstil eingesetzten poetischen Fragmente stets ausdrücklich als Zitate gekennzeichnet. Man geht also nicht ohne Hinweis in poetische Diktion über.[57] Es kommt hinzu, daß in 15,25b gar kein poetischer

---

oder „E" aufzufinden. Das tut z. B. *H. Cazelles* in seiner Besprechung von *V. Fritz*, Israel in der Wüste, Marburg 1970, in: VT 21 (1971) 506–514 (510). Doch soll man wirklich glauben, daß der Ortsname Mara, der außerdem noch volksetymologisch erklärt wird, auf Moses Schwester Mirjam in anderen J-Texten, Jahwe als Heilgott auf die E-Texte Gen 20,17 und Ex 23,25 hinweist und so hier sogar zwei alte Pentateuchquellen zu entdecken sind?

54 Vgl. Anm. 48. Auch aus *Wellhausen*, Composition (vgl. Anm. 50) 79 geht hervor, daß er den ganzen Vers 25 zu den alten Quellen rechnete.

55 Heute läge vielleicht eher eine andere Konzeption nahe: Daß hinter der literarischen Einheit eine traditionsgeschichtliche Spannung sichtbar werde. Doch dies könnte nicht den Bruch im rein Sprachlichen erklären.

56 Vgl. Anm. 19.

57 Vgl. Num 21,27 „Darum sagen die *môš^elīm*"; Jos 10,13 „Steht das nicht geschrieben im *sēfär hajjāšār?*" Hier haben die zitierten poetischen Fragmente selbst narrativen Charakter (in Jos 10,12f zumindest Jos 10,13). In beiden Fällen wird übrigens auch die poetisch zitierte Sache vorher (Num 21,26) oder nachher (Jos 10,13f) noch einmal in Prosa ausgeführt. Die häufigen poetischen Stücke, die Personen der Erzählung als wörtliche Rede in den Mund gelegt werden und daher in sich selbst nicht narrative Handlungsschritte zum

Parallelismus ⌐33¬ vorliegt, zumindest kein sicherer. So bleibt Wellhausens oft weitergegebene These unbeweisbar, ja unwahrscheinlich. Es ist wahrscheinlicher, daß 25b der Maraerzählung sekundär zugefügt wurde, und zwar eher in einer späten Periode, als man es nicht mehr für nötig hielt, im alten Erzählstil zu formulieren, ja vielleicht sogar bewußt gegen ihn formulierte, um Aufmerksamkeit zu erregen.[58]

Wurde damals nur 25b hinzugefügt, so daß 26 eine nochmals spätere Schicht repräsentiert? Die Frage nach einem Bruch zwischen 25b und 26 stellt sich vor allem deshalb, weil man fast durchgehend in 26 deuteronomistische Sprache zu vernehmen glaubt, während zumindest manche Gelehrten dies für 25b ablehnen. In der Tat ist *ḥōq ûmišpāṭ* „Gesetz und Rechtsentscheidung" nicht deuteronomisch – das Deuteronomium hat diesen Doppelausdruck stets im Plural.[59] Aber die Frage ist, ob man 26 überhaupt mit Etiketten wie „frühdeuteronomisch", „protodeuteronomisch", „deuteronomisch" oder „deuteronomistisch" gerecht wird.

Die Gründe, die für diese Kennzeichnung beigebracht wurden oder beigebracht werden könnten, seien im folgenden zusammengestellt und sofort kritisch beurteilt[60]:

    Ausdruck bringen, kommen hier zum Vergleich nicht in Frage. Eindeutig erkennbare Poesie, in die sich alte Erzählprosa gewissermaßen unvermittelt aufschwingen würde, so wie etwa Kohelets Prosa plötzlich in geprägte Spruchform, ja in breite Poesie übergehen kann, ist mir nicht bekannt.

[58] Daß der Singularausdruck *ḥoq ûmišpāṭ* „Gesetz und Rechtsentscheidung" nicht einmal für einen frühdeuteronomischen Ansatz genügt, hat *H. H. Schmid,* Der sogenannte Jahwist. Beobachtungen und Fragen zur Pentateuchforschung, Zürich 1976, 66 Anm. 20, betont. Nach *Cazelles* (vgl. Anm. 53) zeigt *nsh* „erproben", daß hier der Elohist spricht. Aber *Ruppert,* Versuchung (vgl. Anm. 23), der *nsh* „erproben" beim Elohisten monographisch untersucht hat, zieht Ex 15,25 nicht heran und betrachtet 25b als „typisch deuteronomistisch" (55). Angesichts der Belege für *nsh* „erproben" in Dtn 8,2.16; 13,4; Ri 2,22; 3,1.4 kann *Cazelles* nicht überzeugen.

[59] Vgl. Anm. 22.

[60] Recht gründlich ist *Baentsch* (HKAT, Göttingen 1903) 140. Oft macht man es sich recht einfach, ja für viele Autoren scheint der Sachverhalt auf der Hand zu liegen. Am nettesten formuliert *A. Jülicher,* Die Quellen von Exodus VII, 8–XXIV,11: Jahrbücher für protestantische Theologie 8 (1882) 79–127.272–315 (275f): „eitel deuteronomische Phrasen auf einen Haufen geschichtet." Wenn ich im folgenden bei Vokabeln keine Parallelstellen aufliste, setze ich als evident voraus, daß sich in deuteronomischen und deuteronomistischen Texten genügend davon beibringen ließen. Man nehme, wenn man sich

»Ich bin Jahwe, dein Arzt« (Ex 15,26)

1. Der Form nach handelt es sich um eine bedingte Segensverheißung, die in eine den Segen begründende Selbstvorstellung Jahwes ausklingt. Die bedingte Segensverheißung gehört von frühdeuteronomischen Texten ⎿ 34 ⏌ an zur deuteronomischen Sprachwelt[61], und für alle nicht-deuteronomischen Belege derselben kann man doch mehr oder weniger deutlich deuteronomischen Einfluß vermuten.[62] Allerdings: Die Selbstvorstellung Jahwes ist gerade nicht für die deuteronomische Sprache typisch, während sie im Pentateuchbereich vor allem in der priesterlichen Sprache auftritt.[63] Die Kombination von bedingter Segensverheißung und Selbstvorstellungsformel findet sich nur im Segen des Heiligkeitsgesetzes Lev 26,3–13 (ohne verbindendes *kî* „denn"). Das Heiligkeitsgesetz setzt das Deuteronomium voraus[64], gehört aber selbst zur priesterlichen Literatur. Man kann noch Lev 26,44(45) vergleichen, den Abschluß der der Fluchansage des Heiligkeitsgesetzes angeschlossenen bedingungslosen Segensverheißung (mit *kî* „denn"). Ferner lassen sich entfernt Dtn 4,24.31 (die Jahweprädikationen allerdings in 3. Person!) und Ps 81,11 (wegen der Nähe zu 14–17) vergleichen. Dtn 4 gehört zu einer sehr späten Schicht des Deuteronomiums, die schon in die Nähe der Priesterschrift gestellt werden muß.[65] Ps 81 steht in lockerem Bezug zum deuteronomischen Sprachbereich, und zwar weisen die Parallelen eher in ein

---

vergewissern will, dann die Konkordanz. Ich mache dagegen Stellenangaben, wo die auffindbaren Parallelen nicht von vornherein überzeugen oder die weitere Diskussion es erfordert.

[61] Vgl. Ex 23,22.25. Zur Einordnung als protodeuteronomisch: *J. Halbe*, Das Privilegrecht Jahwes. Ex 34,10–26. Gestalt und Wesen, Herkunft und Wirken in vordeuteronomischer Zeit (FRLANT 114) Göttingen 1975, 483–502. Belegliste für bedingte Segensverheißungen allgemein: oben Anm. 26.
[62] Das gilt selbst von Ijob 36,11.12; Spr 2,1.4.
[63] Vgl. die Untersuchungen von *Zimmerli* und *Elliger* oben Anm. 27.
[64] Genauer mit Schichtenspezifizierung: *A. Cholewiński*, Heiligkeitsgesetz und Deuteronomium. Eine vergleichende Studie (AnBibl 66) Rom 1976. Speziell zu Lev 26: 310–319. Vgl. auch *N. Lohfink*, Die Abänderung der Theologie des priesterlichen Geschichtswerks im Segen des Heiligkeitsgesetzes. Zu Lev. 26,9.11–13, in: *H. Gese* und *H. P. Rüger*, Wort und Geschichte. Festschrift für K. Elliger zum 70. Geburtstag (AOAT 18) Neukirchen-Vluyn 1973, 129–136.
[65] Vgl. *N. Lohfink*, Kerygmata des Deuteronomistischen Geschichtswerks, in: Die Botschaft und die Boten. Festschrift für H. W. Wolff zum 70. Geburtstag, Neukirchen-Vluyn 1981, 87–100 (100).

Spätstadium.⁶⁶ So setzt die Form von Ex 15,26 zwar die deuteronomische Sprachwelt voraus, gehört selbst aber in eine nach-, allerhöchstens spätdeuteronomistische Entwicklungsstufe.

2. *šmʿ* „hören" + *qôl* „Stimme" kann nicht als typisch deuteronomische Wortverbindung bezeichnet werden, sondern dürfte ein umgangssprachliches [35] Idiom gewesen sein.⁶⁷ Zwar ist das Vorkommen dieser Wortverbindung in der Einleitung von bedingtem Segen oder Fluch typisch deuteronomisch. Aber stets findet sich dann die Verbindung *šmʿ bᵉqôl*, nie *šmʿ lᵉqôl* wie in Ex 15,26.⁶⁸ *šmʿ lᵉqôl* für Gehorsam gegenüber Gott steht im deuteronomistischen Sprachbereich überhaupt nur in Ri 2,20; 1 Sam 15,1; Ps 81,12 (Gesamtbelegzahl etwa 60). Nichtdeuteronomisch findet sich *šmʿ lᵉqôl* nie für Gehorsam gegen Gott, dagegen 12mal für Gehorsam gegenüber anderen Wesen. Die Belege für Intensivierung von *šmʿ* „hören" durch Infinitiv am Anfang von bedingten Segensverheißungen, die nicht sehr zahlreich sind⁶⁹, reichen von protodeuteronomischen Texten bis ins Nachexilische. Insgesamt haben wir hier bei eindeutiger Anlehnung an deuteronomische Sprache doch eine eigenwillige Variante.

3. Daß *JHWH ᵃlōhâkā* „Jahwe, dein Gott" typisch, aber keineswegs exklusiv deuteronomisch ist, muß nicht weiter diskutiert werden.⁷⁰ Im Deuteronomium selbst steht, je nachdem, ob Israel singularisch oder pluralisch angeredet wird, auch das Suffix im Singular oder im Plural. Im Heiligkeitsgesetz (und auch in der sonstigen Priesterschrift), wo pluralische Anrede vorausgesetzt wird, ist der Doppelausdruck, hier mit Pluralsuffix, ebenfalls häufig.

---

⁶⁶ Die wichtigsten Parallelen sind zusammengestellt bei *J. Jeremias*, Kultprophetie und Gerichtsverkündigung in der späten Königszeit Israels (WMANT 35) Neukirchen-Vluyn 1970, 126. Sein Schluß auf levitische Kreise der Königszeit in Anschluß an die Deuteronomiumstheorien von *A. Bentzen* und *G. von Rad* scheint mir durch die Parallelen nicht verifizierbar zu sein.

⁶⁷ Vgl. *A. K. Fenz*, Auf Jahwes Stimme hören. Eine biblische Begriffsuntersuchung (Wiener Beiträge zur Theologie 6) Wien 1964, 26f (Übersicht I) und 33 (Übersicht III).

⁶⁸ Vgl. ebd. 38f (Übersicht IV). In der Kairo-Geniza fand sich ein Fragment, das an den üblichen Sprachgebrauch angeglichen hat: vgl. BHS Apparat z. St. Sonst ist es den Masoreten gelungen, die ungewöhnliche Formulierung mit Hilfe einer besonderen Liste zu schützen: vgl. *G. E. Weil*, Masorah Gedolah iuxta codicem Leningradensem B 19a, I, Rom 1971, Nr. 23.

⁶⁹ Vgl. Anm. 30.

⁷⁰ Vgl. *N. Lohfink*, Die These vom „deuteronomischen" Dekaloganfang – ein fragwürdiges Ergebnis atomistischer Sprachstatistik, in: *G. Braulik* (Hrsg.), Studien zum Pentateuch. Festschrift W. Kornfeld, Wien 1977, 99–109 (106).

»Ich bin Jahwe, dein Arzt« (Ex 15,26)

4. ʿśh „tun" + hajjāšār bᵉʿênê NN „was gerade ist in den Augen von NN" scheint zur Sprache öffentlicher Rede und Verhandlung gehört zu haben.[71] Auf die Augen Gottes bezogen ist es eine stereotype Formel in der deuteronomistischen Charakterisierung von Königen.[72] Im Deuteronomium dagegen ist der Ausdruck selten. Er steht einmal nur in einer Aufforderung zur Gebotsbeachtung: 6,18.[73] Dann findet er sich noch [36] viermal in wohl stets späten Gesetzesschichten: Dtn 12,25.28; 13,19; 21,9. In allen vier Fällen handelt es sich um Sätze, die Bedingungen für Jahwes Segen oder Ursachen desselben angeben. Sie könnten durchaus von den stereotypen Königsbeurteilungen des deuteronomistischen Geschichtswerkes beeinflußt sein. Jedenfalls kann man damit rechnen, daß sie wiederum zum Auftreten des Ausdrucks in Ex 15,26 beigetragen haben, zeigen sie doch gleiche Thematik und gleiche Sachlogik. Hier hätten wir also einmal einen deuteronomistischen Ausdruck, für den es in priesterlicher Sprache keine Belege gibt. Er ist allerdings möglichst spät anzusetzen.

5. Das Wort ʿśh „tun" bildet zusammen mit šmr „achten auf" noch ein typisch deuteronomisches Wortpaar für Gesetzesbeobachtung. Daher sind die beiden hier durch den Parallelismus einander zugeordneten Wörter auch als Wortpaar noch einmal auf ihren deuteronomischen Charakter zu befragen. Dieser ist jedoch zweifelhaft. Denn im Deuteronomium gilt die feste Abfolge šmr – ʿśh, also anders als hier. Außerdem werden die beiden Verben am liebsten eng verbunden (šmr laʿᵃśôt „darauf achten, indem man tut"), und dann erst folgt eine Reihe von Wörtern für Gesetz. Doch das Wortpaar hat später – wohl vom Deuteronomium her – auch in der Paränese des Heiligkeitsgesetzes eine gewisse Bedeutung erlangt. Und hier gibt es eher eine Tendenz zur parallelistischen Aufteilung, wobei jedem der beiden Verben ein Ausdruck für Gesetz als Objekt zugeordnet werden kann. Zweimal, in Lev 18,4 und 25,18, ist überdies die kanonische Reihenfolge der Verben vertauscht.[74] Genau dem entspricht nun die Lage in Ex 15,26:

---

[71] Vgl. Dtn 12,8; Jos 9,25; Jer 26,14; auch Ri 17,6; 21,5. Ohne ʿśh „tun" noch 2 Sam 19,7; Jer 40,4f. In Jos 9,25 und Jer 26,14 steht ṭôb „gut" + jāšār „gerade".

[72] 14mal (mit neun Chr-Parallelen).

[73] Vermehrt um ṭôb „gut", und zwar ungewöhnlicherweise an zweiter Stelle. Ich rechne Dtn 6,18 zu dem von R. Smend in Josua und Richter entdeckten DtrN, einem eher spätexilischen Bearbeiter des deuteronomistischen Geschichtswerks: vgl. Lohfink, Kerygmata (Anm. 65), 98.

[74] In 25,18 ist dann in typischem short-circuit-Stil der Priesterschrift (McEvenue) das erste Verb noch einmal wiederholt.

umgekehrte Abfolge, eher noch stärkere Trennung durch einen komplizierten Parallelismus, jedes Verb mit eigenem Ausdruck für „Gesetz" als Objekt. Man wird hier also priesterschriftliches, nicht deuteronomisches Sprachgefühl konstantieren müssen.[75]

6. *zn* hif „hören" wird unter Hinweis auf Dtn 1,45; 32,1 als deuteronomisches Wort bezeichnet. Doch steht es dort in völlig anderen Zusammenhängen. Es ist gerade kein deuteronomisches Wort für Gehorsam 37 oder Gesetzesbeobachtung. Es ist in der Masse der Belege ein poetisches Parallelismuswort für *šmʿ* „hören" und andere Wörter des Hörens.[76] Es ist in Ex 15,26 eingeführt worden, weil dort etwas im Deuteronomium und in seinem Einflußbereich sonst nicht Belegbares geschah – nämlich die Verdoppelung des Elements „Hören" im Bedingungssatz des Segens zu einem Parallelismus. Dieser gestalterische Schritt liegt auf der Linie priesterschriftlicher Stiltendenz.

7. *miṣwôt* „Gebote" als Bezeichnung für Jahwes Gesetze findet sich alleinstehend sowohl im Deuteronomium als auch in priesterlichen Gesetzen. Dasselbe gilt vom alleinstehenden Plural *ḥuqqîm* „Gesetze", wenn hierfür auch die Belege spärlich sind.[77] *miṣwôt* „Gebote" + *ḥuqqîm* „Gesetze" als Wortpaar ist nur im deuteronomistischen Bereich greifbar, aber auch da höchst selten: in der Reihenfolge von Ex 15,26 nur in Dtn 27,10 und Esr 7,11, in umgekehrter Reihenfolge in Dtn 4,40 und 1 Kön 3,14, in der Reihenfolge von Ex 15,26 und mit eingeschobenem *ʿēdôt* „Satzungen" in Dtn 6,17 und 2 Chr 34,31. Irgendeine besondere Abhängigkeit ist kaum beweisbar. Aus den vielen Möglichkeiten, Ausdrücke für „Gesetz" zu kombinieren, wurde eine herausgegriffen.[78]

8. Für den ganzen Vordersatz des Bedingungsgefüges könnte man als nächste Parallele Dtn 13,19 benennen:

> ...für den Fall, daß du hörst auf die Stimme Jahwes, deines Gottes,

---

[75] Einzelbelege für diese Beschreibung des Sachverhalts: *Lohfink*, Hauptgebot (Anm. 31) 69f. Die dort gegebene Einordnung der Zeugnisse aus dem Heiligkeitsgesetz als Belege für eine ältere, allen Pentateuchschichten vorausliegende „Predigttradition" Israels vertrete ich nicht mehr.
[76] Vgl. Anm. 31.
[77] Lev 10,11; Dtn 4,6; 6,24; 16,12; 17,19. Die ersten drei mit *kol* „jeder".
[78] Vgl. noch Anm. 32.

»Ich bin Jahwe, dein Arzt« (Ex 15,26) 117

indem du achtest auf jedes seiner Gebote, die ich dir heute gebiete,
indem du das tust, was gerade ist in den Augen Jahwes, deines Gottes.

Vielleicht ist dies das Vorbild von Ex 15,26a. Aber dann ist deutlich erkennbar, was gemacht wurde. Aus dem doppelten Infinitivanschluß wurde Juxtaposition gleichberechtigter Sätze. Aus dem Dreiersystem wurde durch Einführung eines Parallelsatzes zu „hören" ein chiastisch verschränktes Parallelismussystem von vier Sätzen. Dafür mußten einige Elemente vertauscht und einige neue eingefügt werden. Die Promulgationsformel fiel weg. All das ist, vom Deuteronomischen herkommend, eine Angleichung desselben an priesterschriftliches Sprachgefühl.

9. Wie schon oben erwähnt, erinnert die Segensverheißung in ihrer Bezugnahme auf die in Ägypten von Jahwe verhängten Krankheiten an ⟨38⟩ die Segensverheißung in Dtn 7,15 und die Fluchandrohungen in Dtn 28,27 und 60, obwohl dort kein ausdrücklicher Hinweis auf die Plagenerzählungen vorliegt. Die drei deuteronomischen Stellen befinden sich alle in gleichem Formzusammenhang: bedingter Segen bzw. Fluch. Zwar ist bei Dtn 7,15 und Dtn 28,60 nicht ganz abzusichern, daß diese Texte älter als Ex 15,26 sind.[79] Doch selbst

---

[79] Vergleicht man die sicher zusammengehörenden Texte Ex 15,26 (im folgenden: A), Ex 23,25 (im folgenden: B) und Dtn 7,15 (im folgenden: C) miteinander, so lassen sich folgende Fakten erheben: A hat als Verb *śjm* „auferlegen", als Krankheitsterminus *maḥ⁽ᵃ⁾lāh* „Krankheit". B hat als Verb *swr* „abweichen", als Krankheitsterminus *maḥ⁽ᵃ⁾lāh* „Krankheit". C hat als Verben *swr*, *śjm* und *ntn* „geben", als Krankheitstermini *ḥ⁽ᵒ⁾lî* „Krankheit" und *madwǣh* „Seuche". Die Krankheitstermini von C können aus Dtn 28,59–61 stammen, *ntn* aus dem ganzen Kapitel Dtn 28, nicht dagegen *swr* und *śjm*. Daß A von B zwar das seltene *maḥ⁽ᵃ⁾lāh* übernommen hat (vgl. Anm. 81), nicht aber *swr*, ist erklärbar: Die Siebenzahl von *š/śm* mußte erreicht und eine Rückbindung zu 15,25b hergestellt werden. Die Kombination der Verben aus B *(swr)* und A *(śjm)* in C erklärt sich am leichtesten, wenn C der jüngste der drei Texte ist. Doch ist die Sachlage auch anders erklärbar, wenn auch nicht einfacher, falls andere Gründe zwingen, C vor A anzusetzen. Damit, daß Dtn 7 ein sehr spät überarbeiteter Text ist, muß man rechnen. Er enthält priesterliche Theologumena: vgl. *Lohfink*, Kerygmata (Anm. 65) Anm. 44. Dtn 28,60 ist offenbar von 7,15 vorausgesetzt, gehört aber andererseits auch einer Spätschicht des Deuteronomiums an. C. *Steuernagel* (HkAT ¹1900) 99 sieht in 28,56–61 mit Recht ein Textstück, das einmal den Schluß des ganzen Fluchteils bildete. Wenn er wegen des Fehlens einer Erwähnung des Exils den Abschnitt kurz vor die Eroberung Jerusalems ansetzt (104), so verlangt er hier in Schlußsätzen

wenn nur Dtn 28,27 übrigbliebe, diesem ist dann sachlich die Ägypten nicht erwähnende bedingte Segensverheißung Ex 23,25 hinzuzufügen. Sie ist protodeuteronomisch.[80] Und in diesem Stellengeflecht haben wir wohl die Tradition, der Ex 15,26 zuzuordnen ⎡39⎤ ist. Sie lebt zweifellos im deuteronomischen Raum. Das alles sei vorausgesetzt. Aber dann bleibt immer noch offen, ob Ex 15,26 selbst als deuteronomisch oder deuteronomistisch bezeichnet werden muß oder ob es in seiner inhaltlichen Hauptaussage auf eine deuteronomische Tradition zurückgreift und sie weiterführt. Eine ins Detail gehende sprachliche Abhängigkeit läßt sich höchstens für das Wort $maḥ^a lāh$ „Krankheit" vermuten, das auch in Ex 23,25 steht.[81]

10. Eine Selbstprädikation Jahwes als „Heilender Israels" ist einmalig im Alten Testament. Um sie doch für deuteronomisch erklären zu können, verweist man bisweilen auf Dtn 32,39. Aber abgesehen vom metaphorischen Gebrauch von rp' „heilen" an dieser Stelle handelt es sich hier um das „Moselied", das man nur mit höchster Vorsicht und nie ohne Parallelstellen aus der deuteronomischen Prosa zum Beweis des deuteronomistischen Charakters eines Motivs heranziehen darf. Genau diese fehlen. Die Anrufung Jahwes als eines „Heilers" lebte in Israel in einem anderen Traditionsbereich. Darüber später.

Wir können zusammenfassen. Ex 15,26 hat in der Form, im Wortgebrauch und in der Aussage vielfache Beziehungen zu den deuteronomischen und deuteronomistischen Texten. Darin liegt der

---

kaum Postulierbares. Der Verweis auf „nicht in der Urkunde *dieser* Tora" (*hazzō't* mit dem masoretischen Text gegen den Samaritanus und andere Zeugen!) aufgezeichnete Krankheits- und Plagenandrohungen könnte dagegen vielleicht ein Wissen um andere existierende Gesetzesaufzeichnungen mit Fluchandrohungen, etwa das Heiligkeitsgesetz, anzeigen, obwohl das auch wieder nicht so sein muß. Nimmt man das an, dann liegt es allerdings von der Formulierung her näher, an einen Zeitraum zu denken, in dem etwa das Heiligkeitsgesetz und das Deuteronomium noch nicht im einzigen Pentateuch zusammengefaßt waren. Wenn Dtn 28,58–61 den damals schon vorauszusetzenden gewaltigen Fluchtext mit einem Schluß versahen, der bewußt auf Krankheit zugespitzt war, dann zeigt sich ein ähnliches Anliegen wie in der Interpretation der ägyptischen Plagen als „Krankheit" in Ex 15,26. Ja, die Rede von „ägyptischen Seuchen" läßt sogar die Frage aufkommen, ob nicht vielleicht die bekannten Erzählungen über die ägyptischen Plagen insgeheim mitinterpretiert werden sollen. Vgl. Anm. 36.

[80] Vgl. Anm. 61.
[81] Sonst im AT nur noch 1 Kön 8,37 (deuteronomistisches Geschichtswerk) = 2 Chr 6,28 in einem auf Fluchtexte anspielenden Zusammenhang.

»Ich bin Jahwe, dein Arzt« (Ex 15,26)

Wahrheitskern der üblichen Etikettierung als „deuteronomistisch" o. ä. Doch liegen zugleich so tiefgreifende, fast stets in die Nähe späterer, priesterschriftlicher Stil- und Sprachdokumente weisende Unterschiede zu allem Deuteronomischen vor, daß man diese Etikettierung dann doch ablehnen muß. Der Verfasser muß vielmehr einem Raum entstammen, der schon über Deuteronomisches und Priesterschriftliches zugleich verfügte. Genauer: Dieser Vers ist wohl in Anlehnung an und im Blick auf Deuteronomisches von jemand formuliert worden, der selbst schon eher von priesterschriftlichem Sprachgefühl herkam. Zwar nicht absolut notwendig, aber doch mit großer Wahrscheinlichkeit haben wir also an die eigentliche Pentateuchredaktion oder eine noch nach ihr liegende Überarbeitung zu denken.

Ist das so, dann verblassen die Gründe dafür, zwischen 15,25b und 26 eine Bruchstelle zu sehen. Auch der ungewöhnliche „Erzählstil" von 25b läßt sich eigentlich am ehesten von priesterlichem Sprachgefühl her verstehen.[82] Umgekehrt gibt es zum Motiv der „Erprobung" Israels durch Jahwe gute deuteronomische Parallelen[83], und sie helfen gerade, 15,26 als [40] natürliche Explikation der letzten Aussage von 15,25b zu verstehen. 15,25b.26 wird eine einzige Erweiterung der alten Mara-Erzählung sein, und zwar eine relativ spät in der Pentateuchgeschichte anzusetzende.[84]

Man kann höchstens fragen, ob sie nicht vielleicht ein Einschub ist, dem als Schluß der Mara-Erzählung ein *wajjōʾmär ʾanî JHWH rōfeʾākā* „Und er (= Jahwe) sagte: Ich bin Jahwe, der dich Heilende" schon vorgegeben war.[85] Dies ist nicht unmöglich. Wie 2 Kön 2,21f zeigt,

---

[82] Vgl. die in Anm. 19 angeführten Vergleichstexte aus der priesterlichen Geschichtserzählung und Ezechiel.

[83] Vgl. Dtn 8,2.16; 13,4; (33,8); Ri 2,22; 3,1.4.

[84] Es gibt eine seit *Wellhausen* immer neu wiederholte, nie jedoch dabei mit neuartigen Begründungen versehene Vermutung, nach der nsh „erproben" in Ex 15,25 ursprünglich im Zusammenhang einer Ortsnamenetymologie für *massāh* „Massa" (Ex 17,7; Dtn 6,16; 9,22; 33,8; Ps 95,8) stand. Sie dient der Stützung der sogenannten Kadesch-Hypothese, nach der Kadesch (womit Massa zu verbinden wäre) der ursprüngliche Ort von Rechtsprechung, ja Gesetzgebung in der Wüste gewesen sei. Wie es auch sonst um die Hypothese stehen mag — vgl. den eher Skepsis anzeigenden Bericht von *H. F. Fuhs, Quades – Materialien zu den Wüstentraditionen Israels:* BN 9 (1979) 54–70 –, Ex 15,25b sollte nicht mehr zu ihren Gunsten zitiert werden.

[85] *Cazelles* (vgl. Anm. 53) läßt die Jahwerede des älteren Texts schon hinter *bemiṣraim* „in Ägypten" einsetzen. Aber was soll der Sinn des Satzes *lōʾ ʾāśîm ʿālâkā* sein?

kann die von Gott gewirkte Sanierung einer Quelle, so daß sie keine Todesfälle und Fehlgeburten mehr bewirkt, als Heilung derselben bezeichnet werden. Es ist aber auch nicht positiv beweisbar. Man wird die Frage offen lassen müssen und davon ausgehen können, daß auch in einem solchen Fall die ergänzende Hand sich die von ihr erweiterte Textbasis ganz zu eigen gemacht hat.

Es ist übrigens möglich, die literarische Technik des Ergänzers noch ein wenig zu beschreiben. Er hatte offenbar zwei Absichten gleichzeitig: seine Aussage in den Zusammenhängen einzubinden und sie deutlich abzuheben. In dem ihm vorgegebenen Text 15,22–25a.27 entdeckte er, daß der Text durch siebenfaches Vorkommen der Konsonantengruppe *mjm* leitworthaft zusammengehalten wurde. So produzierte er für seinen neuen Text etwas Ähnliches. Er ging von der zweiten im Schlußvers 15,27 zweimal vorkommenden Konsonantengruppe aus: *šm*. Er baute seinen Einschub so, daß diese Konsonantengruppe sofort in 15,25b dreimal vorkommt und insgesamt siebenmal (bei anderer Zählung: zehnmal) steht. Sein eigener Text war dadurch mit dem Schlußvers genau auf die gleiche Weise verknüpft wie der alte Mara-Text. Da die Leitworte sich aber unterschieden, hoben sich die beiden Texte zugleich voneinander ab. Für die Gesamtgestaltung des Einsatzes in 15,25b ließ sich der Ergänzer im übrigen durch die 2 Sätze mit *šam* „dort" anregen, die in 15,27 die 41 Ankunftsnotiz für Elim weiterführen. Nur benutzte er nicht den üblichen alten Erzählstil, weil er für seine Aussage in 25b erhöhte Aufmerksamkeit wecken wollte. Mit der voranstehenden alten Mara-Erzählung hat er seinen Text auf eine andere Weise verkettet: durch die palindromische Verrätselung der Subjekte seiner einzelnen Sätze.[86]

Der Rückverweis auf die Plagenerzählungen in 15,26b ist wohl plausibler, wenn man dort nicht nur die alten Pentateuchquellen, sondern bereits auch die Priesterschrift voraussetzen kann. Die Plagenerzählungen waren erheblich leichter als „Krankheit" interpretierbar, wenn sie in Ex 9,8–12 schon die Plage der Geschwüre enthielten, und die gehört zur Priesterschrift. Daher ist es im ganzen wahrscheinlicher, daß der Ergänzer entweder der Redaktor des eigentlichen Pentateuch oder ein noch späterer Bearbeiter war.[87] Der uns interessierende Text dürfte also aus persischer Zeit stammen.

---

[86] Vgl. Anm. 21 und 24.
[87] War er der Pentateuchredaktor selbst und stammt die rahmende Wandernotiz aus der priesterlichen Geschichtserzählung, dann kam es zufällig zur Sieben-

3. GAB ES EINE ALTE TRADITION VON JAHWE, DEM ARZT?

Jahwe wird in Ex 15,26 nicht nur als „Arzt" bezeichnet, sondern als der „Arzt Israels". Trotzdem kann man die jetzt fällige traditionsgeschichtliche Frage vielleicht etwas breiter ansetzen. Man muß es wohl schon deshalb, weil unser Satz in dieser strengen Gestalt einer göttlichen Selbstvorstellung im ganzen Alten Testament einmalig ist. Was geht ihm trotzdem voraus an Aussagen über Jahwe, den Arzt, überhaupt, und dann über Jahwe, den Arzt Israels?

Eine in den letzten Jahren wieder aufgeflackerte Diskussion sei zunächst beiseitegeschoben. Es gibt das Wort $r^e f\bar{a}\hat{\imath}m$, mit dem an manchen Stellen des Alten Testaments Teile einer legendären vorisraelitischen Urbevölkerung Palästinas bezeichnet werden, an anderen Stellen Totengeister oder tote Ahnen. Es gibt Gründe, das legendäre Volk der Refaim für ein Mißverständnis der $r^e f\bar{a}\hat{\imath}m$ = Totengeister zu halten, und andere, für dieses Wort eine ursprüngliche Aussprache anzunehmen, die es mit dem Wort, das jetzt in der Bibel im Plural $r\bar{o}f^e\hat{\imath}m$ vokalisiert wird und „Heiler, Arzt" bedeutet, identifiziert.[88] Die Geister der Ahnen, im göttlichen ⟨42⟩ Bereich existierende Wesen, wurden wohl im vorisraelitisch-kanaanäischen Raum als heilkräftige Wesen angerufen. Das ugaritische Äquivalent $r\bar{a}pi'u$ hat nun heftige Diskussionen ausgelöst. Dabei wurden auch Theorien entwickelt, daß es eine eigene Gottheit $r\bar{a}pi'u$ gegeben habe, oder daß Hochgötter – nach den einen Ilu, nach den anderen Baal – je als $r\bar{a}pi'u$ bezeichnet worden seien, und daß Jahwe dann mit einer solchen $r\bar{a}pi'u$-Gottheit zu identifizieren sei. Solche Annahmen sind sowohl in sich sehr hypothetisch und unter den Fachleuten umstritten als auch kaum mit der Tatsache vereinbar, daß die Bezeichnung Jahwes als „Heiler" doch offenbar nicht sofort und nicht so direkt da war. Diese ganze Diskussion sei also, nachdem sie hiermit kurz erwähnt ist, nicht weiter aufgegriffen.

---

zahl der Konsonantengruppe *mjm* bzw. er selbst hat sie durch leichte Manipulation an seinen Vorgaben erreicht.

[88] Vgl. als bestens dokumentierte, knappste und allseitig ausgewogene Darstellung der Problematik, auch für das Folgende: *M. Dietrich – O. Loretz – J. Sanmartín*, Die ugaritischen Totengeister *RPU(M)* und die biblischen Rephaim: UF 8 (1976) 45–52. Eine besonders starke Interpretation Jahwes von einem angenommenen Heilgott Baal her findet sich bei *J. C. de Moor*, Rāpi'ūma – Rephaim: ZAW 88 (1976) 323–345. Er stützt sich vor allem auf Dtn 32,39 und Hos 11,2f (337).

Wir haben auch keinen Grund zu der Annahme, daß Jahwe von Hause aus ein eigentlicher, gewissermaßen „professioneller" Heilgott, dem Asklepios vergleichbar, gewesen oder irgendwann zu so etwas geworden wäre. E. Meyer hat von Ex 15,22–27 aus erschließen wollen, die Israeliten hätten Jahwe als den Heilgott der Quelle Mara, der Hauptquelle der Oase Phonikon, betrachtet.[89] Aber selbst er nimmt an, daß er dies nicht ursprünglich war, sondern nur, um die „Dämonen des Ortes" zu ersetzen und es den Israeliten so möglich zu machen, dorthin zu wallfahren und an der Quelle Heilung zu suchen. Überdies setzt die Hypothese voraus, daß der Schlußsatz von Ex 15,26 sehr alt ist. Auch das kupferne Schlangenbild Nehuschtan, das auf Mose zurückgeführt wurde (Num 21,4–9), im Tempel von Jerusalem stand und dort von Hiskija bei seiner Kultreform beseitigt wurde (2 Kön 18,4), kann nicht die Beweislast dafür tragen, daß Jahwe ein eigentlicher Heilgott gewesen sei.[90] Wenn Ahasja von Israel [43] nach einem Unfall Diener zu einer Orakelbefragung des Baal Sebub[91]

---

[89] Vgl. Anm. 18.
[90] Der Zusammenhang des Schlangenbildes mit Krankheit und Heilung wird nur aus Num 21 deutlich, nicht aus 2 Kön 18,4. Diesen Deutungsweg lehnt z. B. schon ab: *K. R. Joines,* The Bronze Serpent in the Israelite Cult: JBL 87 (1968) 245–256. In Num 21 geht es, genau genommen, auch nur um Schlangenbiß. Jahwe rettet das Leben, wenn ein von einer Schlange Gebissener zur kupfernen Schlange aufblickt. Das ist kompliziert – ursprünglich war wohl die kupferne Schlange selbst das Symbol der heilenden Gottheit. So ist Jahwe hier deutlich sekundär in eine ursprünglich durchsichtige Heilgottsymbolik hineingekommen. Daß er nie ganz eindeutig in dem Zusammenhang stand, läßt sich wohl aus der Beseitigung des Kultbilds bei der Reform unter Hiskija erschließen. Es war offenbar nicht ganz orthodox im Sinne der strengen Jahwemonolatrie. Vielleicht bestehen auch Zusammenhänge zwischen der Beseitigung des Nehuschtan und der Berufungsvision des Jesaja, deren Bildaussage – wie uns *O. Keel* gelehrt hat – darin besteht, daß die Numinosität der vielverehrten, aber jetzt vor Jahwe erzitternden Schlangenwesen nur die noch viel größere Heiligkeit Jahwes signalisiert: *O. Keel,* Jahwe-Vision und Siegelkunst. Eine neue Deutung der Majestätsschilderungen in Jes 6, Ez 1 und 10 und Sach 4 (SBS 84/85) Stuttgart 1977, 113. Das mag gelten, obwohl die Seraph-Schlangen des Jesaja direkt nicht den Schlangentyp von Nehuschtan, sondern den der geflügelten Schlange spiegeln (ebd. 81ff).
[91] Wie die konsultierte Gottheit von Ekron wirklich hieß, ist nicht ganz klar. Man kann bei *ba'al z^ebûb* bleiben und dann entweder „Herr der Fliege" oder „Herr der Flamme" verstehen. Ersteres paßt gut zu einem Heilgott, letzteres zu einem leitenden Motiv in der Erzählung selbst und im weiteren Kontext der Elija-Erzählungen. Man kann auch mit einer Verballhornung des aus dem NT bekannten Beelzebul rechnen und diesen Namen dann verstehen als „Baal

von Ekron schickt und der Prophet Elija ihm vorwirft: Du hast Boten zu einem fremden Gott ausgeschickt, „als gäbe es in Israel keinen Gott, dessen Wort man einholen könnte" (2 Kön 1,16), dann spricht das dafür, daß der Baal von Ekron ein ausgesprochener und gern konsultierter Heilgott war, Jahwe dagegen zumindest im Denken der Oberschicht hierfür keine besondere Zuständigkeit zugeschrieben wurde. Wenn in der Spätzeit Jahwe für die Gottesfürchtigen als die „Sonne der Gerechtigkeit" verheißen wird, „deren Flügel Heilung bringen" (Mal 3,20), dann sind hier deutlich Vorstellungen, die ursprünglich mit dem in Babylonien und andernorts als Heilgott verehrten Sonnengott verbunden waren, sekundär auf Jahwe übertragen, ohne daß er deshalb als eigentlicher Heilgott gegolten haben muß.[92]

Für Jahwe muß aber auch gar nicht erwartet werden, daß er ein professioneller Heilgott war. Derartige Götter sind in einem Pantheon ja oft auch eher in den unteren Rängen angesiedelt, oder sie haben eine sehr lokale Bedeutung. *W. W. Graf Baudissin* hat schon 1911 festgestellt: „Auf semitischem Boden weiß ich einen Spezialgott der Heilkunst nicht mit Sicherheit nachzuweisen; aber von verschiedenen Gottheiten wird ausdrücklich und mit besonderer Betonung Krankenheilung ausgesagt."[93] 44 Für diese These breitete er dann das damals zur Verfügung stehende Material aus. Sobald er zur Auswertung der Personennamen kommt, gewinnt man den Eindruck, daß selbst diese These noch zu einschränkend war. Es scheint fast, daß von jedem real verehrten Gott auch Krankenheilung ausgesagt werden konnte.

Inzwischen ist klar, warum dieser Eindruck entstehen muß. Phänomene wie Gesundheit, Krankheit und Heilung sind religiös gar nicht an bestimmten Gottheiten festzumachen. Vorgängig zu derartigem

---

Fürst", „Herr des Hauses/Tempels" oder (nochmals verballhornt) „Herr des Mistes". Bester Überblick mit Dokumentation: *C. Fensham*, A possible explanation of the name Baal-Zebub of Ekron: ZAW 79 (1967) 361–363.

[92] Vgl. *F. Vattioni*, Mal. 3,20 e un mese del calendario fenicio: Bibl 40 (1959) 1012–1015 (1015).

[93] *W. W. Graf Baudissin*, Adonis und Esmun. Eine Untersuchung zur Geschichte des Glaubens an Auferstehungsgötter und an Heilgötter, Leipzig 1911, 311. Die Ausbreitung des Materials findet sich: 310–324. Man vergleiche demgegenüber die globale Behauptung von *P. Humbert*, Maladie et médecine dans l'Ancien Testament: RHPR 44 (1964) 1–29 (21), das Thema „Heilgott" habe in Israel eine große Rolle gespielt.

haben sie ihren Ort innerhalb eines bestimmten Typs der Religion.[94] Wir müssen unterscheiden zwischen der offiziellen Religion, die der Stadt, dem Staat, dem großen Tempel als Zentrum des öffentlichen Lebens zugeordnet ist, und dem, was sich an Religion beim einzelnen, genauer: in der Familie vollzog. Krankheit, Bemühen um Heilung, Wiedererlangung der Gesundheit spielen sich primär im Bereich der Familie ab. Natürlich werden Orakel eingeholt, ob die Krankheit zum Tode führt oder ob man hoffen darf. Es werden für die notwendigen Buß- und Bittrituale am Krankenbett oder (ohne den Kranken) an einem Heiligtum die dabei unentbehrlichen professionellen Helfer herangezogen: Ärzte, Priester, Propheten – wobei die Grenzen dieser Professionsbezeichnung oft nicht klar zu ziehen sind. Man läßt auch Opfer darbringen, und nach geschehener Genesung gibt es vielleicht im Heiligtum eine Dankfeier, die den Kranken zugleich wieder der Gemeinschaft restituiert. Trotzdem ist die Familie das Zentrum des Gesamtgeschehens. Dieses tritt nicht in den eigentlichen offiziellen Kult ein, und bei allen Zusammenhängen, die selbstverständlich gegeben sind, zeigen sich selbst in den in den Gebeten und Liedern auftauchenden theoretischen Vorstellungen auch klare Unterschiede.

[45] Einer unserer Zugänge zu dieser Religion der Familie sind die Personennamen. Sie sind ja im semitischen Raum fast durchgehend religiöse Bekenntnisaussagen. Sie werden im Zusammenhang mit dem wiederum ganz familienzentrierten Ereignis der Geburt eines Kindes formuliert und gegeben. Der Gott, auf den man sich in einem Namen bezieht, ist dabei das in der betreffenden Familie als persönlicher Gott verehrte Numen. Im Raum des Polytheismus ist dies meist einer der Götter, die im offiziellen Kult verehrt werden. Die einzelne Familie wechselt ihren Gott normalerweise nicht. Im monolatrischen Israel können wir damit rechnen, daß gewöhnlich Jahwe, der einzige Gott

---

[94] Die folgenden Ausführungen schließen sich vor allem an zwei Untersuchungen an: *E. S. Gerstenberger,* Der bittende Mensch. Bittritual und Klagelied des einzelnen im Alten Testament (WMANT 51) Neukirchen-Vluyn 1980 (eine etwas ältere Fassung war seit 1971 beim Verfasser erwerbbar); *R. Albertz,* Persönliche Frömmigkeit und offizielle Religion. Religionsinterner Pluralismus in Israel und Babylon (Calwer Theologische Monographien, A 9) Stuttgart 1978. Wegen der harten Auswahlkriterien ist für die Bestimmung und Auswertung der Krankenpsalmen Israels noch besonders wichtig: *K. Seybold,* das Gebet des Kranken im Alten Testament. Untersuchungen zur Bestimmung und Zuordnung des Krankheits- und Heilungspsalmes (BWANT 99) Stuttgart 1973. Weitere Literatur ist über diese Arbeiten auffindbar.

der offiziellen Religion, auch der Gott der einzelnen Familie ist. Er wird freilich auch als El und in manchen Perioden vielleicht sogar auch als Baal angerufen.

Die Unterscheidung der verschiedenen in den Familien verehrten Gottheiten ist für das Verständnis der Familienreligion gar nicht so wichtig. Die Struktur der Vollzüge und die dabei gemachten religiösen Erfahrungen unterschieden sich nicht in dem Maß, in dem die Namen der verehrten Gottheiten verschieden klangen. Mit der nötigen Vorsicht läßt sich sogar eine große Nähe zwischen der Familienreligion in Mesopotamien und in Israel annehmen – ganz im Unterschied zu den eklatanten Differenzen zwischen den Vollzügen, Theoremen und Erfahrungen der offiziellen Religionen der beiden Bereiche.

Die familiengebundenen Vollzüge des Religiösen in Israel sind uns schwerer greifbar als die offizielle Religion, die sich vor allem in den Schriften der Alten Testaments spiegelt. Doch können wir aufgrund der israelitischen Personennamen damit rechnen, daß auch die Familienreligion schon sehr früh El-Jahwe-orientiert war. Diese Orientierung konnte immer wieder in Gefahr geraten. Man denke an die im Jeremia-Buch bezeugte und doch offenbar gerade in den Familien verankerte Verehrung der „Himmelskönigin"[95], wer immer das gewesen sein mag.[96] Doch für unsere Frage nach einer Verehrung Jahwes als Heilender und Arzt in Israel genügt es, wenn wir überhaupt und im allgemeinen mit einer Jahwe-orientierten Familienfrömmigkeit rechnen können.

> [46] Dann finden sich genügend Hinweise darauf, daß auch in Israel diese familiäre Religion die Erlebnisbereiche Gesundheit, Krankheit und Heilung umfaßte und so auch selbstverständlich auf Jahwe als den persönlichen Gott im Leben des einzelnen hinordnete.

Man holte, am liebsten bei Propheten, eine Prognose ein, ob die Krankheit zum Tod führen werde oder nicht.[97] Man tat selbst Buße

---

[95] Jer 7,18; 44,17.19.25. Im masoretischen Text vertuscht durch die Vokalisation *mᵉläkät haššāmaim*, woraus in manchen Handschriften sogar *mᵉläkät* wurde (Werk des Himmels = Himmelsheer). Doch die Übersetzung „Himmelskönigin" in Loipoi 7,18 und Septuaginta 51,17 weist auf ursprünglich *malkat haššāmaim* „Himmelskönigin". Für den innerfamiliären Charakter dieses Kults vgl. vor allem Jer 7,18 und 44,19.

[96] Vgl. als neuere Untersuchung: M. *Weinfeld*, The Worship of Molech and of the Queen of Heaven: UF 4 (1972) 133–154.

[97] 1 Kön 14,1–18 (die Frau Jerobeams von Israel befragt den Propheten Ahija wegen ihres kranken Sohnes); 2 Kön 1,2–17 (der Prophet Elija wirft Ahab von

und sprach Bittgebete.[98] Man sicherte sich aber auch die Fürbitte wirkmächtiger Beter, vor allem von Propheten.[99] Man dankte nach der Genesung Jahwe am Heiligtum und ließ sich von ihm wieder der Gemeinschaft restituieren.[100] In all diesen Zusammenhängen war es selbstverständlich, daß Jahwe der ist, der die Heilung bewirkt[101], der wieder belebt.[102]

Israel vor, daß er in seiner Krankheit den Gott von Ekron befragen läßt, „als gäbe es in Israel keinen Gott, dessen Wort man einholen könnte"); 8,7–14 (der kranke Ben-Hadad von Damaskus läßt den „Gottesmann" Elischa befragen – wohl in Anlehnung an das erzählt, was in Israel üblich war); 20,1–6 (der todkranke Hiskija von Juda erhält von Jesaja zunächst eine negative, dann eine positive Auskunft); Ps 107,20 (Jahwe „sandte" den Todkranken „sein Wort und machte sie gesund" – die Form des Orakels ist hier nicht erkennbar).

[98] 2 Sam 12,15–23 (das Beten und Fasten Davids für sein todkrankes Kind faßt man vielleicht besser nicht als Fürbitte, sondern als Gebet des im Kind selbst betroffenen Vaters – im Tod des Kindes wird David ja auch nach 12,14 selbst bestraft); 2 Kön 20,2f (der kranke Hiskija betet, zur Wand hingewendet, und weint); Ps 6,2–8 (Gebet eines Kranken); 41,5–11 (Zitat des Gebets innerhalb eines Zeugnislieds aus einer Dankfeier); 107,19 (die Kranken „schrien zu Jahwe"); Ijob 33,26 (der Kranke „fleht zu Eloah, der zeigt sich ihm hold"). Vgl. in Anlehnung an solche Gebete, mit der Wurzel *rp*': Jer 15,18; 17,14.

[99] Gen 20,17 (Abraham ist hier als Prophet vorgestellt: 20,7); Num 12,13 (Mose steht hier gerade zur Debatte als einer, der noch mehr ist als ein Prophet: 12,6–8); 1 Kön 13,6 (der Gottesmann in Bet-El); 17,19–21 (Elija; Gebet, von Ritual umgeben); 2 Kön 4,33–35 (Elischa; Gebet, von Ritual umgeben); Ps 35,13f (Bußritual und Gebet des Psalmenbeters für kranke Volksgenossen); Ijob 33,23–25 (*mal'āk* „Bote", *mēlîṣ* „Dolmetscher": vermutlich ein Priester – vgl. *Seybold*, Gebet des Kranken [Anm. 94] 60–62); 2 Chr 30,18–20 (König Hiskija angesichts drohender Strafkrankheit). Die Gestalt des „Gottesknechtes" in Jes 53 hat zugleich den Kranken und das fürbittende Eintreten für ihn zum Bildhintergrund (*rp*' „heilen" in 53,5).

[100] Es ist das Verdienst von *Seybold*, Gebet des Kranken (Anm. 94), dies als Haupthaftungspunkt der Krankheits- und Heilungspsalmen aufgezeigt zu haben.

[101] Dies wird in den Prophetenlegenden dadurch besonders deutlich, daß die Jahwepropheten selbst auch in unserem Sinne „ärztlich" tätig werden. Sie beatmen den Kranken (1 Kön 17,21; 2 Kön 4,34f) und applizieren Heilmittel (2 Kön 20,7), ohne daß im Kontext der Geschichte der geringste Zweifel aufkommen könnte, daß der eigentlich Heilende Jahwe ist. Klare theoretische Formulierung: Ijob 5,18; Ps 103,3; 147,3.

[102] *Baudissin*, Adonis und Esmun (Anm. 93) hat in seiner immer noch lesenswerten Darstellung von Jahwe als dem „Erretter aus Krankheit und Tod" (385–402) dem Abschnitt „Jahwe heilt", wo er von der Wurzel *rp*' „heilen" ausgeht (385–390), einen zweiten „Jahwe ‚belebt' in Krankheit und Not" folgen lassen, wo er sich vor allem an der Wurzel *ḥjh* „leben" orientiert (390–397). Da die Krankheit als Ergriffenwerden vom Tod betrachtet wurde, ist Heilung ein

> 47 Dies ist die durch alle Perioden bleibende und durch ständige Krankheiten und Heilungen immer wieder neu mit Lebenskraft gefüllte Basis alles Sprechens von Jahwe als Heilendem in Israel.[103] Hier bestehen zweifellos enge Analogien zur Familienreligion außerhalb Israels. Für das Alte Testament typisch dagegen ist das Ausmaß, in dem wir, vor allem bei verschiedenen Schriftpropheten, nun einer „Übertragung" der Aussage von Jahwe, dem Heiler, begegnen.[104] „Übertragung" ist hier in doppeltem Sinn zu verstehen. Erstens geht es nicht um Krankheit des einzelnen Menschen. Das Subjekt, das krank ist und Jahwe zur Heilung braucht, ist Israel, Juda oder Jerusalem – also auf jeden Fall eine kollektive Größe, die den Rahmen der Familie überschreitet. Zweitens ist der Begriff der Krankheit selbst ausgeweitet. Zur leiblichen Krankheit der einzelnen Menschen treten andere Dinge hinzu: gesellschaftliche und wirtschaftliche Störungen, Nöte und Lebensminderungen jeder Art. Alles zusammen ist die Krankheit Israels. Man spricht hier manchmal von metaphorischem Gebrauch der Wörter für Krankheit und Heilung. Das ist irgendwie richtig, und dann doch wieder nicht. Denn die Krankheit im strengen Sinn bildet ja ein Teilphänomen des umfassenden Phänomens, das hier „Krankheit" genannt wird. Der Kern dieser umfassenden Krankheit Israels (oder dann auch sekundär Ägyptens oder Babels) ist die zerbrochene Gottesbeziehung. Doch das ist auch wieder nichts Neues gegenüber dem Krankheitsbegriff der Familienfrömmigkeit.

Zurückführen ins Leben. Erst von diesem Sachverhalt aus gewinnt man einen vollen Zugang zu den Aussagen des Alten Testaments über Jahwe, der von der Krankheit befreit. Wichtige weitere Texte treten ins Blickfeld, wie etwa 2 Kön 5,7; 1 Sam 2,6. Ich gehe im Hinblick auf das Vokabular in Ex 15,26 nicht ausdrücklich auf diese breitere Aussagenschicht ein.

[103] Auch wenn später Engel als Heilung vermittelnde Numina auftreten und Dämonen ihre direkte Gegenspieler sind, wird doch die Letzt- und Allzuständigkeit des Gottes Israels für Krankheit und Heilung nicht angetastet. Exemplarisch ist hier das Buch Tobit. Schon der Name des Engels sagt alles: Rafael = El hat geheilt.

[104] Von den insgesamt 80 Belegen der Wurzel rp' „heilen" im AT (Namen ausgeschlossen) gehören nach meiner Zählung 42 hierhin.

[48] Die Belege für diese Rede von Krankheit und Heilung Israels finden sich vor allem in den Büchern Hosea, Jesaja und Jeremia.[105] Sie scheint sofort im 8. Jh. bei den ersten Schriftpropheten wichtig gewesen zu sein, zumindest bei zweien von ihnen, Hosea und Jesaja. In Fremdvölkerorakel gelangt sie im Jeremia- und im Ezechiel-Buch.[106] Es ist eine unmittelbare Weiterführung dieser Rede, wenn Heilung jeglicher Krankheit, volle Gesundheit und langes Leben dann zu einem Thema eschatologischer Verheißung werden.[107]

In diesem großgefächerten Aussagekomplex hat die Vorstellung von Jahwe dem Arzt den Bereich der familiären Religion verlassen. Sie ist in den Zusammenhang der nationalen Religion Israels eingetreten. Bindeglied sind zweifellos die Propheten. Sie gehörten zum festen Personal der Familienfrömmigkeit, und vor allem, sie tradierten vermutlich das zu ihr gehörende praktische und theoretische Wissen. Sie sind dann in eine neue Aufgabe an ganz Israel hineingewachsen. Dabei haben sie wohl auch ihre alte Wissenswelt benutzt, um sich in den neuen Dimensionen verständlich zu machen.[108]

---

[105] Hos 5,13; 6,1; 7,1; 11,3; 14,5; Jes 6,10; 57,18f; Jer 3,22; 6,14; 8,11.15.22; 14,19; 19,11; 30,13.17; 33,6; ferner Ez 34,4; Sach 11,16; Dtn 32,39; Ps 60,4; Klgl 2,13. Das chronistische Geschichtswerk hat sich diese Rede auch für Prosa angeeignet: vgl. 2 Chr 7,14; 36,16, wohl auch 21,18. (König und Volk bilden hier im Kontext eine Einheit). Hier und in den beiden folgenden Anmerkungen gebe ich nur die Belegstellen für *rp'* „heilen" in diesen Zusammenhängen. Die Belege für den gesamten Aussagekomplex sind umfangreicher, vor allem für eschatologische Aussagen. Für den durch *rp'* „heilen" nicht hinreichend erfaßten historischen Jesaja sei jedoch noch auf Jes 1,5f hingewiesen.

[106] Jer 46,11; 51,8f; Ez 30,21.

[107] Jes 19,22; 30,26; Ez 47,8.9.11; Mal 3,20. Jesus von Nazaret wird seine als eschatologisch interpretierten Heilungen auf die Ansage der Heilung konkreter Krankheiten im Jesaja-Buch beziehen: vgl. Mt 11,5 par Lk 7,22 mit Jes 29,18; 35,5f; 42,7.18–20; 43,8. Sie gehören in diesen Zusammenhang.

[108] Die Lage könnte noch einmal etwas komplizierter sein. In Hos 6,1–3 und Jer 14,19–22 werden Bußlieder des Volkes zitiert (wenn auch ohne irgendeine formelle Kennzeichnung als Zitate), die deutlich mit den Motiven von Krankheit und möglicher Heilung des Volkes durchsetzt sind. Vielleicht sind sie von den Propheten selbst zusammenfassend formuliert, und dabei haben sie ihr eigenes Bild hineingebracht. Oder, zumindest bei Hos 6,1–3, sie sind Bußlieder, die als Echo auf die prophetische Verkündigung verfaßt wurden (vgl. Hos 5,13). Doch es bleibt die dritte Möglichkeit, daß es sich um vorgegebene Formulare aus dem Repertoire der Bußlieder des Volkes handelt. Dann wäre im Bereich von Buße und Volksklage das Theorem von Jahwe als Arzt schon vor den Propheten aus dem Bereich der Familienfrömmigkeit in den öffentlicher Religion hinübergekommen. Unter Umständen könnte man auch noch Ps 60,4

»Ich bin Jahwe, dein Arzt« (Ex 15,26) 129

Es gab also ein altes und stets lebendiges, weil mit der unmittelbaren persönlichen religiösen Erfahrung verbundenes Wissen um Jahwe, den Arzt. Darüber hinaus gab es, als Ex 15,26 geschrieben und in den Pentateuch eingefügt wurde, auch schon lange in der prophetischen Sprachwelt die Rede von Jahwe, dem Arzt Israels. Sie war mit der Deutung des Zusammenbruchs des Nord- und dann des Südreichs, der babylonischen Deportation und der Heimkehr, dann schließlich mit der Erwartung des großen eschatologischen Handelns Gottes an Israel und der Welt fest verbunden. Wird dies alles von Ex 15,26 aufgegriffen und in den alten Pentateuch eingetragen?

Wir müssen es als Hintergrund von Ex 15,26 kennen. Dennoch ist nun zunächst eine Differenz festzustellen.

Ex 15,26 stellt Jahwe zwar nicht als den Arzt des einzelnen Menschen vor, sondern als den Arzt Israels. Andererseits scheint aber nicht jene „metaphorische" Ausdehnung des Begriffs von Krankheit und Heilung geschehen zu sein, die für die prophetische Verwendung ebenfalls typisch ist. Es geht offenbar um Krankheit, Heilung und Gesundheit im engeren Sinn, selbst wenn dann der Verweis auf die Plagenerzählungen auch hier eine Ausdehnung des Begriffs zu insinuieren scheint.

Ex 15,26 ist gegenüber der prophetischen Aussage von Jahwe, dem Arzt Israels, eigengeprägt. Diese Eigenprägung hat ebenfalls ihre Tradition. Es ist die deuteronomische.

4. DIE GESUNDHEIT ISRAELS IN DER DEUTERO-NOMISCHEN TRADITION

Das Deuteronomium scheint der Höhepunkt einer Tradition zu sein, deren ältestes Zeugnis uns im „Privilegrecht Jahwes" Ex 34,10–26 erhalten ist. Schon hier verbindet sie sich mit dem Stichwort $b^e rit$ „Bund, Vertrag". Zu diesem Text haben wir seit einigen Jahren eine außerordentlich gründliche und umsichtige Untersuchung von *J. Halbe*.[109] Die älteste Schicht dieses Textes dürfte noch aus vormonar-

---

in die Argumentation einbeziehen, obwohl hier große Datierungsprobleme bestehen. Doch selbst, wenn das alles zutrifft – ein wirklich produktives Heraustreten der Vorstellung aus dem familiären Bereich scheinen doch erst die Propheten des 8. Jh., speziell Hosea und Jesaja, und später dann vor allem Jeremia bewirkt zu haben.

[109] Das Privilegrecht Jahwes Ex 34,10–26 (vgl. Anm. 61). Dort ältere Literatur.

chischer Zeit stammen. Die Gemeinschaft der Jahweanhänger, die hinter ihm steht, ist familien- und sippenübergreifend. Sie setzt sich mit Schärfe von anderen Bevölkerungsgruppen Kanaans und deren Göttern ab. Ihr Verhältnis zu ihrem ⎕50⎕ Gott Jahwe konzipiert sie in Analogie zum zwischenmenschlichen Häuptlings- oder Vaterrecht: privilegrechtlich. Die Gruppen, die in den Privilegbereich Jahwes aufgenommen sind, leben im Raum seines Segens. Noch in der vorstaatlichen Zeit scheint sich im Zusammenhang mit dem Heiligtum, an dem diese Privilegrechtstradition gepflegt wurde, auch ein Grundbestand an Rechtsvereinheitlichung zwischen den beteiligten Gruppen und ein ausformuliertes Rechtsbewußtsein zum Schutz von Armen und Schwachen entwickelt zu haben. Das Heiligtum könnte Gilgal gewesen sein, die Konzeption beanspruchte Deutekraft für die gesamte Größe „Israel".

Dieses Selbstverständnis wurde mit der Staatsgründung in den Untergrund und Widerstand abgedrängt.[110] Vielleicht als Versuch, den vorstaatlichen gesellschaftlichen Impetus doch noch vor der Vergessenheit zu retten und für eine einsichtigere Zukunft zu bewahren, entstand das „Bundesbuch" Ex 20,23 – 23,33. Hier ist der erweiterte und umgebaute alte Bundestext von Ex 34 der Rahmen, innerhalb dessen eine Art Rechtssammlung den staatsfreien, ja jetzt gegenstaatlichen Gesellschaftsansatz des alten Israel andeutet. Am Ende des Rahmens, in Ex 23,20–27.31b–33[111], werden die entscheidenden Forderungen Jahwes für die ihm verbundene Gemeinschaft in Wiederaufnahme von Ex 34,10–15a formuliert: keine Verehrung anderer Götter (23,20–24) und keine Gemeinschaftsaufnahme mit anderen Bevölkerungsgruppen (23,27.31b–33). Genau diese beiden Dinge sind durch den Übergang zum Staat Davids aufgegeben: Nun leben Nichtisraeliten mit Israeliten im gleichen Staat zusammen, und nun werden innerhalb der einen Gesellschaft auch andere Götter angebetet. Das Bedrängendste für die, die da nicht mitmachen wollen, ist jedoch, daß der Staat offenbar Wohlergehen und Wohlstand gebracht hat. Dieses Faktum zu bewältigen, sind in die Mitte des Textes die Verse 25 und 26 eingesetzt. Sie versichern, daß Israel, wenn

---

[110] Zu diesen Prozessen vgl. jetzt vor allem *F. Crüsemann*, Der Widerstand gegen das Königtum. Die antiköniglichen Texte des Alten Testaments und der Kampf um den frühen israelitischen Staat (WMANT 49) Neukirchen-Vluyn 1978.

[111] 23,28–31a sind eine spätere Erweiterung: vgl. *Halbe* (Anm. 61) 483–486.

es sich an Jahwes „Boten"[112] hält und die alte, jahweunmittelbare Privileggemeinschaft bleibt, diesen Segen keineswegs entbehren wird. Wenn man den Dienst Jahwes an die erste Stelle rückt, dann wird alles andere hinzugegeben werden. Die Verse sind noch nicht einmal – streng 51 syntaktisch gesehen – als eigentliche bedingte Segensverheißung formuliert. Es wird, das Vorangehende zusammenfassend, einfach als selbstverständlich unterstellt, daß Israel sich wieder ganz Jahwe zuwendet, und dann ergibt sich wie selbstverständlich der vierfache Segen[113]:

> Ihr sollt also Jahwe als eurem Gott (allein) dienen–
> und dann wird er segnen dein Brot und dein Wasser,
> und ich werde weglenken Krankheit aus deiner Mitte,
> und nicht wird sein eine Frau, die eine Fehlgeburt hat oder kinderlos bleibt, in deinem Lande,
> die volle Zahl deiner Tage werde ich dich erreichen lassen.[114]

Die Freiheit von Krankheit ist das zweite der vier Segensgüter, und auch das dritte und das vierte sind eng damit verbunden. Für unsere Fragestellung ist hier mehreres wichtig: Gesundheit ist eines unter mehreren Segensgütern; es geht eindeutig um körperliche Gesundheit, metaphorische Ausweitung des Begriffs liegt fern, dieser Segen hängt noch nicht an der Beobachtung einzelner Gebote, doch steht im Bundesbuch der Entwurf einer staatsfreien Sozialordnung voran, und die unmittelbar umgebenden Forderungen Jahwes sind die Grundpfeiler der privilegrechtlichen Jahwegesellschaft. Hier ist also die wirkliche körperliche Gesundheit der Gemeinschaft Israel in unmittelbaren Zusammenhang gebracht mit dem Ja zu einer Jahwe zugeordneten Gesellschaftsform, die Israel gegenüber den Normalgesellschaften seiner Umwelt zu einer Kontrastgesellschaft macht. Im Hinblick auf Ex 15,26 sei noch darauf hingewiesen, daß zum ersten Segensgut das heile Wasser gehört. Ex 15,25b.26 ist ja an eine alte Erzählung von der Heilung kranken Wassers angehängt.

---

[112] Zum „Boten", speziell im Zusammenhang der Gilgal-Traditionen, als „charismatischer Autorität, die Jahwes Willen kultisch verkündete", vgl. *Halbe* (Anm. 61) 360–363 und 369–376.
[113] Zum Vorangehenden vgl. *Halbe* (Anm. 61) 484–499.
[114] Der Numerus- und Personenwechsel zeigt nicht literarische Vielschichtigkeit an, sondern ist rhetorisches Mittel der Gliederung und der Erregung von Aufmerksamkeit. Vgl. *Halbe* (Anm. 61) 497.

Die hier bezeugte protodeuteronomische Konzeption Israels gehört nicht in den Bereich der Familienreligion. Es geht ja um eine umfassendere Gemeinschaft, um Gesellschaft. Andererseits kann man sie schwerlich dem Begriff der offiziellen Religion zuordnen. In der vorköniglichen Zeit war gerade die offizielle Religion der Landesbewohner das, wovon man sich im Namen Jahwes fernhielt. Nach der Staatsgründung fand die offizielle Religion im Jerusalemer Heiligtum und in anderen königlichen Heiligtümern statt – und genau davon setzt sich das Bundesbuch ab, schon sofort am Anfang durch sein Altargesetz.[115] Es lohnt sich nicht, in ⌐52⌐ diesem Zusammenhang die Theorie vom Religionspluralismus in Israel um einen neuen Begriff zu bereichern – aber den Sachverhalt muß man sehen.[116] Denn da, wo der Staat ans Ende kommt und wo in Jerusalem versucht wird, ihn aus der Kraft der alten vorstaatlichen Tradition des Jahwebundes neu zu vitalisieren, entsteht das „Deuteronomium". Es wird geschaffen, damit diese Tradition nun offizielle Religion werden kann.

Dabei kommen bei der sprachlichen Neuformulierung vor allem Vorstellungsmuster, Motive und Formelelemente der damals in Jerusalem dominierenden assyrischen Kultur zum Zug. Das Privileg-

---

[115] Näheres bei *Halbe* (Anm. 61) 378–382.
[116] Die vorangehenden Sätze sind bewußt als Gegenposition gegen die von *Albertz*, Persönliche Frömmigkeit (Anm. 94), vorgelegte Sicht (vgl. vor allem 165–169 „Übersicht über die Entwicklung" und die dann folgenden Abschnitte) formuliert. Die wahrscheinlich selbst für Babylonien zu einfache Zweischichtung „offizielle Religion – persönliche Frömmigkeit" verfehlt für die Religionsgeschichte Israls auf jeden Fall den Sachverhalt. Die bei den Schriftpropheten wie in der deuteronomischen Bewegung je anders ans Licht kommenden religiösen Welten haben alte Wurzeln im vorstaatlichen Gesellschafts- und Glaubensentwurf Israels, und dieser setzt sich von einer „offiziellen" Religion ab, ohne noch Kleingruppenreligion zu sein. Mit der Staatsgründung wird zunächst in Jerusalem, dann auch noch einmal neu im Norden, eine neue „offizielle" Religion geschaffen, die auf je verschiedene Weise Elemente der alten offiziellen Religionen und der Jahwereligion verbindet. In der deuteronomischen Reform versucht kaum eine offizielle Religion Einfluß auf die Familienreligion zu gewinnen, sondern die schon stets stark mit der Familienreligion verbundene Jahwereligion des Untergrunds wird zur Revitalisierung der offiziellen Religion über diese gelegt und in sie hineingezogen. Mindestens bis zu diesem Punkt der Religionsgeschichte Israels hin müßte man also für die weder an die einzelne Kleingruppe gebundene noch in den offiziellen Staatsheiligtümern beheimatete volkstümliche Jahwereligion einen eigenen Terminus einführen. Dieser müßte nochmals die Möglichkeit zu weiterer Differenzierung erhalten. *Albertz* hat sich im übrigen selbst gegenüber einer Differenzierung seiner Sicht im später geschriebenen Nachwort für offen erklärt (297).

verhältnis Israels zu Jahwe wird in Analogie zu Lehns- bzw. Vasallenverhältnissen gesehen, die in einem „Bund" oder „Vertrag" formuliert wurden.[117] Der „Segen", von dem seit alters gesprochen wurde, kann im Stil solcher Verträge als ⌐53¬ bedingter Segen gefaßt und durch sein Gegenspiel, bedingte Verfluchungen, noch verdeutlicht werden. Entsprechend den assyrischen Vorbildern scheint dem Fluch mehr Raum als dem Segen eingeräumt zu werden.[118]

In dem Deuteronomium, wie es der Reform des Joschija zugrunde gelegen hat, ist dementsprechend die an den Dienst Jahwes geknüpfte Zusage der Abwendung der Krankheit von Israel einerseits als Segensverheißung, andererseits aber vor allem als Fluchandrohung für den Fall des nicht geleisteten Gehorsams formuliert worden.

Über die Segensverheißung können wir nur Vermutungen anstellen. Die Kultzentralisationstexte, die einen frühen Bestand des deuteronomischen Gesetzbuchs darstellen, sind aus den Festkalendern von Ex 34 und Ex 23 entwickelt, und so ist anzunehmen, daß auch die zentralen Formulierungen des alten Bundestextes dieser Kapitel schon früh im Deuteronomium standen. Sie finden sich jetzt in spätdeuteronomisch überarbeiteter Gestalt in Dtn 7.[119] Die Segenszusage von Ex 23,25f lautet hier in weiterentwickelter Form:

¹²Wenn ihr diese Rechtsvorschriften hört, auf sie achtet und sie haltet,
   wird Jahwe, dein Gott, dafür auf den Bund achten
   und dir die Huld bewahren, die er deinen Vätern geschworen hat.

---

[117] Zu dieser Sicht der Entstehung des Deuteronomiums vgl. *N. Lohfink*, Deuteronomy: IDB Supplementary Volume, Abington 1976, 229–232. Speziell zu den wissenssoziologischen Aspekten: *ders.*, Unsere großen Wörter. Das Alte Testament zu Themen dieser Jahre, Freiburg ²1978, 24–43 (Theologie als Antwort auf Plausibilitätskrisen in aufkommenden pluralistischen Situationen, erörtert am Beispiel des deuteronomischen Gesetzes). Daß „Vertrag" und „Treueid" ein Typicum der assyrischen Kultur war, zeigt etwa *A. Moortgats* Bemerkung: „Kaum je sind so viele Verträge geschlossen worden, kaum je so viele Treueide geschworen und gebrochen worden" (*A. Scharff* und *A. Moortgat*, Ägypten und Vorderasien im Altertum, München 1950, 401).
[118] Auf das Übergewicht des Fluchs auch schon im Urbestand von Dtn 28 hat (in Absetzung von *C. Steuernagel*, der ursprüngliches Gleichgewicht annahm) vor allem *M. Noth*, „Die mit des Gesetzes Werken umgehen, die sind unter dem Fluch", in: *ders.*, Gesammelte Studien zum Alten Testament (ThB 6) München 1957, 155–171, nachdrücklich hingewiesen.
[119] Vgl. meine Analyse von Dtn 7: Hauptgebot (Anm. 31) 167–188. Weiteres Forschungsgeschichtliches: *Halbe*, Privilegrecht (Anm. 61) 16–19.

¹²Er wird dich lieben, dich segnen und dich zahlreich machen.
Er wird segnen die Frucht deines Leibes und die Frucht deines
  Ackers,
dein Korn und deinen Wein und dein Öl,
deine Kälber und deine Lämmer und Zicklein,
in dem Land, von dem du weißt: Er hat deinen Vätern
  geschworen, es ihnen zu geben.
¹⁴Gesegnet wirst du sein mehr als die anderen Völker.
Weder Mann noch Frau noch Vieh – nichts wird bei dir
  unfruchtbar sein.
¹⁵Und Jahwe wird von dir weglenken jede Krankheit.
⟨54⟩ Keine der schweren ägyptischen Seuchen, die du kennst,
  wird er dir auferlegen,
sondern er wird sie über alle deine Feinde bringen.

Vieles spricht dafür, daß die jetzige Gestalt von 7,15 erst auf eine Überarbeitung zurückgeht, die selbst vielleicht sogar unseren Zusatz in Ex 15,26 schon kennt und voraussetzt.¹²⁰ Doch bleibt es wahrscheinlich, daß auch der ältere Text von Dtn 7 schon das Segensgut der Gesundheit enthielt, und das in einer Formulierung, die irgendwo in der Mitte zwischen Ex 23,25 und dem jetzigen Text lag. Auch im jetzigen Text sind die drei ersten der vier Segensinhalte von Ex 23,25f noch deutlich erkennbar. Die reiche Nahrung wird durch Formulierungen ausgedrückt, die wohl Dtn 28,4 und 51 entnommen sind. Dann ist das Motiv der Fruchtbarkeit vorangezogen. Beim Thema „Gesundheit" fließen wohl Formulierungen aus Ex 23,25, Ex 15,26 und Dtn 28,27.35.60 zusammen. Die Zusammenfassung von 7,12–13 unter dem Stichwort „Väterverheißung" und von 7,14–15 unter dem Stichwort „Unterschied zu anderen Völkern" geht sicher erst auf das Konto der Überarbeitung, die hier mit vorangehenden und folgenden Aussagen verbindet. So bleibt das, was ursprünglich an dieser Stelle über Krankheit und Gesundheit stand, schwer faßbar. Doch ist mit einem Passus dieser Art zu rechnen.

Unmittelbar greifbar ist die Formulierung des deuteronomischen Gesetzes dagegen in dem zu assyrischer Zeit geschaffenen Segen- und Fluchtext in Dtn 28. Der Segen 28,1–13 kommt zwar ohne das Thema „Gesundheit" aus. Doch im wesentlich breiter ausgearbeiteten Fluchtext 28,15–45 finden sich längere Passagen, die dem Israel, das nicht

---

¹²⁰ Vgl. oben Anm. 79.

auf Jahwes Stimme hört, Krankheit androhen. Es ist dabei mit der Aufnahme einer vorgegebenen Fluchreihe (mehrfach wiederholtes „Jahwe soll dich schlagen mit...") ebenso wie mit der Anlehnung an assyrische Fluchtexte und deren stereotype Abfolgeprinzipien zu rechnen, und die Technik der Redaktion scheint mir noch nicht überzeugend geklärt zu sein.[121] Die auf Krankheit bezogenen Verfluchungen lauten:

21[55] Jahwe heftet die Pest an dich, bis er dich ausgemerzt hat aus dem Land, in das du hineinziehst, um es in Besitz zu nehmen.

22 Jahwe schlägt dich mit Schwindsucht, Fieber und Brand, mit Glut und Trockenheit, Versengung und Vergilbung. Sie verfolgen dich, bis du ausgetilgt bist...

27 Jahwe schlägt dich mit dem ägyptischen Geschwür, mit Beulen, Krätze und Grind, und keiner kann dich heilen.

28 Jahwe schlägt dich mit Wahnsinn, Blindheit und Irresein. 29 Am

---

[121] Die Fluchreihe wird, sicher zu Recht, formkritisch erschlossen. Vgl. vor allem (bei etwas verschiedenen Rekonstruktionen) *J. G. Plöger*, Literarkritische, formgeschichtliche und stilkritische Untersuchungen zum Deuteronomium (BBB 26) Bonn 1967, 151–154 (28,22.27.28f.35 „Schlagen-Reihe"); *G. Seitz*, Redaktionsgeschichtliche Studien zum Deuteronomium (BWANT 93) Stuttgart 1971, 278–282 (Grundbestand von 28,20.21.22.27.28.35). Für die assyrischen Parallelen vgl. vor allem *M. Weinfeld*, Traces of Assyrian Treaty Formulae in Deuteronomy, Bibl 46 (1965) 417–427 (später in *ders.*, Deuteronomy, vgl. Anm. 22, 116–126, in überarbeiteter Form integriert); für die Sin-Verfluchungen ist ferner die Zusammenstellung bei *D. R. Hillers*, Treaty-Curses and the Old Testament Prophets (Biblica et Orientalia 16) Rom 1964, 15f, hilfreich. Das Argument, daß die Abfolge bestimmter Fluchinhalte in Dtn 28 deuteronomiumsintern nicht erklärbar ist, wohl aber von assyrischen Vorbildern her, wo bestimmte Fluchinhalte bestimmten Gottheiten zuzuordnen sind und diese Gottheiten in Fluchreihen in einer bestimmten Reihenfolge aufzutreten haben, ist überzeugend. Der entscheidende Paralleltext, Asarhaddon-Nachfolgeverträge (VTE) vi, 419–430, gibt aber doch nicht ganz so viel her, wie *Weinfeld* annimmt. Für 425–427 ist die Reihenfolge eingehalten. 428–430 hängt an einer einzigen Gottheit, dem soll der (in der Mitte durch anderes unterbrochene) Text von Dtn 28,30–33 in seiner Abfolge entsprechen, und bei genauem Vergleich meldet sich Skepsis. Als bewiesen darf aber sicher die Abhängigkeit der Plagenabfolge in 28,27–30 von der auch sonst im assyrischen Raum nachweisbaren Verbindung des typischen Mondgottfluchs mit dem typischen Sonnengottfluch gelten. Vgl. *Seitz* 279. Vermutlich müssen wir mit einem Verfasser des Fluchtexts rechnen, der einerseits im wesentlichen mit traditionellem israelitischem Fluchmaterial arbeitete, andererseits assyrische Texte kannte und ihre Ablaufgesetze internalisiert hatte.

hellen Mittag tappst du im Dunkel wie ein Blinder. Deine Wege führen nicht zum Erfolg. Dein Leben lang wirst du ausgebeutet und ausgeraubt, und niemand hilft dir... ³⁴Wahnsinn befällt dich bei dem Anblick, der sich deinen Augen bietet. ³⁵Jahwe schlägt dich mit bösen Geschwüren am Knie und am Schenkel, und keiner kann dich heilen. Von der Sohle bis zum Scheitel bist du krank.

Im gesamten Fluchtext finden sich breite Gegenaussagen zu allen vier Segensansagen von Ex 23,25f. Doch kulminiert alles in der Ansage von Feindesbedrängnis, Fremdherrschaft, Ausbeutung durch die Fremden, ja Deportation. Und hier dürfte auch das eigentliche Interesse des Textes liegen. Die Krankheit gehört zu den Plagen, die das noch größere Elend durch die Feinde Israels ankündigen, einleiten und begleiten. Insofern ist es auch ganz natürlich, wenn die „Blindheit" in einer Dreierreihe zwischen ⟦56⟧ „Wahnsinn" und „Irresein" steht und – in Anlehnung an die mehrschichtige Symbolik des Sonnengottes – sofort auf Lichtschwund im sozialen Gefüge, auf den Einbruch von Rechtlosigkeit und gesellschaftlichem Chaos hin interpretiert wird. An dieser Stelle entwickelt sich also metaphorischer Gebrauch der Krankheitsaussage. Doch im ganzen sind die Krankheiten durchaus als leibliche Krankheiten gemeint. Jahwe sendet sie dann über Israel, wenn „du nicht auf die Stimme Jahwes, deines Gottes, hörst, indem du nicht auf alle seine Gebote und Gesetze, auf die ich dich heute verpflichte, achtest und sie nicht hältst" (28,15 vgl. 45). Über die sehr grundsätzliche Formulierung in Ex 23,25 hinaus (Jahwe dienen) ist hier also jetzt die im deuteronomischen Gesetz in wesentlichen Zügen entworfene Sozialordnung und das Leben nach ihr zur Bedingung des Segens gemacht. Die Durchführung der Prinzipien der alten Kontrastgesellschaft Jahwes als Ordnung des Staates Juda ist die Voraussetzung dafür, daß nicht in diesem „Israel" der Assyrerzeit die Krankheit und andere Plagen einbrechen und schließlich in der Vernichtung durch übermächtige Feinde gipfeln.

Die hier aufgenommene Fluchthematik hat natürlich eine breite altorientalische Basis.[122] Zu ihr gehört auch die Androhung von Krankheiten. Aber die Zuordnung des gesamten denkbaren Flucharsenals zu einer ganz bestimmten, gegen die anderen Gesellschaften

---

[122] Vgl. vor allem *Hillers,* Treaty Curses (vorige Anm.).

»Ich bin Jahwe, dein Arzt« (Ex 15,26) 137

entworfenen, ganz von einem einzigen Gott her lebenden neuen Gesellschaft dergestalt, daß das Einbrechen der Flüche vom Ja oder Nein eines Volkes zu dieser Gesellschaft abhängig gemacht wird, ist doch wohl etwas Neues.[123] Hier sind Gott, Gesellschaftsentwurf und menschliche Gesundheit auf eine höchst eindeutige Weise zusammengebracht worden.

In einer späteren Zeit, vermutlich schon im Exil oder nach dem Exil, hat dann einmal im Rahmen dieser deuteronomischen Sicht eine Gewichtsverschiebung stattgefunden. Bei einer Erweiterung des Fluchtextes, die wir nicht einer Schreiberlaune oder einem Zufall, sondern sicher einer Entscheidung von Autoritäten zuschreiben müssen, bekam er einen Abschluß, für den Krankheit gewissermaßen die Zusammenfassung aller Flüche darstellt[124]:

> [58] Wenn du nicht auf alle Worte dieser Belehrung *(tôrāh)*, die in dieser Urkunde aufgezeichnet sind, achtest und sie hältst,
> [57] aus Furcht vor diesem herrlichen und furchterregenden Namen, vor Jahwe, deinem Gott,
> [59] wird Jahwe die Schläge, die er dir und deinen Nachkommen versetzt, über alles Gewohnte hinaus steigern zu gewaltigen und hartnäckigen Schlägen, zu schlimmen und hartnäckigen Krankheiten.
> [60] Er wird alle ägyptischen Seuchen, vor denen du Angst hast, wieder über dich bringen, und sie werden an dir haften bleiben.
> [61] Auch alle Krankheiten und Schläge, die nicht in der Urkunde dieser Belehrung aufgezeichnet sind, wird Jahwe über dich bringen, bist du vernichtet bist.

Hier sind „Schläge" identisch mit „Krankheiten". Das kann deshalb so sein, weil zu einem aus dem Exil wieder nach Hause zurückgekehrten Israel gesprochen wird, das friedlich im Rahmen des Perserreiches lebt und am ehesten noch durch Krankheiten und Seuchen durcheinandergebracht werden könnte. Oder aber die Diaspora ist als selbstverständlich vorausgesetzt. Dann wäre auch dort Krankheit die schlimmste Not, vor der man sich fürchten müßte.

---

[123] Es findet sich analog bei den Propheten Israels, die auch auf Plagenandrohungen zurückgreifen. So z. B. Amos in Am 4,6–12 (mit *W. Rudolph,* KAT 1971, 173–175, gegen *Wolff,* BK, der hier einen Text aus der Zeit Joschijas sieht).
[124] Vgl. auch Anm. 79.

Mit ähnlichen Voraussetzungen kann man wohl auch bei Ex 15,26 rechnen, wenn der Text schon aus anderen Gründen wohl aus der Perserzeit stammt. Denn auch hier ist ja die Gesamtheit möglichen Unheils und die Vielheit der ägyptischen Plagen ganz vom Phänomen der Krankheit her gesehen. Die Bedingung des Segens ist, daß man sich an Jahwes Stimme hält. Diese ist, genau wie im Deuteronomium, bekannt. Sie ist in den Gesetzen expliziert, die die Gesellschaftsordnung Israels entwerfen. In Ex 15,26 sind nicht mehr nur die Gesetze des Deuteronomiums gemeint, sondern alle Gesetze, die der Pentateuch enthält. Es ist die Ordnung, die der um den wiedererrichteten Tempel in Jerusalem herum lebenden jüdischen Gemeinschaft sowohl von ihrem Gott als auch vom persischen König als ihre Lebensordnung auferlegt ist. Wenn diese Gemeinschaft sich an die so konkrete und so hörbare Stimme Jahwes hält, dann heilt sie ihr Gott, sie ist ein Ort der Gesundheit, und jene Krankheiten treffen sie nicht, die die restliche Gesellschaft der Welt, symbolisiert im Pharao und Ägypten, als Plagen heimsuchen.

Allerdings ist das zu statisch formuliert. Denn die grundsätzliche Aussage von Ex 15,26 ist ja in eine Erzählung eingebaut, gehört also in ein prozessuales Geschehen, und im Bindeglied Ex 15,25b ist dieses als Prozeß der Erprobung Israels durch Jahwe interpretiert.

5. DIE THEODIZEE DER ERPROBUNG

[58] Es will nicht recht gelingen, so etwas wie eine „Tradition" von Jahwe, der sein Volk Israel auf die Probe stellt, aufzufinden. Andere Wörter als *nsh* „auf die Probe stellen", wie etwa *bḥn* „prüfen"[125], noch als Leitfaden hinzuzunehmen, scheut man sich, denn die Bedeutungsnuancen sind doch wohl zu groß.[126] Ps 26,2 scheidet aus, weil dort *nsh* Parallelwort zu *bḥn* ist und eher dessen Bedeutung übernimmt. Der vielleicht älteste Beleg für Jahwe, der auf die Probe stellt, findet sich im Stammessegen über Levi. Levi sei Jahwes treuer Gefolgsmann, „den du in Massa auf die Probe stelltest, mit dem du strittest am Wasser von

---

[125] Selbst Ps 81,8 „ich habe dich an den Wassern von Meriba geprüft *('ābḥānᵉkā)*", wo offensichtlich genau so gut *nsh* „auf die Probe stellen" stehen könnte und im Gesamtpsalm mehrfach Beziehungen zu Ex 15,25f vorliegen (vgl. oben Abschnitt 2), berechtigt nicht, sonstige Belege heranzuziehen. Ps 81 selbst können wir nicht mit plausiblen Gründen als älter einordnen, er könnte auch Ex 15,25f schon voraussetzen.

[126] Vgl. M. Tsevat, *bāḥan*, in: TWAT I 588–592.

»Ich bin Jahwe, dein Arzt« (Ex 15,26)

Meriba" (Dtn 33,8).¹²⁷ Die hier und im folgenden Vers angedeuteten Ereignisse aus der Frühzeit des Stammes Levi lassen sich mit halbparallelen Berichten in Ex 17 und 32 nur mit Hilfe von viel Spekulation vereinigen, die normale Namensetymologie von Massa, einem Ort der Wüstenwanderung, läuft so, daß dort Israel seinen Gott Jahwe auf die Probe stellte¹²⁸, und was sachlich mit der Erprobung Levis durch Jahwe gemeint war, läßt sich nicht mehr genau 59 ausmachen. Überhaupt geht es um den Stamm Levi, nicht um Israel. So muß auch dieser Beleg aus einer Übersicht ausscheiden. Es bleiben Gen 22,1 (Anfang der Erzählung von Isaaks Opferung: „Nach diesen Ereignissen stellte Gott Abraham auf die Probe") und Ex 20,20 (Mose zum Volk in der Sinaitheophanie: „Gott ist gekommen, um euch auf die Probe zu stellen und damit die Furcht vor ihm über euch komme, damit ihr nicht in Sünde fallt"), zwei theologische Schlüsselstellen der elohistischen Fragmente im Pentateuch, und dann als Restgruppe: Ex 15,25; 16,4; Dtn 8,2.16; 13,4; Ri 2,22; 3,1.4; 2 Chr 32,31.¹²⁹

---

¹²⁷ Für verschiedenste Auffassungen zu Alter, innerer Schichtung, Aussage und historischem Hintergrund des Levi-Segens vgl. z.B. *F. M. Cross* und *D. N. Freedman*, The Blessing of Moses: JBL 67 (1948) 191–210; *H.-J. Zobel*, Stammesspruch und Geschichte. Die Angaben der Stammessprüche von Gen 49, Dtn 33 und Jdc 5 über die politischen und kultischen Zustände im damaligen „Israel" (BZAW 95) Berlin 1965, 29–34; 67–70; *A. Cody*, A History of Old Testament Priesthood (AnBibl 35) Rom 1969, 114–120; *Ruppert*, Versuchung (Anm. 23) 56–59.

¹²⁸ Die Erklärung des Namens Massa als eines Ortes, wo Israel Jahwe auf die Probe stellte, findet sich in Ex 17,7; Dtn 6,16 und Ps 95,8f. Sonst kommt der Ortsname (abgesehen von Dtn 33,8) überhaupt nur noch einmal vor, in Dtn 9,22. Zwar kann man aus Ps 81,8 (wo allerdings vom Parallelortsnamen Meriba geredet wird und das Verb *bḥn* „prüfen" steht) eventuell auch auf eine Tradition zurückschließen, in Massa habe Jahwe Israel (also nicht Levi!) auf die Probe gestellt. Aber Ps 81,8 kann auch anders erklärt werden (selbst ohne konjekturale Textänderungen!). Massa als Ort ist also gar nicht so gut bezeugt, auch wenn man nicht so weit gehen muß wie *S. Lehming*, Massa und Meriba: ZAW 73 (1961) 71–77, der alles als ein Mißverständnis von Dtn 33,8 erklärt. Die normale Ortsnamenerklärung denkt daran, daß Israel Jahwe auf die Probe stellte.

¹²⁹ Man könnte noch überlegen, ob die Bezeichnung *massôt* „Erprobungen" (?) für die ägyptischen Plagen in Dtn 4,34; 7,19; 29,2 beigezogen werden müßte. Aber sie ist höchst rätselhaft, und ich sehe nicht, wie sie in unserer Frage weiterhilft. Anders *J. L'Hour*, Une législation criminelle dans le Deutéronome: Bibl 44 (1963) 1–28 (5 Anm. 2).

An den beiden elohistischen Stellen[130] werden der urbildliche Israelit Abraham und das Volk Israel selbst von Gott auf die Probe gestellt. Der Sinn der Probe ist, den Erprobten als Gottesfürchtigen zu enthüllen. Gottesfurcht ist das zentrale Theologumenon der elohistischen Texte. Auf dieses Theologumenon steuert die Deutung zweier kritischer Situationen, einmal beim Stammvater Israels, einmal bei Israel selbst in seiner entscheidenden Stunde, durch das Motiv der „Erprobung" hin.[131]

Die restlichen Belege sind alle deuteronomistisch oder setzen die deuteronomistische Literatur schon voraus. Während das Motiv der „Furcht Jahwes" von frühen Schichten des Deuteronomiums an bedeutsam ist, scheint im gleichen Bereich zunächst kein Bedarf zu bestehen, den Gedanken der Erprobung Israels durch Jahwe damit zu verbinden. Wenn er dann erscheint, ist er zumindest unmittelbar eher der Gesetzesbeobachtung zugeordnet.

In Dtn 5 ist ja Ex 19 – 20 nacherzählt. Aber da gibt es keine Antwort Moses auf die Reden des vor dem Donner Jahwes in Furcht geratenen Volkes. Gott antwortet selbst (5,28–31). Und er sagt nichts davon, daß er das Volk durch seinen Donner auf die Probe habe stellen wollen. Wohl aber ⌞60⌟ entwickelt er das Motiv der Furcht weiter. Es wird – der Gottesliebe zugeordnet – zu einem der Hauptthemen von Dtn 5 – 6.[132]

In den spätdeuteronomistischen Texten, in denen dann das Motiv der Erprobung Israels durch Gott wiederkehrt, ist es direkt mit der Liebe zu Jahwe und der Beobachtung der Gebote, allenfalls indirekt dann auch mit der Gottesfurcht verbunden. Zwischen diesen Texten lassen sich nicht mit irgendwelcher Sicherheit Abhängigkeiten aufzeigen. Einiges läßt sich vermuten, doch es bleibt Vermutung. Fast alle Texte scheinen ungefähr der gleichen Zeit und der gleichen Problem-

---

[130] In der Zuteilung der beiden Stellen zur elohistischen Schicht herrscht eine für die Pentateuchkritik überraschend hohe Einmütigkeit, auch bei Ex 20,20a: vgl. *E. Zenger*, Die Sinaitheophanie. Untersuchungen zum jahwistischen und elohistischen Geschichtswerk (fzb 3) Würzburg 1971, 212 (Tabelle).

[131] Vgl. *H. W. Wolff*, Die Thematik der elohistischen Fragmente im Pentateuch: EvTh 29 (1969) 59–72 (62–67); *Ruppert*, Versuchung (Anm. 23) 59–63. *Ruppert* weist noch auf die Verlängerung der Linie hin: Nichtbestehen in der Erprobung führt in die „Sünde", nämlich den Abfall von Jahwe, hinein.

[132] Vgl. *Lohfink*, Hauptgebot (Anm. 31) 158f; *ders.*, Höre, Israel! Auslegung von Texten aus dem Buch Deuteronomium (Die Welt der Bibel 18) Düsseldorf 1964, 70f.

lage zu entspringen. In den meisten Fällen sind es Zusätze und Erweiterungen. Am besten im Kontext verankert sind noch die Stellen im Deuteronomium, vor allem Dtn 8,2.16. Dabei ist Dtn 8,16 nur eine verkürzende und leicht variierende Reprise von 8,2 innerhalb eines kunstvoll durchkonstruierten Kapitels.[133] Ich halte 61 es für einen relativ späten Text in den paränetischen Kapiteln des Dtn, denn es gibt Anzeichen dafür, daß hier schon der Schwenk der deuteronomischen Horeb-Bundestheologie zur priesterschriftlichen Patriarchen-Bun-

---

[133] Vgl. *Lohfink,* Hauptgebot (Anm. 31) 189–199. Als neueste Behandlung des Kapitels vgl. *F. García López,* Yahvé, fuente última de vida: análisis de Dt. 8: Bibl 62 (1981) 21–54 (dort Literatur aus der Zwischenzeit). Er rechnet mit einer Entstehung des Kapitels in vier Schritten, und zwar so, daß in jedem Schritt der vorliegende Text ergänzt und erweitert wurde. Auch bei ihm würden 8,2 und 16 (außer den ersten drei Wörtern) der gleichen Hand zugehören und 16 verkürzt auf 2 zurückverweisen. Es handelt sich um seine 3. Schicht. Ich zweifle, ob sich die Unterscheidung der beiden ältesten Schichten aufrechterhalten läßt, trotz der syntaktischen und vokabelmäßigen Differenzen. Sie sind auch anders erklärbar. Der Rest der Entstehungsgeschichte, wie er sie sieht, wäre denkbar. Doch dann glaube ich wieder nicht, daß sich die Identität des Verfassers von Dtn 8,2–6, wie er ihn sieht, mit dem Verfaser von Dtn 6,20–24 (in einem von ihm rekonstruierten Vorstadium) beweisen läßt. Seine diesbezüglichen Begründungen in *ders.,* Analyse littéraire de Deutéronome, V–XI*: RB 84 (1977) 481–522 u. 85 (1978) 5–49 (507–509), überzeugen mich nicht. Ferner: Genau in seiner ältesten Schicht weist er eine Beziehung zu Dtn 32–33 nach, wie sie sonst im ganzen Deuteronomium nicht auffindbar ist. Liegt es wirklich näher, mit der Abhängigkeit eines einzelnen „protodeuteronomischen" Textes (im Gegensatz zu allen anderen protodeuteronomischen und deuteronomischen Texten) von diesen Gedichten irgendwann in früher Zeit zu rechnen, als mit dem Einfluß dieser Gedichte auf einen relativ späten Text des Deuteronomiums in dem Augenblick, wo die Gedichte in den literarischen Zusammenhang des jetzigen Buchs Deuteronomium aufgenommen wurden? Das geschah zweifellos erst spät in der Geschichte der Buchwerdung. Spricht das nicht doch dafür, daß nicht nur Dtn 8,1.11b.19–20 (so die Meinung von *García López*), sondern mehr oder weniger das ganze Kapitel 8 spät sind, selbst wenn man dann intern noch einmal verschiedene Entstehungsphasen unterscheiden möchte? Muß man aber 8,2–6 und 8,7–18* nicht weit auseinanderreißen und sind beide spät, dann könnte man sogar damit rechnen, daß Dtn 33,8 zumindest dazu angeregt hat, in Dtn 8,2.16 die Idee der Erprobung Israels durch Jahwe zu entwickeln.

destheologie im Gange ist.[134] Der Zusammenhang 8,2–6 bietet eine theologische Gesamtdeutung der Wüstenzeit Israels[135]:

> [2] Du sollst an den ganzen Weg denken, den Jahwe, dein Gott, dich während dieser vierzig Jahre in der Wüste geführt hat, um dich gefügig zu machen[136] und dich zu prüfen, um daraus zu erkennen, wie du dich entscheidest (wörtlich: was in deinem Herzen ist): ob du auf seine Gebote achtest oder nicht. [3] Durch Hunger hat er dich gefügig gemacht und hat dich dann mit dem Manna gespeist, das du nicht kanntest und das auch deine Väter nicht kannten, um dich erkennen zu lassen, daß der Mensch nicht nur von Brot lebt, sondern daß der Mensch von allem lebt, was der Mund Jahwes spricht (= von Jahwes Geboten). [4] Deine Kleider sind dir nicht in Lumpen vom Leib gefallen, und dein Fuß ist nicht geschwollen, diese vierzig Jahre lang.
> [5] Daraus sollst du die Erkenntnis gewinnen, daß Jahwe, dein Gott, dich erzieht, wie ein Vater seinen Sohn erzieht.
> [6] Deshalb sollst du auf die Gebote Jahwes, deines Gottes achten, auf seinen Wegen gehen und ihn fürchten.

Hier ist im Zusammenhang einigermaßen erkennbar, was mit der Erprobung Israels gemeint ist. Gott bringt Israel in eine Notsituation. Die Bewährung Israels in dieser Situation, die erwartet wird, besteht darin, daß es sein Leben (die Not bringt Israel also auf die Scheide von Tod und ⌐62⌐ Leben) nur davon erhofft, daß es sich an Jahwes Wort hält, d. h. an seine Gebote. Auf diese Bewährung antwortet von Gott her das Wunder der sorgenfreien Lebenkönnens trotz nichtgegebener natürlicher Bedingungen. Ziel dieser von Gott herbeigeführten Erpro-

---

[134] Vgl. Dtn 8,18 *lᵉmaʿan hāqîm ʾät bᵉrîtô ᵘšär nišbaʿ lāᵘbôtâkā* „um seinen Bund, den er deinen Vätern geschworen hatte, zu verwirklichen". Ähnlich nur noch Dtn 4,31; 7,8.12; 9,5. Sonst ist stets einfach vom Schwören Jahwes zu den Vätern die Rede, ohne daß diese verbale Formulierung noch von einem nominalen Terminus abhängig gemacht würde, der „Bund" oder ein Äquivalent meint. *García López* teilt 8,18b übrigens dem Verfasser von 8,2–6 zu.
[135] Zur stilistischen Analyse des Texts vgl. *Lohfink*, Hauptgebot (Anm. 31) 190f.
[136] *ʿnh* II *piel* ist, speziell im Deuteronomium, schwer zu übersetzen, da es auch für den Mann gegenüber der Frau beim Geschlechtsverkehr gebraucht wird. Je nach Zusammenhang sind Nuancen wie jemanden niederbeugen, erniedrigen, klein machen, schwach machen, unterwerfen, vergewaltigen usw. möglich. Der emotionale Klang, negativ, positiv, indifferent, wird offenbar vom Kontext bestimmt.

»Ich bin Jahwe, dein Arzt« (Ex 15,26) 143

bung ist eine beiderseitige Erkenntnis. Gott erkennt, wie Israel sich entscheidet gegenüber der von ihm dem Volk gegebenen Lebensordnung. Israel erkennt, daß es aus dem Wunder existiert. Dieser ganze Zusammenhang wird dann noch durch die Kategorie der Erziehung gedeutet.

Wenn man fragt, warum denn eine solche Interpretation der Wüstenzeit entwickelt werde, dann gibt 8,2–6 in sich keine Auskunft. Wohl aber das, was dann folgt. Denn hier wird nun eine der Wüstensituation entgegengesetzte Situation des natürlichen Reichtums und der Fülle angesprochen. Sie könnte die Situation der Adressaten sein. Der Wohlstand ist weder Selbstverständlichkeit noch eigene Leistung. Es bleibt Wunder Jahwes, denen gewährt, die sich ihm in der Erprobung als die gezeigt haben, die nach seinem Wort leben wollen. Im Grunde ist auch der Wohlstand im Land für Israel noch die Wunderexistenz der Wüste.

Ich bin allerdings nicht ganz sicher, ob dieses Verständnis von Dtn 8 zutrifft.[137] Es könnte ja auch sein, daß die Adressaten sich in einer Situation befinden, die eher mit der Wüste vergleichbar ist. Diese Situation würde ihnen als Situation der Erprobung durch Jahwe erklärt, in der sie sich bewähren sollen, indem sie ihr ganzes Leben vom Gehorsam zu seiner Sozialordnung abhängig machen und sich um nichts anderes kümmern. Dann wird das Wunder an ihnen geschehen, und sie müssen wissen, daß das, was sie dann erleben können – der Text von 8,7 an entwirft es als Utopie – immer nur das Wunder in der Wüste sein wird, von Jahwe, nicht von ihnen gewirkt, den sie deshalb niemals vergessen dürfen.

In einem gewisen Sinne wäre das Wort von der Erprobung dann eine Art Theodizee, die einem im Elend lebenden Israel gegeben wird, damit es an seinem Gott nicht verzweifelt und weiß, woran es sich zu halten hat. Ihr ⌐63¬ Israeliten steht jetzt in der Situation der

---

[137] Bisher habe ich es so vorgetragen, vgl. *Lohfink,* Höre, Israel (Anm. 132) 72–86. Eines der Probleme ist, daß der Wohlstand und Reichtum mit Farben geschildert wird, die dem Land Israel (Kanaan) eigentlich gar nicht zukommen. Soll man etwa vermuten, dieses Kapitel sei für eine reich gewordene Diaspora geschrieben (so *Lohfink,* Dekaloganfang, vgl. Anm. 70, Seite 104 Anm. 17)? Aber dagegen läßt sich auch wieder einiges sagen. So fragt man sich, ob nicht eine Utopie entworfen wird, in der erst durch Jahwes Wunderwirken jenes reiche Land entsteht. Es wäre für die Adressaten des Textes noch keineswegs vorhanden.

Erprobung, und was Jahwe durch sie will, ist, daß er euch mit dem Wunder beschenken kann!

Trifft diese zweite Annahme über die Stoßrichtung von Dtn 8,2–6 zu, dann ordnet es sich eindeutiger zu den nun zu behandelnden Stellen als bei der ersten Annahme. Denn bei ihnen ist die Theodizee-Absicht deutlicher erkennbar.

Dtn 13,4 ist auf jeden Fall spät.[138] Hier geht nun eine wirklich erschreckende Annahme voraus: Daß ein Prophet oder Traumseher auffordert, von Jahwe abzufallen und anderen Göttern zu dienen, und daß er das Recht seiner Aufforderung beweist, indem er ein Wunderzeichen ankündigt, das dann auch eintrifft. Wie kann so etwas noch intellektuell bewältigt werden, ohne Jahwe die Gefolgschaft aufzukündigen? Die Antwort:

> Jahwe, euer Gott, stellt euch auf die Probe, um zu erkennen, ob ihr wirklich solche seid, die Jahwe, ihren Gott, mit ihrem ganzen Herzen und mit ihrer ganzen Seele lieben.

---

[138] Eine Übersicht über die Schichtung von Dtn 13, die so etwas wie die communis opinio der augenblicklichen Forschung aufzeigen will, findet sich bei *M. Rose,* Der Ausschließlichkeitsanspruch Jahwes. Deuteronomische Schultheologie und die Volksfrömmigkeit in der späten Königszeit (BWANT 106) Stuttgart 1975, 45f. Die ausführlichste Analyse und beste Begründung für Spätansatz vieler Elemente hat *R. Merendino,* Das deuteronomische Gesetz. Eine literarkritische, gattungs- und überlieferungsgeschichtliche Untersuchung zu Dt 12–26 (BBB 31) Bonn 1969, 62–76. Ein vordeuteronomischer Grundbestand scheint mir gesichert. Ob man dann aber zwischen einer deuteronomischen und einer deuteronomistischen Schicht unterscheiden muß, scheint mir nicht so ganz klar zu sein. Da Merendinos Beobachtungen eher in späte Zeit verweisen, ist vielleicht alles, was nicht vordeuteronomisch ist, deuteronomistisch. Der Hauptgrund, um 13,4b.5 nochmals von der umgebenden Überarbeitung des alten Gesetzes abzuheben, ist z. B. die pluralische Anrede, die in 4b anhebt. Aber 6 beginnt auch noch mit pluralischer Anrede. Man pflegt hier dem Samaritanus und der Septuaginta zu folgen. Aber mit ihrem Numeruswechsel an der Satzgrenze haben diese den textus facilior. Also ist der masoretische Text vorzuziehen. Wenn aber 13,6 mitten im Vers vom Plural zum Singular umspringen konnte, also beide Numeri der Anrede Israels kannte, ist die Pluralanrede in 4b.5 kein Grund mehr, hier eine spätere Hand anzunehmen. Vielleicht sind die Gesetze von Dtn 13 im deuteronomischen Korpus also recht spät. Spricht man der Tatsache, daß die Herausführung aus Ägypten im Deuteronomium nur in 8,14 und 13,6.11 (die Angaben bei *García López,* Analyse littéraire, vgl. Anm. 133, S. 41, sind unvollständig) partizipial ausgesagt wird, schichtenspezifischen Wert zu, dann müßte man die Hauptschicht von Dtn 13 und Dtn 8 zusammensehen. Dann spräche der Bezug von 13,4b zu Dtn 8 noch mehr dafür, 13,4b.5 und 6 nicht zwei verschiedenen Schichten zuzuteilen.

64   Solche Probleme werden nicht aufgeworfen, wenn nicht entsprechende Erfahrungen dahinterstehen. Vor allem aus dem Buch Jeremia sind uns Situationen bekannt, wo Prophet gegen Prophet stand, oder wo der Dienst anderer Gottheiten in öffentlicher Diskussionsrede damit begründet wurde, daß „wir damals Brot genug hatten; es ging uns gut, und wir litten keine Not. Seit wir aber aufgehört haben, der Himmelskönigin Rauchopfer und Trankopfer darzubringen (und statt dessen nur Jahwe verehren), fehlt es uns an allem, und wir kommen durch Schwert und Hunger um" (Jer 44,17f). Die Deutung solcher Situationen als Erprobung durch Jahwe ist Theodizee zugunsten Jahwes.

Der einleitende Vorblick auf die Richterzeit in Ri 2,11–16.8–19, der deuteronomistisch ist, wurde, wohl in spätexilischer Zeit, von einem Überarbeiter und Neuinterpreten des deuteronomistischen Geschichtswerks, von seinem Entdecker *R. Smend* „DtrN" (nomistischer Deuteronomist) genannt, erweitert und ergänzt.[139] Er fügte 2,17.20f.23; 3,5f hinzu. Im deuteronomistischen Geschichtswerk war die Landnahme Israels ursprünglich als unter Josua beendet betrachtet worden. Diese Interpretamente verschieben die Perspektive. Nach ihnen beschließt Jahwe, wie die Israeliten in der Richterzeit wieder von ihm abfallen: „Weil dieses Volk meinen Bund übertreten hat, auf den ich ihre Väter verpflichtet habe (= 1. Gebot des Dekalogs), und weil es nicht auf meine Stimme hört, werde auch ich nicht damit fortfahren, eines aus diesen Völkern bei ihrem Ansturm zu vernichten, die Josua noch übriggelassen hat, als er starb" (2,20f). Das dürfte unmittelbar im Blick auf das Israel im babylonischen Exil geschrieben sein. Im Grunde war Israel nie voll in sein Land eingezogen. Wenn es nun in der Deportation lebte, war das eigentlich immer noch die unvollendete Landnahmesituation, wenn auch in neuer Verschärfung. Immer noch ließ Jahwe andere Völker in Israels Land wohnen, weil Israel sich nicht an Jahwe hielt.[140] Sinn einer solchen   65   Aussage

---

[139] «*R. Smend*, Das Gesetz und die Völker. Ein Beitrag zur deuteronomistischen Redaktionsgeschichte, in: *H. W. Wolff*, Probleme biblischer Theologie. Gerhard von Rad zum 70. Geburtstag, München 1971, 494–509 (504–506). Grundlegende Schichtenanalyse dieses Bereichs von Ri 2f: *W. Richter*, Die Bearbeitung des „Retterbuches" in der deuteronomischen Epoche (BBB 21) Bonn 1964, 28–40.

[140] Eine so ungeheure Umdeutung der ganzen Geschichte des frühen und des staatlichen Israel ist bei DtrN nicht zum erstenmal gedacht. Im ezechielischen Grundtext von Ez 20 (nach *Zimmerli*, BK: Ez 20,2–26.30f) geschieht genau

kann nur sein, die Deportierten sollten endlich beginnen, sich an Jahwes Gesetze zu halten, dann werde Jahwe ihnen auch endlich das ihnen schon so lange zustehende Land geben. Dies ist an anderen Stellen, die dem nomistischen Deuteronomisten zuzuteilen sind, ausdrücklich ausgesprochen, selbstverständlich immer in die historische Situation des Anfangs zurücktransponiert.[141]

Eine so radikal negative Sicht einer vielhundertjährigen Geschichte Israels mit seinem Gott mußte zur Ratlosigkeit gegenüber diesem Gott führen. So ist es verständlich, daß auch an dieser Schlüsselstelle am Anfang der Darstellung der Richterzeit nochmals eine kommentierende Hand (wenn nicht sogar deren mehrere) den Text erweiterte und eine intellektuelle Verdeutlichung versuchte. Sie geschah wieder durch den Begriff der Erprobung Israels durch Jahwe: Jahwe werde nicht fortfahren, die übriggebliebenen Völker zu vernichten,

> um durch sie Israel auf die Probe zu stellen, (um zu erkennen,) ob sie auf Jahwes Weg achten, indem sie darauf[142] gehen, so wie ihre Väter es getan hatten, oder nicht (Ri 2,22).

Es folgt Vers 23, der vom nomistischen Deuteronomisten stammt. Dann wird das Thema wiederaufgenommen. Eine Liste der nicht vernichteten Völker wird angekündigt:

---

dasselbe, eher noch härter. Schon der Landnahmegeneration, als sie noch in der Wüste war, hatte Jahwe wegen ihres Ungehorsams gegenüber seinen Gesetzen geschworen, er werde sie „unter die Völker zerstreuen und in die Länder versprengen" (20,23). Die sieben dazwischenliegenden Jahrhunderte sind einfach ausgestrichen. Vielleicht sind sie in dem erschreckenden Satz charakterisiert: „Ich habe ihnen Gesetze gegeben, die nichts Gutes brachten, und Rechtsentscheidungen, aus denen ihnen kein Leben entsprang; ich habe sie unrein werden lassen durch ihre Opfergaben, wenn sie nämlich alle Erstgeburt durchs Feuer führten – weil ich sie ins Entsetzen führen wollte" (20,25f).

[141] Vgl. *Smend,* Gesetz (Anm. 65), zu Dtn 6,17–19; 11,8.22–25.

[142] Die Übersetzung ist ungenau. Während das Bezugswort (Weg) singularisch ist, wird hier pluralisch rückbezogen (auf ihnen). Die Manuskripttradition und die alten Übersetzungen haben auf verschiedene Weise harmonisiert, die Masoreten haben eine Liste zusammengestellt, um die Härte nicht verlorengehen zu lassen (*Weil,* vgl. Anm. 68, Nr. 1404), man muß sicher beim masoretischen Text bleiben. Ob ein Zwischenglied, das Jahwes Weg pluralisch explizierte (etwa durch ein Wort für Gesetze), sehr früh ausgefallen ist? Eher möchte man mit so etwas wie abgekürzter, dabei literarisch uninteressierter Notation rechnen, denn in 3,1 finden sich dann noch härtere Phänomene der gleichen Art. Wir sind hier schon fast in einem Bereich unbeholfener Spätglossierung.

Das sind die Völker, die Jahwe beließ, um durch sie Israel auf die Probe zu stellen (Ri 3,1a).[143]

[66] Nach den angekündigten Angaben über die nicht vernichteten Völker wird der ganze Zusatz nochmals mit dem Hauptthema abgeschlossen: Die übriggelassenen Völker

waren dazu da, um durch sie Israel auf die Probe zu stellen, damit er (= Jahwe) erkannte, ob sie (= die Israeliten) auf die Gebote Jahwes hören wollten, die er ihren Vätern durch Mose geboten hatte (Ri 3,4).

Dann läuft der ältere Text des nomistischen Deuteronomisten weiter. Wieder spricht in dem ganzen Zusatz eine Theodizee der Erprobung.

Die bisher besprochenen deuteronomistischen Belege der Idee der Erprobung Israels durch Jahwe stehen in anderen literarischen Werken als Ex 15,25.[144] Der letzte noch zu besprechende Beleg, Ex

---

[143] Was dann in 1b.2 folgt, sind Explikationen zu 1a, die möglicherweise nochmals von einer anderen Hand stammen, auf jeden Fall sprachlich sehr schwierig zu entziffern sind. Zu den syntaktischen Verhältnissen vergleiche man am besten C. F. Keil (BC) z. St. Vgl. auch die vorige Anmerkung. Inhaltlich ist hier eine Tendenz am Werk, die Verbindung des Erprobungsgedankens mit dem Gesetzesgehorsam wieder aufzulösen. Gerade das spricht für nochmals spätere Weiterglossierung.

[144] Ich sehe keine Möglichkeit, alle Texte der hier behandelten Serie etwa einer Art Großredaktion zuzuschreiben, die sich durch Pentateuch und Geschichtswerke zusammen ziehen würde. Die Exodusbelege, die Deuteronomiumsbelege und die Richterbelege sind jeweils eine Größe für sich, innerhalb verschiedener Werke. Das schließt nicht Bezüge aus, die aber subtiler sind als Zugehörigkeit zur gleichen „Schicht" oder Abhängigkeit. Um an positiven Bezügen nichts unerwähnt zu lassen, sei noch am Rande auf einiges aufmerksam gemacht: Dtn 8 ist mit den Exodusbelegen besonders stark durch die Identität der Thematik verbunden: Wüstennot. In Dtn 13 findet sich am Ende (in 13,19) jene Passage, von der wir sagten, daß sie noch am ehesten als Vorbild von Ex 15,26a in Frage käme. Die Richterbelege folgen nicht sehr weit auf Jos 24,25, woher Ex 15,25b vielleicht doch die Anregung für seine Formulierung „Gesetz und Rechtsentscheidung auferlegen" genommen haben könnte. Schmid, Jahwist (Anm. 58) 64–69, sieht zwischen der Maraerzählung in Ex 15, der Wasserspendeerzählung in Ex 17 und Ri 2f folgende Gemeinsamkeiten: 1. alle lassen das „Richterschema" erkennen; 2. in allen tritt als Interpretament die „Prüfung" hinzu (wobei er vernachlässigt, daß in Ex 17,7 nicht Jahwe die Israeliten „prüft", sondern die Israeliten Jahwe auf die Probe stellen). Sein Ziel ist, die alten Erzählungsbestände in Ex 15 und 17 wenn möglich fast „deuteronomisch-

16,4b, findet sich nur einige Verse entfernt im Nachbarkapitel. Dieses ist in der Hauptsache [67] priesterschriftlich.¹⁴⁵ Doch wird – bei starker Divergenz im einzelnen – von den meisten Autoren auch eine zumindest noch fragmentarisch überlieferte alte Manna-Erzählung herausanalysiert. Man teilt sie meist dem jahwistischen Geschichtswerk zu.¹⁴⁶ 16,4b findet sich mitten im jahwistischen Text, ist aber ein Zusatz¹⁴⁷ und eher nach der Pentateuch-Hauptredaktion als im vorpriesterschriftlichen Pentateuch anzusetzen.¹⁴⁸ [68] Zusammen

---

deuteronomistisch" werden zu lassen. Die Argumentation enthält mehrere Kurzschlüsse. Aber man kann festhalten, daß zwischen den älteren Texten, an die die Erweiterungen mit dem Motiv der Erprobung Israels durch Jahwe angehängt sind, gewisse lockere Analogien (wenn auch nicht gerade das „Richterschema") bestehen.

[145] Innerhalb des priesterlichen Bestands findet sich neben dem Text der priesterlichen Geschichtserzählung noch einiges an späterer Erweiterung, aber priesterschriftlicher Art. Die Erzählung stand in der priesterlichen Geschichtserzählung nicht, wie manchmal angenommen wird, ursprünglich hinter den Sinaiereignissen. Es ist eine Erzählung von einer ersten Theophanie, parallel zu der am Sinai. Jahwe offenbart hier den Sabbat. Vgl. *Lohfink*, Priesterschrift (Anm. 52) 206 Anm. 40. Die Abfolge der Reden ist ebenfalls nicht nachträglich geändert. Hier liegt ein priesterschriftliches Ablaufschema vor: vgl. *Childs*, Exodus (Anm. 5) 279f.

[146] Zu den verschiedenen Typen der literarkritischen Theorien und ihren Hauptvertretern vgl. *Childs*, Exodus (Anm. 5) 274–280. Ich rechne zum nichtpriesterschriftlichen Text 16,4f.27–31 und vielleicht noch Teile der Verse 13–15 und 21.

[147] Von innerpriesterschriftlichen Erweiterungen abgesehen betrachtet man in Ex 16 gewöhnlich 4b und 28 als Zusätze. Beide befinden sich in nichtpriesterschriftlichem Kontext. Beide werden gewöhnlich einem „deuteronomistischen" Redaktor zugeschrieben. Der Versuch von *Childs* (286), 4b als ursprünglichen Text zu erweisen, überzeugt mich nicht. *Baentsch* (HkAT) z. St. nimmt für 16,28 die gleiche „Geistesrichtung" an wie für 15,25b.

[148] Die Terminologie in 4b (*hlk bᵉtôrat JHWH* „wandeln nach der Belehrung Jahwes") ist eher spät und nachdeuteronomistisch verbreitet (Belege: 2 Kön 10,31; Jer 26,4; 32,23; 44,10.23; Ps 78,10; 119,1; Neh 10,30; 2 Chr 6,16 – am ältesten ist wohl Ps 78,10, doch Neh 10,30 zeigt, wann der Ausdruck offizielle Terminologie war). Man wird die Zusätze in 4b und 28 als einander zugeordnet betrachten müssen. Über das Kapitel verteilt scheinen sie einen Hinweis auf Ps 78,10b zu sein. Dort wird Ps 78,10–41, eine theologische Deutung der Wüstenzeit Israels, vorblickend auf den Begriff gebracht. In dieser Deutung nimmt die vereinigte Manna-Wachtel-Geschichte in 17–31 die zentrale Stellung ein, wobei vor allem die Ereignisse von Num 11 entwickelt werden. 10b *ûbᵉtôrâtô mēʾnû lāläkät* „und nach seiner Belehrung weigerten sie sich zu wandeln" wird in den Zusätzen in Ex 16 aufgespalten benutzt: *hlk bᵉtôrat JHWH* in 16,4b, *mʾn* in 16,28. *mʾn* piel „sich weigern" ist ein undeuteronomistisches Wort. Auf Gehorsam vor Jahwe bezogen steht es konzentriert in zwei

»Ich bin Jahwe, dein Arzt« (Ex 15,26)

mit einem anderen Zusatz in 16,28 interpretiert 16,4b die Gabe von Manna und Wachteln als eine Erprobung Israels durch Jahwe, bei der Israel sich Jahwes Vorwurf verdiente. Jahwe kündet an, er werde Brot vom Himmel regnen lassen, und er ordnet an, das Volk solle täglich seinen Tagesbedarf sammeln,

> damit ich es auf die Probe stellen kann, ob es nach meiner Belehrung wandelt oder nicht (Ex 16,4b).

Obwohl am sechsten Tag der doppelte Tagesbedarf an Manna gefunden wird, gehen auch am siebten Tag einige aus dem Volk hinaus, um Manna zu sammeln. Sie finden nichts, und an sie ergeht der göttliche Vorwurf:

> Wie lange noch wollt ihr euch weigern, auf meine Gebote und Belehrungen zu achten? (Ex 16,28)

Bereichen: in der jahwistischen Plagenerzählung (der Pharao „weigert" sich) und in (überwiegend authentischen) Texten von Jeremia. Seine Ergänzung durch *lišmōr miṣwôtaj wᵉtôrōtaj* „zu achten auf meine Gebote und meine Belehrungen" hat, wenn ich recht sehe, gar keine exakte Parallele. Am nächsten, wenn auch breiter, ist Gen 26,5b, ein Text von einem „sehr späten" Zusatz mit Anklängen an das chronistische Geschichtswerk: vgl. *R. Kilian*, Die vorpriesterlichen Abrahamsüberlieferungen literarkritisch und traditionsgeschichtlich untersucht (BBB 24) Bonn 1966, 201–206 und 317–320. Im ganzen wird durch das Zusatzsystem Ex 16,4b.28 über den (offenbar als bekannt vorausgesetzten) Ps 78 ein Querverweis auf Num 11 hergestellt. Der Leser wird aufgefordert, Ex 16 als Vorspiel zu Num 11 zu verstehen. Das war sicher leichter möglich, wenn zur Zeit der Anbringung dieses Verweissystems im Text schon die Motive des Ungehorsams gegenüber Moses Anordnungen standen. Sie gehören aber zum priesterschriftlichen Textbestand. Da die beiden Zusätze jedoch in jahwistischem Zusammenhang angebracht sind, läßt es sich auch wieder nicht definitiv ausschließen, daß sie doch schon vor der Pentateuchredaktion zum Text der alten Quellen gehörten. Wenn sie spät sind, könnte man die Frage stellen, ob sie der gleichen Hand entstammen wie Ex 15,25b.26. Doch es gibt sprachliche Differenzen. 16,4b führt das Motiv typisch deuteronomistisch mit einer Infinitivkonstruktion ein, 15,25b juxtaponierend, was eher priesterschriftlicher Stil ist. Nimmt man 16,4b und 16,28 als Einheit, dann lassen sie sich auch nicht leicht mit Dtn 8,2–6 auf einen Nenner bringen. Denn dort läuft die Erprobung Israels auf das Wunder hinaus, hier geschieht das Wunder zwar auch, aber Israel bewährt sich nicht, und durch die Hinlenkung des Blicks auf Num 11 steht am Ende die Bestrafung. Daher wird es auch schwer sein, eine Abhängigkeit zwischen den Erprobungsaussagen in Ex 16 und Dtn 8 oder gar deren Richtung nachzuweisen.

Der kritische Punkt, an dem hier das Theologumenon von der Erprobung Israels hängt, ist die Begrenzung der Vorsorgemöglichkeit auf das, was gerade für einen Tag reicht, und im Zusammenhang damit auch noch der Verzicht auf vorsorgende Arbeit am siebten Tag. Rechnen wir mit einem gesellschaftlichen Notstand, der die Einfügung einer solchen Interpretation ausgelöst hat, dann könnte dies zum Beispiel allgemeine Armut im Juda der Heimkehrer gewesen sein, das Gegenteil dessen, was man sich nach der Heimkehr aufgrund von Prophetenworten wie denen des Deuterojesaja [69] als große Lebenssteigerung erwartet hatte. Nie reichte die Sicherung des Lebensunterhalts weit über den Tag, an dem man gerade lebte, hinaus, und in eine solche Situation ragte noch die Forderung nach Arbeitsruhe am Sabbat hinein. Was war das für ein Gott, der sein Volk in einer solchen Lage leben ließ? Die Theodizee der Erprobung kehrt die Frage gegen die Fragenden zurück. Erleben sie nicht das Wunder, daß sie dennoch täglich genügend zum Leben haben? Begreifen sie das nicht als Erprobung, die gerade ihre Treue zu Jahwes Lebensordnung, vor allem zu deren zentralem Sabbatgebot, aus ihnen herauslocken will? Muß Gott nicht ihnen jetzt den Vorwurf machen, daß sie sich weigern, auf die Gabe seines Gesetzes einzugehen?

Alle diese Texte[149] bilden mit Ex 15,25f zusammen ein lockeres Gefüge. Es lassen sich keine sauberen Stammbäume der Abhängigkeit entwerfen, und doch kommen sie alle offenbar ungefähr aus dem gleichen Zeitraum und einer vergleichbaren Problematik der Leser, zu deren Nutzen Texte ergänzt oder erweitert wurden. Immer scheint Jahwe nicht so zu handeln, wie man von ihm erwarten zu können glaubt. Immer müssen er und sein Handeln denen, die darunter seufzen, begreifbar gemacht werden. Dem dient die Kategorie der „Erprobung", jedem vertraut aus der Weise, wie Väter ihre Söhne in Israel zu erziehen pflegen: Sie geben ihnen die Möglichkeit, sich an harten Widerständen zu bewähren, indem sie sich an die vorher gegebene Weisung des Vaters halten, und sie lassen dann die Bewährung in je größere väterliche Zuwendung einmünden (vgl. Dtn 8,2–6.16).

---

[149] Auch 2 Chr 32,31 dürfte ungefähr noch in den gleichen Zeitraum gehören. Die hier mit Hilfe des Erprobungsmotivs gelöste Problematik scheint eher intellektueller Art gewesen zu sein: die Schwierigkeit, die die Geschichte Hiskijas in den Königsbüchern dem Chronisten bot, der überall die gerechte Leitung der Geschichte durch Jahwe aufzeigen wollte. Für Näheres vgl. *Rudolph* (HAT).

Durch den Zusatz in Ex 15,25b.26 ist auch die Erzählung von der Heilung des bitteren Wassers in Mara auf so etwas hin durchsichtig gemacht. Hier ist der besondere Aspekt die Krankheit und die Gesundheit. In der Vision Ezechiels von der Quelle, die im Tempel entsprang, war das bittere Wasser des Toten Meeres gesund geworden (Ez 47,8f), es wimmelte von Fischen darin, und die ganze Wüste Juda verwandelte sich in einen Fruchtgarten. Nun lebte man wieder, aus Babel zurückgekehrt, im Land um den neuaufgebauten Tempel herum – aber das Wasser des Meeres unten in der Senke blieb salzig, und Seuchen zogen durchs Land, die Kinder starben wie eh und je dahin, und wenige Menschen nur erreichten ein hohes Alter.[150] Die Frage richtete sich an Jahwe. Unser Textergänzer antwortete mit der Theodizee der Erprobung. Feierlich erneuerte er die Lehre vom Zusammenhang zwischen der Treue zu der besonderen, Israel von seinem Gott gegebenen Gesellschaftsordnung und dem Durchbruch des Wunders der allgemeinen Gesundheit. Und wenn das Wunder noch nicht durchgebrochen war, dann befand sich Israel doch kurz davor, sein Gott war gerade dabei, es auf die Probe zu stellen.

Ist diese tastende Auslegung der Absichten hinter Ex 15,25b.26 zutreffend, dann ist es zugleich relevant, daß diese Texterweiterung ausgerechnet bei der allerersten Wüstenerzählung angebracht wurde, am Anfang aller vielen Kapitel, in denen Israel durch die Wüste zieht.

6. SCHLUSSERWÄGUNG

Der Ort dieser Texterweiterung ist schon immer aufgefallen. Die übliche Erklärung setzt voraus, daß eigentlich erst am Sinai das Gesetz verkündet wurde, und rechnet dann mit so etwas wie heiliger Ungeduld eines Glossators, der diesen Zeitpunkt gewissermaßen nicht abwarten konnte und deshalb den Geschichtsverlauf ein wenig korrigierte. *A. Jülicher* schrieb 1882: „Gesetz und Recht sind so unentbehrlich, daß ihre Verkündigung nicht bis zum Sinai aufgehoben werden durfte, Israel war ihrer von Anfang seiner Existenz als freies Gottesvolk benöthigt"[151].

---

[150] Vgl. ungefähr aus der gleichen Periode Sach 8,4–6, wo ein Prophet einmal nicht im Bild, sondern in direkter Beschreibung von der Heilszeit spricht, wie er sie sich vorstellt.
[151] *Jülicher*, Quellen (Anm. 60) 275.

Nun: Es dürfte deutlich geworden sein, daß es hier keineswegs nur um das „Gesetz" – besser gesagt, denn dann klingt es positiv: um Israel als Kontrastgesellschaft Gottes gegenüber den Völkern der Welt – geht, obwohl das schon sehr viel wäre. Es geht dazu um den Segen, der im Raum dieser Gesellschaft für die Menschen entspringen kann, zusammengefaßt in der Freiheit von allen Krankheiten – auch dies in Kontrast zu dem, was den Völkern der Welt möglich ist. Und es geht um die Bewältigung einer Situation, in der dies alles ausbleibt und so die Frage entsteht, was das denn für ein Gott sei, der so etwas Wunderbares gibt und dann doch nicht gibt.

Ferner geht es hier nicht um eine historische Frage – wann also Israel sein „Gesetz" bekommen habe. In dieser späten Phase der Pentateuchgeschichte sind dessen Texte als Lektionar für die Versammlung bestimmt. Jede einzelne Perikope steht immer für das Ganze und bringt das Ganze [71] zur Sprache. Das Ganze aber ist der Entwurf von Israels Lebensordnung, ist Pentateuch als „Tora". Da kann jede Perikope, auch vor den Ereignissen am Sinai, wenn nötig, auf das Ganze hin durchsichtig gemacht werden. Es ist ja auch gar nicht so, als sei in dieser späten Kommentierungsarbeit das „Gesetz" nur bis Mara vorgezogen worden. Vergleichbare Glossen finden sich schon in der Abrahamsgeschichte, und die Priesterschrift bringt ihre ersten Gesetze schon nach der Sintflut ein, dann bei Abraham und beim Auszug aus Ägypten. Sobald die Geschichte der Menschheit sich auch nur irgendwie auf Israel, das eigentliche Werk Gottes, hinzuordnen beginnt, beginnt auch der erste Anfang des Kontrastverhaltens, beginnt die Möglichkeit, von neuer Gesellschaft, vom „Gesetz" Jahwes zu reden.

Nicht also, daß schon hier am Anfang der Wüstenwanderung vom Gesetz und von Gesetzgebung die Rede ist, erscheint bedenkenswert. Wohl aber, daß gerade hier am Anfang dieses Thema, und zwar in dieser Aussagenkonstellation angebracht wurde.

Es hat sich schon gezeigt, daß hier gewissermaßen ein Gegensatz aufgebaut wird. Jetzt ist die Erzählung von den Ereignissen in Ägypten vorüber. Es war eine Erzählung von einer heillosen Gesellschaft, wo Menschen versklavt und ausgebeutet wurden, wo die Verantwortlichen nicht auf die Stimme Jahwes hörten und wo deshalb Plage über Plage ausbrach – von einer Gesellschaft, die schließlich in Krankheit und Tod versinken mußte. Nun beginnt – deshalb die Anfangsposition der Aussage –, was über die richtige Gesellschaft zu erzählen ist, jene Gesellschaft, in der man auf Jahwes Stimme hört und in der infolgedessen keine Krankheiten ausbrechen, wo vielmehr das wahr wird, was die Propheten angekündigt haben als das Heil, das Jahwe in Israel schaffen will: Israel als gesundes und lebendiges Volk.

Ich glaube, daß der in den eigentlichen vorpentateuchischen Traditionen ungewohnte, wohl aber in die Erfahrungswelt der Familienfrömmigkeit und in die Droh- und Verheißungsreden der Propheten hineindeutende Satz, Jahwe sei Israels „Arzt", tatsächlich Gesetz und Propheten verbinden will. In kürzestmöglicher Andeutung ist hier als Frucht der Hingabe an Jahwes gesellschaftlichen Willen die von den Propheten entworfene Heilsverheißung genannt. An dieser Schlüsselstation Mara werden nicht nur Ägyptenaufenthalt und Wüstenwanderung, sondern sogar Ägyptenaufenthalt und eschatologische Erwartung verbunden und kontrastiert.

Damit hilft diese Glosse der Spätzeit zugleich dazu, daß von der Eschatologie der Propheten nichts zurückgenommen werden muß. Der Zug durch die aufblühende und sich verwandelnde Wüste, den ein Deuterojesaja [72] angekündigt hatte, hatte ja stattgefunden, als man aus Babel in mühsam zusammengestellten Heimkehrerkarawanen nach Jerusalem zog, um wieder dort zu wohnen. Doch zugleich hatte er nicht stattgefunden, denn von den Wundern der Verwandlung war nichts zu sehen gewesen. Die Wüste war Wüste geblieben und das bittere Wasser bitter. War trotzdem das Wesentliche geschehen, und war der Rest auf das Konto übertreibender poetischer Fantasie zu setzen? Unsere Glosse scheint dem zu widersprechen.

Mag ursprünglich das Ende des Pentateuch mit dem Bericht vom Tod des Mose, also von der Erzählung von der Landnahme, einfach dadurch bedingt gewesen sein, daß nachher keine Gesetze mehr kamen, vielleicht auch noch dadurch, daß die persische Ministerialbürokratie niemals einer sowieso schon eigentümlichen Provinz ein schriftlich fixiertes Sonderrecht genehmigt hätte, das auch noch in einem sechsten Teil eine Glorifizierung der eigenen militärischen Kraft enthielt – unser Glossator benutzt nun jedenfalls den Sachverhalt, daß der Entwurf der Jahwegesellschaft, in der er selbst lebt, in eine Erzählung von einer Wüstenwanderung eingebettet ist, nicht in eine Situation in dem verheißenden Land selbst, um dies gewissermaßen zum Bild der jetzt existierenden Jahwegesellschaft in Jerusalem und Juda zu machen. Man ist zwar schon in Jerusalem angekommen, wohnt um den Tempel herum und versucht, nach Jahwes Gesetz zu leben. Aber eigentlich hat der von den Propheten verheißene wunderbare Wüstenzug gerade erst begonnen. Man ist noch nicht einmal an der ersten Station angekommen. Und es sieht alles noch ganz so aus, wie in Ägypten: Ungenießbares, krankmachendes Wasser. Aber gerade da kommt es darauf an, auf Jahwes Stimme zu hören und nach seiner Gesellschaftsordnung zu leben. Es ist die Stunde der Erprobung, und sie muß als solche erkannt werden. Bewährt sich Israel in ihr, dann wird es gerettet aus dem Weltgefüge von Plagen und Krankheiten, dann zeigt sich Jahwe als sein von den Propheten gezeichneter wunderbarer Arzt. Unsere Texterweiterung wäre also so etwas wie eine Aufsprengung des statischen Pentateuch auf die unabgegoltene Dynamik der prophetischen Verheißungen hin.

Natürlich ist diese Auslegung der wenigen Sätze gewagt. Vielleicht ist sie falsch. Letztlich lassen sich keine unwiderlegbaren Sicherheiten gewinnen, wenn man mit diesen späten und kurzen Glossen zu tun hat. Aber ich glaube, daß es richtiger ist, seine Fantasie ein wenig auf die Weise, wie ich es versucht habe, spielen zu lassen, als diese Glossen einfach zu übersehen. So knapp und kompakt sie sind, sie wollen Deutungsschlüssel anbringen, die sich oft auf riesenhafte Textbestände beziehen. Sie geben [73] uns vielleicht auch mehr Auskunft über das Bewußtsein, in dem man in den Jahrhunderten des zweiten Tempels die ganze Tradition erfaßt hat, als die vielen Einzelheiten der kommentierten Texte selbst. Im konkreten Fall stellt eine solche Glosse, so nomistisch sie zunächst klingt, vielleicht auch wieder einmal die These vom „Spätjudentum", das in „Gesetzlichkeit" erstarrt gewesen sei, in Frage, oder die andere von sauber trennbaren Strömungen im Judentum des zweiten Tempels, einer theokratisch-gesetzlichen und einer prophetisch-eschatologischen. Wenn die „theokratischen" Grundtexte der Tora bei der Versammlung gelesen wurden, wurden sie vielleicht mit ganz anderen Ohren gehört, als wir annehmen möchten.

Als Jesus auftrat, war es für ihn wie für die Zeitgenossen offenbar noch selbstverständlich, daß die neue und eschatologische Gesellschaft Gottes, nun „Gottesherschaft" genannt, vor allem daran erkannt werden konnte, daß die Krankheiten sich zurückzogen und die Gesundheit wie ein Wunder in Israel ausbrach. Die Situation der „Erprobung" war nun, jedem erkennbar, vorbei. Der Herr zeigte sich als Israels Arzt.

In unserer Gesellschaft nimmt, trotz ständiger Fortschritte der Medizin, die Macht der Krankheit zu, und die Stätten, wo Kranke geheilt werden sollen, erzeugen selbst neue Krankheiten. Gerade wer ein Bewußtsein für psychosomatische Zusammenhänge entwickelt hat, weiß: Es ist die Gesellschaft, die ihr Kranksein oder Gesundsein selbst produziert. In der Unfähigkeit, trotz vieler Einzelsiege der Krankheit Herr zu werden, erweist sich eine Gesellschaft als das, was im Buch Exodus mit „Ägypten" gemeint war. Die von Jesus her in unserer Welt existierende Gegengesellschaft Gottes müßte demgegenüber als Ort der Heilung und der Gesundheit strahlen. Ist das so? Wenn nicht, dann müßte sie sich fragen, ob Gott sie wieder in die „Erprobung" hat zurückfallen lassen. Aber dürfte das geschehen? Hat Jesus, weil er das Eschaton brachte und von ihm an das Heil an keine Bedingung mehr geknüpft ist, seine Jünger nicht beten gelehrt: „Führe uns nicht in die Erprobung hinein" (Mt 6,13; Lk 11,4)?[152]

---

[152] Dies scheint die einzige neutestamentliche Stelle zu sein, die Gott als den Erprobenden kennt – vielleicht gilt das nicht einmal von ihr. Sonst „erprobt" der Teufel. Dazu vgl. *K. G. Kuhn*, Πειρασμός – ἁμαρτία – σάρξ im Neuen Testament und die damit zusammenhängenden Vorstellungen: ZThK 49 (1952) 200–222.

Die Abänderung der Theologie des priesterlichen Geschichtswerks im Segen des Heiligkeitsgesetzes

Zu Lev. 26,9.11-13

|129| Wir haben Karl Elliger für einen Leviticus-Kommentar zu danken, dessen analytische Schärfe und inhaltliche Fülle dem Benutzer schier den Atem nehmen[1]. Wer sich nach dem Erscheinen dieses Kommentars über einen Gegenstand aus dem Bereich des Buches Leviticus wissenschaftlich äußern will, wird zwar andere Thesen vertreten können – wo viele Hypothesen nötig sind, sind auch viele Thesen möglich –, aber meist wird Elliger auch diese neuen Thesen schon ins Auge gefaßt und erörtert und die Beobachtungen, mit denen sie begründet werden sollen, auch schon vermerkt, wenn auch vielleicht anders bewertet haben. Dieser Beitrag ist ein Beweis für das soeben Gesagte.

Ich möchte nämlich für einige Verse von Lev 26 eine andere literarkritische Auffassung als Elliger vertreten. Dabei läßt es sich gar nicht vermeiden, daß der Ansatz seiner Analyse übernommen wird, daß mit Beobachtungen argumentiert wird, die auch Elliger schon gemacht hat, ja daß eine These entwickelt wird, die er schon fragend vorentworfen, wenn dann auch zugunsten einer anderen verworfen hat. Möge er, bei dem ihm eigenen Wohlwollen, diese anlehnende Ablehnung oder ablehnende Anlehnung als eine Geste verstehen, die als Dank gemeint ist.

* * *

Elliger beginnt die Analyse von Lev 26,3-13 mit der Untersuchung des Textes auf Metrum, *parallelismus membrorum* und Gebrauch oder Nichtgebrauch der prosaischen *nota obiecti*. Abgesehen von den der Redaktion zugeteilten Versen 3 und 13a unterscheidet er so einen metrischen Text 26,4.5b.6a.7.9.11.12.(13b), der im wesentlichen aus Doppeldreiern besteht, mit seinen Verheißungen im Rahmen der irdischen Möglichkeiten verbleibt und einen durchgehenden Gedan-

---

[1] Leviticus, HAT I 14, 1966. Seitenangaben im Text beziehen sich hierauf.

kengang hat, und eine Serie prosaischer Sätze 130 26,5a.6b.8.10, die ins Utopische greifen, vielleicht nicht von einer einzigen Hand stammen und sekundär kommentieren. Der metrische Text war wohl ein agendarisches Stück aus der Agende des Herbstfestes. Für die Redaktion kommt Elligers Ph^1 in Frage. Ob sie vor oder nach den Zusätzen liegt, bleibt hier noch offen.

In einem zweiten Schritt zieht Elliger Paralleltexte, zu denen ein Verhältnis literarischen Zusammenhangs bestehen könnte, heran. Zunächst Ez 34,25-31. Die Ähnlichkeiten zwischen metrischer Schicht und Ez 34 sind so, daß eine gemeinsame Vorlage angenommen werden muß, von der sich Lev 26 weniger, Ez 34 mehr entfernt. Für 26,9 und 11f gibt es jedoch nur ganz schwache Bezüge zu Ezechiel. Dagegen wimmeln diese Verse von Lieblingswörtern der Priesterschrift. Hier stellt nun Elliger die für uns wichtige Frage, "ob die in Ez 34 fehlenden Sätze 11f. und schon 9 etwa die spezifische Leistung des priesterlichen Redaktors darstellen, die dann von der Vorlage abzusetzen wäre" (S. 366). Elliger stellt ein Kriterium auf, nach dem die Antwort gegeben werden muß. Ob Ph^1 zwischen V. 3 und V. 13 seine Hand im Spiel hat, "vor allem in den oben ihm frageweise zugedachten 9.11f., dürfte sich daran entscheiden, ob in der Grundschicht der Drohung die entsprechenden Sätze fehlen" (ebd.). Unter Umständen könnten die fraglichen Verse nach Elliger auch Ph^2 zugeschrieben werden, da V. 11a aus der historischen Situation der Priesterschrift herausspringen könnte, was für Ph^2 typisch ist.

Als einen dritten Schritt für unser Problem kann man einige Feststellungen ansehen, die Elliger während der Analyse von 26,14-38 macht. Im "Schwert der Bundesrache" von V. 25a erkennt er eine Parallele zum "Bund" von V. 9b, in "euren Heiligtümern" von V. 31 eine zu "meiner Wohnung" in V. 11a, im "Verabscheuen" von V. 30b eine zum "Nichtverabscheuen" von V. 11b. Aus diesen Entsprechungen folgert er, daß im Drohteil die Verse 25aαβ.30b.31 zur agendarischen Grundschicht gehören. Um den Eindruck zu vermeiden, hier geschehe ein Zirkelschluß, sei darauf hingewiesen, daß als zweites Argument die Tatsache hinzukommt, daß diese Verse wieder Doppeldreier enthalten. Da die Zugehörigkeit der Verse 9.11f zur agendarischen Grundschicht am Ende des 2. Schrittes in Frage gestellt worden war, beruht die Zuteilung der entsprechenden Verse im Drohabschnitt zur agendarischen Grundschicht dann allerdings, genau genommen, nur auf den metrischen Beobachtungen. Am Ende der Einzelanalyse ergibt sich im übrigen, daß in 26,14-45 neben der agendarischen

Grundschicht nur die Hand von Ph^2, nicht die von Ph^1 festzustellen ist. Von Ph^1 ist wieder der rahmende Vers 46.

In einem vierten Schritt greift Elliger die im zweiten Schritt offengebliebenen Fragen wieder auf. Da Ph^1 sich in 14-45 nicht betätigt hat, "wird man den Schluß ziehen dürfen, daß auch in 3-13 sein Anteil über die Rahmensätze 3 und 13 nicht hinausgeht" (S. 370). Da sich für 9b und 11 Entsprechungen in der Grundschicht der Drohungen ergeben haben und 9a und 12 aus metrischen Gründen mit ihnen zusammengesehen werden müssen, wird man auch alle diese Verse "bei der Grundschicht belassen dürfen" (ebd.). Was in 3-13, abgesehen von 3.10.13 als sekundär erkannt wurde, kann Ph^2 zugeschrieben werden.

* * *

In diesem kurzen Überblick konnten die Belege und Beobachtungen Elligers nicht alle im einzelnen genannt werden. Es ging eher darum, das logische Gerippe der Beweisführung herauszuschälen. Bei der nun vorzunehmenden wertenden Abwägung der einzelnen Beweisgründe ist an einigen Stellen genauer auf Einzelheiten einzugehen.

Hat man vom zweiten Beweisschritt her schon die Frage, ob nicht die Verse 9 und 11f vielleicht von der agendarischen Grundschicht zu trennen seien, dann wird man im ersten Beweisschritt unter Umständen den metrischen Befund vorsichtiger werten. In V. 9a zeigt sich das Schema 2 + 2 + 2, und nicht das Schema 3 + 3. Das Schema 2 + 2 + 2 wird dabei durch andere stilistische Mittel stark akzentuiert. So wird man kaum bei dem Urteil bleiben können: "V 9a ist als Sechser unter den Doppeldreiern tragbar" [131] (S. 365). V. 12a, der mit V. 11b einen Doppeldreier bilden müßte, dürfte nicht ein Dreier, sondern ein "Zweier" sein. So scheint schon metrisch in den Versen 9.11f ein Unterschied zu den recht sauber durchgeführten Doppeldreiern der agendarischen Grundschicht vorzuliegen. Natürlich folgt daraus nicht sofort, daß die Verse 9.11f zu den prosaischen Zusätzen zu schieben sind. Sie könnten auch eine eigene Bearbeitungsschicht darstellen.

Im zweiten Beweisschritt gibt Elliger die vielen priesterschriftlichen Belege für eine Reihe von Wörtern aus den Versen 9 und 11 an. Das wortstatistische Vorgehen läßt vermuten, daß er nur an die Möglichkeit gemeinsamen Sprachstils, nicht an sachlich-textlichen Zusammenhang mit bestimmten Texten denkt. Doch spricht einiges für diese weitergehende Folgerung. In Lev 26,9.11-13 finden sich ganz bestimmte Aussagen des priesterlichen Geschichtswerks (P^g)[2]. Sie erscheinen in der Formulierung, die sie in P^g haben. Und zwar handelt es sich bei P^g um die zentralsten theologischen Aussagen, die überhaupt über Jahwes Verhältnis zu Israel gemacht werden. Sie stehen dort vor allem in drei Schlüsseltexten: in Gen 17 (Abrahamsbund), Ex 6 (Ankündigung des rettenden Eingreifens Jahwes in Ägypten) und Ex 29 (Schluß der Sinaioffenbarung Jahwes an Mose).

Im entscheidenden Stück des Abrahamskapitels Gen 17, nämlich in den Versen 4-8, wird einleitend die Hauptaussage gemacht: *hinnē b^erîtî 'ittak* (4a). Dann erhält Abram den neuen Namen Abraham, weil er Stammvater einer Menge von Völkern werden soll (4b.5). Anschließend folgt eine ausdrückliche Fruchtbarkeitsverheißung, beginnend mit: *w^ehipretî 'ot^{e}kā* (6). Das bei P^g stereotyp mit diesem Ausdruck verbundene *rbh*[3] stand schon in der Ankündigung der Bundschließung in V. 2. Nach der Fruchtbarkeitsverheißung wird das Thema "Bund" wieder aufgegriffen. Es ist ein "ewiger Bund". Hier fallen die Worte: *wăh^{a}qimotî 'æt-b^{e}rîtî* (7a). Als Inhalt oder Ziel des ewigen Bundes wird angegeben: *lihjôt l^{e}kā le'lohîm ûl^{e}zăr^{a}kā 'āh^{a}rêkā* (7b). Schließlich folgt die Zusage Jahwes, Abraham und seinen Nachkommen das Land Kanaan zu schenken (8a), und abschließend die Ankündigung des dann gegebenen Eintretens des Bundesinhalts oder -ziels: *w^ehajîtî lahæm le'lohîm* (8b). V. 9αβγ in Lev 26 entspricht also der Aussage von V. 6 (+ V. 2) in Gen 17, V. 9b der von V. 7a, V. 12αβ der von V. 7b (= 8b). Die Aussagen in Gen 17,4-8, die in Lev 26,9.11-13 keine Parallelen haben, sind in einem Text, der die Landnahme als geschehen voraussetzt, nicht mehr sinnvoll: der Bundesschluß mit Abraham selbst, seine Umnennung, die Schenkung des Landes Kanaan an seine Nachkommen. Der Segen des Heiligkeitsgesetzes enthält also alle in seinem Zusammenhang relevanten Aussagen des entscheidenden theologischen Textes von P^g über Abraham, den Stammvater, und zwar in der gleichen Folge und mit den gleichen Ausdrücken.

---

[2] Die im folgenden vorausgesetzte Abgrenzung von P^g stammt aus K. Elliger, Sinn und Ursprung der priesterlichen Geschichtserzählung, ZThK 49, 1952, S. 121f = Kleine Schriften zum AT, ThB 32, 1966, S. 174f.

[3] Vgl. Gen 1,22.28; 9,1.7; 17,20; 28,3; 35,11; 47,27; 48,3; Ex 1,7. An sich handelt es sich um eine Dreiergruppe, an deren Anfang noch die Basis *brk* steht. In Gen 17 ist die Dreiergruppe für Abraham im Zuge einer sehr kunstvollen Strukturierung des Kapitels auf drei Gottesworte verteilt worden und tritt in umgekehrter Reihenfolge auf: *rbh* in V. 2, *prh* in V. 6 und *brk* in V. 16.

Der Segen des Heiligkeitsgesetzes 161

Ähnliches gilt von Ex 6. Die Entsprechungen sind:

(Ex) 4aα h^{a}qimotî 'æt-b^{e}rîtî   (Lev) 9b   wăh^{a}qîmotî 'æt b^{e}rîtî
         'ittam (vgl. 5b)   'itt^{e}kæm
    7aα w^{e}laqăhtî 'ætkæm lî   12aβ   w^{e}hajîtî lakæm
         l$^{e'}$am   le'lohîm
      β w^{e}hajîtî lakæm   b   w$^{e'}$ăttæm tihjû-lî
         le'lohîm   l$^{e'}$am
    132 b wîdă'tæm kî   13a
         ^{u}nî jhwh '^{e}lohêkæm ^{u}nî jhwh '^{e}lohêkæm
         hămmôşî' ^{u}šær hôşe'tî
         'ætkæm   'ætkæm
         mittăhăt siblôt mişrajim   me'æræş mişrăjim
         (vgl. 6a)   mihjot lahæm ^{u}badîm

Die Jahwerede Ex 6,2bβ-8 ist hinter der Selbstvorstellung Jahwes in formaler Anlehnung an die Form prophetischer Gerichtsankündigung gestaltet.[4] Die Entsprechungen in Lev 26 betreffen praktisch alle Aussagen, die nicht nur in der konkreten Situation von Ex 6, sondern auch im Zusammenhang von Lev 26 sinnvoll sind. Die Reihenfolge stimmt überein, wenn man von der Umkehrung innerhalb der "Bundesformel" absieht. Diese Umkehrung dürfte vom jeweiligen Kontext her bedingt sein. Daß die Parallelen in Lev 26 in der Reihenfolge sowohl mit Gen 17 als auch mit Ex 6 zusammenstimmen, hängt natürlich damit zusammen, daß innerhalb von P^g Gen 17 und Ex 6 aufeinander abgestimmt sind.

Ein in P^g diese beiden Schlüsseltexte ergänzender und interpretierender Text ist das Schlußstück der Gottesoffenbarung auf dem Sinai: Ex 29,43-46.[5] Am Anfang der Gottesoffenbarung, in Ex 25,8f, war

---

[4] Ich verweise dafür auf einen demnächst in Bibl erscheinenden Aufsatz von Manuel Oliva zu Ex 6. M. Oliva, Revelación del nombre de Yahweh en la "Historia sacerdotal": Ex 6,2-8, Bibl 52, 1971, 1-19.

[5] Die weiteren Teile der Jahwerede (Ex 30,1-31,17) sind P^g. Ich halte trotz inzwischen geäußerter Zweifel bezüglich Elligers Zuteilung von Ex 29,42b-46 an seiner Meinung von 1952 fest. Denn 1. würde die Abraham gegebene und in Ex 6,7 erneuerte Zusage, Jahwe solle Israels Gott werden, sonst nirgends in P^g konkretisiert (die Zusage, Israel solle als Jahwes 'am "angenommen" werden, dürfte dagegen durch den Auszug aus Ägypten selbst verwirklicht sein). 2. fehlte sonst eine inklusionshafte Entsprechung zu Ex 25,8f. 3. fehlte sonst in P^g eine

der in der Gottesoffenbarung leitende Name des Heiligtums *(miškan)* erklärend eingeführt worden: "Sie sollen mir ein Heiligtum anfertigen, und ich will in ihrer Mitte wohnen *(w^{e}šakăntî b^{e}tôkam)*. Genau wie ich es dir zeigen werde, nach dem Modell der Wohnung *(hammiškan)* und dem Modell aller Geräte in ihr, so sollt ihr es anfertigen." Am Ende der Gottesoffenbarung wird die Erklärung des Namens *miškan* wiederholt und zugleich als die Realisierung der schon in Gen 17 und Ex 6 gegebenen Zusage verdeutlicht, Jahwe wolle Israels Gott werden: "(45) Ich will in der Mitte der Israeliten wohnen *(w^{e}šakăntî b^{e}tôk b^{e}nê jiśra'el)* und will ihnen Gott sein *(w^{e}hajîtî lahæm le'lohîm)*. Sie sollen erkennen, daß ich Jahwe, ihr Gott, bin *(^{u}nî jhwh ^{æ}lohêhæm)*, der sie aus dem Land Ägypten geführt hat *(^{u}šær hôṣe'tî 'otam me'æræṣ miṣrăjim)*, um in ihrer Mitte zu wohnen, ich, Jahwe, ihr Gott." Wieder gibt es genau in der richtigen Reihenfolge eine Entsprechung in Lev 26,9.11-13: "(11a) Ich werde meine Wohnung in euer Mitte belassen ...(12aβ)[6] und ich werde euch Gott sein...(13a) Ich bin Jahwe, euer Gott, der euch aus dem Land Ägypten herausgeführt hat..." In Ex 25 und 29 wurde vom Wohnen Jahwes verbal gesprochen, weil es galt, in diesen Rahmensätzen den dazwischen häufig gebrauchten Terminus "Wohnung" zu erklären. In Lev 26,11, wo kein solcher literarischer Zusammenhang existiert, war natürlich der Gebrauch des Terminus selbst naheliegender.

Zusammengefaßt: Es gibt einen sehr engen sachlichen und formulierungsmäßigen Zusammenhang zwischen Lev 26,9aβγ.b. 11a.12aβ.b.13a einerseits und mehreren unter sich wiederum zusammengehörigen und sich aussagemäßig überschneidenden theologischen Zentraltexten der priesterlichen Geschichtserzählung andererseits. Nicht 133 mit P^g verbindbar sind im Bereich von Lev 26,9. 11-13: 1. V. 9aα, der ein Gegenstück zu V. 17aα im Drohteil sein könnte; 2. V. 11b, der eindeutig ein wörtliches Gegenstück zu V. 30b im

---

erklärende Einführung des Terminus *'ohæl mo'ed*. In den sicher P^g zuzuteilenden Stücken von Ex 25-29 fehlt dieser Terminus nämlich noch, und *miškan* beherrscht das Feld. Nach der Jahwerede ist *'ohæl mo'ed* plötzlich da, zunächst in einem gewissen Nebeneinander mit *miškan*, von einem gewissen Punkt an vorherrschend. In Ex 29,43f wird nun der Terminus auf eine für P^g typische Weise (vgl. Ex 25,22 für *'edut*) interpretierend eingeführt. Sollten diese Verse also nicht zu P^g gehören? Eine andere Frage ist, wieviel vom vorangehenden Text von Ex 29 zu P^g gehört.

[6] Elligers Deutungsversuch des *w^{e}natăttî* am Anfang von V. 11 scheint mir zutreffend zu sein (S. 336f).

Drohteil ist (vgl. auch 26,15.43.44); 3. V. 12aα, bei dem man über *hlk hitp.* und das gerade durch die Wiederholung von *b^{e}tôk^{e}kæm* noch weiterklingende Wort *miškan* ziemlich sicher auf 2 Sam 7,6f als einzige in Frage kommende Parallele geführt wird; 4. V. 13b, der wohl mit Elliger als eine freie Entnahme aus dem agendarischen Grundtext durch den Redaktor Ph[1] verstanden werden muß. Die Zusammenhänge mit Texten der priesterlichen Geschichtserzählung sind von solcher Intensität, daß man bei den sonst in der alttestamentlichen Forschung üblichen Anforderungen an Kriterien der Literarkritik ohne weiteres auf gleichen Verfasser oder auf literarische Abhängigkeit in der einen oder anderen Richtung schließen darf.

Im Lichte dieser Ergebnisse scheint nun die von Elliger am Ende des zweiten Beweisschrittes fragend aufgestellte Disjunktion: agendarische Grundschicht oder Ph[1] oder Ph[2], also eine im Grunde schon sehr systembestimmte Disjunktion, nicht mehr ausreichend zu sein. Man muß zunächst mit der Möglichkeit rechnen, daß die Texte zum alten agendarischen Text gehören und daß P^g ebenfalls von diesem Text abhängt. Dann hätten wir die Quelle der wichtigsten Theologumena von P^g noch wörtlich greifbar in der Hand! Die zweite Möglichkeit ist, daß die Texte in Lev 26 von P^g abhängen.[7] Innerhalb dieser zweiten Möglichkeit eröffnet sich eine weitere Alternative. Entweder ist ein Redaktor hier am Werk gewesen – wenn man in Elligers Theorie bleibt, käme praktisch wohl nur Ph[1] in Frage –, oder es handelt sich um einen isolierten Eingriff in den Textbestand von H, der nicht mit anderen Eingriffen an anderen Stellen verbunden werden kann. Die Entscheidung zwischen diesen Alternativen kann frühestens nach der Untersuchung von Elligers drittem Beweisschritt gefällt werden.

Beim dritten Beweisschritt tauchen Zweifel auf, ob die angegebenen Zusammenhänge zwischen V. 9b "ich werde meine *b^{e}rît* mit euch aufrechterhalten"[8] und V. 25a "ich werde über euch kommen lassen das Schwert, das die Rache der *b^{e}rît* vollzieht" wirklich da sind. Zwar gibt es in beiden Sätzen das Wort *b^{e}rît,* aber sonst unterscheiden sie sich in Horizont und Duktus so sehr, daß sie kaum als bewußt parallel gebaute Sätze aus einem kultischen Formular betrachtet werden

---

[7] Ich rechne aus anderen Gründen nicht damit, daß P^g und Ph[1] identisch sind, so daß die Möglichkeit, daß diese Sätze in Lev 26 von P^g selbst stammen, ausscheidet.
[8] Zu dieser Übersetzung vgl. unten Anm. 10.

können. Zwischen V. 31 und V. 11a gibt es, von der Basis *ntn* abgesehen, noch nicht einmal eine Wortübereinstimmung. Elliger selbst legt Wert darauf, daß der Plural *miqdᵉšêkæm* in V. 31 aus vordeuteronomischer Zeit stammen muß (S. 368). Wie sollte er zusammengehen mit der in *miškanî* von V. 11 aufklingenden priesterlichen Vorstellung von dem einen Heiligtum? So bleibt nur die Entsprechung von V. 11b und V. 30b. Hinzu kommt die oben schon genannte mögliche Entsprechung von V. 9aα und V. 17aα. Da im Grunde, wie schon festgestellt wurde, Elligers Zuteilung der Verse 25aαβ.30b.31 logisch nur auf metrischen Feststellungen, nicht auf der Parallelität zu bestimmten Versen im Segensteil aufruht, berührt diese Reduktion der Zahl der Parallelen die Sicherheit von Elligers Schichtenabgrenzung im Drohteil nicht weiter: die Verse 25aαβ.31 können mit demselben Recht wie vorher zur agendarischen Grundschicht gerechnet werden.

Wohl aber wird man nun nicht mehr alle Folgerungen ziehen dürfen, die Elliger in seinem vierten, abschließenden Schritt zieht. Für die Verse 9aβγ.b.11a.12aβ.b, in denen zentrale Theologumena von P^g erscheinen, gibt es keine wirklichen Parallelen im Fluchteil des agendarischen Formulars. Die Möglichkeit, daß sie schon zu diesem Formular gehörten und daß dieses Formular die Quelle der zentralen theologischen Aussagen von P^g ist, scheidet aus unseren Überlegungen aus. Damit sind diese Verse von P^g abhängig. Da der Zusammenhang mit den Schlüsseltexten von P^g in Ex 6 und 29 auch noch in dem nach Elliger Ph^1 zuzuteilenden V. 13 nahtlos weiterläuft, liegt es nahe, an Ph^1 als Verfasser zu denken. Daß sich keine Zusätze von Ph^1 im Drohteil finden lassen, ist kein zu gewichtiger Einwand. Ph^2 hat nach Elligers eigener Analyse |134| auch nicht symmetrisch gearbeitet und im Drohteil entschieden mehr zugefügt als im Segenteil. Allerdings ist die Zuteilung von V. 13 zu Ph^1 auch nicht so sicher. So bleibt die Möglichkeit offen, daß die Parallelen zu P^g auf eine weitere, sonst nicht mehr identifizierbare Hand zurückgehen. Ich neige zur Annahme, daß es sich um eine Arbeit von Elligers Ph^1 handelt. Die nun folgenden Überlegungen werden das Gewicht dieser Annahme noch ein wenig vergrößern.

* * *

Eine vollständige Theorie muß natürlich nicht nur die starken Beziehungen bestimmter Sätze zu P^g, sondern auch die mitten zwischen ihnen auftretenden Beziehungen zum Drohteil der agendarischen Grundschicht erklären können. Dies scheint mir möglich, wenn man mit folgender Arbeitsweise des Bearbeiters, der die P^g-Theologumena einführte, rechnet: Er hat nicht einfach etwas Neues eingefügt, sondern den agendarischen Text in einer Passage, die sich von ihrem Inhalt und ihrem Vokabular her dazu eignete, von P^g her überformt. Dabei hat er zwei Sätze ganz stehen lassen: V. 9a*a* und V. 11b, wobei er V. 9a*a* wegen der Weiterführung vielleicht kürzte. Von einem Satz ist wenigstens ein entscheidendes Wort stehen geblieben (*b^{e}rît* in V. 9b), von einem anderen ein an sich nicht so wichtiges Verbum (*ntn* in V. 11a). In V. 11a ist außerdem wenigstens die Thematik gleich geblieben: es geht weiterhin um die Stätte der Gottesverehrung. Einige andere Sätze allerdings dürften ohne einen Aufhänger im alten agendarischen Text einfach hinzugekommen sein, vor allem V. 12.13. So wurde erreicht, daß für diejenigen Hörer oder Leser, denen das alte Formular aus dem Kult bekannt war, eine Empfindung des Zusammenhangs der neuen Formulierung mit der alten Tradition erzeugt wurde. Das war vielleicht nicht unwichtig.

Sollte diese Theorie über die Technik der Bearbeitung in dem uns interessierenden Textbereich zutreffen, dann erhöht sich die Wahrscheinlichkeit, daß Ph^1 hier am Werke war. Denn er hat sowieso mit dem agendarischen Formular gearbeitet. Allerdings würde dann Elligers Charakterisierung nicht mehr zutreffen, daß er nur zu rahmen pflegte und nicht gern in Texte selbst eingriff (S. 17 und – für Lev 26 – S. 371).

* * *

Setzt man die nun erreichte literarkritische Theorie für den Segen des Heiligkeitsgesetzes voraus, dann erhebt sich die Frage, warum Ph^1 oder ein Späterer an dieser Stelle in so sorgfältiger Weise die entscheidenden Theologumena von P^g eingetragen hat. Sollten sie nur noch einmal ins Gedächtnis gerufen werden? Sollten sie – etwa durch die Hinzufügung des Wandelns Jahwes inmitten der Israeliten (V. 12a*a*) – eine weitere Aufgipfelung und Überhöhung erhalten? Oder sollte etwas korrigiert und umgedeutet werden?

Ich glaube, letzteres. Die Einfügung eines Gesetzeskorpus mit bedingtem Fluch und Segen, das also dem deuteronomischen Korpus mit seinem Kapitel 28 ähnlich war, bedeutete einen frontalen Zusammenprall mit der theologischen Konzeption von P^g.

W. Zimmerli hat an der Eliminierung des Sinaibundes und am Ausbau des in seiner Fortdauer nicht von Gesetzesgehorsam abhängigen, vielmehr ewigen Abrahamsbundes durch P^g gezeigt, daß es diesem Theologen gerade darauf ankam, das Heil Israels nur in Jahwes Gnade und nicht mehr in Israels eigener Treue zu verankern, weil er nur dann noch Hoffnung für Israel sah.[9] Man könnte diese Stoßrichtung der Geschichtstheologie von P^g auch an vielen anderen Elementen aufzeigen. So führen die Sünden [135] in der Wüste zum Tod der Sünder und zur Verschiebung des Einzugs ins verheißene Land auf eine neue Generation, aber niemals wird die Hineinführung ins Land durch Jahwe grundsätzlich in Frage gestellt. Sie steht im Rahmen des ewigen Gnadenbundes Jahwes mit Abraham. Von ihr wird Jahwe deshalb niemals lassen. Die Eliminierung der Gesetzgebung traditionellen Typs aus den Sinaierzählungen war für P^g unbedingt notwendig.

Wenn nun gerade eine solche Gesetzgebung wieder in den Sinaizusammenhang eingefügt wurde, dann hatte das Konsequenzen. Man mußte sich theologisch entscheiden. Die Entscheidung fiel für den deuteronomischen Typ der Theologie. Sie mußte für den Leser früher oder später auch deutlich gemacht werden. Der strategische Punkt, von dem aus man das Ganze theologisch beherrschen konnte, war der Schlußteil der eingefügten Gesetzgebung, der in Analogie zum Deuteronomium als bedingter Segen für den Fall des Gehorsams, als bedingter Fluch für den Fall des Ungehorsams formuliert wurde. Ein kleiner Eingriff an diesem Punkt genügte: man mußte innerhalb des Segensteiles alle, nach P^g von Jahwe ohne jede Bedingung für ewig gegebenen Verheißungen möglichst wörtlich wiederholen. Am Anfang des Segens stand ja der bedingende Vordersatz. Er änderte alles. Von hier aus war die ganze Priesterschrift nun anders, sie war, wenn man so will, "deuteronomisch" zu verstehen.[10]

---

[9] W. Zimmerli, Sinaibund und Abrahambund. Ein Beitrag zum Verständnis der Priesterschrift, ThZ 16, 1960, S. 268-280 = Gottes Offenbarung, Gesammelte Aufsätze, ThB 19, 1963, S. 205-216. Die Aussagen Zimmerlis stehen auch dann sicher da, wenn man von den Begründungen aus Lev 26, die eine andere Literarkritik als die hier vertretene voraussetzen, absieht.

[10] Dadurch wurden Gewaltsamkeiten der priesterschriftlichen Terminologie unter Umständen wieder aufgehoben, etwa die ungewöhnliche Verwendung des Ausdrucks heqîm b^{e}rît. Das hif. heqîm mit einem Ausdruck für Wort, Zusage, Eid, Verpflichtung o. ä. als Objekt muß ursprünglich ein relativ seltener, vielleicht nur in religiösen Zusammenhängen gebrauchter Ausdruck gewesen sein, der immer die Einlösung, Durchführung, Aufrechterhaltung einer früher gemachten Aussage durch Gott oder einen Menschen ausdrückte (vgl. für Jahwe

Diese Abänderung der Theologie von P^g wurde also durch die wenigen Verse von Lev 26 bewirkt, denen unser Aufsatz nachgegangen ist. Hier ist P^g in die deuteronomische Theologie integriert worden, ja vielleicht auch sofort in die des Deuteronomistischen Geschichtswerks. Die Anspielung auf die Richterzeit durch Aufgreifen einer Formulierung aus 2 Sam 7 in V. 12a*a* unseres Textes könnte andeuten, daß auch dieses Werk unserem Bearbeiter schon mit vor Augen stand.

Das Zusammenwachsen der großen, schon jeweils theologisch eigen geprägten Sammlungen zum endgültigen Pentateuch samt Vorderen Propheten trägt in manchem paradoxe Züge. So wird man sagen können, daß sich im mittleren Teil des Pentateuchs, wo die jüngsten Materialien sitzen, zwar die Sprache von P durchgesetzt hat, aber mit der Theologie von D. Es gibt allerdings auch das Umgekehrte. In den jüngsten Schichten des Deuteronomiums, etwa in Dtn 4, wird auf einmal die Hoffnung nicht mehr auf Israels Treue, [136] sondern nur noch auf den Bund Jahwes mit den Patriarchen gegründet – und das ist die Theologie von P^g! Ja, am Ende des Heiligkeitsgesetzes selbst wird in einer nochmals späteren Bearbeitung die von uns beobachtete Deuteronomisierung der Priesterschrift wieder rückgängig gemacht. Nachdem die deuteronomische Logik in

---

als Subjekt 1 Sam 1,23, für Saul als Subjekt 1 Sam 15,11.13). Mit genau der gleichen Bedeutung wird der Ausdruck dann im vordeuteronomisch-deuteronomischen Sprachbereich beliebt. Er wird hier relativ selten mit Menschen als Subjekt gebraucht (Dtn 27,26; 2 Kön 23,3.24; Jer 34,18; 35,16; 44,25; vgl. Neh 5,13), meist ist Jahwe das Subjekt der Handlung (Gen 26,3; Dtn 9,5; 2 Sam 7,25; 1 Kön 2,4; 6,12; 8,20; 12,15; Jer 11,5; 28,6; 29,10; 33,14; vgl. Jes 44,14; Ps 119,38; Dan 9,12; Neh 9,8; 2 Chr 6,10; 10,15). Im Rahmen dieser Verwendung kann als Objekt auch *b^{e}rît* stehen: Dtn 8,19. P^g, der den Ausdruck *krt b^{e}rît* vermeidet, gebraucht wohl deshalb häufig den Ausdruck *heqîm b^{e}rît*. Im Zusammenhang kann man ihn aber mindestens in Gen 6,18; 9,9; Ex 6,4 nicht vom Aufrechterhalten oder Einlösen und Verwirklichen einer früher eingegangenen Bundesverpflichtung, sondern muß ihn von der erstmaligen Übernahme einer Bundesverpflichtung durch Jahwe verstehen. Man wird ihn dann auch an den restlichen Belegstellen in P^g so deuten müssen: Gen 9,11.17; 17,7.19.21. Diese Bedeutung erscheint dann noch – in Abhängigkeit von P^g? – in einer Spätschicht des Ezechielbuches (Ez 16,60.62) und in Ps 78,5. Wenn der Segen des Heiligkeitsgesetzes nur in Lev 26,9b den Ausdruck wörtlich von P^g übernimmt, gewinnt der Ausdruck doch vom Zusammenhang her wieder den alten und vor allem in der deuteronomischen Sprache belegten Sinn: Wenn Israel die Gebote Jahwes hält, wird Jahwe den Abraham und seinen Nachkommen gegebenen Bund *aufrechterhalten*.

leidvoller Geschichte durchgespielt ist, muß nach der Meinung eines letzten Erweiterers dieses Kapitels, der in letzter dankbarer Bezugnahme auf Karl Elliger Ph² genannt sei, doch wieder die Kraft des Bundes mit den Vätern zum Zug kommen, denn selbst im Land ihrer Feinde hat Jahwe die Israeliten niemals ganz verabscheut: Lev 26,42ff.

Die Ursünden in der priesterlichen Geschichtserzählung

[38] Der Jahwist, der erste große Geschichtstheologe Israels, hat sein Geschichtswerk mit einer Ursündenerzählung angefangen (Gen 2,4 – 3,24). Sie enthält eine ganze Hamartiologie, und alle späteren Sünden sind in ihr schon irgendwie vorweggenommen[1]. Der Deuteronomist, der Geschichtstheologe aus dem Anfang der Exilszeit, begann ebenfalls mit einer Ursünde: dem Unglauben Israels in der Oase von Kadesch (Dt 1,6–8.19–46). Auch hier sind schon die späteren Sünden Israels vorentworfen[2].

Beide Geschichtsschreiber belassen es aber nicht bei der Schilderung von Ursünden. Sie formulieren ja weithin nicht selbständig, sondern schreiben ältere Quellen aus. Diese Quellen erzählen aber oft von Sünden und von den Schicksalen, die durch die Sünden heraufbeschworen wurden. Jahwist wie Deuteronomist übernehmen diese Sündenerzählungen. Darüber hinaus tragen sie noch durch Komposition und Kommentierung in den Verlauf der Gesamtgeschichte Linien ein, die ihre Werke als ganze [39] so determinieren, daß sie etwas von

---

[1] Zu Gen 2,4 – 3,24 als Ursündendarstellung des Jahwisten vgl. zuletzt: *J. Scharbert*, Prolegomena eines Alttestamentlers zur Erbsündenlehre, Quaestiones disputatae 37 (Freiburg i. Br. 1968) 60–77. Dort finden sich Angaben über ältere Literatur.

[2] Zum Anfangskapitel des deuteronomistischen Geschichtswerks vgl. *N. Lohfink*, Darstellungskunst und Theologie in Dtn 1,6–3,29, in: Biblica 41 (1960) 105–134; *ders.*, Wie stellt sich das Problem Individuum–Gemeinschaft in Deuteronomium 1,6–3,29?, in: Scholastik 35 (1960) 403–407. Ältere Literatur in diesen Aufsätzen verzeichnet. Seitdem sind neu hinzugekommen: *W. L. Moran*, The End of the Unholy War and the Antiexodus (Dt 2,14–16), in: Biblica 44 (1963) 333–342; *J. G. Plöger*, Literarkritische, formgeschichtliche und stilkritische Untersuchungen zum Deuteronomium, in: Bonner Biblische Beiträge 26 (Bonn 1967) 1–59; *H. Cazelles*, Passages in the Singular Within Discourse in the Plural of Dt 1–4, in: The Catholic Biblical Quarterly 29 (1967) 207–219; *J. L. McKenzie*, The Historical Prologue of Deuteronomy, in: Fourth World Congress of Jewish Studies, Papers I (Jerusalem 1967) 95–101; *N. Airoldi*, Le „sezioni-noi" nel Deuteronomio, in: Rivista Biblica 16 (1968) 143–157.

"Sündengeschichte" an sich haben. Beim Jahwisten ist vor allem die Urgeschichte von der Sünde verdunkelt, von Abraham ab wird dann eher der Segen ins Zentrum der Aufmerksamkeit geschoben, der nun in die Geschichte kommt. Aber auch dann ist die Sündenthematik nicht vergessen. So diskutiert Abraham in Gen 18,22–32 mit Jahwe über die Möglichkeit, Sodom und Gomorra trotz ihrer Sünden zu retten. Gerade die Tatsache, daß es nun einen Gesegneten Jahwes in der dunklen Schöpfung gibt, zwingt dazu, auch wieder neu über die Sünde nachzudenken[3]. Im deuteronomistischen Geschichtswerk tritt das Thema Sünde noch mehr in den Vordergrund. Indem das Deuteronomium an den Anfang des Werkes gestellt wird, wird ein Maßstab errichtet, an dem dann alles gemessen werden kann. Vor allem bei den Königen Israels und Judas wird von diesem Maßstab her geradezu Buch geführt über die ständig wachsende Macht der Sünde. Am Ende kann selbst der fromme Josiah Jahwes schon brennenden Zorn nicht mehr löschen: Jerusalem fällt[4].

---

[3] Zur redaktionellen Theologie des Jahwisten vgl. vor allem *R. Rendtorff*, Genesis 8,21 und die Urgeschichte des Jahwisten, in: Kerygma und Dogma 7 (1961) 69–78; *H. W. Wolff*, Das Kerygma des Jahwisten, in: Evangelische Theologie 24 (1964) 73–98 = Gesammelte Studien zum Alten Testament, Theologische Bücherei 22 (München 1964) 345–373; *L. Ruppert*, Der Jahwist – Künder der Heilsgeschichte, in: *J.Schreiner* (Hrsg.), Wort und Botschaft (Würzburg 1967) 88–107.

[4] Grundlegend zur Theorie vom deuteronomistischen Geschichtswerk: *M. Noth*, Überlieferungsgeschichtliche Studien (Darmstadt ²1957); Diskussion bis etwa 1960: *E. Jenni*, Zwei Jahrzehnte Forschung an den Büchern Josua bis Könige, in: Theologische Rundschau 27 (1961) 1–32; 97–146 (97–118). Die wichtigsten Arbeiten zur redaktionellen Theologie des deuteronomistischen Geschichtswerks nach Noth sind: *G. von Rad*, Deuteronomium-Studien, Forschungen zur Religion und Literatur des Alten und Neuen Testaments 40 (Göttingen ²1948) 52–64 = Gesammelte Studien zum Alten Testament, Theologische Bücherei 8 (München 1948) 189–204; *H. W. Wolff*, Das Kerygma des deuteronomistischen Geschichtswerks, in: Zeitschrift für die alttestamentliche Wissenschaft 73 (1961) 171–186 = Gesammelte Studien zum Alten Testament, Theologische Bücherei 22 (München 1964) 308–324; *H. Timm*, Die Ladeerzählung (1 Sam 4–6; 2 Sam 6) und das Kerygma des deuteronomistischen Geschichtswerks, in: Evangelische Theologie 26 (1966) 509–526; *E. Zenger*, Die deuteronomistische Interpretation der Rehabilitierung Jojachins, in: Biblische Zeitschrift 12 (1968) 16–30. Die Theorie vom deuteronomistischen Geschichtswerk ist neu in Bewegung gebracht worden durch *F. M. Cross*, The Structure of the Deuteronomic History, in: Perspectives in Jewish Learning III, Annual of the College of Jewish Studies (Chicago 1968) 9–24. Cross unterscheidet ein in der Errichtung eines neuen Davidreiches unter Josia ausmündendes, triumphalistisch-missionarisches „deuteronomisches Geschichtswerk" aus der Zeit des Josia selbst und dessen

[40] Es gab also in den großen Geschichtsentwürfen Israels, die der priesterlichen Geschichtserzählung vorausliegen, auf der Ebene des Erzählten Sünden über Sünden. Ferner gab es eine feste Übung, am Anfang des Werkes in einer Art Ursünde alles Kommende vorauszuentwerfen. Schließlich gab es redaktionelle Beschäftigung mit dem Thema Sünde, und insofern kann man sogar von einer Sündenlehre sprechen, die die Verfasser in ihren Geschichtswerken zum Ausdruck brachten. Ein uns dem Namen nach nicht bekannter Verfasser, der sogenannte Priesterschriftler, hat nun – vermutlich noch während des babylonischen Exils – die Geschichte der Welt und der Anfänge Israels abermals neu geschrieben[5]. Welche Rolle spielt in

---

exilische Erweiterung und Uminterpretation im vollen „deuteronomistischen Geschichtswerk". Unter dieser Voraussetzung gilt das im Text Gesagte für die redaktionelle Intention der exilischen Fassung.

[5] Zu den Auffassungen über die priesterliche Schicht des Pentateuchs vergleiche man die neueren Handbücher der Einleitung in das Alte Testament. Es gibt heute keinen Konsensus, weshalb es sinnvoll ist, die eigene Auffassung kurz zu umreißen. Ich rechne mit einer priesterlichen Geschichtserzählung (P^g), der erst später die Fülle des legislativen priesterlichen Materials (P^s) zugefügt wurde. Sie läßt sich im biblischen Text nicht über den Tod Moses hinaus verfolgen (was nicht von vornherein ausschließt, daß im Buch Jos vielleicht spätere priesterliche Texte erhalten sind) und hat wahrscheinlich auch ursprünglich mit ihm geendet. Mindestens für die Zwecke dieses Aufsatzes ist eine möglichst restriktive Abgrenzung angebracht, damit keine Konturen durch fragwürdiges Material verwischt werden. Wenn nicht eigens angemerkt, folge ich der Abgrenzung, die K. *Elliger,* Sinn und Ursprung der priesterlichen Geschichtserzählung, in: Zeitschrift für Theologie und Kirche 49 (1952) 121–143 (121f) = Kleine Schriften zum Alten Testament, Theologische Bücherei 32 (München 1966) 174–198 (174f) gegeben hat. Sie deckt sich im großen und ganzen mit der Abgrenzung, die M. Noth in verschiedenen Veröffentlichungen vorschlug. Die Ergebnisse meiner Untersuchung scheinen mir eine weitere Bestätigung dieser Auffassung zu bringen. G. *von Rad,* Theologie des Alten Testaments I (München ²1958) 261–271, hat unter dem Titel „Sünde und Sühne" in eindrucksvoller Weise eine Darstellung priesterschriftlicher Sündenauffassung gegeben. Sie ist jedoch völlig verschieden von dem, was in diesem Aufsatz erarbeitet wird. Der Widerspruch löst sich auf, sobald man erkennt, daß die von G. von Rad beschriebenen Vorstellungen typisch für das (zum Teil natürlich recht alte) P^s-Material sind. Bei P^g sind einige Spuren dieser Vorstellungen in dem in Ex 28f und Lev 8f benutzten kultischen Material vorhanden, doch haben sie gerade keinen Einfluß auf die redaktionell in das Geschichtswerk hineingegebene Sündentheologie ausgeübt. – Die Abfassung der priesterschriftlichen Geschichtserzählung dürfte in der babylonischen Diaspora, und zwar im 6. oder vielleicht auch erst im 5. Jahrhundert anzusetzen sein. Vgl. aus der neueren Literatur K. *Elliger,* Sinn und Ursprung; R. *Kilian,* Die Hoffnung auf Heimkehr in der Priesterschrift, in: Bibel und Leben 7 (1966) 39–51. Auch hierzu werden

seinem Werk die Sünde? Was hat er aus den ⟦41⟧ einzelnen erzählten Sünden, aus den Ursünden und aus den redaktionell intendierten Sündenlehren gemacht, die er bei seinen Vorgängern finden konnte? Wie weit hat er übernommen, wie weit hat er ausgewählt und abgeändert, wie weit hat er eine neue, eigene Lehre von der Sünde in sein Werk hineingegeben?

Zu dem durch diese Fragen umrissenen Thema gibt es, soweit ich sehe, noch keine ausdrückliche Untersuchung[6]. Was ich im folgenden vorlege, kann nur ein Versuch und erster Entwurf sein[7]. Er ist Heinrich Schlier gewidmet: als Zeichen des Dankes für seine Schriften, vor allem aber für eine Reihe von unvergeßlichen Gesprächen und manchen guten Rat.

1. Die priesterliche Erzählung und ihre Vorlagen[8]

a) Vergleicht man die priesterliche Geschichtserzählung mit ihren Vorlagen hinsichtlich des Themas Sünde, dann ergibt sich vor allem, daß erstaunlich viel und erstaunlich Wichtiges fehlt. So ist die

---

die Ergebnisse dieses Aufsatzes eine weitere Bestätigung liefern. – *J. G. Vink*, The Date and Origin of the Priestly Code in the Old Testament, in: The Priestly Code and Seven Other Studies, Oudtestamentische Studiën 15 (Leiden 1969) 1–144, versucht von neuem, die Unterscheidung von literarischen Schichtungen innerhalb des priesterschriftlichen Materials aufzuheben, und gibt als Zeitansatz für die Abfassung des „Priesterkodex" die Wende zum 4. Jahrhundert an. Bei aller Anerkennung einzelner interessanter Beobachtungen und Argumente wird man an dem Gesamturteil nicht vorbeikommen, daß ein großer Teil seiner Argumente allerhöchstens Möglichkeiten aufzeigt und daß eine echte Auseinandersetzung mit der immerhin seit Wellhausen innerhalb des priesterlichen Materials arbeitenden Literarkritik eigentlich nicht stattfindet.

[6] Am ausführlichsten geht noch *Scharbert*, Prolegomena (vgl. oben Anm. 1) 97–102, auf die Fragestellung ein.

[7] Er hat sich mir langsam als eine Nebenfrucht mehrerer Seminarübungen über Probleme der Priesterschrift ergeben, und ich habe einer ganzen Reihe von Studenten und Doktoranden am Päpstlichen Bibelinstitut für ihre Diskussionsbeiträge und Einzeluntersuchungen zu danken, die mich zum Nachdenken über die Probleme der Sündenlehre der Priesterschrift anregten.

[8] Die Voraussetzung dieses Abschnitts ist, daß P^g sowohl JE als auch das deuteronomistische Geschichtswerk kannte. Diese Voraussetzung wird da, wo ein Schriftsteller P^g angenommen wird, gewöhnlich und durchaus mit Recht gemacht. Sie bestätigt sich dem, der Texte von P^g genauer untersucht, immer wieder.

jahwistische Erzählung von der Ursünde weggelassen.⁹ Auch die in ihrer Quellenzuteilung umstrittene, aber bei der Abfassung der priesterlichen Erzählung jedenfalls schon vorhandene Erzählung vom Bundesbruch durch Stierdienst unmittelbar nach der Offenbarung am Sinai ist weggelassen.¹⁰ ⌐42⌐ Und so noch vieles andere, etwa der Brudermord Kains oder die Schamlosigkeit Kanaans.

Man mag viele dieser Auslassungen auf das Konto der strafferen Erzählungsführung in der priesterlichen Geschichte setzen. Aber mindestens die Auslassung der jahwistischen Ursünde und des Stierdienstes am Sinai ist dadurch allein kaum zu erklären. Hier will jemand bewußt nicht auf die traditionelle Weise von der Sünde der Menschen und der Sünde Israels erzählen.

b) In anderen Fällen werden Erzählungen oder Erzählungsinhalte der Vorlagen übernommen, aber gerade das Moment der Sünde wird aus ihnen entfernt.

Beim Jahwisten war die Zerstreuung der Menschheit über die Erde durch die Erzählung vom Turmbau zu Babel motiviert worden¹¹. Die priesterliche Erzählung enthält in Gen 10,32, am Ende der Völkertafel, die völlig objektive, ja wohl sogar als Hinweis auf göttlichen Segen zu verstehende Notiz: „Das sind die Geschlechter der Nachkommen Noahs nach ihrer Abstammung, nach ihren Völkerschaften; und von diesen aus verzweigten sich die Völker auf der Erde nach der Sintflut."¹²

Der Jahwist hatte mit der Erzählung von der Vernichtung der beiden Städte Sodom und Gomorra auch in die Abrahamserzählun-

---

⁹ Gen 2,4b–3,24. Auf das Faktum einer bewußten Auslassung hat in jüngerer Zeit vor allem *H. Haag,* Biblische Schöpfungslehre und kirchliche Erbsündenlehre, Stuttgarter Bibelstudien 10 (Stuttgart ³1967) 49, hingewiesen.

¹⁰ Ex 32 und Dt 9,9–10,11. Der Grundbestand von Ex 32 wird meist E zugeschrieben. Nach *M. Noth,* Das zweite Buch Mose, Exodus, Das Alte Testament Deutsch 5 (Göttingen ²1961) 202f, handelt es sich wahrscheinlich um einen „literarisch sekundären Nachtrag zur J-Erzählung". Neuere Literatur zum Kapitel ist verzeichnet bei *O. Eissfeldt,* Einleitung in das Alte Testament (Tübingen ³1964) 269, Anm. 1.

¹¹ Gen 11,1–9: nach *G. von Rad,* Das erste Buch Mose, Genesis, Das Alte Testament Deutsch 2–4 (Göttingen ⁶1961) 124, die Geschichte eines „heimlichen Titanismus".

¹² Die Völkertafel nach P^g: Gen 10,1–4a.5aβ–7.20.22f.31f. Im Zusammenhang der priesterlichen Erzählung wird man 10,32 als die Realisierung des Fruchtbarkeitssegens verstehen müssen, den Noah in 9,1.7 erhielt, wenn hier auch nicht (wie etwa in Ex 1,7) das typische Segens-Vokabular aufgegriffen wird.

gen eine große Schuld-Strafe-Geschichte eingeflochten und sie durch das Gespräch zwischen Abraham und Jahwe in Gen 18,17–33 zu einem theologischen Lehrstück entfaltet[13]. In der priesterlichen Erzählung schrumpft das alles zur knappestmöglichen Notiz zusammen, die keine Sünde mehr kennt und selbst Jahwes Zerstörungshandeln nur im Nebensatz erwähnt: „Als Gott die Städte in der Niederung vernichtete, da gedachte er Abrahams, und er geleitete Lot hinweg aus der Zerstörung, als er die Städte zerstörte, in denen Lot gewohnt hatte."[14]

Auch die Jakobsgeschichte war in den alten Pentateuchquellen von den Motiven von Schuld und Nemesis durchzogen, wenn auch auf eine viel verhaltenere und weiträumigere Weise als die kompakten Schuld-Strafe-Erzählungen [43] der Urgeschichte. Jakob macht sich schuldig durch den Betrug, der ihm den Segen erwirbt. Das kostet ihn zwanzig Jahre seines Lebens, sein Schwiegervater hält ihn zum Narren auf eine den eigenen Betrug geradezu repetierende Weise, und die Familie zerbricht an allem.[15] Der Priesterschriftler hat die Erzählung völlig umgeschrieben. Jakob muß deshalb nach Paddan Aram reisen, weil er keine Hethiterinnen zur Frau nehmen soll, wie es sein Bruder Esau getan hatte (Gen 28,1f). Den Segen Isaaks erhält er gewissermaßen als Reisesegen (Gen 28,3f). Aber auch Esau, obwohl er die falschen Frauen genommen hat, ist kein schlechtes Kind: nach Gen 28,6–9 nimmt er sich zum Ausgleich noch schnell eine Frau aus der eigenen Verwandtschaft hinzu[16]. Er bleibt auch im Land, bis er zusammen mit dem wieder heimgekehrten Bruder Jakob den toten Vater begraben hat (Gen 35,28f). Nach Seir zieht er dann hinweg, weil beider Reichtum so groß war, daß das Land sie zusammen nicht mehr zu tragen vermochte (Gen 36,6–8). Von Zerwürfnis nicht die geringste Spur[17].

In den Erzählungen aus der Wüstenzeit Israels war beim Jahwisten die Erzählung vom Wachtelwunder (Num 11) eine Erzählung vom

---

[13] Vgl. Gen 13,13; 18,16–33; 19,1–28.
[14] Gen 19,29. Der Vers folgte in P^g wahrscheinlich unmittelbar auf 13,6.11b. 12abaβ (Thema: Trennung Lots von Abraham).
[15] Für diesen Gesichtspunkt sei vor allem auf den Kommentar von *G. von Rad* verwiesen (vgl. oben Anm. 11).
[16] Der Gesamttext bei P^g ist: Gen 26,34f; 27,46; 28,1–9...
[17] Ausführlicher zur Umgestaltung der alten Jakobsgeschichte durch P^g: *W. Gross, Jakob, der Mann des Segens, Zur Traditionsgeschichte und Theologie der priesterschriftlichen Jakobsüberlieferungen*, in: Biblica 49 (1968) 321–334 (339–343).

Die Ursünden in der priesterlichen Geschichtserzählung 175

sündhaften Murren des Volkes und von göttlicher Strafe gewesen[18]. In der priesterlichen Erzählung ist das Wachtelwunder in Ex 16 in die Mannaerzählung hineingebaut. Das neue Erzählungsgefüge hat eine neue Sinnspitze bekommen: die Entdeckung des Sabbats[19].

c) Eine besondere Untersuchung ist für die Erzählung von der Herausführung aus Ägypten nötig. Zwar war in den alten Quellen Ex 1–15 eine Rettungs-, nicht eine Schuld-Strafe-Erzählung. Aber immerhin klang das Schuld-Motiv im Sinne der Schuld des Pharao einmal in Ex 10,16f (J) an, und in der exilischen Welt, in der die Fremdvölkerorakel Jeremias und Ezechiels umgingen, konnte sich wohl leicht der Gedanke 44 einstellen, die Vernichtung der ägyptischen Erstgeburt und der Untergang der ägyptischen Streitmacht im Meer seien ein Strafgericht Jahwes wegen der Behandlung der Israeliten. Es ist deshalb wichtig zu sehen, daß die priesterschriftliche Erzählung diesem naheliegenden Verständnis nicht nur keinen Vorschub leistet, sondern sogar von ihm abzulenken zu versuchen scheint[20].

Was die Ägypter den Israeliten antaten, wird in Ex 1,14 so charakterisiert: „Sie machten ihnen das Leben sauer."[21] Das entspricht fast wörtlich dem Ausdruck für das, was Esaus hethitische Frauen für Isaak und Rebekka bedeuteten[22].

Im programmatischen Text Ex 6,5–8[23] wird die Herausführung aus Ägypten zu einer Befreiungstat Jahwes und zur Annahme der Israeliten als „Volk Jahwes"[24].

---

[18] Nach *M. Noth*, Überlieferungsgeschichte des Pentateuch (Stuttgart ²1948) 129f und 135, gab es zwar ursprünglich wohl eine Wachtelgeschichte ohne Murr- und Strafmotiv, doch sind bei J diese Motive schon fest mit dem Stoff verbunden.
[19] Der mit J-Texten (Manna) verbundene P^g-Text umfaßt Ex 16,1–3.6f.9–13a... 14ba...16ab$y$–20.22–26.31a.35b. Vielleicht ist der Zorn Moses über eine Inkorrektheit beim Mannaeinsammeln in 16,20 noch eine Reminiszenz an sonst in der Geschichte unterdrückte ältere Motive.
[20] Auszugsgeschichte in P^g: Ex 1,7.13f; 1,23ayb.24f; 6,2–12; 7,1–13.19.20aa.21b.22; 8,1–3... 11aδb.12–15; 9,8–12; 1.3–14.28.40f; 14,1–4.8a.10ab$y$.15–18.21aab.22f. 26.27aa.28f.
[21] *wajmār^{e}rû 'et ḥajjēhem*.
[22] Gen 26,35: *wattih^{e}jênā mōrat rûaḥ l^{e}jiṣḥāq ûl ^{e}ribqâ*.
[23] Genauso im zweiten programmatischen Text 7,1–5, der die Auszugsgeschichte mehr im Detail ankündigt.
[24] Vgl. hierzu meinen demnächst erscheinenden Beitrag „Beobachtungen zur Geschichte des Ausdrucks '*am jhwh*", in: *H. W. Wolff* (Hrsg.), Probleme biblischer Theologie, Gerhard von Rad zum 70. Geburtstag (München 1971) 275–305.

Auch die einzelnen Phasen der Befreiung sind nicht als Sündenerzählungen gekennzeichnet. Aus den Plagenerzählungen der alten Quellen ist die ständige Ablehnung der Auszugsforderung Jahwes durch den Pharao entfernt. So werden die Plagenerzählungen zur Darstellung eines Wettkampfs zwischen den ägyptischen Zauberern und den Vertretern Jahwes, in dem sich dann zeigt, daß Jahwe die größeren Wunder vollbringen kann[25]. Daß der Pharao sich nicht beeindrucken läßt, wird auf Jahwes Einwirken zurückgeführt. Die dabei benützte Terminologie dürfte kaum – wie gewöhnlich angenommen wird – so etwas wie „Verstockung 45 in der Sünde" meinen, sondern eher, daß Jahwe die Kampfeslust Pharaos stärkte[26]. Die Vernichtung der ägyptischen Erstgeburt wird als Jahwes „Gericht"

---

[25] Weshalb die Wunder gewirkt werden, erfährt man nur in 6,11 und 7,2: eigentlich sollte der Pharao sich durch diese Machtdemonstrationen bewegen lassen, die Israeliten freizugeben. In den Plagenerzählungen selbst wird dann nichts mehr darüber gesagt. Daß der Pharao sich von keinem Wunder beeindrucken läßt, wird als Ungehorsam gegen Mose und Aaron bezeichnet, nicht gegen Jahwe selbst (Ex 7,13.22; 8,11.15; 9,12). Das entspricht dem, was in 6,9 über die Israeliten selbst gesagt wird: „sie hörten nicht auf Mose". Wenn das dort mit ihrem Kleinmut aufgrund der harten Arbeit entschuldigt wird, so könnte auch die Erklärung des Verhaltens des Pharaos durch eine von Jahwe gewirkte Versteifung des Herzens fast als persönliche Entschuldigung des Pharaos gemeint sein. Jahwe führt hier etwas in der Geschichte durch. Fragen von Schuld und Unschuld werden außerhalb des Horizonts der Schilderung gehalten.

[26] qšh Hifil: Ex 7,3 (programmatischer Text); (ḥzq Qal: Ex 7,13.22; 8,15); ḥzq Piel: Ex 9,12; 14,4.8.17. Der typische Ausdruck von J (kbd Qal: Ex 7,14; 9,7; kbd Hifil: Ex 8,11.28; 9,34; 10,1) ist vermieden. Zwar kann sich P^g für ḥzq schon auf Stellen in den alten Quellen stützen (Ex 4,21; 9,35; 10,20.27; 12,33 – selbst wenn man in dieser Reihe mit Noth noch einen Teil dieser Belege P zuschreibt, bleiben 4,21 und 12,33, und es scheint für unseren Zusammenhang nicht relevant zu sein, daß sie außerhalb der eigentlichen Plagenerzählung liegen). Aber die Neueinführung von qšh Hifil an entscheidender Stelle, die Eliminierung von kbd zugunsten von ḥzq und die Verlängerung des Gebrauchs der Vorstellung und Terminologie in die Erzählung vom Seewunder hinein sprechen dafür, daß P^g einen neuen Akzent setzen will. Am ehesten ist anzunehmen, daß P^g die Kampfesmut-Terminologie des deuteronomischen Geschichtswerks aufgreift: zu qšh Hifil vgl. Dtn 2,30; zu ḥzq Qal vgl. Dtn 31,6.7.23; Jos 1,6f.9.18; 10,25; 2 Sam 13,28; zu ḥzq Piel vgl. Dtn 1,38; 3,28; Jos 11,20; Ri 16,28; 1 Sam 23,16. Ein Teil dieser Stellen gehört zu einem Amtseinsetzungsschema, vgl. N. Lohfink, Die deuteronomistische Darstellung des Übergangs der Führung Israels von Moses auf Josue, in: Scholastik 37 (1962) 32–44. Aber auch sie sind im deuteronomistischen Geschichtswerk vom Zusammenhang her gleichzeitig meist Aufforderungen zum Kampfesmut.

bezeichnet (Ex 12,12). Aber es ist nicht etwa ein Gericht über die sündigen Ägypter, sondern über Ägyptens Götter[27]. Die Vernichtung der Ägypter im Schilfmeer hat den Sinn, daß Jahwe sich Ehre bereitet[28], weil die Ägypter in diesem Geschehen erkennen müssen, daß er Jahwe ist[29].

[46] So ist in den Exoduserzählungen alles geschehen, was nur geschehen konnte, damit sie nicht als Schuld-Strafe-Erzählungen mißverstanden werden konnten.

d) Alle bisher geschilderten, zweifellos tief in den traditionellen Erzählungsbestand eingreifenden Operationen hat der priesterliche Erzähler keineswegs deshalb vorgenommen, weil er überhaupt keine Sündenerzählungen bringen will. Denn in drei traditionellen Erzählungszusammenhängen hat er eindeutig das Thema Schuld-Strafe behandelt.

---

[27] Aus Ex 12,12 kann man folgern, daß auch die $š^e f\bar{a}ṭîm\ g^e d\bar{o}lîm$ von 6, 6 und 7, 4 die Tötung der ägyptischen Erstgeburt meinen. Der Ausdruck ist deshalb auch dort als Gericht über die Götter zu verstehen. Das Wort $šefeṭ$ ist sonst fast nur noch in Ez belegt.

[28] Ex 14,4.18 (kbd Nifal). Bei Ez finden sich $šefeṭ$ und kbd Hifil verbunden im Völkerwort gegen Sidon Ez 28,22, das vor der Einfügung der Orakel gegen Ägypten den Abschluß der ezechielischen Völkerorakelsammlung gebildet haben dürfte (vgl. W. Zimmerli, Ezechiel, Biblischer Kommentar Altes Testament 13 [Neukirchen 1962] 693). Auch hier findet sich kein konkreter Hinweis auf Völkerschuld. Im Gegensatz zu den vorangehenden einzelnen Völkerorakeln liegt hier der Akzent ganz auf der Selbstoffenbarung Jahwes in der Geschichte.

[29] Die „Erkenntnisformel" (vgl. W. Zimmerli, Erkenntnis Gottes nach dem Buche Ezechiel, Eine theologische Studie, Abhandlungen zur Theologie des Alten und Neuen Testaments 27 [Zürich 1954] = Gottes Offenbarung, Gesammelte Aufsätze, Theologische Bücherei 19 [München 1963] 41–119; ders., Das Wort des göttlichen Selbsterweises [Erweiswort], eine prophetische Gattung, in: Mélanges Bibliques rédigés en l'honneur de André Robert, Travaux de l'institut catholique de Paris 4 [Paris 1957] 154–164 = Gottes Offenbarung 120–132) steht in P^g an folgenden Stellen: Ex 7,5 (Ankündigung); 14, 4.18. Mit ihr greift P^g eine Deutung des Geschehens auf, die in den alten Quellen schon angelegt war: vgl. Ex 7,17; 8,6.18; 9,14.29; 11,7. Doch P^g streicht die Formel im Bereich der Plagenerzählung und versetzt sie zum Offenbarungswunder am Schilfmeer. Die Jahweerkenntnis wird zum Höhepunkt der gesamten Geschehenskette. Außerdem – unter dem hier interessierenden Gesichtspunkt –: innerhalb der Plagenerzählungen hätte eine dort schon geschehende Jahweerkenntnis Pharaos auf seine Schuld hingewiesen, und die nachfolgenden Ereignisse wären automatisch als Bestrafung erschienen.

178   Die Ursünden in der priesterlichen Geschichtserzählung

In zwei Fällen führt er dabei nur weiter, was die alten Quellen schon hatten: in der Flutgeschichte[30] und in der Kundschaftergeschichte[31]. Im dritten Fall trägt er das Sündenmotiv sogar in eine Erzählung ein, die es vorher nicht enthielt: beim Wasserwunder in der Wüste[32]. Durch die Entfernung aller anderen traditionellen Sündenerzählungen treten diese drei Erzählungen der priesterlichen Geschichte natürlich um so deutlicher hervor. Dieser Effekt ist zweifellos beabsichtigt.

[47] Es ist auch sofort deutlich, daß sie einander zugeordnet sind und ein System bilden sollen. Die Fluterzählung steht in der Urgeschichte, wo von der gesamten Menschheit erzählt wird. Sie ist offenbar ein Beispiel für die Sünden aller Menschen. Die beiden Erzählungen aus der Wüstenzeit stehen gegen Ende des zweiten Teils des Werkes, wo vom Volk Jahwes allein erzählt wird. Hier sind die Heilssetzungen Jahwes für Israel mit einer Ausnahme alle schon da: Bund mit Abraham, Volkwerdung durch den Exodus, Sabbatent-

---

[30] In der Fluterzählung gehören zu P^g: Gen 6,9–22; 7,6.11.13–16a.17a.18–21.24; 8,1.2a.3b–5.13a.14–19; 9,1–3.7–17.28f. Elliger rechnet auch 9, 4–6 zu P^g, wie die meisten Autoren. Für diese Verse folge ich der Meinung von R. Smend sen. und H. Holzinger, zu deren Gunsten S. McEvenue in Kürze neue Argumente vorlegen wird.
[31] In der Kundschaftererzählung gehören zu P^g: Num 10,11–12; 13,1–3a. 17aβ.21. 25.26a.32; 14,1a.2.5–7.10.26–29aα.35–38.
[32] In der Erzählung vom Wasserwunder gehören zu P^g: Num 20,1aα.2.3b. 4.6f.8aβγbβ.10.11b.12. Dem Erzählungszusammenhang sind aber auch noch die Texte über den Tod von Aaron und Mose zuzurechnen: Num 20,22.23aα.25–29; Dt 32,48–50.51b–52; 34,1a...7–9. In der Zuteilung von Dt 32,48–50.51b–52 (anstelle des gewöhnlich angegebenen Num 27,12–14a.15–23) zu P^g folge ich einer noch unveröffentlichten Untersuchung von E. Cortese. Gegen eine verbreitete Auffassung, zuletzt deutlich vertreten durch G. W. Coats, Rebellion in the Wilderness (Nashville 1968), scheint mir die Wurzel lwn als solche noch nicht notwendig den Gedanken sündhafter Rebellion zu implizieren. Es gibt offenbar auch ein berechtigtes „Sichbeklagen" und „Aufbegehren", auf das Jahwe reagiert, indem er helfend eingreift (vgl. z. B. Ex 15,24f; 16,1–35 in allen Schichten!). Erst der jeweilige Zusammenhang kann klären, ob es sich in einem konkreten Fall um ein sündhaftes Aufbegehren handelt. Das gilt noch mehr von der Wurzel rib. Daher ist die Wassererzählung der alten Quellen in Ex 17,1b–7 höchstens durch die wahrscheinlich später eingefügten Massa-Zusätze in 17,2.7 zu einer Sündenerzählung geworden. P^g hat die Tradition vom Wasserwunder ja dann auch gar nicht auf der Linie einer Sünde des Volkes durch „Murren" weiterentwickelt, sondern auf das „Murren" eine in keiner Weise Strafcharakter tragende Antwort Jahwes folgen lassen, während die Sünde dann durch Mose und Aaron bei der Durchführung des Wunders geschieht.

deckung beim Mannawunder, Gegenwart Jahwes im Heiligtum vom Sinai an[33]. Nur das verheißene Land Kanaan ist noch nicht betreten. In diesem Augenblick bringt die priesterliche Erzählung Beispiele für die Sünden Israels: in der Kundschaftergeschichte spricht sie von der Sünde der politischen Führer und des ganzen Volkes, in der Wassergeschichte von der Sünde Moses und Aarons, also der Mittler zu Jahwe hin.

Angesichts dieser deutlichen Systematik muß man sich sogar fragen, ob es sich nur, wie zunächst vorsichtig gesagt wurde, um „Beispiele" handelt. Vermutlich sind die drei Sündenerzählungen nicht nur exemplarisch, sondern typologisch gemeint. Es könnte sich um so etwas wie um drei „Ursünden" handeln.

Ein solches Verständnis der drei Erzählungen impliziert natürlich sehr viel. Es fordert eine ganz bestimmte Auffassung von der „Gattung" der priesterschriftlichen Erzählung. Und dieses Verständnis müßte auf breiterer Grundlage erarbeitet werden. Doch scheint es mir immerhin schon im Blick auf die Behandlung des Themas Sünde wahrscheinlich, daß die priesterliche Geschichtserzählung gar nicht in unserem Sinn (und auch nicht im Sinn des Jahwisten und Elohisten) Geschichte berichten will. Vermutlich ist das Werk als ganzes – der Gattung nach – *eine* große „Urgeschichte". Alles, was in dem Werk erzählt wird, wird als „Anfang" und als „Urbild" erzählt. Während der Jahwist nur am Anfang „Urgeschichte" erzählte und dann „Geschichte", ist hier *alles* „Urgeschichte". Deshalb mußte die Ursünde des Jahwisten, die dann durch viele geschichtliche Sünden erläutert wurde, fallen, konnten aber dafür drei über das ganze Werk verteilte und systematisch einander zugeordnete Ursünden eingesetzt werden, während es keine geschichtlich-zufällig daherkommenden Einzelsünden gibt.

|48| In den kommenden Abschnitten dieser Untersuchung sind nun die drei Sündenerzählungen der priesterlichen Geschichtsdarstellung einzeln zu erörtern. Es ist jeweils einzeln zu fragen: Was hat der Verfasser von seinen Vorlagen übernommen, was abgeändert? Woher ist er in dem, was er neu hineinbringt, inspiriert? Welche Absicht wird ihn geleitet haben? Welche konkrete Situation seiner Leserschaft wird er im Auge gehabt haben?

---

[33] Zu Grundstruktur und Sinn der priesterlichen Sinaiperikope vgl. *M. Oliva*, Interpretación teológica del culto en la perícopa del Sinaí de la Historia Sacerdotal, in: Biblica 49 (1968) 345–354.

2. Die Sünde aller Menschen vor Gott: Gewalttat

a) Als der Jahwist zur Flutgeschichte kam, hatte er schon von vielen Sünden erzählt. So konnte bei ihm die Flutgeschichte einfach dadurch beginnen, daß Jahwe in Gen 6,5 vom Himmel auf die Erde herabblickte. Als er herabblickte, sah er die Sünde und beschloß deshalb Vernichtung.

Anders in der Priesterschrift[34]. In ihr beschaut sich Gott in Gen 1, 31 am Ende der Schöpfungstage sein Werk und stellt fest: „Siehe, es ist sehr gut." Dann führt ein ganz objektiver Stammbaum von Adam bis Noah[35]. Und nun soll die Flut erzählt werden. Es ist notwendig, ehe Gott auf die Erde herabblickt und die Sünde entdeckt, für die Erde selbst das Faktum der Sünde zunächst einmal zu konstatieren.

Der Verfasser tut das, indem er den Gegensatz zwischen dem guten Noah und dem Rest der Schöpfung herausarbeitet. Von Noah sagt er in Gen 6,9: „Noah war ein gerechter Mensch. Vollkommen war er inmitten seiner Zeitgenossen. Mit Gott wandelte Noah." Die Gegenaussage lautet dann in Gen 6,11: „Aber die Erde war verdorben vor Gott, und voll war die Erde von Gewalttat."

Die Formulierungen sind sorgfältig gewählt. Die Sünde ist als „Gewalttat" bezeichnet: *ḥāmās*. Das ist ein Stichwort prophetischer Anklagerede. Es meint die willkürliche Bedrückung und rücksichtslose Vergewaltigung des Nebenmenschen[36]. Davon ist die Erde voll: *wattimmālēʾ*. ⎕49⎕ Auch das ist eine prophetische Wendung, vor allem Ezechiels[37]. Wie bei der Fliegenplage in Ägypten das Land durch die Fliegen, die es anfüllen, verdorben wird, so ist hier die ganze, sehr gut geschaffene Erde durch die Gewalttat, die sie anfüllt, verdorben: *wattiššāḥēt*[38]. Und zwar führt die Gewalttat der Menschen

---

[34] Die beste Untersuchung zur Sündentheologie der priesterlichen Flutgeschichte ist: *L. Van den Wijngaert,* Die Sünde in der priesterlichen Urgeschichte, in: Theologie und Philosophie 43 (1968) 35–50.
[35] Gen 5,1–28.30–32.
[36] Belege bei *Van den Wijngaert* (vgl. oben Anm. 34) 48f. Zu *ḥāmās* vgl. ferner: *S. Marrow,* Ḥamās in Jer 20, 8, in: Verbum Domini 43 (1965) 241–255.
[37] Ez 7,23; 8,17; 12,19; 28,16; Mich 6,12; Zeph 1,9. Belege des Ausdrucks mit anderen Wörtern für „Sünde": vgl. *Van den Wijngaert* (vgl. oben Anm. 34) 40, Anm. 16.
[38] Außer in Gen 6,11f und Ex 8,20 (Fliegenplage) steht *šḥt* Nifal nur noch Jer 13,7 (Zeichenhandlung: verfaulter Gürtel); 18,4 (Vergleich: mißlungenes Töpfergeschirr); Ez 20,44 (verdorbenes Handeln). Man wird nicht von einem spezifisch prophetischen Sprachgebrauch sprechen können. P^g beginnt hier schon das

aneinander dazu, daß die Schöpfung nicht nur für sie selbst, sondern „vor Gott" ihre Güte verliert: *lifnê hā'ĕlōhîm*. In dem einen Satz steckt also eine ganze Sündenlehre.
Der Erzähler läßt diesen knappen Satz nun durch Wiederholungen und Wortspiele weiterklingen. Dabei bringt er noch kleine Ergänzungen an seiner Sündenlehre an. Gott besieht sich – wie beim Jahwisten – die Erde und entdeckt die Sünde: „Da sah Gott auf die Erde: siehe, sie war verdorben. Denn alles Fleisch hatte seinen Wandel verderbt auf der Erde" (Gen 6,12). Hier kommt neu hinzu, daß die Gewalttat verübt wird durch *kol bāśār*, d.h. durch alle Lebewesen, vertreten in ihrer höchsten Rasse, allen Menschen[39]. In dem nun folgenden Strafbeschluß Gottes, der in der Priesterschrift darstellerisch schon in den Befehl zum Bau der Arche integriert ist[40], hallt alles noch einmal wider: „Da sprach Gott zu Noah: Das Ende alles Fleisches ist mir vor Augen getreten, denn voll ist die Erde von Gewalttat, durch sie ausgeübt.[41] Siehe, nun gehe ich daran, ihnen[42] die Erde zu verderben" (Gen 6,13). Auch der Ausdruck *qēṣ bā'* greift wieder prophetische Sprache auf[43].

|50| Im ganzen läßt sich sagen, hier werde das, was für alle Menschen Sünde ist, mit der Sprache der Propheten Israels definiert. Sünde ist das Unrecht, das die Menschen einander gegenseitig antun.

Spiel mit der Wurzel *šḥt*, das später auch mit Hifil- und Pielformen weitergeführt wird. Die Benutzung des Nifal zur Charakterisierung der Folgen der menschlichen Sünde für die ganze Schöpfung ist eigene Leistung von P^g. Es sei jedoch darauf hingewiesen, daß in dem für Gen 6,9–13 entscheidenden prophetischen Text Ez 28,1–19 (vgl. weiter unten) die Wurzel *šḥt* ebenfalls vorkommt: in Ez 28,17.

[39] Zur Bedeutung von *kol bāśār* vgl. *A. R. Hulst, Kol baśar* in der priesterlichen Fluterzählung, Oudtestamentische Studiën 12 (1958) 28–68, und die Richtigstellungen dazu bei *J. Scharbert*, Fleisch, Geist und Seele im Pentateuch, Stuttgarter Bibelstudien 19 (Stuttgart ²1967) 51–54.

[40] Bei J bildete er den Anfang der ganzen Fluterzählung und war selbständiges Element: Gen 6,7.

[41] *mipp^{e}nēhem*, wörtlich: „von ihnen aus". Der Plural schlüsselt *kol bāśār* auf.

[42] *mašḥîtām* enthält ein Suffix mit Dativ-Funktion. Ist das erkannt, dann erübrigen sich Emendationen, und der Nemesischarakter des Vorgangs wird deutlich: Die Menschen haben Gott seine gute Erde verdorben – jetzt wird Gott ihnen die gleiche Erde noch ganz anders verderben.

[43] Vgl. Am 8,1f; Ez 7,2.3.6.

Gerade als Unrecht unter Menschen ist es aber eine Herausforderung Gottes – weil es nämlich Gottes gute Schöpfung korrumpiert[44].

b) Die Feststellung, daß die Priesterschrift hier prophetische Formulierungen an die alte Fluterzählung heranbringt, läßt sich noch weiter vertiefen. Es ist nämlich fast sicher, daß der Verfasser der priesterlichen Erzählung sich hier vor allem an eines der Fremdvöl-

---

[44] Falls die Theorie von G. *Pettinato,* Die Bestrafung des Menschengeschlechts durch die Sintflut, Die erste Tafel des Atramhasīs-Epos eröffnet eine neue Einsicht in die Motivation dieser Strafe, in: Orientalia 37 (1968) 165–200, richtig ist (*W. G. Lambert* und *A. R. Millard,* Atra-ḫasīs, The Babylonian Story of the Flood [Oxford 1969] vi, halten den springenden Punkt der Theorie für „not well founded philologically"), ist die Sintflut nach babylonischer Auffassung eine Strafe für eine Rebellion der Menschheit gegen die Götter gewesen. Die Menschen rebellierten gegen den eigentlichen Zweck ihres Daseins, nämlich den Göttern Zwangsarbeit zu leisten, und das war ein schweres Vergehen. Pettinato schließt seinen Aufsatz mit einigen etwas seltsamen Bemerkungen über die Minderwertigkeit der biblischen Begründung der Sintflut im Vergleich zu der von ihm erarbeiteten babylonischen. Läßt man einmal die eine eigene Darstellung erfordernde jahwistische Erzählung aus dem Spiel, setzt Pettinatos Theorie voraus und vergleicht dann die priesterliche Auffassung mit der „babylonischen", dann kann man bei ruhiger Betrachtung etwa folgenden Vergleich anstellen: In beiden Fällen ist die Sünde, die durch die Flut bestraft wird, die Verletzung der Schöpfungsordnung. Der Unterschied liegt in der Schöpfungsordnung selbst. Babylonisch ist die „Zwangsarbeit der eigentliche Zweck der menschlichen Erschaffung" (Pettinato 198), priesterschriftlich die Ausübung der Herrschaft über die anderen Geschöpfe innerhalb einer „sehr gut" geschaffenen Welt (Gen 1,28.31). Babylonisch ist der Mensch „erschaffen, um die Arbeit zu leisten, die den Göttern selbst zu schwer geworden war" (Pettinato 181), er hat ein „tragisches Dasein" (Pettinato 190). Priesterschriftlich soll er „vollkommen" sein und „vor Gott wandeln" (Gen 6,9; 17,1). Da babylonisch die Götter die Menschheit kraft der Schöpfung selbst ausbeuten, ist die Verletzung der Schöpfungsordnung notwendig eine soziale Revolte gegen die Götter. Priesterschriftlich dagegen ist die Verletzung der Schöpfungsordnung zunächst innerweltliches Übel, nämlich unsoziales Verhalten, und erst im Namen der dadurch geschädigten und zerstörten Schöpfung tritt dann Gott auf den Plan. Die babylonischen Götter müssen sich selbst verteidigen, und im Grunde bleiben sie die Angeklagten. Der priesterschriftliche Gott verteidigt die gute Welt, die Angeklagten sind die Menschen. Diese Gegenüberstellung bedürfte allerdings einer nochmaligen Korrektur, da das Atraḫasīs-Epos offenbar stärker als die Priesterschrift mythischen Aussageweisen verhaftet ist: eine Übersetzung aller mythischen Chiffren in eine der Priesterschrift näherstehende Rationalität könnte unter Umständen das Bild ändern. Und außerdem bleibt natürlich die Frage, wie die weitere Forschung auf Pettinatos Theorie reagieren wird.

kerorakel Ezechiels anlehnt, an das Orakel gegen Tyros in Ez 28, 1–19[45].

[51] Dieser Text selbst verwertet nun allerdings wiederum einen alten, vorisraelitischen Mythos vom Paradiessturz eines einst vollkommenen Wesens – vermutlich den gleichen Mythos, der auch in dieser oder jener Form traditionsgeschichtlich hinter der jahwistischen Sündenfallerzählung steht[46]. Die Priesterschrift hat den Mythos schon in der ezechielischen, allegorisierenden und mit prophetischen Motiven durchwirkten Gestalt vor sich gehabt.

Auf dem Umweg über einen prophetischen Text hat die Priesterschrift also die Verbindung zum uralten mythologisch-exemplarischen Denken durchgehalten. Das bestätigt vielleicht die These, daß sie, obwohl sie die Ursündenerzählung des Jahwisten an ihrer Stelle ausgelassen hat, hier an späterer Stelle nicht von bestimmten Sünden einer bestimmten Epoche, sondern von der Sünde der Menschen überhaupt sprechen will.

c) Daß das, was hier gesagt wird, von allen Menschen gelten soll, läßt sich auch noch auf einem anderen Weg wahrscheinlich machen. Das Gegenbild der Sünde vor der Flut ist ja der vollkommene Noah. Von ihm heißt es in Gen 6,9: „Vollkommen war er inmitten seiner Zeitgenossen. Mit Gott wandelte Noah."[47] Was hier als Wirklichkeit von Noah ausgesagt wird, wird in einer späteren Epoche aber als Gebot von Abraham gefordert, ehe El Schaddaj ihm den Bund gewährt: „Ich bin El Schaddaj. Wandle vor mir und sei vollkommen!"[48] Beim systematischen Charakter der priesterlichen Geschichtserzählung ist anzunehmen, daß auch die Sünden, vor denen

---

[45] Im folgenden halte ich mich an *Van den Wijngaert* (vgl. oben Anm. 34) 40–48. Seine Auffassung scheint mir eher zuzutreffen als die umgekehrte, die Ez 28 von P^g abhängig sein läßt. So anscheinend W. *Zimmerli*, Ezechiel (vgl. oben Anm. 28) 686.

[46] Die Frage ob dieser Mythos sich aus anderen antiken Zeugnissen genauer identifizieren und rekonstruieren läßt, ist für den Zusammenhang dieses Aufsatzes nicht so wichtig. R. *de Vaux*, Les prophètes de Baal sur le mont Carmel, in: Bulletin du Musée de Beyrouth 5 (Paris 1941) 7–20 (13–16; 20) = Bible et Orient (Paris 1967) 485–497 (490–492; 496f), denkt an einen Mythos des Baal Melquart von Tyros.

[47] Vorher vgl. schon Gen 5,22.24 für Henoch. Zur Terminologie vgl. Ez 28,14f.

[48] Zu Form und Funktion innerhalb von P^g vgl. N. *Lohfink*, Die priesterschriftliche Abwertung der Tradition von der Offenbarung des Jahwenamens an Mose, in: Biblica 49 (1968) 1–8 (6f).

184   Die Ursünden in der priesterlichen Geschichtserzählung

sich Abram bewahrt, wenn er diese Forderung erfüllt, die Sünden von Gen 6,11–13 sind. Es sind also die Sünden, die den Menschen aller Epochen drohen.

d) Die Leser der priesterlichen Geschichte im babylonischen Exil oder der babylonischen Diaspora blickten ja auf die Unheilspredigt der Propheten schon zurück. Sie konnten bei der Lektüre der priesterlichen Fluterzählung erkennen, daß sie zu Recht von ihren Propheten angeklagt und von ihrem Gott bestraft worden waren. Zugleich sollten sie aber wissen, daß sie keineswegs irgendwelche besonderen Vorschriften, die ⎡52⎤ nur den Söhnen Abrahams galten, verletzt hatten. Sie hatten, wenn sie Unrecht und Gewalttat übten und von ihren Propheten deshalb angeklagt wurden, Sünden getan, die allen Menschen verboten waren, weil sie die gute Schöpfung Gottes korrumpierten.

Jenseits dieser Sünden, bei denen die Israeliten in einer Reihe stehen mit allen anderen Menschen, kennt die priesterliche Geschichtserzählung jedoch andere, die sich erst dann ereignen können, wenn Jahwe sich einer Gruppe von Menschen besonders zugewandt hat. Sie definiert er in den Sündenerzählungen der Wüstenzeit.

3. Die Sünde der politischen Führer Israels und des ganzen Volkes: Verleumdung des Landes

a) Die in Num 13f vorliegende Erzählung von der Auskundschaftung Palästinas vom Süden her war trotz mehrfacher Erweiterung und Überformung in den alten Pentateuchquellen auch in ihrem Endzustand eine Kriegserzählung geblieben. Im deuteronomistischen Geschichtswerk, wo sie in Dtn 1 den Anfang der Gesamterzählung bildet, ist sie die eigentliche Ursünde Israels. Der Charakter der Kriegserzählung ist eher noch gesteigert. Sie ist die Geschichte von einem pervertierten Heiligen Krieg.

In der priesterlichen Geschichtserzählung ist dagegen jeder Zusammenhang mit Krieg und Eroberung beseitigt. Keine militärische Notwendigkeit gebietet die Aussendung von Kundschaftern. Jahwe selbst befiehlt, daß man eine Delegation durch das Land Kanaan sendet. Ihre Mitglieder sind nicht „Kundschafter". Sie haben vielmehr in einer genau 40 Tage[49] dauernden Prozession das Land von

---

[49] *wajjāšūbû* in Num 13,25 meint nicht die Heimkehr, sondern die Änderung der Marschrichtung am nördlichsten Punkt des Weges.

Die Ursünden in der priesterlichen Geschichtserzählung 185

seinem südlichsten bis zu seinem nördlichsten Punkt zu durchziehen, es zu besichtigen und zu begutachten[50]. Es geht um eine für ganz Israel stellvertretende Stellungnahme zu Jahwes letzter und größter Heilsgabe, dem „Land Kanaan, das ich nun den Israeliten geben will". Deshalb muß ein Vertreter aus jedem Stamm Israels dabei sein, jeder muß ein *nāśī'* sein (Num 13,2)[51].

[53] In der Begutachtung und Bewertung von Jahwes Heilsgabe geschieht nun die Sünde[52]. Entsprechend der schon bei der Flutgeschichte beobachteten Technik gibt ihr der Verfasser einen genauen Namen. Sie ist *dibbat hā'āreṣ*, „Verleumdung des Landes"[53]. Das Land ist Jahwes Heilsgabe. Die Sünde ist also die Verleumdung der konkreten, von Jahwe angebotenen Heilsgabe.

Die Worte der Verleumdung werden in Num 13,32 wörtlich zitiert: „Das Land ... ist ein Land, das seine Bewohner frißt, und die Leute, die wir darin gesehen haben, sind Riesen." Die zweite Hälfte dieses Satzes ist ein weitergeführtes Motiv aus den alten Quellen und auch durch die Benennung der Sünde als „Verleumdung des Landes" nicht direkt gedeckt. Die erste dagegen ist neu, und sie führt wieder zu Ezechiel.

b) Ez 36,1–15 bildet eine Heilsansage Jahwes an das Land Israels. Dieses Land wird gegen die Verleumdungen und Schmähungen der Völker in Schutz genommen[54]. Die Schmähungen der Völker werden in Ez 36,13 so zusammengefaßt: „Eine Menschenfresserin bist du, du hast dein Volk kinderlos gemacht." Bei Ezechiel reden so allerdings die anderen Völker, und sie reden so in einem Augenblick, in dem

---

[50] In dieser Deutung der Wurzel *twr* folge ich einer noch unveröffentlichten Untersuchung von S. McEvenue.
[51] Zur Entmilitarisierung der Erzählung gehört es auch, daß P^g die Niederlage von Horma (JE: Num 14,39–45; deuteronomistisches Geschichtswerk: Dt 1,41–45), in der die Sünde bestraft wird, völlig ausläßt oder höchstens in dem generellen Strafurteil Num 14,29.35 und der Notiz über den Tod der „Kundschafter" 14,36f für Kenner der alten Tradition andeutet.
[52] Die Sünde nach den alten Quellen und dem Deuteronomisten: Angst, Revolte, Unglauben. In der folgenden Darstellung übernehme ich einige Beobachtungen aus einer noch unveröffentlichten Arbeit von *E. Cortese* über das Thema „Land" in der Priesterschrift.
[53] Num 13,32; 14,36f. Zu *dibbāh* als „Verleumdung" vgl. Gen 37,2 P^g; Prov 10,18; 25,10. Sonst findet sich das Wort nur noch in Ez 36,3, dazu vgl. die nächste Anmerkung.
[54] Die gebrauchten Wörter sind: *dibbāh* Ez 36,3; *k^{e}limmāh* „Schimpf" 36,6.7.15; *ḥerpāh* „Schmähung" 36,15.

Israel tatsächlich aufgefressen ist. Um so schlimmer ist jedoch die Sünde, wenn Israel selbst derartige Wörter gebraucht, und zwar gerade in dem Augenblick, wo ihm das Land gegeben werden soll.

c) Man wird vermuten dürfen, daß zur Zeit des Exils und der beginnenden nachexilischen Diaspora nicht nur Israels Feinde die Heilsgabe Jahwes, das Land Kanaan, verleumdeten. Vermutlich spricht die Priesterschrift hier von einer Sünde, die ihren israelitischen Lesern selbst drohte, wenn nicht unterlief: daß sie auf die Aufforderung, wieder in ihr Land zurückzukehren, nicht hörten und dieses Land gar nicht mehr haben und bewohnen wollten, weil sie nichts mehr von ihm hielten. Vielleicht war dies gerade die Versuchung der Vorsteher der Exilierten und der Diasporagruppen, und sie brachten auch die Massen dazu, so zu denken.

[54] d) In der priesterlichen Erzählung reißen nun jedenfalls die Inspizienten des Landes das ganze Volk in ihre Sünde hinein, wie aus Num 14,36 hervorzugehen scheint[55]. Das Volk wünscht in seiner Verzweiflung, in Ägypten oder hier in der Wüste gestorben zu sein (Num 14,2). Der Wunsch erfüllt sich wörtlich[56]. In Num 14,28f.35 verurteilt Jahwe sie zum Tod in der Wüste.

Nur Josua und Kaleb waren an dieser Sünde nicht beteiligt. Sie hatten erklärt: „Das Land ist sehr, sehr gut" (Num 14,7). An Josua und Kaleb erkennt der Leser der Priesterschrift also, wie man sich richtig verhält, genau wie in der Fluterzählung an Noah. Josua und Kaleb werden deshalb auch später mit einer neuen Generation die Heilsgabe Jahwes erhalten. Außer ihnen hatten auch Mose und Aaron nicht mitgesündigt. Ihr Nichtsündigen hat aber eine andere, in der Ökonomie der Gesamterzählung begründete Funktion. An ihnen, den geistlichen Führern Israels, wird eine andere Sünde geschildert. Das geschieht in Num 20 in der dritten und letzten Sündenerzählung.

---

[55] Diese Auslegung von 14,36 ist nicht ganz sicher. $l^e hôṣî' dibbāh 'al hāāreṣ$ kann sowohl auf das, was die „Kundschafter" taten, als auch auf das, wozu sie die ganze Gemeinde verführten, bezogen werden. Doch hat sich nach P^g die Gemeinde auf jeden Fall durch ihren Todeswunsch in 14,2 mit der Auffassung der „Kundschafter" vom Land Kanaan identifiziert.

[56] Zu der Geisteshaltung, die hier der Darstellung zugrunde liegt, vgl. S. *McEvenue*, A Source-Critical Problem in Nm 14,26–38, in: Biblica 50 (1969) 453–465 (464f). Eine ähnliche Auffassung zeigt sich auch schon in Gen 6,13 – vgl. oben Anm. 42.

4. Die Sünde der religiösen Führer Israels: mangelndes Vertrauen

a) Im priesterlichen Text von Num 20 findet sich eine sauber durchgeführte Geschichte von einer wunderbaren Wasserspende in der Wüste[57]. Es fehlt an Wasser. Die Gemeinde versammelt und beschwert sich. Mose und Aaron gehen zum Zelt und beten. Jahwes Herrlichkeit erscheint, 55 und Jahwe gibt ihnen die Anweisung, die Gemeinde vor dem Felsen zu versammeln und zum Felsen zu sprechen, dann werde er Wasser geben. Sie tun das, und Wassermassen strömen aus dem Felsen. Menschen und Vieh können trinken.

Doch an zwei Stellen schiebt sich ein völlig neues Element in die nach bekanntem Schema ablaufende Erzählung. Wie Mose Num 20,10 zum Felsen spricht, äußert er nicht einen Befehl, Wasser zu spenden, sondern eine Frage, die Unsicherheit verrät: „Hört zu, ihr Widerspenstigen! Können wir für euch vielleicht Wasser aus dem Felsen hervorquellen lassen?"[58] Das Wasser strömt trotzdem. Aber dann schließt die Erzählung in Num 20,12 mit Jahwes Urteil über Mose und Aaron: „Weil ihr nicht an mich geglaubt habt und nicht vor den Augen der Israeliten mich als den Heiligen behandelt habt, deshalb werdet ihr diese Gemeinde nicht in das Land bringen, das ich

---

[57] Ich halte die von *G. W. Coats*, Rebellion in the Wilderness (vgl. oben Anm. 32) 71–82, vorgelegte Deutung auf eine Rebellionsgeschichte, in der Mose und Aaron stellvertretend für das rebellierende Volk bestraft werden, für mißlungen. Allerdings scheiden sich die Wege schon bei der Bestimmung des P-Textes und bei der methodischen Frage, ob es angebracht ist, zur Deutung einer bestimmten biblischen Schicht die Auffassung anderer Schichten, etwa des deuteronomistischen Geschichtswerkes, harmonistisch heranzuziehen. Daß in Dt 1–3 Mose stellvertretend für das Volk am Eintritt in das verheißene Land gehindert wird, ist sicher – vgl. *N. Lohfink*, Individuum – Gemeinschaft in Deuteronomium 1,6–3,29 (vgl. oben Anm. 2). Doch die Frage ist, was das für P^g austrägt.

[58] Es gibt in der exegetischen Literatur einen alten Streit darum, worin die Sünde von Moses und Aaron eigentlich bestanden habe. Doch dürfte es aus der Erzählungslogik von P^g eindeutig hervorgehen, daß gerade die Worte Moses in Num 20,10 als die Sünde der beiden betrachtet werden müssen. In Dt 32,51 wird die in Num 20,12 genannte Sünde wie in Num 20,12 selbst Mose *und* Aaron zugeschrieben (wie übrigens auch, falls man lieber die Parallelstelle in Num 27 P^g zuteilt, in Num 27,14). Nun gibt es aber in Num 20 P^g keine in Frage kommenden gemeinsamen Aktionen von Mose und Aaron außer der Versammlung des Volkes vor dem Felsen und den Worten Moses. Die Worte werden zwar von Mose allein gesprochen, aber er spricht sie, indem er „wir" sagt, in beider Namen, auch im Namen Aarons. Da man in P^g mit interner Erzählungslogik rechnen darf, muß es sich bei der Sünde um diese Worte handeln.

ihnen gegeben habe."[59] Durch diese Erweiterungen der ursprünglichen Erzählung, die ganz dem priesterlichen Verfasser zuzuteilen sind, wird sie zu einer Erzählung von einer Sünde und einem göttlichen Strafurteil.

b) Wie bei den beiden ersten Sündenerzählungen erhält auch hier die Sünde einen eigenen Namen: *lō' he'emantem bî,* also Unglaube, mangelndes Vertrauen auf die Wunderkraft und den Hilfswillen Jahwes, und zwar im Hinblick darauf, *l^ehaqdîšēnî l^e'ēnê b^enê jiśrā'ēl,* also Versagen angesichts der Aufgabe, Jahwe vor seinem Volk als den Heiligen zu behandeln[60].

Mit dem Motiv der Heiligkeit Jahwes wird ein Motiv in den Zusammenhang eingebracht, das der priesterlichen Geschichtserzählung zweifellos ⎕56⎕ wichtig ist. Noch führender wird es dann in dem aus der gleichen Tradition stammenden „Heiligkeitsgesetz" werden. Trotzdem besteht ein wenig der Verdacht, daß die Wurzel *qdš* an *dieser Stelle* vor allem auch deshalb gebracht wird, weil die Erzählung in der älteren Tradition geographisch mit der Oase *Qadesch* verbunden war. Die priesterliche Erzählung erwähnt diese Lokalisierung nicht, vermutlich deshalb, weil nach ihrer Theorie Qadesch schon zum Lande Kanaan gehört[61], in dem die Israeliten an dieser Stelle ihrer Geschichte noch nicht sein dürfen. Die beiläufige Benutzung der Wurzel *qdš* könnte aber eine für die Priesterschrift typische äußerliche Ehrenbezeigung für den sachlich übergangenen Inhalt der alten Quellen sein. Daher bleibt die entscheidende Kennzeichnung der Sünde die, daß es sich um mangelnden Glauben und mangelndes Vertrauen handelt. Das ist also die Sünde der Mittler Israels zu Gott.

c) Warum wird diese Sünde nicht nur erzählt, sondern sogar geradezu neu geschaffen? Die gewöhnliche Anwort ist, dieser sehr systematisch denkende Geschichtsschreiber habe für die aus der Tradition feststehende Tatsache, daß Mose und Aaron das verheißene Land nicht betreten hatten, eine hinreichende Erklärung gebraucht.

---

[59] *J. L. McKenzie,* Historical Prologue (vgl. oben Anm. 2) 97, scheint Num 20,12 (und auch Num 14,2) zu JE zu rechnen und erschließt auf dieser Grundlage eine besondere Deutung der Sünde Moses in Dt 1 (DtrG). Aber die Zugehörigkeit von Num 20,12 zu P^g dürfte im Hinblick auf Dt 32,51 (bzw. Num 27,14) keinem Zweifel unterliegen.

[60] Ähnliche Formulierung (Piel) in Dt 32,51.

[61] Vgl. Num 34,4. Num 34,1–12 dürfte (gegen Noth) nach einer noch nicht veröffentlichten Arbeit von *E. Cortese* P^g zuzuteilen sein.

Die ihm vorliegende Erklärung des Deuteronomisten, Mose sei um seines sündigen Volkes willen in einer Art Herrscherhaftung nicht ins Land gelassen worden[62], habe nicht in seine viel individualistischer denkende Theologie gepaßt[63].

Aber vielleicht wird man – selbst wenn man diese Überlegung anerkennt – außerdem noch eine Analogie zu den beiden anderen Sündenerzählungen sehen können. Wie dort, wird die Priesterschrift auch hier an die eigenen Leser in Exil oder Diaspora gedacht haben. Sie wird sie auf die besondere Gefahr aufmerksam gemacht haben, die gerade ihren Propheten und geistlichen Leitern drohte. Waren das Volk und seine politischen Führer in Gefahr, den Wert der Heimkehr ins Land Kanaan nicht mehr zu erkennen, so vergaßen die religiösen Spitzen der Exulanten und der Diaspora vielleicht langsam, die Wunderkraft Jahwes zu verkünden, der auch Unmögliches möglich ist.

Zusammenfassung

[57] Das priesterliche Geschichtswerk spricht also in einer sehr überlegten Weise von der Sünde. Es führt keinen alles umfassenden Sündenbegriff ein, sondern jede der drei geschilderten Sünden erhält ihren eigenen Namen. Es gibt die Sünde aller Menschen. Sie ist gegen die Ordnung der guten Schöpfung: die Gewalttat der Menschen untereinander. Es gibt dann eine besondere, auch material bestimmbare Sünde im auserwählten Volk Gottes. Das ist für die politischen Führer und das ganze Volk die Geringachtung der angebotenen Heilsgabe, die Verleumdung des Landes Kanaan. Und es ist für die geistlichen Führer das Versagen angesichts der Aufgabe, an Jahwes Wunderkraft zu glauben und ihn dem Volke als den Heiligen, den in seiner Mitte Anwesenden und Wirkenden zu zeigen. Die drei Sünden scheinen in eine ganz bestimmte Situation Israels hineinformuliert zu sein, und doch stehen sie zugleich so abgehoben und systematisch aufeinander bezogen in der Geschichtsdarstellung, daß man annehmen muß, sie sollten „Ursünden" andeuten, an denen sich Grundsätzliches einer Sündenlehre ablesen lasse.

---

[62] Vgl. Dt 1,37; 3,23–26; dazu 4,21f. Außerdem ging es hier nur um Mose. P^g brauchte auch eine Begründung für den ihm wichtigen Aaron.
[63] Zu diesem Zug der Theologie von P^g, der wieder seinen Zusammenhang mit Ezechiel zeigt, vgl. *Scharbert,* Prolegomena (vgl. oben Anm. 1) 99f.

Der Schöpfergott und der Bestand von Himmel und Erde

Das Alte Testament zum Zusammenhang von Schöpfung und Heil

[15] Ich möchte zunächst sagen, wie ich die Zielsetzung dieser Tagung verstehe.

Vor einigen Jahren hat Gerhard Nebel einem Essayband den Titel »Sprung von des Tigers Rücken« gegeben.[1] Er spielt damit auf ein chinesisches Sprichwort an, das es für unmöglich erklärt, während eines Tigerritts das Tier zu verlassen. Wer auf dem Tiger sitzt, dessen Schicksal ist unausweichlich. Für ihn, so sagt Nebel, sei der Tiger Gleichnis der technischen Zivilisation. Sie rast so voran, daß sie schon die Bewohnbarkeit der Erde in Frage stellt und daß Zweifel aufkommen, ob Adam das dritte Jahrtausend erreichen wird. Vom Tiger müsse man sprechen, weil hier ein Prozeß von ungeheurer Tatzen- und Gebißkraft eingesetzt habe. Dem chinesischen Proverb müsse man zustimmen, mindestens, soweit es die Menschheit als ganze betrifft: »Ich erkenne keine Möglichkeit einer Wende zur Archaik, ich kann weder an die Wiederkehr der Götter noch eine kommende Liturgie und Offenbarung, noch an einen Abbau der Industrie, noch an eine Reinigung des Wassers und der Luft, noch an eine Überwindung der Langeweile und der aus ihr geborenen Anarchie, also an ein zukünftiges Ethos glauben. Ich halte die allgemeine Lage für hoffnungslos und es auch für vergleichsweise unerheblich, ob der Untergang kapitalistisch oder dirigistisch, demokratisch oder faschistisch geschieht«.[2] Aber jeder Mensch sei ein einzelner. [16] Als einzelner brauche er sich nicht dem allgemeinen Ablauf zu unterwerfen. »Er kann vom Rücken des furchtbaren Raubtiers abspringen, aber immer nur für sich oder für einen kleinen Freundeskreis.«[3] Von solchen Absprungchancen des einzelnen werde er handeln, etwa von der Gottesfurcht oder von der Fantasie, vom Weinrausch, vom Sport, vom Genuß an Ruinen, von der Waldwanderung.

---

[1] Stuttgart 1970.
[2] S. 5f.
[3] S. 6.

Diese hochreflexe Weltethosverweigerung eines trauernden Humanisten ähnelt nicht nur verzweifelt dem Kosmosabsprung aller gnostischen Bewegungen am Ausgang der Antike, sondern ist zugleich *eine* Ausdrucksform einer heute viel breiter vorhandenen Absprungsmentalität, weg von der Verantwortung für die Welt, hin zur Rettung des Individuums und vielleicht der kleinen Freundesgruppe. Sie mag sich mit Zen oder Yoga verbinden oder mit dem Eigenheim und einem Schrebergarten oder auch – und darauf käme es jetzt hier an – mit einem traditionell-christlichen Wertesystem, in dem Wörter wie Heil und Erlösung groß geschrieben werden, Wörter wie irdische Realität, Menschheit und Schöpfung aber kaum oder doch nur am Rande vorkommen. Dies gilt trotz vieler entgegengesetzter Modetheologien der letzten Jahre.

Unsere Tagung, so verstehe ich es, möchte demgegenüber fragen, ob unser auf der Bibel gründender Glaube uns nicht doch wider alle proverbielle Plausibilität dazu aufruft, es zu versuchen, den rasenden Tiger, auf dem wir reiten, zu bändigen. Diese Verantwortung ist uns im Glauben auferlegt, falls die Botschaft des Heils nicht nur äußerlich, sondern im Kern mit dem Wort von Gott, dem Schöpfer, und von der Welt als Gottes Schöpfung zu tun hat. Deshalb in diesem Zusammenhang die Frage nach der *Schöpfungstheologie*.

Der Blick darauf ist uns heute *gesellschaftlich verstellt*. In der nachneuzeitlichen Gesellschaft ist das Religiöse ein Teilbereich. Die anderen Bereiche des Lebens haben eine davon unabhängige Wissensfundierung. So bezieht sich die Rede vom Heil nicht mehr aufs Ganze. Sie hängt sich, was Gegenteiliges auch immer die Theologen und die Pfarrer sagen mögen, notwendig ans Individuum oder die kleine Gemeinde, in der man sich trifft. Die Rede von der Schöpfung aber hat überhaupt keinen Ort im Leben mehr, wo sie sich brauchbar niederlassen könnte. Denn die Vielheit der getrennten Lebensbezirke wird wissensmäßig nur noch von vagen Gesamtplausibilitäten zusammengehalten.[4] Wenn wir zu Recht beabsichtigen, Heil und Schöpfung miteinander zu verbinden und die Verantwortung des Glaubens für diese Erde und ihre Zukunft zu statuieren, dann ist nicht nur eine privatistische Heilsvorstellung vieler Zeitgenossen im Unrecht, sondern die ganze Konstruktion unserer Gesellschaft erscheint als fragwürdig, ja als gefährlich. Ich wollte das gesagt haben, damit

---

[4] Hier sei vor allem auf die religionssoziologischen Thesen von Thomas Luckmann hingewiesen.

niemand das, was wir uns offenbar theologisch vorgenommen haben, für irgendeine Harmlosigkeit hält.
Im übrigen stehe ich hier als Alttestamentler. Erwarten Sie also keine die konkreten Fragen von heute unmittelbar anpackende Synthese, sondern eher uns völlig fremde Entwürfe einer weit zurückliegenden Literatur, die aber durch ihre Fremdheit zusammen mit der dennoch für uns Christen bestehenden biblischen Autorität geeignet sind, unsere üblichen Denkbahnen zu verwirren und uns zu neuem Denken anzuregen. Weitere Schritte stehen erst den auf mich folgenden Rednern zu.

Ich lege auch keinen Wert darauf, über alles, was das Alte Testament zum Thema zu sagen hätte, zu informieren. Auch die Diskussionen, die in unserer Wissenschaft in den letzten Jahrzehnten zum Thema im Vordergrund standen, so interessant und wichtig sie sind, schiebe ich beiseite. So etwa die regelmäßig wieder auftauchende Frage nach der *theologischen Stellung* des Schöpfungsglaubens innerhalb ⌐18⌐ des gesamten alttestamentlichen Heilsglaubens. Sie ist von ihrem Ursprung im Jahre 1935 her, als Gerhard von Rad das Thema bei einem Kongreß in Göttingen zum ersten Mal aufrollte,[5] viel zu sehr an die Engführung gebunden, die die Auseinandersetzung der Bekennenden Kirche mit den schöpfungstheologisch legitimierten kirchlichen Anpassungstendenzen an die Ideologie des Dritten Reiches erzwang, auch wenn das in der Folgeliteratur kaum noch deutlich wird. Eine andere Frage ist die nach dem *Alter* des Schöpfungsglaubens in Israel. Sie hat sich in letzter Zeit vor allem auf die Frage zugespitzt, von welcher Zeit an man mit einer Identität von Jahwe, dem Befreiungsgott Israels, mit El, dem kanaanäischen Schöpfergott, rechnen kann. Der Termin schiebt sich immer weiter zurück, je mehr die kanaanäische Religion bekannt wird. Neuerdings wird in den Ausgrabungen von Ebla etwa für das Jahr 2400 (also mehr als ein Jahrtausend vor Mose) in der Zeit des Königs Ebrum an den dortigen Personennamen eine religionsgeschichtliche Wende erkennbar, in der der Gott El durch den neuen Namen Ja(w) bezeichnet wird. Dadurch geraten wir vollends ins Schwindeln: Damals schon wurde in Ebla an die Stelle des Namens Mi-kà-Il der Name Mi-kà-Jà, an die Stelle des Namens Iš-ra-Il der Name Iš-ra-Jà gesetzt.[6] Aber das sind religionsge-

---

[5] Das theologische Problem des alttestamentlichen Schöpfungsglaubens, in: Werden und Wesen des Alten Testaments, BZAW (1936) 138–147.
[6] Vgl. *G. Pettinato* in: Biblical Archeologist 39 (1976) 48.

schichtliche Probleme. Uns interessiert eher das definitive Alte Testament, wie es uns als Botschaft gegenübertritt. Das wäre auch zu sagen bezüglich der wichtigen Heidelberger Dissertation von Rainer Albertz aus dem Jahr 1972, wo nachgewiesen wird, daß in Israel ursprünglich in zwei ganz verschiedenen Zusammenhängen von Schöpfung gesprochen wurde: nicht nur im Zusammenhang des kultischen Gotteslobs von der Schöpfung der Welt, sondern auch im Zusammenhang der persönlichen Klage und Rettung von der Schöpfung des einzelnen Menschen durch seinen Gott.[7] Hier ist also ein Zusammenhang, wo Rettung, also Erlösung und Heil, unmittelbar und ursprünglich mit dem Wissen um Schöpfung und Schöpfer verbunden war und wo man gar nicht sieht, wie man beide Motivkreise eigentlich auseinanderhalten soll. Aber auch das ist zunächst vor allem religionsgeschichtlich interessant.

Für die folgenden Überlegungen möchte ich einen einzigen literarischen und theologischen Komplex isolieren und seine Aussagekonturen entwickeln: die »priesterliche Geschichtserzählung« im Pentateuch. Sie ist, trotz neuerlicher Bestreitung etwa durch Frank Moore Cross[8] und Rolf Rendtorff,[9] sowohl von den alten Pentateuchquellen als auch von später hinzugekommenem priesterlichem Gesetzesmaterial als ursprünglich selbständige Schrift klar abgrenzbar.[10] Ihr Ursprung im ausgehenden babylonischen Exil oder kurz nach dessen Ende ist kaum zu bezweifeln. Sie beginnt mit Gen 1, dem profiliertesten Schöpfungstext des ganzen Alten Testament, auch dem bekann-

---

[7] Weltschöpfung und Menschenschöpfung, Calwer Theologische Monographien 3, Stuttgart 1974.
[8] Canaanite Myth and Hebrew Ethic, Cambridge, Ma, 1973.
[9] Das überlieferungsgeschichtliche Problem des Pentateuch, BZAW 147 (1976).
[10] Zur Abgrenzung vergleiche man am praktischsten K. *Elliger,* Sinn und Ursprung der priesterlichen Geschichtserzählung, Zeitschrift für Theologie und Kirche 49 (1952) 121; abgedruckt in: Kleine Schriften zum Alten Testament, München 1966, 174f. Elliger folgt allerdings der Theorie von M. Noth, derzufolge die priesterliche Geschichtserzählung in Dtn 34 zu Ende ist. Demgegenüber rechne ich damit, daß die abschließenden Passagen der Schrift erst im Buch Josua vorliegen, wobei P allerdings keine Theorie einer gewaltsamen Landnahme hatte. Wichtig für die folgenden Ausführungen ist, daß Jos 18,1 zur ursprünglichen priesterlichen Geschichtserzählung gehörte. Auch innerhalb von Gen bis Num weicht meine Abgrenzung an einigen Stellen von der Elligers ab. Für das folgende können diese Differenzen aber vernachlässigt werden. Einen geschlossenen Abdruck der priesterlichen Geschichtserzählung findet man in R. *Smend,* Alttestamentliches Lesebuch, Siebenstern-Taschenbuch Nr. 182, Hamburg 1974, 88–124.

Der Schöpfergott und der Bestand von Himmel und Erde   195

testen. Man begeht allerdings weithin ⟦20⟧ den Fehler, ihn isoliert auszulegen. Demgegenüber möchte ich ihn im folgenden nur als einen Baustein im Gesamtaussagesystem der Priesterschrift – wie ich nun abkürzend sagen werde – betrachten. Die Schöpfungslehre der Priesterschrift ist erst mit deren letzten Sätzen im Buch Josua ans Ende gekommen.

Wenn das, was ich nun vortrage, in einigem neu klingt gegenüber dem, was man in der exegetischen Literatur nachlesen kann, dann nur, weil ich versuchen will, die Priesterschrift als *ein* Aussagesystem zu deuten. Wie stehen in diesem literarisch als Geschichtserzählung auftretenden, sachlich aber durchaus theologisch-systematisch gemeinten Werk aus dem Ende des 6. Jahrhunderts vor Christus die Größen »Schöpfung« und »Heil« zueinander? Was folgt aus diesem Zueinander für Gottes Einstellung und des Menschen Verantwortung hinsichtlich unserer Erde?

Der erste unserer drei Schritte ist eher einführender Natur.

I. Die Priesterschrift denkt die Welt nicht als dynamisch vorwärtsdrängendes, sondern als aus Dynamik stammendes, aber dann stabilisiertes System

Wir müssen die Priesterschrift wohl als eine Art Gegenentwurf zur eschatologischen Geschichtsschau sehen, die während des babylonischen Exils bei den Propheten und den Ausläufern der deuteronomistischen Bewegung entstand, besonders zur hochgesteigerten Naherwartung bei Deuterojesaja. Da war ja die Geschichte auf Zukunft hin dynamisiert. Das Alte war vergangen, Neues, Größeres stand bevor, Gott war gerade daran, es in der Völkerwelt zu schaffen. Der Bund mit den Vätern war vorüber, ein neuer Bund stand bevor, der nicht mehr wie der alte war.

Hier gebietet die Priesterschrift Einhalt. Wie sie die Dinge sieht, braucht es keinen neuen Bund. Der *Bund,* den Gott *Abraham* zugeschworen hat,[11] war ein ewiger Bund, einseitige ⟦21⟧ Setzung und Verheißung Gottes, die kein Mensch durch Sünde zu Fall bringen kann. Eine sündige Generation mag aus ihm herausfallen. Dann wird der Tod sie ereilen, der Untergang in der Wüste.[12] Aber für die nächste Generation leben einfach die alten Verheißungen wieder auf.

---

[11] Gen 17.
[12] Vgl. Num 14.

Und der Abrahamsbund ist nochmals umfangen vom *Noachbund*.[13] Auch er ist ein ewiger Bund. Allen Menschen und Tieren, ja dem ganzen Kosmos ist von Gott zugesichert, daß er keine Flut, das heißt keinen Zusammenbruch des gesamten Weltsystems jemals wieder heraufführen werde. Die Ägypter, die ihre Städte aus dem Schweiß und Wehgeschrei eines geknechteten Israel gebaut haben, werden von den Wassern des Meers verschlungen.[14] Aber das Weltgebäude steht weiter, und das gerettete Israel kann den Weg in das ihm von Gott zugeteilte Land einschlagen. Abrahamsbund und noch vor ihm der Noachbund sind die theologischen Garanten der Stabilität der Welt.

Man mag einwenden, daß doch auch die Priesterschrift ständige Dynamik und Entwicklung schildere. Auch in ihr gebe es doch bald nach der Schöpfung die riesenhafte Gefährdung des Weltbestands durch die Sintflut, die erst im letzten Augenblick gebändigt wurde.[15] Und auch die von Abraham bis Josua geschilderte Geschichte des Volkes Israel sei doch eine einzige Bewegung und dramatische Entwicklung. So sei doch auch die Welt und Geschichte der Priesterschrift dynamisch, nicht stabil.

In der Tat ist das, was die Priesterschrift erzählt, nach vorne drängende Dynamik. Doch die Frage ist, welchen Stellenwert für die Gesamtsicht der Welt jene Weltperiode hat, die die Priesterschrift aberzählt. Ich möchte mich der Antwort auf Umwegen nähern: über unsere heutige Dynamisierung der Welt und die altmesopotamische Auseinandersetzung mit einer ähnlichen Problematik.

[22] Die immer gewaltiger werdenden Prozesse, die das Gefüge unserer Welt zu zerstören drohen, hängen ja weithin an der Bevölkerungsentwicklung, die dabei ist, zur Bevölkerungsexplosion zu werden. Sie zwingt zu immer größerer Urbanisierung, zu immer gewalttätigerer Nahrungsmittelproduktion, zu immer schnellerer Ausplünderung der Energie- und Rohstoffvorräte unseres Planeten. Deshalb ist die Frage nach Dynamik und Stabilität zwar nicht allein, aber doch sehr vordringlich heute eine Frage nach dem weiteren Wachstum oder einer anzuzielenden Stabilisierung der Menschenzahl.

Dieses Problem der Überbevölkerung hat sich nun aber analog auch schon in der Antike gestellt. Analog, weil bei der damaligen

---

[13] Gen 9.
[14] Ex 14.
[15] Gen 6–9.

Gestalt des Verkehrs ein solches Problem schon innerhalb eines begrenzten geographischen Raums aufkommen konnte, und ferner, weil damals noch weniger technische Möglichkeiten zur Verfügung standen, um Hungerkatastrophen von einer zu sehr gewachsenen Bevölkerung abzuwehren. Jedenfalls dürfte schon die Entstehung der mesopotamischen Bewässerungs- und Stadtkultur auf Bevölkerungsdruck zurückgehen. Auch nachdem diese Kultur da war, scheint sich die Drohung der Überbevölkerung periodisch von neuem erhoben zu haben.

Ein Zeugnis dafür, das uns gerade im Hinblick auf die Priesterschrift interessiert, ist das bedeutendste Urzeitepos, das wir aus Mesopotamien besitzen, das *Atraḫasīs-Epos*. In der uns am besten bekannten Fassung zählt es 1245 Verse und ist von dem Schreiber Ku-Aja im 17. Jahrhundert vor Christus verfaßt, gehörte aber auch noch in der Mitte des 1. Jahrtausends vor Christus, als die Priesterschrift in Babylonien entstand, zu den allgemein bekannten und gern gelesenen Werken der alten Literatur. Leider existiert von ihm immer noch keine vollständige deutsche Übersetzung.[16] [23] Wenn mein Lehrer William L. Moran von der Harvard-Universität[17] und Frau Anne D. Kilmer von der University of California in Berkeley[18] in ihren aufregenden Deutungen dieses Epos sich nicht völlig verrannt haben, dann ist das Problem der Überbevölkerung eines der Hauptthemen der Dichtung, und zwar im Zusammenhang mit der Frage nach dem Bestand der Welt.

Das Epos setzt bei den Göttern im schon existierenden, aber noch menschenleeren Kosmos ein. Im Kosmos muß die Arbeit geleistet werden. Die oberen Götter zwingen die unteren, allein die Arbeit zu tun. Nach einiger Zeit revoltieren die unteren Götter. Deshalb werden jetzt die Menschen geschaffen. Sie sollen von nun an die Arbeit leisten, und damit genügend Menschen da sind, werden sie mit den Mechanismen der Selbstvermehrung ausgestattet. Diese jedoch wirken so stark, daß bald die Zahl der Menschen so groß und der Lärm, den sie machen, so laut ist, daß einige Götter in ihren Palästen nicht mehr schlafen können und deshalb auf Dezimierung, ja Vernichtung der

---

[16] Wissenschaftliche Ausgabe mit englischer Übersetzung: *W. G. Lambert* u. *A. R. Millard*, Atra-Ḫasīs – The Babylonian Story of the Flood, Oxford 1969.
[17] Atrahasis: The Babylonian Story of the Flood, Biblica 52 (1971) 51–61.
[18] The Mesopotamian Concept of Overpopulation and Its Solution as Reflected in the Mythology, Orientalia 41 (1972) 160–177.

Menschheit sinnen. Da andere Götter den Menschen beistehen, mißlingen die ersten Vernichtungsversuche: Hungersnot, Seuchen. Es kommt zum Versuch einer radikalen Endlösung: die Sintflut wird heraufgeführt. Doch Atraḫasīs, der Günstling des Gottes der Weisheit, wird auch über sie hinweggerettet, und im Hinblick auf ihn und seine Nachkommenschaft einigen sich nun die rivalisierenden Götterparteien. Sie schließen, wie ich sagen möchte, den großen nachsintflutlichen Götterkompromiß. Er besagt einerseits, daß die Menschheit in Zukunft Daseinsrecht hat, denn die Götter brauchen den Menschen ja auch, damit jemand die Arbeit im Kosmos leistet. Andererseits jedoch wird ihre Zahl auf ein Drittel des bisherigen Bestands festgelegt. Damit sie nicht wieder zunimmt, werden bevölkerungshemmende Mittel eingeführt: [24] die Unfruchtbarkeit vieler Frauen, die Kindersterblichkeit und die Institution unverheirateter und damit kinderloser Priesterinnen. So haben sich die gegensätzlichen Bestrebungen im Kosmos auf einer Mittellinie eingependelt – denn diese mesopotamischen Götter sind ja die Tiefenkräfte des Kosmos selbst.

An dieser Stelle endet das Atraḫasīs-Epos. Es muß nichts weiter erzählen, denn jetzt ist die Welt so, wie sie sein soll und auch bleiben wird. Die Dynamik der Weltwerdung im Hinblick auf Existenz, Funktion und Zahl der Menschen mit ihrer bis ins Tiefste gehenden Gefährdung des Weltgebäudes selbst ist vorüber. Jener stabile Zustand der Welt hat begonnen, in dem die Menschheit jetzt lebt und den sie stabil erhalten sollte. Die Botschaft des Atraḫasīs-Epos ist also die Botschaft von einer stabilen Welt, wenn auch allein deren dynamische Vorgeschichte erzählt wird.

Das gleiche gilt nun von der Priesterschrift. Schon die älteren Pentateuchschichten (der »Jahwist« nach der üblichen Annahme) haben sich im Bereich der Urgeschichte vom Atraḫasīs-Epos inspirieren lassen, etwa für die Einführung der Thematik »Arbeit« und in der Sintfluterzählung. Doch war hier die Anlehnung eher äußerlich. Die Priesterschrift dagegen scheint neben manchem Inhaltlichen vor allem gerade die Grundform und Grundaussage des Epos in ihrer Frontstellung gegen die dynamische Zukunftsauffassung der Zeitgenossen aufzugreifen.

In der Priesterschrift ist das dynamisierende Element zwar nicht das zu große Bevölkerungswachstum, sondern die menschliche und tierische *Abweichung von den gottgesetzten Ordnungen*. Aber im übrigen hat auch sie das Erzählungsschema, daß auf dem Weg über kritische und dynamische Situationen schließlich eine Art Kompromiß erreicht wird, der zu stabilen Verhältnissen führt. Diese Struktur läuft in der Priesterschrift sogar zweimal hintereinander ab, einmal für das Weltgebäude, ein zweites Mal für die Weltbevölkerung. Die Welt wird so geschaffen, daß Mensch wie Tier sich nur ⎡25⎤ von Pflanzen ernähren sollen.[19] Doch die Lebewesen halten sich nicht an diese Ordnung. Gewalttat nimmt überhand, und damit gerät der gut, ja sehr gut geschaffene Kosmos in einen Zustand der Verderbnis.[20] Indem Gott die Sintflut, einen wirklichen Rückfall des Kosmos ins Chaos, herbeiführt, bringt er nur die schon vorhandene Verderbnis der Welt in ihre letzte Konsequenz. Doch er rettet den nicht der Gewalttat verfallenen Noach aus der Katastrophe und tut der Katastrophe der Welt im letzten Augenblick Einhalt. Nach der Flut kommt der Kompromiß, der unter den monotheistischen Voraussetzungen der Priesterschrift natürlich nicht zwischen rivalisierenden Göttergruppen geschlossen werden kann, sondern von dem einen transzendenten Schöpfergott in souveränem Beschluß verkündet wird. Es ist die Einführung von so etwas wie einer zweitbesten Weltordnung. An die Stelle des paradiesischen Friedens zwischen Mensch und Tier tritt der Krieg, wohlgemerkt: der Krieg zwischen Mensch und Tier, nicht etwa zwischen Mensch und Mensch, als neue Ordnung. Konkret heißt das, daß Fleisch gegessen werden darf und Fleischgenuß nicht mehr als Gewalttat gilt.[21] Das vermindert seinerseits das Maß möglicher Gewalttat so sehr, daß Gott in der Lage ist, im Noachbund für alle Ewigkeit zuzusichern, daß er niemals mehr eine Flut heraufführen werde.[22] Damit ist das Weltgebäude stabilisiert.

Doch tritt weitere Dynamik noch unter den Bewohnern dieses Gebäudes auf. Nach Gottes Schöpfungsplan (»Wachset und vermehrt euch und füllt die Erde an«)[23] muß die an einem neuen, kleinen Anfang stehende Menschheit sich vermehren, sich ausbreiten und Volk für Volk in die von ⎡26⎤ Gott vorgesehenen Lebensräume einziehen. Das wird in der Priesterschrift nicht mehr für alle Völker erzählt, sondern am Beispiel des Volks Israel. Abraham bekommt das

---

[19] Gen 1,29.
[20] Gen 6,9–13.
[21] Gen 9,1–6.
[22] Gen 9,7–17.
[23] Gen 1,18. Zu Bedeutung und Funktion dieses wichtigen Verses vgl. *N. Lohfink*, »Macht euch die Erde untertan«?, Orientierung 38 (1974) 137–142.

Land Kanaan zugeteilt.²⁴ In den nächsten Generationen vermehrt sich sein Stamm. Aber dann, wenn die volle Volksgröße erreicht ist und der Vermehrungssegen deshalb an sein Ende kommt,²⁵ befindet sich dieses Volk in einem fremden Land, in Ägypten, und wird dort geknechtet.²⁶ So entsteht neue Dynamik und Instabilität. Jahwe befreit das Volk aus Ägypten und führt es durch die Wüste in sein vorgesehenes Land. Auch auf dem Zug gibt es noch Komplikationen, durch die Sünden des Volks selbst. Aber schließlich, an der Grenze Kanaans, ist die Zeit der Dynamik zu Ende. Die Leitungsverhältnisse im Volk werden von Gott umgebaut: Jetzt im Land können die Priester an die Spitze treten, dynamische Führer wie Mose sind nicht mehr nötig.²⁷ Das ist so etwas wie der zweite Kompromiß der Priesterschrift, der eine zweite Dynamik beendet und in Stabilität überführt.

Die Analogie des Erzählungsbaus zum Atraḫasīs-Epos ist offensichtlich. So wird auch die gleiche Grundaussage vorliegen: So dynamisch die Anfänge waren – nachdem die Welt und die Menschheit ihre Größe und ihre Ordnung erreicht haben, kann und soll die Welt so *bleiben, wie sie ist.* Und wenn die Adressaten der Priesterschrift, obwohl sie Israeliten sind, sich de facto nicht mehr im Land Kanaan befinden, dann ist das eine vorübergehende Störung, die von Gott aus möglichst bald behoben werden soll, wenn nicht menschliche Weigerung störend dazwischenkommt. Im ganzen ist unsere Welt als eine stabile gedacht, und Gottes ewige Bundeszusagen drücken das aus.

Wenn es, wie Carl Amery und andere behaupten²⁸, einen biblischen Einfluß auf unsere heute so dynamisierte Welt gibt, dann kommt er letztlich vom dynamischen Geschichtsentwurf der exilischen Propheten her. Wenn wir heute nach Stabilisierung schreien, dann ist uns die Priesterschrift schon damals vorangegangen. Innerhalb dieser Botschaft von einer nach anfänglicher Dynamik stabil gewollten Welt wäre nun nach dem Verhältnis von Schöpfung und Heil zu fragen.

---

²⁴ Gen 17,8.
²⁵ Ex 1,7.
²⁶ Ex 1,13f.
²⁷ Num 27,12–23.
²⁸ Vgl. vor allem *C. Amery*, Das Ende der Vorsehung, Die gnadenlosen Folgen des Christentums, Hamburg 1972.

II. Nach der Priesterschrift ist das Heil vor allem die gelungene Schöpfung: die gute Existenz der Völker in ihren Ländern

Wir können die Frage nach dem Heil in der Priesterschrift an zwei Stellen ansetzen: entweder bei Abraham, wo das Volk geortet wird, dem Gott sich besonders zuwenden will, oder bei der Herausführung aus Ägypten, wo das Heil als Rettung, Befreiung und Erlösung sichtbar wird. An beiden Stellen bietet die Priesterschrift hochreflektierte theologische Grundtexte, sowohl in Gen 17 für Abraham als auch in Ex 6 für die Herausführung aus Ägypten. Die beiden Texte sind auch mit deutlichen Signalen aufeinander bezogen. In Gen 17 gibt Gott Abraham seinen Bund, in Ex 6 teilt er Mose mit, er werde Israel aus der ägyptischen Unterdrückung befreien, weil er sich seines Bundes erinnere. In der Tat decken sich auch die Inhalte dessen, was Abraham verheißen wird, und dessen, woraufhin Israel aus Ägypten befreit wird. In Gen 17,7f lesen wir als Wort Gottes an Abraham:

> Ich werde meinen Bund aufrichten zwischen mir und dir samt deinen Nachkommen, Generation um Generation, des Inhalts: Dir und deinen Nachkommen werde ich Gott sein; dir und deinen Nachkommen werde ich Kanaan, das Land, in dem du jetzt als Fremder weilst, als ewiges Eigentum geben; und ich werde ihnen Gott sein.

[28] Hier rahmt die Aussage, der erscheinende Gott werde Israels Gott sein, die andere, er werde Israel das Land Kanaan geben. Die gleiche Doppelaussage finden wir in Ex 6,6–8:

> Ich bin Jahwe. Ich führe euch aus dem Frondienst der Ägypter heraus und rette euch aus der Sklaverei. Ich erlöse euch mit hocherhobenem Arm und durch gewaltiges Strafgericht über sie. Ich nehme euch als mein Volk an und werde euer Gott sein. Und ihr sollt erkennen, daß ich Jahwe bin, euer Gott, der euch aus dem Frondienst in Ägypten herausführt. Ich führe euch in das Land, das ich Abraham, Isaak und Jakob unter Eid versprochen habe. Ich übergebe es euch als Eigentum. Ich bin Jahwe.

Als die beiden Inhalte des Heils können wir also im Sinn der Priesterschrift einmal *das Land Kanaan*, sodann *das besondere Gottesverhältnis Israels* bezeichnen. Wenden wir uns zunächst der Größe »Land Kanaan« zu. Daß damit nicht einfach nur der Landbesitz gemeint ist, sondern das friedliche und glückliche Leben des Volks in diesem Land, ist für die alles auf einen möglichst knappen Begriff bringende Priesterschrift selbstverständlich und bedarf keiner langen Beweisführung.[29]

Wie sehr es der Priesterschrift auf das *Land als die Heilsgabe Jahwes* ankommt, zeigt schlaglichtartig eine der wenigen, aber deshalb dann um so wichtigeren Sündenerzählungen der Priesterschrift, die Erzählung von der Aussendung der Kundschafter in Num 13 und 14.[30] In der pazifistischen Priesterschrift sind es keine kriegerischen Spähtrupps, sondern gewissermaßen sakrale Landesinspizienten, die im Namen ihres Volks die vor ihnen liegende Gabe Gottes in Augenschein nehmen sollen.[31] Sie tun das in einer 40tägigen Prozession vom äußersten Süden bis zum äußersten Norden des Landes, und dann verkünden sie bei der Rückkehr vor der Volksversammlung ihr Urteil über das Land. Es ist negativ. Kanaan sei ein Land, daß seine Bewohner auffrißt. Die Gemeinde schließt sich dem Urteil mit Geschrei an. Die Folge ist die Verurteilung dieser ganzen Generation zum Tod in der Wüste. Erst die nächste Generation kann in das Land einziehen, weil für sie die alte Zusage Jahwes an Abraham wieder auflebt. Die Priesterschrift führt für diese Sünde auch eine genaue Definition ein: es ist »Verleumdung des Landes« im Sinne der Verleumdung der eigentlichen Heilsgabe Jahwes.[32]

Die nächste Generation tut diese Sünde nicht, und am Ende der Priesterschrift zieht sie in das zugesagte Land ein. In einem der letzten Sätze des ganzen Werkes, nach der Landnahme, die durchaus friedlich zu denken ist, treffen wir nun auf eine Formulierung, die uns zu unserer Fragestellung nach den Zusammenhängen des Heils mit der Schöpfung bringt. Denn in Jos 18,1 heißt es:

---

[29] Zum »Land« in P vgl. *E. Cortese*, La terra di Canaan nella storia sacerdotale del Pentateuco, Brescia 1972.

[30] Zu dieser und anderen Sündenerzählungen vgl. *N. Lohfink*, Die Ursünden in der priesterlichen Geschichtserzählung, in: *G. Bornkamm* u. *K. Rahner*, Die Zeit Jesu (= Festschrift H. Schlier), Freiburg 1970, 38–57.

[31] Vgl. *S. E. McEvenue*, The Narrative Style of the Priestly Writer, Rom 1971, 117–123. Er weist nach, wie eine ursprünglich militärische Kundschaftererzählung von P entmilitarisiert wurde. Ähnliches ließe sich für die Schilfmeererzählung (Ex 14) zeigen. Es gibt auch keine kriegerische Landnahme (ihr Fehlen in P hat häufig als Grund dafür gedient, die Anwesenheit von P-Texten in Jos überhaupt in Frage zu stellen). Überhaupt erzählt P keinen einzigen Krieg oder Kampf.

[32] Num 13,32.

> Die ganze Gemeinde der Israeliten versammelte sich in Schilo, und dort schlugen sie das Zelt der Offenbarung auf, nachdem das Land von ihnen in Besitz genommen war.

Daß das Land von ihnen in Besitz genommen war, wird hier am Ende der Priesterschrift mit Hilfe eines Worts ausgedrückt, das in der gesamten Erzählung nicht benutzt wurde, außer ganz am Anfang, auf dem Höhepunkt der Schöpfungsdarstellung. ⟦30⟧ Es handelt sich um das Wort *kabaš,* wörtlich etwa »den Fuß auf etwas stellen«, was aber nicht im Sinne von untertan machen, ausbeuten, niedertreten zu verstehen ist, sondern, vor allem, wenn es sich um Territorium handelt, als »in Besitz nehmen«.[33] Wie Odil Hannes Steck gezeigt hat,[34] sind die Gottesworte im Schöpfungsbericht von Gen 1 keineswegs Worte, die sofort im Schöpfungsakt voll verwirklicht werden. Vielmehr entwirft Gott hier den von ihm angezielten Endzustand der Welt, und durch das, was er nach diesen Schöpfungsworten sofort schaffend tut, setzt er nur die Anfänge, aus denen dann schneller oder langsamer die voll gelungene Schöpfung werden wird. Dies gilt auch von dem Segen, den Gott sofort nach der Erschaffung über die ersten Menschen spricht. Er sagt in Gen 1,28:

> Wachset und vermehrt euch und füllt die Erde an und nehmt sie in Besitz.

Hier kann nur gemeint sein: Die anfänglich kleine Menschheit soll wachsen, zu Völkern werden, die sich über die Erde verteilen und dann, Volk für Volk, ihr Territorium in Besitz nehmen.

In Jos 18 ist, am Beispiel des Volks Israel durcherzählt, dieses bei der Schöpfung selbst gesetzte Ziel der vollen Weltwerdungsphase erreicht. Ein Volk hat seine Größe erreicht und ist in sein Land, das es in Besitz genommen hat, eingezogen. Daß die Schöpfung hier in ihr Gelingen kam und daß Israel in sein Heil kam, ist ein und dieselbe Sache.

Das Heil ist, mindestens was sein erstes Element »Land« angeht, nicht etwas, was sich zur Schöpfung hinzufügt, sondern ist das Gelingen der Schöpfung selbst. Wenn die weltliche Wirklichkeit so ist, wie der schaffende Gott sie wollte, dann ist das Heil da. Rettung und Erlösung, die zum Heil führen, sind innerhalb dieses Rahmens. Israel

---

[33] Näheres in dem oben in Anm. 23 zitierten Artikel.
[34] Der Schöpfungsbericht der Priesterschrift, Göttingen 1975.

muß nur aus Ägypten befreit werden, weil Ägypten nicht das ihm bestimmte ⎡31⎤ Land ist und weil Sklavendasein das genaue Gegenteil von freiem Leben im eigenen Land darstellt.[35]

Irgendeine Sorge um Heil, die nicht identisch wäre mit der verantwortlichen Sorge um das Gelingen von Gottes Schöpfung, ist also, soweit wir bis jetzt gesehen haben, im Rahmen der priesterschriftlichen Theologie nicht denkbar.

Wir müssen uns nun allerdings fragen, ob nicht der zweite Inhalt des Abrahambundes und der Herausführungsverheißung das Bild ändert – die Aussage nämlich, Jahwe wolle für Israel zum Gott werden.

III. Nach der Priesterschrift ist das Heil darüber hinaus die Immanenz des transzendenten Gottes in der vom Menschen durch Arbeit weitergeführten Schöpfung: die kultische Gottesbegegnung

Da die Priesterschrift ihre Schlüsseltexte durch feste Stichworte deutlich aufeinander bezieht, besteht kein Zweifel darüber, was sie mit der zunächst so dunkel scheinenden Formel »Ich will ihnen zum Gott werden« meint. Nach der Befreiung aus Ägypten gelangt Israel zum Sinai. Dort lagert sich die Herrlichkeit Jahwes auf dem Berg, Mose wird auf den Berg in das brennende Feuer hineingerufen, und dort erhält er die Anweisung für den Bau des Heiligtums. Diese Anweisung schließt in der ursprünglichen Priesterschrift mit Ex 29,43–46:

> Dort (im Heiligtum) werde ich mich den Israeliten offenbaren und mich in meiner Herrlichkeit als heilig erweisen. Ich werde das Offenbarungszelt und den Altar heiligen, Aaron und seine Söhne werde ich heiligen für meinen Priesterdienst. Ich werde mitten unter den Israeliten wohnen, und ich werde ihnen Gott sein. Sie werden erkennen, daß ich Jahwe, ihr Gott, bin, der sie aus Ägypten herausgeführt hat, um in ihrer Mitte zu wohnen, ich, Jahwe, ihr Gott.

⎡32⎤ Daß Jahwe Israels Gott ist, bedeutet also konkret, daß er *kultisch in Israels Mitte antreffbar* ist. Nun wird auch verständlich, warum gegen Ende der Priesterschrift, in Jos 18,1, da wo davon geredet wird, daß Israel sein Land in Besitz genommen habe, zugleich berichtet wird, daß es in diesem Land in Schilo das Offenbarungszelt

---

[35] Vgl. den programmatischen Text Ex 6,2–8.

aufgeschlagen habe. Das ist das zweite Element des Heils, wie die Priesterschrift es kennt. Beides ist am Ende der priesterschriftlichen Erzählung erfüllt, sowohl der Landbesitz als auch die kultische Gegenwart Gottes. Allerdings will es nun so scheinen, als sei das zweite Element etwas, was nicht, wie das erste, schon in Gen 1 angelegt sei, als ließe es sich nicht so einfach auf die Schöpfung und ihre Verwirklichung zurückbeziehen.

In der Tat stoßen wir hier zunächst einmal an eines der schwierigsten Probleme in der Deutung der Priesterschrift, obwohl das Problem von den Alttestamentlern kaum gesehen wird. Es ist die Frage, ob für die Priesterschrift Israel eigentlich ein besonderes, ausgewähltes Volk Gottes ist oder ob es nur ein Volk ist, dessen Geschichte als Beispiel erzählt wird, obwohl man eine ähnliche Geschichte eigentlich von jedem Volk erzählen müßte. Ich muß gestehen, daß ich nicht wirklich klar sehe. Meine Vermutung ist, daß die Priesterschrift selbst die Dinge im Offenen ließ. Unser Vorverständnis ist so sehr von der deuteronomischen Erwählungstheologie geprägt, daß wir oft übersehen, daß es im Alten Testament durchaus auch andere Denkansätze gibt, etwa in der Weisheit, in alten Geschichtserzählungen oder bei Propheten wie Amos. Es ist daher mindestens nicht von vornherein klar, daß die Priesterschrift der Meinung war, es könne keinerlei kultische Gegenwart Gottes in der Welt außer Israel geben. So wäre mindestens nicht ausgeschlossen, daß auch kultische Gegenwart Gottes als Heil mit allen Völkern und infolgedessen mit der die ganze Welt betreffenden Schöpfung zu tun habe.[36]

[33] Doch wir kommen ein ganzes Stück weiter, wenn wir uns der priesterlichen Sinaiperikope genauer zuwenden. Sie enthält die priesterschriftliche Theologie des Kults. Bei ihr macht man nun die überraschende Feststellung, daß sie erzählerisch auf Gen 1, die Schöpfungsdarstellung, bezogen ist.[37]

---

[36] In diesem Zusammenhang sei jedoch ausdrücklich darauf aufmerksam gemacht, daß sich aus dem priesterschriftlichen Noachbund (als Bund mit der ganzen Menschheit) keine Theologie der anderen Religionen ableiten läßt – wie heute manchmal versucht wird. Denn im Noachbund geht es nicht um Kult oder andere religiöse Institutionen.
[37] Zum folgenden vgl. vor allem: *M. Oliva,* Interpretación teológica del culto en la perícopa del Sinai de la Historia Sacerdotal, Biblica 49 (1968) 348–351; *N. Negretti,* Il settimo giorno, Rom 1973, 224–251.

Gen 1 ist ja als Werk Gottes in sechs Arbeitstagen aufgebaut, an die sich dann als siebter Tag und Vollendung der Tag der göttlichen Ruhe anschließt. Das gleiche Thema der sechs Tage, an die sich ein siebter anschließt, eröffnet die ganze Sinaiperikope. Wir lesen in Ex 24,15–18:

> Die Wolke bedeckte den Berg. Die Herrlichkeit Jahwes ließ sich herab auf den Berg Sinai. Die Wolke bedeckte ihn sechs Tage lang. Am siebten Tag rief er mitten aus der Wolke Mose herbei. Für die Augen der Israeliten war die Gestalt der Herrlichkeit Jahwes einem Feuer zu vergleichen, das den Gipfel des Berges auffraß. Doch Mose ging mitten in die Wolke hinein.

Der siebte Tag ist also nicht nur der Tag der Ruhe von der Arbeit, sondern zugleich der Tag der Begegnung von Gott und Geschöpf im Feuer.

Diese Begegnung wird zunächst nur Mose zuteil. Aber der Sinn der Sinaierzählung ist es gerade, zu zeigen, wie diese Begegnung übertragbar gemacht wird, so daß sie der ganzen Gemeinde zuteil werden kann. Deshalb bekommt Mose im Feuer das Modell des Heiligtums gezeigt – zweifellos der Himmel selbst, Gottes ureigner Strahlungsraum.[38] Deshalb 34 wird dann das Heiligtum gebaut, und die Wolke der Gegenwart Gottes begibt sich vom Sinai, dem Weltenberg, hinein in das Heiligtum, wo im kultischen Jubel die Begegnung aller mit Gott möglich wird.[39]

Am Ende der Bauarbeiten, da wo das Heiligtum aufgeschlagen ist und von den Bauleuten Mose vorgeführt wird, treten im übrigen wieder viele verbale Anklänge an Gen 1 auf.[40] Mose vollendete das Werk, so wie Gott bei der Schöpfung sein Werk vollendet hatte. Und wie Gott damals sich seine einzelnen Werke besah, und siehe, sie waren gut, so besah sich Mose jetzt das Werk des Heiligtums, und siehe, es war alles genau so gemacht worden, wie Jahwe angeordnet hatte. Und nachdem das Werk getan ist, das Heiligtum steht, beginnt am Festtag die Begegnung der Gemeinde mit dem gegenwärtigen Gott.

So sollte kein Zweifel bestehen, daß in der Priesterschrift der Bau des Heiligtums mit dem göttlichen Bau des Weltgebäudes und die Begegnung mit Gott im Kult innerhalb des Heiligtums mit der

---

[38] Ex 25,30.
[39] Lev 9,24.
[40] Ex 39,32.42f; 40,17.33–35.

göttlichen Ruhe des siebten Tags nach vollendeter Schöpfung parallelisiert, wenn nicht sogar unter mancher Hinsicht erzählerisch identifiziert sind.

Um noch deutlicher zu sehen, müssen wir jetzt allerdings noch eine weitere Thematik aufgreifen, die in der Priesterschrift unentwirrbar mit den beiden Themen Schöpfung und Kult verschlungen ist: die Thematik *der Arbeit und der Ruhe*.[41]

Nach der mesopotamischen Anthropologie werden die Menschen von den Göttern geschaffen, damit im Kosmos ein Wesen sei, das das Joch und den Tragkorb trägt, die Mühe und die Arbeit leistet. Ursprünglich taten es die Götter. ⌐35¬ Deshalb werden die Menschen auch als *Abbild Gottes* geschaffen, damit sie diese zwar schreckliche, aber doch eigentlich göttliche Aufgabe leisten können. Die Götter werden dadurch von der Arbeit befreit und werden zu Wesen der Muße.

In der Priesterschrift ist der Schöpfergott ein Gott, der arbeitet und ruht, der sich nach außen gibt und bei sich selbst bleibt. Der Mensch wird als sein Abbild geschaffen. Nur, damit er arbeiten kann, wie in Mesopotamien? Die Priesterschrift weckt die ersten Zweifel an einem solchen Verständnis, wenn sie den Schöpfer am siebten Tag die Ruhe segnen läßt.[42] Denn Segen meint in der Priesterschrift Kraft der Vermehrung. Doch wo sollte der göttliche Sabbat sich vermehren und vervielfachen können, wenn nicht in der Schöpfung selbst?

Das Thema wird erst wieder aufgegriffen, wo Israel in Ägypten ist. Da wird das Volk versklavt zur Arbeit auf den Feldern – also Sorge für den Lebensunterhalt – und zur Arbeit am Städtebau – also Sorge für die Verwandlung der vorgegebenen Welt in Kultur.[43] Es hat harte Arbeit. Von Ruhe wird nicht gesprochen. Dies ist das Bild, das die Priesterschrift von der falschen, widergöttlichen, die Schöpfung entwürdigenden, den Menschen entfremdenden Arbeit zeichnet. Aus dieser Arbeit befreit und erlöst Gott das Volk Israel.

Auf der Wanderung durch die Wüste lernt Israel dann die wahre Arbeit kennen, die nicht entfremdet und die der Schöpfung entspricht.

---

[41] Dazu ausführlicher in meinem Buch »Unsere großen Wörter, Das Alte Testament zu Themen dieser Jahre«, Freiburg i. B. 1977, 12. Kapitel: »Freizeit: Arbeitswoche und Sabbat im Alten Testament, insbesondere in der priesterlichen Geschichtserzählung«, 190–208.
[42] Gen 2,3.
[43] Ex 1,13f; 2,23–25.

Zunächst die Arbeit für die Nahrung. Dazu dient die Mannaerzählung in Ex 16. Hier lernen die Israeliten, sich der Natur anzupassen. Das Stichwort lautet »sammeln«. Man sammelt, was die Erde anbietet. Man sammelt nur soviel, wie man braucht, und man findet zur Überraschung aller auch gerade so viel, wie man braucht. Vor allem aber findet man am sechsten Tag das ⌐36¬ Doppelte und am siebten Tag gar nichts. Das heißt: Wenn das arbeitende Israel der Schöpfung mit der Gelassenheit des befreiten Menschen gegenübertritt, enthüllt die Schöpfung ihm das bisher in ihr verborgene Geheimnis des Rhythmus von Arbeit und Feier.

Doch ist die menschliche Arbeit nicht nur die Besorgung der Nahrung aus der Natur. Sie ist durchaus auch schöpferische Weltverwandlung. Daß dies so ist, versichert gerade die Sinaiperikope als Erzählung vom Bau des Heiligtums. Auch sie ist eine Gegenerzählung zur Arbeitswelt der ägyptischen Sklaven. In den Texten vom Bau des Heiligtums häufen sich die Wörter, die von Freiwilligkeit, von der Lust, die aus dem Herzen kommt, vom Zurverfügungstellen, von der jeweiligen Begabung, die zum Zuge kommt, sprechen.[44] Hier geschieht Arbeit auf eine Weise, daß der Mensch sich selbst als schöpferisches Wesen verwirklicht. Und das, obwohl oder sogar gerade weil er sich ganz genau an das hält, was Gott Mose auf dem Berg geboten hat, weil das Heiligtum ganz und gar nach seinem himmlischen Modell gebaut wird. Erst diese Arbeit, die die Schöpfung in menschlicher und doch ganz Gott zugeordneter Kreativität über sich selbst hinaus vollendet, wird die Möglichkeit dazu geschaffen, daß Gottes Transzendenz zur Immanenz werden kann. Daß Gott im Fest gegenwärtig ist und damit für Israel zu seinem Gott wird.

Unsere Ausgangsfrage war, wie sich jenes Element des Heils, das die Priesterschrift als die kultische Nähe Gottes zu Israel beschreibt, zur Schöpfungsordnung verhält. Es hat sich gezeigt, daß die Dinge hier komplizierter und subtiler sind als beim ersten Element des Heils, dem glücklichen Leben im eigenen Land. Es geht hier um die Immanenz der Transzendenz. Aber sie ist in der Priesterschrift in engen Zusammenhang gebracht zum Menschen als kreativem Wesen der Arbeit, zum Menschen als Abbild Gottes, zur Umgestaltung der Schöpfung durch den arbeitenden Menschen. ⌐37¬ Die kultische Nähe Gottes kommt zustande, wenn der Mensch als Abbild Gottes in

---

[44] Ex 35,5.21.29; 36,2.

seiner Weltumgestaltung den Rhythmus von Arbeit und Muße gewinnt und in der Arbeit jene Weltverwandlung schafft, innerhalb deren die Feier dann die Begegnung ermöglicht.

Man mag sagen, die Priesterschrift lasse es noch einmal offen, ob Gott nicht auch dann, wenn das Heiligtum erstellt ist, frei bleibe, seine Herrlichkeit darin einziehen zu lassen oder nicht; ob also die Zusage an Abraham, er wolle Israels Gott werden, nicht doch etwas sei, was sich aus der Schöpfung, wie Gen 1 sie beschreibt, nicht mit Notwendigkeit ableiten lasse. Aber auf der anderen Seite gilt: Ohne dieses Wort Gottes an Abraham und ohne das, was sich am Sinai dann daraus ergibt, blieben gerade die wichtigsten Linien dieser Schöpfungserzählung, nämlich das Wort vom Menschen als Abbild Gottes und die Zeichnung der Schöpfung als Woche aus Arbeit und Feier unverbunden. Sie liefen ins Leere. Wir können mindestens sagen: Wenn Gott Heil als Gottesnähe schenkt, dann nur im Zusammenhang mit der Vollendung der Creatio des Schöpfers durch die kulturelle Kreativität des Menschen, der aus der Welt einen Tempel macht. Dies jedoch ist eine Bindung des Heils an die Schöpfung, wie sie sich enger kaum denken läßt.

Schluß

Ich komme zu abschließenden Überlegungen. Der Verfasser der Priesterschrift stand bezüglich dieser Welt nicht vor den Fragen, die uns heute bedrängen. Er war weder von einer Bevölkerungsexplosion noch von einer drohenden Unbewohnbarkeit des Planeten aufgrund verantwortungsloser Ausplünderung in Schrecken versetzt. Deshalb gibt er uns auch auf eine Frage nach der Verantwortung des Menschen gegenüber der Erde keine direkte Antwort.

Indirekt jedoch entwirft er ein Bild des Menschen im Kosmos, vor allem in seiner Lehre von der menschlichen Arbeit, von deren Bindung an das himmlische Modell und von ihrer [38] Zuordnung zum preisenden Kult, das jede weltsprengende Dynamisierung, jede in menschlicher Autonomie beschlossene Zerstörung der stabilen Güte dieser Welt als widergöttlich und antimenschlich verdammt. Darüber hinaus hängen Heil und Schöpfung in der Priesterschrift so eng zusammen, daß, wer die Schöpfung verdirbt, sein Heil verspielt.

Es gibt also kein Heil für den Menschen an der Schöpfung vorbei. Es gibt keinen Absprung vom Tiger, durch den der einzelne oder ein kleiner Freundeskreis sich der Verantwortung für diese Erde entziehen könnte.

Natürlich muß man die Relativität der priesterschriftlichen Theologie zur Kenntnis nehmen. Auch wenn sie vielleicht der imponierendste theologische Entwurf des ganzen Alten Testament ist, so ist sie doch nur einer unter mehreren. Sie steht in ausgesprochenem Gegensatz zu allen eschatologischen Entwürfen, die ja dann mindestens bei oberflächlichem Zusehen im Neuen Testament die Oberhand gewonnen haben. Bei oberflächlichem Zusehen – denn wenn verkündet wird, in Jesus habe sich alles erfüllt und mit ihm sei der Zeit Ende gekommen, dann ist das ja auch wieder die Behauptung einer mindestens seit Jesus eingetretenen Beruhigung der geschichtlichen Dynamik.

Mindestens müßte diese Theologie auf eine höhere Abstraktionsebene gehoben werden. An die Stelle der Nähe Gottes durch den Kult tritt die Nähe Gottes durch den Menschen Jesus und seine Gemeinde.[45] Die Ansetzung des Übergangs der Welt vom dynamischen zum stabilen Zustand war etwas zu kühn beim Jordanübergang der Israeliten geschehen. In mancher Hinsicht ist er vielleicht erst zu Beginn des dritten Jahrtausends fällig.

Und selbst wenn man die Priesterschrift auf diese Weise transponiert, wird man nicht leugnen können, daß bestimmte letzte Dinge in ihr noch verdeckt sind. Sie kennt [39] zwar keinen Krieg mehr, aber sie schweigt nur darüber, sie verurteilt ihn nicht, und ihr Gott ist noch ein Gott, der tötet. Dazu legitimiert dieser Gott das Blutvergießen mindestens für einen Teilbereich, das Verhältnis von Mensch und Tier, offenbar weil es noch nicht gelang, eine völlig gewaltlose Welt zu denken. Entsprechend kennt der Kult blutige Opfer. All dies wäre von Jesus von Nazareth, dem Zeugen von Gottes Gewaltlosigkeit, her neu durchzudenken, selbst wenn man sonst im Rahmen der Priesterschrift zu denken versucht. So bleibt ihre Weltformel vorläufig.

Aber selbst wenn wir all diese Relativierungen einberechnen: Wie sehr waren jene im Irrtum, die durch den priesterschriftlichen Satz »Wachset und mehret euch und macht euch die Erde untertan« das legitimieren wollten, was in unserer Zeit der Erde Gottes angetan wird. Wie sehr können wir die priesterschriftlichen Bilder und Erzählabfolgen heute brauchen, um langsam in uns Gegenmythen

---

[45] Diese Transposition hat im Neuen Testament auf seine Weise vor allem der Hebräerbrief durchgeführt.

aufzubauen gegen den Fortschrittsmythos, den die Neuzeit so tief in unsere Seele gesenkt hat. Wie deutlich macht sie uns, daß wir das Heil nur in der Schöpfung finden.

Die Priesterschrift und die Geschichte

Peter Charlier zum Gedächtnis

[189] Die jüdische Tradition bezeichnet die 5 ersten Bücher der Bibel als das "Gesetz". Dasselbe tut allerdings auch das Neue Testament.[1] Die christliche Tradition neigt dazu, diese Bücher eher den bei ihr dann folgenden "historischen Büchern" zuzuordnen.[2] Das tat allerdings auch schon Flavius Josephus, *Contra Apionem* 1, 8 (Niese 38-40). Hinter diesem Unterschied stehen tiefgreifende Verstehensdifferenzen. "Gesetz" deutet auf eine gegebene, bleibende, zu bewahrende Ordnung. "Geschichte" dagegen meint eine zwar hochbedeutsame, aber doch vergangene Entwicklung. Sie schließt nicht aus, daß nach ihr doch ganz andere, neue Entwicklungen kamen, und daß sie mit Recht kamen.

Unsere Wissenschaft muß fragen, wie der Pentateuch sich selbst verstanden habe. Diese Frage wird man vor allem an die sogenannte Priesterschrift stellen müssen. Denn sie ist die quantitativ umfangreichste, nach üblicher Auffassung die zeitlich letzte und sicher auch die alles am meisten prägende Schicht des Pentateuch.[3] In der Tat ist während der eigentlich produktiven Phase der Pentateuchforschung, nämlich im vorigen Jahrhundert, die Deutung der Priesterschrift [190] weithin vom Gegensatzpaar "Gesetz — Geschichte" bestimmt gewesen, auch wenn die Wörter wechselten.

---

[1] Mt. v 12,18, vii 12, xi 13, xii 5, xxii 36,40, xxiii 23, usw.

[2] Der jüdischen Tradition fehlte eine Versuchung für so etwas, da die Bücher Jos. - 2 Kön. mit den eigentlichen Prophetenbüchern zusammen die eine Gruppe der "Propheten" bildeten. Eine Unterscheidung dieser Gruppe in "frühere" und "spätere" Propheten ist erst seit dem 8. Jh. n.Chr. bezeugt, vgl. O. Eißfeldt, *Einleitung in das Alte Testament* (Tübingen, ³1964), S. 766. "Historische Bücher" als Büchergruppe werden zuerst in der Septuaginta greifbar, die jedoch den Pentateuch als eigene, im strengen Sinn allein kanonische Größe gesehen zu haben scheint, vgl. E. Sellin — G. Fohrer, *Einleitung in das Alte Testament* (Heidelberg, ¹⁰1965), S. 537.

[3] Die Abgrenzung, die sich im allgemeinen durchgesetzt hat, geht auf Th. Nöldeke, *Untersuchungen zur Kritik des Alten Testaments* (Kiel, 1869), S. 1-144 ("Die sogenannte Grundschrift des Pentateuch"), zurück. Dort S. 143f. eine Übersicht.

Als erster ist de Wette 1807 in seiner "Kritik der Mosaischen Geschichte"[4] der Frage genauer nachgegangen. Er entdeckte das Gesetz wie die Geschichte und entschied sich nicht. Einerseits sprach er vom "Epos der hebräischen Theokratie" (S. 31). In ihm habe ein "Dichter" die "Entstehung und Ausbildung des Volkes Gottes und seiner heiligen Verfassung" gesungen, so wie später "Virgil die Entstehung der heiligen Roma" (S. 32). Andererseits sei dieser Dichter aber vor allem auf eines aus gewesen: Er wollte aus der Geschichte "die theokratischen Gesetze deduciren" (S. 51).

Das labile Gleichgewicht der beiden Aspekte zerbrach in der Folgezeit zu entgegengesetzten Positionen. Als Beispiele, die hier in Göttingen besonders naheliegen, seien Ewald und Wellhausen eingeführt, Lehrer und Schüler.

H. Ewald widmete dem von ihm so genannten "Buch der Ursprünge" im 1. Band seiner siebenbändigen *Geschichte des Volkes Israel*[5] 32 zusammenhängende Seiten und kam auch in der Folge mehrfach darauf zurück. Er beobachtete zwar, daß "der verfasser nur dánn auch mit unverkennbar wärmster theilnahme des eigenen herzens und in aller ausführlichkeit erzählt, wenn er einen gesetzgeberischen zweck verfolgen und rechtliche oder sittliche bestimmungen ... im rahmen der erzählung erläutern kann" (S. 123). Aber der "hauptzweck" (S. 117) dieses "herrlichsten aller Hebräischen geschichtswerke" (S. 116) sei es doch, "den gesamten geschichtlichen stoff im weitesten umfange zu übersehen und bis in die letzten anfänge alles werdens zurückzuverfolgen", genau so, wie es "die Griechen nach den Persersiegen" taten (S. 117). Dieses Geschichtswerk wolle alles "unter den begriff des entstehens und werdens" bringen (S. 121). Es deute auch eine Sinngestalt der Geschichte an. Denn als Aufbauprinzip seiner Darstellung benutzte der Verfasser die bei vielen alten Völkern verbreitete Theorie von den 4 Weltaltern. Er gliedere die Geschichte ja nach Adam, Noach, Abraham und Mose. Was bei Hesiod Gold, Silber, Bronze und Eisen symbolisierten, wolle auch das "buch der ursprünge" aussagen. Es erzähle von einer "in denselben |191| stufen sich äußerlich immer weiter ausbreitenden und in künsten fortschrei-

---

[4] Die folgenden Zitate sind aus: W. L. M. de Wette, *Kritik der Israelitischen Geschichte*, Erster Teil: Kritik der Mosaischen Geschichte = ders., *Beiträge zur Einleitung in das Alte Testament*, 2 (Halle, 1807).
[5] Im folgenden zitiert nach der 3. Ausgabe (Göttingen, 1864); die 1. Ausgabe erschien 1843.

tenden, innerlich aber sich immer schneller aufreibenden menschheit" (S. 118).[6] Diese Deutung des Lehrers klingt noch nach in dem Siglum Q (quatuor), das J. Wellhausen, der Schüler, einzuführen versuchte.[7] Er rechnete mit 4 Bundessetzungen Gottes bei Adam, Noach, Abraham und Mose, die das Werk gliedern.[8] Doch von absteigenden Weltaltern konnte bei Wellhausen keine Rede mehr sein. Vielmehr komme der "Priestercodex" — wie er jetzt sagt — erst "mit der mosaischen Gesetzgebung in sein eigentliches Fahrwasser und erdrückt alsbald die Erzählung durch die Last des legislativen Stoffes" (S. 362). Auch alles, was vorher erzählt wurde, sei "legislativen Zwecken untergeordnet" (S. 361). Das "Gesetz" sei "der Schlüssel zum Verständnis auch der Erzählung des Priestercodex" (S. 383). In einem Wort: "Historisch ist nur die Form, sie dient dem gesetzlichen Stoff als Rahmen, um ihn anzuordnen, oder als Maske, um ihn zu verkleiden" (S. 7).

Später hat man zwischen den Extremen zu vermitteln versucht, etwa durch den häufigen Gebrauch von Kuenens Formel von der "historisch-legislativen Schrift".[9] Die meisten von uns haben sich wohl schon eine Formel wie die von G. von Rad zu eigen gemacht, der als den Gegenstand der priesterlichen Geschichtserzählung "das Herauswachsen bestimmter kultischer Institutionen aus der Geschichte" bezeichnet hat.[10] Bei einer solchen Auffassung ist die erzählte Geschichte sicher mehr als nur "Rahmen" oder gar "Maske".

---

[6] Ausführlicher dazu noch S. 368-73.
[7] "Die Composition des Hexateuchs", *Jahrbücher für Deutsche Theologie* 21 (1876), S. 392: "Abkürzung für Vierbundesbuch (quatuor), welchen Namen ich als den passendsten für sie vorschlage".
[8] *Geschichte Israels* 1 (Berlin, 1878), S. 356-60 = ders., *Prolegomena zur Geschichte Israels (Zweite Ausgabe der Geschichte Israels, Band I)* (Berlin, 1883), S. 358-61 (hiernach wird im folgenden zitiert). Das Siglum Q hat sich nicht durchgesetzt. Vgl. A. Kuenen, *Historisch-kritische Einleitung in die Bücher des alten Testaments hinsichtlich ihrer Entstehung und Sammlung* I, 1 (Leipzig, 1887), S. 62: "G I, 28-30 ist eigentlich kein Bündnis, sondern ein Segensspruch".
[9] Kuenen, *Einleitung* (wie Anm. 8), S. 78, und öfter. Am deutlichsten wird das vermittelnde Ausgleichen im Rahmen der Wellhausenschule vielleicht bei H. Holzinger, *Einleitung in den Hexateuch* (Freiburg i. B., 1893). Er nennt P eine "legislative Schrift in historischer Form und mit historischer Substruktur" (S. 335).
[10] *Theologie des Alten Testaments* 1 (München, 1957), S. 232. Vgl. ebenda S. 233: "P will allen Ernstes zeigen, daß der im Volke Israel historisch gewordene Kultus das Ziel der Weltentstehung und Weltentwicklung ist".

Aber letztlich wird sie doch nur in "ätiologischer Absicht" erzählt, als "historische 192 Legitimierung" eines späteren Israels.[11] So dürfte, selbst wenn wir keine Bedenken haben, zugleich von der priesterlichen Darstellung der "Heilsgeschichte"[12] zu reden, im ganzen doch seit Wellhausen das "Gesetz" den Sieg davongetragen haben. Das bedeutet aber, um in heute gängigere Kategorien zu springen: Wir tragen die Meinung mit uns herum, die Priesterschrift habe zwar auf die Geschichte zurückgegriffen, aber nur zu dem Zweck, die zu ihrer Zeit etablierten gesellschaftlichen Verhältnisse durch narrative Legitimation zu stabilisieren.[13] Sie wäre also fortschrittsfeindlich und gegen gesellschaftliche Veränderung.

Ich habe im folgenden nicht vor, innerhalb der so skizzierten klassischen Fragestellung einfach eine der in ihr vorgegebenen möglichen Positionen zu beziehen und neu zu begründen. Die Betrachtung läßt sich heute differenzieren. Es gibt inzwischen neue Fakten, Beobachtungen, Fragestellungen und Gesichtspunkte zum Thema "Priesterschrift und Geschichte". Die gilt es aufzuarbeiten und neu zu ordnen. Allerdings werde ich am Ende, wenn auch von neuen Gesichtspunkten aus, doch wieder notwendigerweise auf die klassische Fragestellung zurückkommen müssen.

Zunächst einmal sei auf einiges hingewiesen, was in den letzten Jahrzehnten die klassische Betrachtungsweise differenziert oder gar gesprengt hat. Die Aufzählung nennt nur das Wichtigste.

1. Die Unterscheidung zwischen einer eigentlichen priesterlichen Geschichtserzählung und dem restlichen, vor allem legislativen Material existiert zwar seit Wellhausen.[14] Aber eigentlich hat erst

---

[11] G. von Rad, *Die Priesterschrift im Hexateuch* (Stuttgart - Berlin, 1934), S. 187f.
[12] Wahllos herausgegriffenes Beispiel: J. Scharbert, "Der Sinn der Toledot-Formel in der Priesterschrift", in H. J. Stoebe u.a., *Wort - Gebot - Glaube* = Festschrift W. Eichrodt, (Zürich, 1970), S. 76, spricht für P von der "Heilsgeschichte, in welcher Segen und Verheißung von Zeit zu Zeit verdichtet werden, bis im hierarchisch gegliederten Gottesvolk sich die Gottesherrschaft Jahwes manifestiert".
[13] Dies gilt auch, wo man heute in der Nachfolge von Y. Kaufmann die Priesterschrift als vorexilisch betrachtet. Vgl. M. Weinfeld, "Pentateuch", in *Encyclopaedia Judaica* 13 (Jerusalem, 1971), S. 235: "The priestly material in Genesis serves only the priestly and sacred purpose of emphasizing the basis for the sanctity of Israel and its institutions".
[14] Wellhausen unterschied sowohl in den *Composition* (wie Anm. 7) als auch in den *Prolegomena* (wie Anm. 8) zwischen Q und RQ. Da ihm eine von den Gesetzen unabhängige Datierung von Q aber nicht leicht fiel, rückte er in den

|193| M. Noth 1948 in seiner *Überlieferungsgeschichte des Pentateuch* (Stuttgart, 1948), unter wirklichem Absehen von P^s nach der Theologie von P^g gefragt.[15] Es ist von der Sache her aber unbedingt erforderlich, die Frage mindestens in einem ersten Schritt auf P^g einzuengen. Die Fixierung auf die Spannung "Gesetz — Geschichte" könnte ja gerade durch die Kombination von P^g mit P^s bedingt sein.[16]

Prolegomena die beiden Größen doch wieder sehr zusammen. In der *Composition*, S. 455f., faßte er seine Analyse des "Priestercodex" so zusammen: "Sein Kern ist Q, aber dieser Kern hat sich vielfach erweitert, gewissermaßen in organischer und hypertrophischer Weise, sofern die Erweiterungen überall an den Kern anknüpfen und dorther ihre Tendenzen, Vorstellungen, Formeln und Manieren haben. Es ist der gleiche Boden des Zeitalters und der Kreise, woraus Q und die sekundären und tertiären Nachwüchse hervorgegangen sind".

[15] S. 7-9 (hier spricht er sogar einem großen Teil des legislativen Materials das Recht auf ein Siglum P^s ab) und 259-67. Natürlich haben Autoren wie Holzinger (*Einleitung,* wie Anm. 9) darauf geachtet, die in P^g "hervortretenden allgemeinen Anschauungen" vorgängig zur "Gesetzgebung" und zu den "sekundären Bestandteilen" von P zu untersuchen. Aber man hat nicht den Eindruck, daß sich das sehr ausgewirkt hat. G. von Rad, *Priesterschrift* (wie Anm. 11), S. 188, meinte sogar, der legitimierende Zusammenhang zwischen Geschichte und Gesetz trete in P deutlicher hervor als in P^s.

[16] Darauf weist K. Elliger, "Geschichtserzählung" (wie Anm. 19), S. 129, hin. Natürlich hängt einiges davon ab, wieviel man bei einer Unterscheidung von P^g und P^s auch P^g noch an "Gesetz" läßt. Noth ist in dieser Hinsicht in den mittleren Büchern des Pentateuch sicher radikaler gewesen als seine Vorgänger. Doch vielleicht muß man sogar noch radikaler als Noth sein, vor allem für den Bereich zwischen Gen. i und Ex. xiv. Vgl. für Gen. ix 4-6 S. E. McEvenue, *The Narrative Style of the Priestly Writer* (Rom, 1971), S. 68-71; für Gen. xvii 14 P. Grelot, "La dernière étape de la rédaction sacerdotale", *VT* 7 (1957), S. 176f. und 188; für Ex. xii 1-14 J. L. Ska, "Les plaies d'Égypte dans le récit sacerdotal (P^g), et la tradition prophétique" (erscheint demnächst), Excursus: "Ex 12, 1-14. 28 fait-il partie de P^g?" (negative Antwort). Dann bleibt an "Gesetzlichem" vor den Offenbarungen in der Wüste eigentlich nur noch die im Schöpfungstext begonnene Sabbatthematik, die aber erst in der Sinaiperikope ihren Höhepunkt erreicht, und die Beschneidung, die aber in die Thematik des Berit-Zeichens hineingenommen und insofern nicht selbständiges Thema ist. Zum Sabbat vgl. N. Negretti, *Il settimo giorno, Indagine critico-teologica delle tradizioni presacerdotali e sacerdotali circa il sabato biblico* (Rom, 1973), S. 147-251; N. Lohfink, "Die Sabbatruhe und die Freizeit", *Stimmen der Zeit* 194 (1976), S. 395-407; für die Sabbatstruktur der Sinaiperikope ferner: M. Oliva, "Interpretación teológica del culto en la perícopa del Sinaí de la Historia Sacerdotal", *Biblica* 49 (1968), S. 345-54. Erst in P^s gibt es den Sabbat als Gesetz, vgl. Negretti, ebd., S. 252-306. Zur Beschneidung in Gen. xvii aus letzter Zeit: E. Kutsch, "Ich will euer Gott sein", *ZThK* 71 (1974), S. 361-88; M. V. Fox, "The Sign of the Covenant", *RB* 81 (1974), S. 557-96;

2. Im gleichen Werk hat Noth die Ansicht geäußert, bei der Kultordnung Israels (deren Darstellung in der Sinaiperikope er weiterhin als das eigentliche Zentrum von P^g betrachtete) handele es sich eher ⌜194⌝ um eine "ideale" Kultordnung, um ein "Zukunftsprogramm".[17] Auf diese Weise zeigte er die Möglichkeit, eine literarische Verbindung von Geschichte und Gesetz als Ausdruck einer systemverändernden und nicht -stabilisierenden Tendenz zu sehen.[18]

3. Während Noth noch bei der traditionellen Meinung blieb, die priesterliche Erzählung erreiche "ihr eigentliches Ziel" mit der Darstellung "der am Sinai eingesetzten Ordnung" (*Überlieferungsgeschichte* S. 8) hat K. Elliger in seinem Aufsatz "Sinn und Ursprung der priesterlichen Geschichtserzählung" ein nicht leicht zu widerlegendes Plädoyer dafür gehalten, daß das eigentliche Thema von P^g trotz der Breite, die die Sinaiperikope erreicht, gar nicht der Kult oder die Kultgemeinde, sondern das Land Kanaan sei. Der "Inbegriff der göttlichen Geschichtslenkung" sei "der Besitz des Landes Kanaan als

---

C. Westermann, "Gen 17 und die Bedeutung von berit", *ThLZ* 101 (1976), S. 161-70; W. Groß, "Berit in der Priesterschrift" (erscheint demnächst in der *Trierer Theologischen Zeitschrift*).

[17] Noth, *Überlieferungsgeschichte* (wie Anm. 15), S. 260 und 263. Übersicht über Autoren, die in der Nachfolge Noths nicht mehr die nachexilische Gemeinde als Vorgegebenheit von P^g annehmen, bei W. Wood, *The Congregation of Yahweh: A Study of the Theology and Purpose of the Priestly Document*, Dissertation, Union Theological Seminary, Richmond, Virginia (1974), S. 30-39. Die Loslösung des "Priesterkodex" vom nachexilischen Tempel hat lange vor Noth jedoch schon Y. Kaufmann vollzogen, vgl. als erste Veröffentlichung J. Kaufmann, "Probleme der israelitisch-jüdischen Religionsgeschichte", *ZAW* 48 (1930), S. 42: "Mit der Wirklichkeit der nachexilischen Zeit aber hat das Werk des P gar nichts zu tun".

[18] Noth selbst gelangt am Ende zu der Theorie, P^g habe jedes eigene Interesse an Geschichte gefehlt. P^g wolle die "kultische Priestertradition" vom "Wohnen und von der Gegenwart Gottes im Tempel" durch das "numinose Element des Sinaigottes", der "nur erscheint", "ergänzen und korrigieren". Nur weil die Sinaitradition allein innerhalb des "großen Erzählunggsganzen" der alten Pentateuchquellen gegeben war, sei der Verfasser dazu gezwungen gewesen, daß er "eine summarische Rekapitulation des ganzen alten Pentateuchstoffes aufbot" (*Überlieferungsgeschichte*, S. 266f.). Das ist wohl nichts anderes als Wellhausens "Rahmen" und "Maske", nur nicht mehr zugunsten des Gesetzes, sondern zugunsten einer bestimmten Theorie von Gottes Gegenwart, die propagiert werden soll. Es wird wohl kaum der großen Mühe gerecht, die P^g dann doch auf die "summarische Rekapitulation" der Pentateucherzählung gewandt hat, und auch nicht dem vorher gefallenen Wort vom "Zukunftsprogramm".

der materiellen und ideellen Basis, auf der das Leben des Volkes und selbstverständlich der Kultus als wichtigste Funktion sich erst richtig entfalten kann".[19] Diese These ist umso überzeugender, als |195| Elliger noch Noths literarkritische Annahme voraussetzt, P^g habe mit Moses Tod geendet und den Einzug ins Land nicht mehr dargestellt — eine meines Erachtens nicht notwendige Voraussetzung.[20] Im Gegensatz zum Kult, den P^g nur für Israel kennt, ist das Wohnen im eigenen Land etwas, was allen Völkern zukommt. Damit ist die Urgeschichte, die von allen Völkern handelt, wieder stärker in die Frage nach der Thematik von P^g hineingezogen — sie könnte mehr als bloßes Vorspiel sein.[21]

4. Durch Elligers These wird zugleich etwas anderes neu konkretisierbar, was eigentlich schon seit de Wette klar ist: In P^g machen Auswahl des Stoffs und Technik der Darstellung das Erzählte ständig "transparent" auf die angezielten Leser und ihre Situation; sie wollen das Denken des Lesers "auf Hintergründe lenken".[22] Elliger rechnete

---

[19] *ZTbK* 49 (1952), S. 129. Ähnlich dann vor allem R. Kilian, "Die Hoffnung auf Heimkehr in der Priesterschrift", *Bibel und Leben* 7 (1966), S. 39-51; E. Cortese, *La terra di Canaan nella storia sacerdotale del Pentateuco* (Brescia, 1972). Nach der Zusammenfassung von P. Diepold, *Israels Land* (Stuttgart, 1972), S. 7f., scheint G. D. Macholz, *Israel und das Land,* Diss. habil., Heidelberg (1969), eine Tendenz von P anzunehmen, Israels Existenz von seiner Bindung an das Land Kanaan zu lösen.

[20] Näheres unten, Anm. 30.

[21] W. Brueggemann, "The Kerygma of the Priestly Writers", *ZAW* 84 (1972), S. 397-413, sieht ganz ähnlich wie Elliger als Botschaft von P, "that the promise of the land of blessing still endures and will be realized soon" (S. 41). Dagegen sucht er den Schlüssel dafür am Anfang von P, speziell in Gen. i 28. Von anderen Ausgangspunkten her kommt auch J. Blenkinsopp, "The Structure of P", *CBQ* 38 (1976), S. 276-92, zu einer viel engeren Verbindung von Urgeschichte und Geschichte Israels in P, als man gewöhnlich sieht. Vgl. dazu ferner L. Dequeker, "Noah and Israel", in: C. Brekelmans, *Questions disputées d'Ancien Testament* (Gembloux, 1974), S. 115-29.

[22] "Geschichtserzählung" (wie Anm. 19), S. 189. De Wette deutete diesen Sachverhalt dadurch an, daß er konstant von "Mythe", "Poesie" und "Epos" sprach. Für Wellhausen war es selbstverständlich, "daß auf die priesterliche Gestaltung der Erzvätersage die Verhältnisse des babylonischen Exils eingewirkt haben"; trotz "allem archaistischen Schein" gelange "die Gegenwart des Erzählers auch positiv in der Schilderung der Patriarchenzeit zum Ausdrucke" — so *Prolegomena,* S. 362. Doch steht bei den älteren Autoren der Gedanke des genaue Nachrichtenvermittlung verhindernden Einflusses der Abfassungszeit im Vordergrund, weniger der Gedanke einer kerygmatischen Intention des Verfassers.

dabei mit Lesern im babylonischen Exil. Vielleicht ließe sich die Transparenz des priesterschriftlichen Erzählers noch besser aufweisen, wenn man auch die Bezüge des Textes zur exilischen und frühnachexilischen Prophetenliteratur, besonders zum Buch Ezechiel, mitberücksichtigte.[23] Auf jeden Fall tritt hier die Möglichkeit eines Geschichtsdenkens hervor, dem es vielleicht gar nicht mehr auf die kausale oder finale Zuordnung verschiedener Ereignisse auf der Linie der Zeit ankam, sondern auf so etwas wie in der Vergangenheit 196 hervortretende paradigmatische Grundkonstellationen, die Bedeutung für die Gegenwart haben können.

5. In diesem Zusammenhang darf nicht unerwähnt bleiben, daß McEvenues Studie *The Narrative Style of the Priestly Writer* endlich eine beschämende Lücke ausgefüllt hat und uns überhaupt erst richtig in die Lage versetzt, die schriftstellerische Technik von P^g zu verfolgen und so den einzelnen Beobachtungen ihren Stellenwert im ganzen zu geben.[24] Dies gilt unbeschadet der Skepsis, die man gegenüber der Vermutung haben kann, es handle sich um so etwas wie israelitische Kinderliteratur.[25]

6. Eine höchstbedeutsame Parallele zumindest zur priesterlichen Urgeschichte, der Atraḫasīs-Mythus, ist, obwohl zu einem kleinen Teil schon lange bekannt, erst vor einigen Jahren in größerem Umfang

---

[23] A. Eitz, *Studien zum Verhältnis von Priesterschrift und Deuterojesaja,* Dissertation, Heidelberg (1969), schöpft ihr Thema nicht aus. Wichtig wäre vor allem eine umfassende Untersuchung des Verhältnisses von P^g zum Ezechielbuch. Sie fehlt noch.

[24] Wie Anm. 16; ders., "Word and Fulfilment: A Stylistic Feature of the Priestly Writer", *Semitics* 1 (1970), S. 104-10; ders., "The Style of a Building Instruction" (noch unveröffentlicht). Vorher liegt noch eine unveröffentlichte Heidelberger Dissertation: R. Borchert, *Stil und Aufbau der Priesterschriftlichen Erzählung* (1956).

[25] Am deutlichsten ausgesprochen in "Building Instruction": "a document for the children of the exiles who were not to be allowed to become assimilated in Babylon". So schlagend die Ähnlichkeit des Stils zwischen P^g und moderner Kinderliteratur für Vorschulkinder ist und so wertvoll diese Beobachtung für unsere Einfühlung in die hinter der Sprache von P^g stehende Sichtweise werden kann, so offen bleibt doch die Frage nach Herkunft, Vorgeschichte und Funktion dieses Stils in der Priesterlichen Literatur. Eigentliche Kinderliteratur ist bisher nur als neuzeitliches Phänomen bekannt.

zugänglich geworden.²⁶ Für die Interpretation von P^g scheint er mir noch nicht genügend zur Kenntnis genommen zu sein.²⁷

7. In neuester Zeit mehren sich die Versuche, in den erzählenden priesterschriftlichen Texten nicht eine ursprünglich selbständige Schrift, sondern nur kommentierende und umdeutende Ergänzungen zu den älteren Pentateuchmaterialien zu sehen, oder auch die Hand der eigentlichen Pentateuchredaktion.²⁸ Sie haben mich bisher nicht überzeugen können. Doch scheinen sie mir mindestens eines deutlicher bewußt zu machen: Auch eine ursprünglich selbständige

---

[26] W. G. Lambert und A. R. Millard, *Atra-Ḫasīs, The Babylonian Story of the Flood* (Oxford, 1969). Besprechungsartikel dazu: W. L. Moran, "Atrahasis: The Babylonian Story of the Flood", *Biblica* 52 (1971), S. 51-61. Weitere Literatur: vgl. die jährliche "Keilschriftbibliographie" der Zeitschrift *Orientalia*.

[27] Vergleiche mit biblischen Texten ignorieren entweder die Existenz von literarischen Schichten im Pentateuch, wie z. B. A. R. Millard, "A New Babylonian 'Genesis' Story", *Tyndale Bulletin* 18 (1967), S. 3-18; I. M. Kikawada, "Literary Convention of the Primaeval History", *Annual of the Japanese Biblical Institute* 1 (1975), S. 3-21 (Literatur!), oder konzentrieren sich auf nichtpriesterliche Stellen, wie z. B. ders., "Two Notes on Eve", *JBL* 91 (1972), S. 33-7. Für Vergleiche mit P^g weiß ich nur zu nennen N. Lohfink, "Die Priesterschrift und die Grenzen des Wachstums", *Stimmen der Zeit* 192 (1974), S. 435-50; ders., "Sabbatruhe" (wie Anm. 16); Blenkinsopp, "Structure" (wie Anm. 21), S. 282.

[28] Als erster hat auch für die erzählenden Teile der Priesterschrift K. H. Graf in der letzten Wendung, die er seiner Theorie über die Abfolge der Pentateuchschichten gab, diese Sicht geäußert: es handle sich um eine Serie von "später zu dem 'jahwistischen' Werk hinzugekommenen Zusätzen". So in "Die s.g. Grundschrift des Pentateuchs", in A. Merx, *Archiv für die wissenschaftliche Erforschung des Alten Testaments* 1 (Halle, 1869), S. 474. Wellhausen setzte aber dann die Theorie von einer ursprünglich selbständigen priesterlichen Geschichtserzählung durch. Auf Grafs Linie, wenn auch meist ohne Kenntnis dieses Vorläufers, sind folgende Namen zu nennen: S. Maybaum, *Die Entwicklung des altisraelitischen Priesterthums* (1880), S. 107 ff. (mir nicht zugänglich); B. D. Eerdmans, *Alttestamentliche Studien* I-IV (Gießen, 1908-1912); ders., "Ezra and the Priestly Code", *Expositor* 7. ser., 10 (1910), S. 306-26; R. H. Pfeiffer, "A Non-Israelite Source of the Book of Genesis", *ZAW* 48 (1930), S. 66-73; ders., *Introduction to the Old Testament* (New York, 1942); P. Volz, "P ist kein Erzähler", in P. Volz und W. Rudolph, *Der Elohist als Erzähler, ein Irrweg der Pentateuchkritik?*, *BZAW* 63 (Gießen, 1933), S. 135-42. Bisweilen wird in diesem Zusammenhang auch M. Löhr, *Untersuchungen zum Hexateuchproblem, I, Der Priesterkodex in der Genesis*, *BZAW* 38 (Gießen, 1924), genannt. Aber Löhr sieht in P eher den Redaktor vieler Einzeltraditionen (= Ezra), hält also eine Art Fragmentenhypothese. Als Endredaktor des

priesterliche Geschichtserzählung darf vielleicht nicht einfach als unabhängige Paralleltradition zu den anderen, älteren Pentateuchtraditionen betrachtet werden; vielmehr ist sie vielleicht als bewußt Bezug nehmende und bewußt sich absetzende Neukonzeption zu betrachten. Ein solcher intentionaler Bezug auf die "alten Quellen" fordert allerdings nicht notwendig eine Ergänzungstheorie, sondern ist auch für eine selbständige Schrift denkbar, wenn die "alten Quellen" dem Verfasser und den Lesern nur bekannt waren.

Wenn ich von diesen und vielen anderen, nicht genannten Neuansätzen der letzten Zeit her Anregungen aufgreife, so möchte ich mich im folgenden doch nicht an eine bestimmte Position anhängen und von ihr aus weiterdenken, sondern die Sachfragen selbst sollen neu gestellt werden. Bevor ich damit beginne, schulde ich aber ⌜198⌝ wenigstens eine kurze Rechenschaft über meine literaturgeschichtlichen Annahmen, die ich notgedrungen hier einfach voraussetzen muß.

Ich gehe also davon aus, daß man im Hexateuch innerhalb des priesterschriftlichen Materials (P) eine fast vollständig erhaltene priesterliche Geschichtserzählung (P^g) abheben kann.[29] Sie reicht —

Pentateuch wird P auch von I. Engnell gesehen. Die neueren, hier zu nennenden Autoren sind: F. M. Cross, "The Tabernacle: A Study from an Archaeological Approach", *BA* 10 (1947), S. 57f.; ders., *Canaanite Myth and Hebrew Epic* (Cambridge, Mass., 1973), S. 293-325; R. Rendtorff, "Der 'Jahwist' als Theologe? Zum Dilemma der Pentateuchkritik", in *Congress Volume Edinburgh 1974*, SVT 28 (Leiden, 1975), S. 158-66; ders., *Das überlieferungsgeschichtliche Problem des Pentateuch*, BZAW 147 (Berlin, 1977), S. 130-42 und 160-63; J. Van Seters, *Abraham in History and Tradition* (New Haven, Conn., 1975), S. 279; Blenkinsopp, "Structure" (wie Anm. 21), S. 280. Zur ganzen neuesten Diskussion um die Pentateuchquellen vgl. Issue 3 (July 1977) des *Journal for the Study of the Old Testament* mit verschiedenen Beiträgen.

[29] Gen. i 1 - ii 4a; v 1-27, 28*, 30-32; vi 9-22; vii 6, 11, 13-16a, 17a, 18-21, 24; viii 1, 2a, 3b-5, 13a, 14-19; ix 1-3, 7-17; 28f.; x 1-7, 20, 22f., 31f.; xi 10-27, 31f.; xii 4b, 5; xiii 6, 11b, 12*; xvi 1, 3, 15f.; xvii 1-13, 14*, 15-27; xix 29; xxi 1b-5; xxiii 1-20; xxv 7-11a, 12-17 . . . 26b; xxvi 34f.; xxvii 46 - xxviii 9; . . . xxxi 18*; xxxiii 18a; xxxv 6a, 9-15, 22b-29; xxxvi 1, 2a . . . 6-8, 40-43; xxxvii 1f.; xli 46a; xlvi 6f.; xlvii 27b, 28; xlviii 3-6; xlix 1a, 28b-33; l 12f.; Ex. i 1-5, 7, 13f.; ii 23*, 24f.; vi 2-12; vii 1-13, 19, 20*, 21b, 22; viii 1-3 . . . 11*, 12-15; ix 8-12; xi 9f.; xii 37a, 40-42; xiii 20; xiv 1-4, 8f., 10*, 15-18, 21*, 22f., 26, 27*, 28f.; xv 22*, 27; xvi 1-3, 6f., 9-12, 13* . . . 14* . . . 16*, 17, 18*, 19-21a, 22*, 23-26, 31a, 35b; xvii 1*; xix 1, 2a; xxiv 15b-18a; xxv 1-2, 8, 9*; xxvi 1-30; xxix 43-46; . . . xxxi 18; xxxiv 29-32; xxxv 4, 5a, 10, 20-22a, 29; xxxvi 2-3a, 8*; xxxix 32-33a, 42f.; xl 17, 33b-35; Lev ix 1*, 2f., 4b-7, 8*, 12a, 15a, 21b-24; Num. i 1, 2*, 3*, 19b, 21*, 23*, 25*, 27*, 29*, 31*, 33*, 35*, 37*, 39*, 41*, 43*, 46; ii 1*, 2, 3, 5*, 7a, 10a, 12*, 14a, 18a, 20a, 22a, 25a, 27*,

Die Priesterschrift und die Geschichte 223

gegen Wellhausen und Noth — mit ihren letzten Sätzen noch ins Buch Josua hinein.[30] Sie wurde ursprünglich als selbständige Schrift |199|

29a, 34; iv 1*... 2*, 3, 34*, 35f., 37*, 38-40, 41*, 42-44, 45*, 46*, 47f.; x 11-13; xii 16b; xiii 1-3a, 17*, 21, 25, 26*, 32; xiv 1a, 2, 5-7, 10, 26-28, 29*, 35-38; ... xx 1*... 2, 3b-7, 8*, 10, 11b, 12*... 22b..., 23*, 25-29; xxi 4*, 10f.; xxii 1; xxvii 12-14a, 15-23; xxxiv 1-18; Dtn. i 3; xxxii 48-52; xxxiv 1*... 7-9; ... Jos. iv 19*; v 10-12; xiv 1, 2*; xviii 1; ... xix 51. Diese Abgrenzung ist aus der von Elliger entwickelt, mit der ich ursprünglich gearbeitet hatte. Vgl. Elliger, "Geschichtserzählung" (wie Anm. 19), S. 121f. Die Veränderungen gegenüber Elliger stützen sich z. T. auf eigene Beobachtungen und ältere Kommentare, z. T. auf folgende neuere Literatur: Blenkinsopp, "Structure" (wie Anm. 21), S. 249, Anm. 16, und S. 290f.; Cortese, *Canaan* (wie Anm. 19), S. 41-51; W. Groß, "Jakob, der Mann des Segens", *Biblica* 49 (1968), S. 335-7; D. Kellermann, *Die Priesterschrift von Numeri 1,1 bis 10,10 literarkritisch und traditionsgeschichtlich untersucht*, BZAW 120 (Berlin, 1970); S. McEvenue, "A Source-Critical Problem in Nm 14,26-38", *Biblica* 50 (1969), S. 453-65; Negretti, *Settimo giorno* (wie Anm. 16), S. 173-9; ferner die in Anm. 16 genannten Arbeiten von Grelot, McEvenue und Ska. Man kann, wie schon Wellhausen oder in neuerer Zeit G. von Rad, W. Groß, P. Weimar und andere, mit Grund fragen, ob sich noch Vorstadien oder von P^g eingebaute Materialien erkennen lassen. An der Möglichkeit, Genaueres zu rekonstruieren, zweifle ich. Die folgenden Überlegungen fragen grundsätzlich nicht hinter die in dieser Anmerkung abgegrenzte Größe P^g zurück.

[30] Schon Wellhausen vertrat die Ansicht, P^g sei in Jos. nicht nachzuweisen, allerdings erst in *Prolegomena*, S. 379f., noch nicht in früheren Veröffentlichungen. Doch hat sich die Ansicht nicht durchgesetzt. Noth kam im Zusammenhang seiner Auffassung vom Deuteronomistischen Geschichtswerk zur gleichen Annahme. Vgl. vor allem *Überlieferungsgeschichtliche Studien* (Tübingen, ²1957), S. 182-90; ders., "Überlieferungsgeschichtliches zur zweiten Hälfte des Josuabuches", in *Alttestamentliche Studien F. Nötscher zum 60. Geburtstag gewidmet* (Bonn, 1950), S. 152-67. Alles, was in Jos. im Stil von P auftritt (irgendwelche Listen gehörten sowieso nicht dazu), seien untereinander nicht zu verbindende Zusätze zu meist schon sekundär-deuteronomistischen Texten aus später Zeit. Aber selbst wenn man Noth in der Beurteilung des Listenmaterials folgt, bleibt die Frage, ob man schon deshalb kaum mit P^g rechnen könne, weil sich keine priesterliche Landeroberungserzählung nachweisen läßt. Wäre eine solche wirklich zu erwarten? McEvenue, *Narrative Style* (wie Anm. 16), S. 117-23, hat gezeigt, daß P^g aus der traditionell kriegerischen Kundschaftererzählung alle militärischen Aspekte entfernt hat. Nach A. Kuschke, "Die Lagervorstellung der priesterschriftlichen Erzählung", *ZAW* 63 (1951), S. 99f., ist auch das Lager Israels jedes militärischen Charakters entkleidet. In ganz P^g treten nur die Ägypter militärisch auf, aber selbst sie werden nicht in einem Krieg überwunden. P^g ist, wenn der Ausdruck erlaubt ist, "pazifistisch". P^g kann jedenfalls bei der Einwanderung in Kanaan genau so knapp gewesen sein wie beim Auszug aus Ägypten in Ex. xii 40-42. Man muß ferner auch nicht von der Erwartung ausgehen, P^g habe in Jos. in ähnlicher

verfaßt, obwohl das, was ich im folgenden ausführe, sich mindestens teilweise auch bei der Ergänzungs- oder Redaktionshypothese vertreten ließe.[31] Der Verfasser des Werks kannte nicht nur selbst |200| den

Weise wie vorher im Pentateuch die Basis der Redaktionsarbeit abgegeben und müsse daher in Jos. ähnlich lückenlos wie dort bewahrt sein, vgl. S. Mowinckel, *Tetrateuch - Pentateuch - Hexateuch*, BZAW 90 (Berlin, 1964), S. 51. So ist die angemessene Fragestellung nur die, ob die wenigen Texte im Stil von P, die sich mit Sicherheit in Jos. finden und vom Erzählungssystem von Jos. aus alle als nachträgliche Eintragungen betrachtet werden können, wirklich ihren jetzigen Kontext notwendig voraussetzen und — wenn nicht — wie weit sie vielleicht vom erzählerischen System von P^g her erwartet werden müssen. In der Tat ist Jos. xviii 1a als Hinweis auf den Ort, wo im Land das Heiligtum aufgeschlagen wurde, zu erwarten, und xviii 1b liefert die noch ausstehende Erfüllungsnotiz zu Gen. i 28 (dazu Näheres unten in Teil II!). Zu Jos. xiv 1 und xix 51 vgl. Num. xxxiv 16 (das Noth zu Unrecht P^g abspricht). Sind diese Verse für P^g wahrscheinlich gemacht, dann sind Notizen wie Jos. iv 19* und 5,10-12 zu erwarten. Und schließlich wäre vielleicht doch zu überprüfen, ob nicht doch auch in den Listen einiges aus P^g erhalten ist. Doch muß das nicht sein, und selbst mit Listen dürfte der Schluß von P^g nach dem Tod Moses recht kurz gewesen sein und auf jeden Fall keine Szene mit Gottesrede mehr enthalten haben. Vgl. zum ganzen Blenkinsopp, "Structure" (wie Anm. 21), S. 287-91.

[31] Die neuere Argumentation gegen P^g als selbständige Erzählung läßt sich so zusammenfassen: 1. P ist, vor allem in der Patriarchengeschichte, zu knapp, um überhaupt als Erzählung gelten zu können. 2. Es würden unentbehrliche Inhalte der alten Quellen fehlen, etwa eine Ursünde oder ein Sinaibundesschluß. 3. P-Texte sind Überschriften auch zu älteren Materialien. 4. P-Texte hängen von JE-Texten ab, setzen sie also voraus. 5. Gerade für viele P zugeschriebenen Textsplitter, ohne die P keine fortlaufende Erzählung mehr wäre, sind die sprachstatistischen Beweise oft sehr fragwürdig. Dazu sei knapp bemerkt: Zu 1: Geht man bei dieser Überlegung nicht von einem Gattungspostulat aus, das nicht an sicheren P-Texten, sondern an den alten Quellen gewonnen wurde? Zu 2: Die hier unterstellten Tatsachen stimmen zum Teil nicht, z. B. kann man nicht einfach sagen, bei P fehle eine Ursünde. Ferner liegt ein nicht begründbares Postulat vor — P müsse alles erzählt haben, was JE erzählt hat. Zu 3: Überschrift- und Einleitungsfunktion von P-Texten zu gemischten Textbeständen sind durch redaktionelle Tätigkeit bei der Zusammenarbeitung von P und dem alten Pentateuchmaterial voll erklärbar. Zu 4: Selbstverständlich bildete JE die Hauptvorlage von P^g, und der Verfasser von P^g konnte bei seinen Lesern auch Kenntnis von JE voraussetzen. Das genügt zur Erklärung der gemeinten Sachverhalte. Zu 5: Rendtorff, der diese Argumente ausarbeitet, legt zweifellos den Finger auf eine Reihe problematischer Stellen. Doch übertreibt er die Beweisanforderung und arbeitet zum Teil mit rhetorischen Argumenten. Umgekehrt sollte er sich jedoch unbedingt an die von ihm selbst geforderte "erneute sorgfältige Prüfung" machen, ob nicht doch "etwas anderes als die hier vorgetragenen Gründe dafür sprechen, noch weitere Texte" jener "priesterlichen Schicht zuzurechnen", die er selbst

vorpriesterlichen Pentateuch und zumindest Vorstufen der "früheren" und der "späteren Propheten", sondern setzte auch bei seinen Adressaten solche Kenntnisse voraus.[32] Er schrieb seine |201| Schrift

---

zwischen Gen. i und Ex. vi als ein einheitliches Textsystem bestehen lassen mußte, und ob nicht dann doch noch viele andere Texte in diesen weiteren P-Bereich verzahnt sind. Zitate aus Rendtorff, *Pentateuch* (wie Anm. 28), S. 162, Anm. 16. Jede Ergänzungs- oder Redaktionstheorie, die eine vorangehende selbständige Existenz von P^g ablehnt, gerät vor Schwierigkeiten, auf die ihre neueren Vertreter nicht einzugehen pflegen: 1. Wie läßt sich in solchen Theorien die redaktionelle Technik der Zusammenarbeitung in manchen Texten, etwa in der Flutgeschichte oder in der Kundschaftererzählung, sinnvoll erklären? Solche subtile Verzahnung setzt mehrere präexistente Texte voraus. Wer einen Text interpretierend ergänzen will, arbeitet anders. 2. Die außerordentlich strenge Struktur von P^g kann nicht ursprünglich für den jetzigen Textbestand gedacht gewesen sein, denn sie wird durch den Zusammenhang mit den älteren Texten ja weitgehend unsichtbar gemacht. 3. Wichtige theologische Aussagen von P^g sind strukturabhängig (etwa die Berit-Theologie) und treten infolge der Verwischung der Struktur im jetzigen Textzusammenhang kaum noch hervor.

[32] JE — um bei diesem Kürzel zu bleiben — dürfte dem Verfasser von P^g schon in frühdeuteronomisch bearbeiteter Gestalt vorgelegen haben. Sie liegt schon Dt/Dtr voraus, vgl. dazu jetzt vor allem D. E. Skweres, *Die Rückweise im Buch Deuteronomium,* Dissertation, Hochschule Sankt Georgen, Frankfurt a. M. (1976 — erscheint 1978 in der Reihe *Analecta Biblica*). Vor allem wenn man die Abrahams-Berit von Gen. xv, die Gen. xvii zweifellos voraussetzt, erst als frühdeuteronomisch betrachtet (wie das heute gern getan wird), muß man schon mit einem frühdeuteronomischen Pentateuch als Vorlage von P^g rechnen. Dessen Handlungsablauf muß für den Verfasser von P^g und seine Leser schon so etwas wie kanonische Geltung gehabt haben, denn bei aller Freiheit hält sich die Darstellung im wesentlichen noch daran. Auch für seine Leser: Das zeigen die vielen Abkürzungen der Darstellung, die Einführung neuer Personen und Handlungsrequisiten, als seien sie längst bekannt, die oft versteckten oder undeutenden Anspielungen auf den Text der alten Quellen. Zumindest Teile aus den Bereichen der Bücher Jos. - 2 Kön. müssen ebenfalls bekannt gewesen sein, es sei nur als Beispiel das archaisierende Element der Himmelfahrt des erscheinenden Gottwesens in Gen. xvii 22 und xxxv 13 genannt, für das nur Ri. xiii 20 als uns noch bekannte Vorlage in Frage kommt. Für ähnliche Sachverhalte bezüglich mancher Prophetenbücher, vor allem Ez., vgl. z. B. M. Oliva, "Revelación del nombre de Yahweh en la 'Historia sacerdotal': Ex 6,2-8", *Biblica* 52 (1971), S. 1-19; Ska, "Les plaies d'Égypte" (wie Anm. 16); L. Van den Wijngaert, "Die Sünde in der priesterschriftlichen Urgeschichte", *Theologie und Philosophie* 43 (1968), S. 35-50. Am unklarsten ist das Abhängigkeitsverhältnis zwischen P^g und Deuterojesaja, vgl. Anm. 25 zur Dissertation von Eitz. Die These von A. S. Kapelrud, "The Date of the Priestly Code (P)", *ASTI* 3 (1964), S. 58-64, scheint mir nicht sicher bewiesen zu sein.

am wahrscheinlichsten in der Zeit der beginnenden Rückkehrmöglichkeiten aus dem babylonischen Exil.³³

|202| Diese Schrift soll also hinsichtlich der Geschichte befragt werden. Hat sie die Absicht, Geschichte zu erzählen? Welche Sicht der

---

³³ Ich stütze mich bei meiner Datierung vor allem auf die Abhängigkeit von exilsprophetischen Texten und auf die exils- und diasporaorientierte Paradigmatik. Die linguistische Diskussion, die wieder neu in Gang gekommen ist, hat zunächst zu teilweise gegensätzlichen Thesen geführt. Vgl. vor allem R. Polzin, *Late Biblical Hebrew. Toward an Historical Typology of Biblical Hebrew Prose* (Missoula, Montana, 1976); A. Hurvitz, "The Evidence of Language in Dating the Priestly Code. A Linguistic Study in Technical Idioms and Terminology", *RB* 81 (1974), S. 24-56. Ein Vergleich der beiden Untersuchungen findet sich bei Polzin, S. 168f. Der Typ der Kriterien von Hurvitz erlaubt leider keinen Vergleich mit eigentlich dtr Material. Ferner ist fraglich, ob etwas, was typologisch vor dem Ez-Buch liegt, notwendig auch schon vorexilisch ist. Wie Polzins Untersuchung zeigt, ist linguistisch der Unterschied zwischen P^g und P^s relevant. Hurvitz unterscheidet jedoch nicht zwischen beiden Korpora. Sein Material wäre daraufhin neu zu überprüfen. Wenn das Kapitel III bei Polzin nicht falsifiziert werden kann, wird man doch damit rechnen müssen, daß auf der Ebene der kultischen Terminologie P^g bewußt an der alten Sprache festhielt. Vielleicht liegt hier auch der Einfluß alter Vorlagen vor. Bis zur weiteren Klärung der linguistischen Diskussion hängt also doch alles an der sinnvollsten historischen Einordnung der Paradigmatik der Erzählungen von P^g und an der Frage der Beziehung zu exilischen Prophetenschriften. Da die Paradigmatik zur Not auch schon nach dem Fall Samarias denkbar wäre, hängt letztlich alles an der Beziehung zu Prophetenschriften. Wer hier nicht zu folgen bereit ist, sollte konsequenterweise für Thesen wie die von Y. Kaufmann offen sein. Bei der Frage der Beziehung von P^g zu Prophetenschriften stellt Deuterojesaja ein besonderes Problem dar. Die Entstehung von P^g muß früher angesetzt werden, falls Deuterojesaja P^g voraussetzt. Ist dies nicht der Fall, dann würde zu einem etwas späteren Zeitansatz vor allem das passen, was sich in meiner Untersuchung "Die Ursünden in der priesterlichen Geschichtserzählung", in G. Bornkamm und K. Rahner, *Die Zeit Jesu* = Festschrift H. Schlier (Freiburg, 1970), S. 38-57, ergab. Da im Kern eine Diaspora angesprochen ist, die schon heimkehren könnte, aber zögert, ließen sich jedoch auch noch spätere Abfassungssituationen denken. Doch darf man auch wieder nicht zu weit hinabgehen, da dann ja die Abfassung und Einfügung von H und alles, was wiederum daran hängt, noch später zu liegen käme. Vgl. N. Lohfink, "Die Abänderung der Theologie des Priesterlichen Geschichtswerks im Segen des Heiligkeitsgesetzes", in H. Gese und H. P. Rüger, *Wort und Geschichte* = Festschrift K. Elliger (Neukirchen-Vluyn, 1973), S. 129-36; A. Cholewiński, *Heiligkeitsgesetz und Deuteronomium* (Rom, 1976), vor allem S. 138f. Sowohl die neueren Argumente für vorexilischen Ansatz, etwa bei Y. Kaufmann und seiner Schule, als auch die für massiv nachexilischen Ansatz, etwa bei J. G. Vink, "The date and origin of the Priestly Code in the Old Testament", in *The Priestly Code and Seven Other Studies*, *Oudtestamentische Studiën* 15 (Leiden,

Geschichte hat sie? Die erste Frage ist die nach der vorhandenen historischen Aussageintention. Die zweite Frage ist die nach der alles tragenden Geschichtsphilosophie, wenn dieses Wort in solchem Zusammenhang erlaubt ist. Man könnte natürlich noch eine weitere Frage stellen, nämlich die, ob P^g dem modernen Historiker brauchbare historische Informationen vermittelt. Aber wir kennen ja im wesentlichen die Quellen von P^g, und so darf man für diese Frage jederzeit auf die Quellen verweisen und sie im Zusammenhang mit P^g vernachlässigen.

I. Die Rückverwandlung der Geschichte in Mythus

Eine Intention, Geschichte darzustellen, wäre nach unserem Verständnis ja wohl dann gegeben, wenn der Verfasser die Meinung hatte, er erzähle Dinge, die faktisch geschehen sind, und was er erzählte, sei in der Zeit auch so hintereinander geschehen und auseinander hervorgegangen, wie er es erzählt. Eine noch größere Annäherung an unser modernes Verständnis wäre gegeben, wenn der Verfasser gar Kategorien wie Kausalität, Entwicklung oder Fortschritt erzählerisch zum Ausdruck brächte. Aber es mag hier genügen zu fragen, ob der Verfasser darauf aus war, das mitzuteilen, was wirklich geschah, und ob er es als einen zusammenhängenden einsinnigen Ablauf in der Zeit erzählen wollte.

Die alten Pentateuchquellen, gleichgültig, wie man sie im einzelnen konzipiert, hatten zweifellos eine solche Absicht — trotz kerygmatischer Hintergedanken[34] und gattungsbedingter Sperrigkeit ihres

---

169), S. 1-144, beziehen sich gewöhnlich auf eine allgemeine "priesterliche Literatur" ohne ausgearbeitete Schichtenunterscheidung oder auf einen fertigen "Priesterkodex", den näher zu analysieren man sich weigert. Man argumentiert dann entweder mit Argumenten, die in der Tat das Alter vieler Inhalte, Materialien, Traditionen, Vorlagen beweisen, aber nicht ohne weiteres die Abfassungszeit von P^g, oder mit Argumenten, die nur für letzte Zusätze und redaktionelle Überarbeitungen gelten. Y. Kaufmann ist im übrigen durchaus für die Möglichkeit später literarischer Arbeit am alten Gesetzesmaterial offen gewesen, wie noch gegen Ende seines Lebens bei der Auseinandersetzung mit E. Auerbach deutlich wird: vgl. "Der Kalender und das Alter des Priesterkodex", *VT* 4 (1954), S. 308f.

[34] Klassische Untersuchungen: H. W. Wolff, "Das Kerygma des Jahwisten", *EvTh* 24 (1964), S. 73-98; ders., "Zur Thematik der elohistischen Fragmente im Pentateuch", *EvTh* 29 (1969), S. 59-72.

eigenen Materials.[35] Sie wollten Israel über seine Vergangenheit informieren. Wollte der Verfasser von P^g das ebenfalls? Er könnte eine Intention, in diesem Sinne Geschichte zu erzählen, gehabt haben, auch wenn die von ihm benutzten Quellen faktisch unzureichend waren und wir heute als Historiker das Ergebnis seiner schriftstellerischen Arbeit weithin verwerfen müßten. Es geht nur um seine Intention.

Zunächst will es scheinen, als habe der Verfasser von P^g wirklich die Absicht, Geschichte zu erzählen. Er erzählt ja, wenigstens in groben Zügen, jene alte Pentateucherzählung nach, die diese Absicht hatte. Auch er beginnt bei der Schöpfung, kennt eine Urzeit und eine Flut, spricht von den Erzvätern Abraham, Isaak und Jakob, läßt ihre Familie dem Josef nach Ägypten folgen, schildert die Befreiung Israels aus Ägypten und die Jahre in der Wüste, hält sich dabei lange am Sinai auf und führt Israel schließlich in das den Vätern verheißene Land. Ist die Übernahme des Erzählungsfadens nicht notwendig auch Übernahme der mit ihm verbundenen geschichtlichen Aussageintention?

Der Verfasser übernimmt diesen auf geschichtlichen Zusammenhang ausgerichteten Erzählungsfaden nicht nur. Er bringt überdies Namen, Zahl und Ordnung hinein. Namen durch die Genealogie und die Völker- und Stämmetafeln,[36] Zahl durch ein wohlausgebautes

---

[35] Vgl. hier etwa, was G. von Rad, "Offene Fragen im Umkreis einer Theologie des Alten Testaments", *ThLZ* 88 (1963), Sp. 410-14, zur Gattung der "Sage" geschrieben hat, von der ein großer Teil des Stoffs in JE bestimmt ist.

[36] Genealogien: Gen. v 3-27, 28*, 30-32; ix 28f.; xi 10-26, 32; xxi 5; xxv 7, 8*, 26*; xxxv 28f., (22-26); xlvii 28, 33; (Ex. i 1-5). Das ist die Hauptgenealogie, die bei Jakob dann nicht mehr im sauberen Schema durchgeführt und von seinen 12 Söhnen, den Stammvätern des Volks an, auch nicht mehr weitergeführt wird, nachdem in Ex. i 7 die Erfüllung des Vermehrungssegens konstatiert ist. In diese Genealogie sind die erzählenden Notizen und ausführlichen Erzählungen eingehängt — vgl. z. B. für die Sintflut McEvenue, *Narrative Style* (wie Anm. 16), S. 36-41 —, ebenso genealogische Seitenbemerkungen. Neben die lineare Hauptgenealogie treten dabei als segmentierte Genealogien die Völker- und Stammestafeln. Sie finden sich in Gen. x 1-7, 20, 22f., 31f.; xxv 12f., 16; xxxv 22-26; xxxvi 40-43; Ex. i 1-5. Abgesehen von den Listen der Söhne Jakobs dienen diese dazu, die entsprechenden Nachkommen aus dem Darstellungsgang von P^g zu entlassen. Für Literatur vgl. C. Westermann, *Genesis 1-11* (Darmstadt, 1972), S. 55-67; ders., *Genesis I*, (Neukirchen-Vluyn, 1974), S. 436, 468, 662f. und 741. Wichtige neue Arbeiten: A. Malamat, "King Lists of the Old Babylonian Period and Biblical Genealogies", *JAOS* 88 (1968), S. 163-

chronologisches System,[37] Ordnung durch verschiedene Struktursysteme 204 der Darstellung, die einander zum Teil einschließen, zum Teil überlagern. Die umfassendste Gliederung, die das ganze Werk in 10 wenn auch ungleich große Teile aufteilt, wird durch die Toledot-Formeln angezeigt.[38] Der zehnte Teil, die Toledot Jakobs, der

---

73; M. D. Johnson, *The Purpose of the Biblical Genealogies* (Cambridge, 1969), S. 14-28; R. R. Wilson, "The Old Testament Genealogies in Recent Research", *JBL* 94 (1975), S. 169-89.

[37] Ein durchlaufendes chronologisches Hauptsystem von P^g läßt sich aus den Angaben folgender Texte erarbeiten: Gen. v 3, 6, 9, 12, 15, 18, 21, 25, 28, 32; xi 10, 12, 14, 16, 18, 20, 22, 24, 26; xxi 5; xxv 26; xlvii 28 (hier kann man errechnen, wann Jakob nach Ägypten kam); Ex. xii 40f. (von Gen. xlvii 28 aus läßt sich hier das Jahr des Auszugs berechnen); Dtn. i 3; Jos. iv 19. Die Zahlen in MT, Sam und G sind zum Teil erheblich verschieden, und keine Zahlenreihe dürfte als ganze die ursprünglichen Zahlen spiegeln. Näheres dazu noch unten Anm. 61. Neben den oben angegebenen Texten gibt es noch eine Reihe redundanter Angaben, die P^s dann noch weiter vermehrt. Subsysteme, zum Teil bis in die Tage hinein, finden sich für die Schöpfung (Woche), die Sintflut (Sonnenjahr), das Leben Abrahams und Jakobs, die Zeit der Wüstenwanderung und des Einzugs in Kanaan (z.T. kultische Termine). Vgl. Johnson, *Genealogies* (wie Anm. 36), S. 28-36 und 262-5 (Lit.). Ferner die Literatur zum Kalender der Jubiläen und von Qumran.

[38] Vgl. Tafel I. Ich rechne mit folgenden 10 ursprünglich zu P^g gehörenden Toledot-Formeln: Gen. ii 4 (Unterschrift); v 1; vi 9; x 1; xi 10, 27; xxv 12, 19; xxxvi 1; xxxvii 2. Als P^s betrachte ich Gen. xxxvi 9; Num. iii 1. Die ältere Literatur ist gründlich zitiert bei P. Weimar, "Die Toledot-Formel in der priesterschriftlichen Geschichtsdarstellung", *BZ* 18 (1974), S. 65-93. Weimar hat gezeigt, daß die Toledot-Formeln mitsamt den an sie anschließenden Formulierungen in P^g den Einsatz neuer Teile der Darstellung markieren. Unbeschadet ihrer begrenzteren Funktion in einer eventuellen Vorstufe von P^g leiten sie hier nicht nur Genealogien ein, sondern auch Notizen und Erzählung sind ihnen zugeordnet. Weimar selbst ist noch nicht ganz konsequent und rechnet nicht in jedem Fall damit, daß in P^g jede Toledot-Formel dem gesamten Text bis zur nächsten Formel (bzw. dem Ende des Werks) vorgeordnet ist. Mir scheint das die einzig mögliche Konsequenz aus seinen Beobachtungen zu sein. *tol^{e}dot NN* meint dann in P^g so etwas wie: "das, was sich von NN aus ergab und ereignete". Gen xxxvii 2 leitet also den gesamten Text von der Ausreise nach Ägypten bis zum Einzug in Kanaan ein. All dies ist "Jakobsschicksal". Das quantitative Mißverhältnis ist nichts, das dagegen spräche. Auch vorher hatten die einzelnen Toledot-Texte schon recht verschiedene Länge. Natürlich müssen die Jakobs-Toledot dann mit anderen Mitteln strukturiert werden. Dazu dienen die Wandernotizen, vgl. die nächste Anmerkung. Gegenüber allen anderen modernen Versuchen, den Aufbau des Werkes zu definieren, besitzen die Toledot-Formeln einen Vorteil: Es sind Struktursignale, die der Verfasser selbst seinem Werk eingegeben hat.

quantitativ die ganze zweite Hälfte der Schrift ausmacht, wird nochmals gegliedert durch 8 Wandernotizen, die jeweils einen Abschnitt beenden und zum nächsten führen, der an einem anderen Ort spielt.[39]

|206| Großer Wert scheint auf diejenigen Texte gelegt zu sein, in denen Gott redend auftritt. Man könnte sie als die "theologischen Texte" von P^g bezeichnen. Sie sind jeweils paarweise einander zugeordnet.[40]

Tafel I
Die Toledot-Aufteilung von P^g

Gen. ii 4	T. von Himmel und Erde	Erzählung	Segen
v 1	T. Adams	Genealogie	
vi 9	T. Noachs	Erzählung	Segen + *Berit*
x 1	T. von Noachs Söhnen	Völkertafel	
xi 10	T. Sems	Genealogie	
xi 27	T. Terachs	Erzählung	Segen + *Berit*
xxv 12	T. Ismaels	Stämmetafel	
xxv 19	T. Isaaks	Erzählung	Segen
xxxvi 1	T. Esaus	Stämmetafel	
xxxvii 2	T. Jakobs	Erzählung	Wanderungen

---

[39] Vgl. Tafel II. In den zu P^g gehörenden Wandernotizen in der Genesis sind *lqḥ, jṣ', bw'* und *jšb* die typischen Verben. Vom Exodus Israels an erscheinen neue Verbkombinationen, vor allem mit *ns', bw'* und *ḥnh*. Einige Zuteilungen zu P^g sind nicht ganz sicher, aber doch wahrscheinlich. Einige Notizen sind nur noch verstümmelt bewahrt. Doch lassen sich auf jeden Fall 8 "Wanderungen" Israels feststellen. Abschluß einer Einheit durch Ortsveränderung ist ein uraltes episches Darstellungsmittel, das P^g hier aufgreift. In den sich ergebenden Abschnitten zeigt sich wieder ein klarer Bauwille mit Vorliebe für Paarungen, wie schon vorher bei den Toledot-Aufteilungen. Ausgewählte neuere Literatur: M. Noth, "Der Wallfahrtsweg zum Sinai", *PJ* 36 (1940), S. 5-28; E. Weidner, "Asssyrische Itinerare", *ArOr* 21 (1966), S. 42-6; V. Fritz, *Israel in der Wüste* (Marburg, 1970), S. 33f.; G. W. Coats, "The Wilderness Itineary", *CBQ* 34 (1972), S. 135-52; Cross, *Myth* (wie Anm. 28), S. 308-17; G. I. Davies, "The Wilderness Itineraries: A Comparative Study", *Tyndale Bulletin* 25 (1974), S. 46-81.

[40] Vgl. Tafel III. Die "theologischen Texte" auf dieser Übersicht sind nur Mithilfe der bisher erwähnten Struktursignale Toledot-Formeln und Wandernotizen

Die Priesterschrift und die Geschichte 231

205

Tafel II
Die Wanderungen Israels in P^g

Israel in Ägypten	Auszug aus Ägypten	Ex. xii 37a, 40-42, xiii 20
Vernichtung der Ägypter	Zur Wüste Sin	xv 22aα, 27, xvi 1
Offenbarung des Sabbats	Zur Wüste Sinai	xvii 1a, bα, xix 1, 2a
Offenbarung des Heiligtums	Zur Wüste Paran	Num. x 11-13, xii 16b
Sünde des Volks	Zur Wüste Zin	... xx 1aα
Sünde von Mose und Aaron	Zum Berg Hor	... xx 22b ...
Tod Aarons	In die Steppen Moabs	xxi 4aα, 10f., xxii 1b
Tod Moses	Einzug in Kanaan	... Jos. iv 19aβ, b, v 10-12, xviii 1

Tafel III
Die "theologischen" Textbereiche in P^g

Gen. i	Die Erschaffung der Welt
Gen. vi-ix	Flut und Noach-Berit
Gen. xvii	*Abraham-Berit*
Gen. xxxv	*Segen über Jakob*
Ex. vi-xi	Sendung Moses und Aarons, Wunder vor Pharao
Ex. xiv	Vernichtung Pharaos im Meer
Ex. xvi	*Wachteln und Manna: Offenbarung des Sabbats*
Ex. xxiv-Num. iv	*Sinai: Offenbarung und Errichtung des Heiligtums, Lager*
Num. xiii-xiv	*Erkundung des Lands: Sünde von Volk und Führern*
Num. xx	*Wasserspende in der Wüste: Sünde von Mose und Aaron*
Num. xx	Einsetzung Eleasars, Tod Aarons
Num. xxvii-Dtn. xxxvi	Einsetzung Josuas, Anweisung für die Landnahme, Tod Moses

Am Anfang des Werks, in Gen. i 28, findet sich eine Art Geschichtsprogramm, dessen Einlösung und Nichteinlösung dann unterwegs jeweils festgestellt wird.[41] Durch dies und, sobald man mehr ins Detail geht, noch durch vieles andere,[42] wird die in P^g geschilderte [207] Geschichte zu einem Ablauf, bei dem man jeden Punkt sauber in Zeit

---

sowie der Tatsache, daß Gott redend auftritt, gewonnen. In Ex. vi-xi und Ex. xxiv - Num. iv könnte man innerhalb dieser Texte noch einmal mehrere Einheiten unterscheiden. Als erster hat McEvenue, "Fulfilment" (wie Anm. 24), S. 105, auf den Sondercharakter dieser Texte hingewiesen. Innerhalb dieser "theologischen Texte" gibt es nochmals zwei Gruppen, deren eine auf der Übersicht durch Kursivdruck hervorgehoben ist. Nur sie enthält eigentliche Erscheinungserzählungen. Bei Abraham und Jakob erscheint Gott und fährt am Ende wieder zum Himmel auf (Gen. xvii 22, xxxv 13). Nach dem Auszug aus Ägypten erscheint die Herrlichkeit Jahwes, zuerst aus der Wüste, dann auf dem Sinai, dann im Heiligtum. Literatur: N. Lohfink, "Die priesterschriftliche Abwertung der Tradition von der Offenbarung des Jahwenamens an Mose", *Biblica* 49 (1968), S. 1-8; Oliva, "Interpretación" (wie Anm. 16); C. Westermann, "Die Herrlichkeit Gottes in der Priesterschrift", in H. J. Stoebe, *Wort - Gebot - Glaube*, Festschrift W. Eichrodt (Zürich, 1970), S. 227-49 (systematisiert zu stark und kommt dadurch mit Ex. xvi nicht zurecht); Oliva, "Revelación" (wie Anm. 32); H. Mölle, *Das "Erscheinen" Gottes im Pentateuch* (Bern-Frankfurt, 1973); M. Oliva, "Las revelaciones a los patriarcas en la historia sacerdotal", *Biblica* 55 (1974), S. 1-14.

[41] Näheres dazu unten in Teil II.

[42] Ich kann allerdings nicht, wie es immer wieder geschieht, die "Bundesschlüsse" in Gen. ix und xvii als darstellungsgliedernde Signale betrachten, so wichtig sie für die Theologie von P^g sind und so sehr feststeht, daß sie aufeinander bezogen sind. Dasselbe gilt von den verschiedenen Gottesnamen, die in P^g vorkommen. Hier sind im übrigen schon die Fakten komplizierter, als im allgemeinen angenommen wird. Der "Erzähler" gebraucht den Jahwenamen schon einmal an der wichtigen Stelle Gen. xvii 1 (es besteht kein Grund, hier eine redaktionelle Änderung zu postulieren). Bei den Patriarchen spricht er weiter von Elohim, und nur die erscheinende Gottheit und Menschen, wenn sie von dieser Erscheinung sprechen, gebrauchen den Gottesnamen El Schaddaj. Die Offenbarung des Jahwenamens in Ex. vi erhält nicht die Würde einer Erscheinungserzählung. G. von Rad, *Priesterschrift* (wie Anm. 11), S. 167-86, hat eine Struktur von "drei mächtige(n) konzentrische(n) Kreise(n)" durch Nacherzählung nachzuweisen versucht. Dazu hat Noth, *Überlieferungsgeschichte* (wie Anm. 15), S. 260f., festgestellt, diese "Gesamtanlage" sei "durch die Überlieferung schon festgelegt" gewesen, und die drei Kreise hätten sich "wohl weniger aus einer umfassenden Geschichtsschau als vielmehr aus verschiedenen Einzelheiten der älteren Überlieferung" ergeben. Struktursignale, die diese Dreiteilung tragen könnten, sehe ich nicht. Auch die Ausführungs- und Erfüllungsnotizen, auf die sich Blenkinsopp, "Structure" (wie Anm. 21), vor allem stützt, sind nicht eigentlich erzählungsgliedernd, so wichtige Aussagefunktionen ihnen auch in anderer Hinsicht zukommen.

und Raum unterbringen kann.[43] Weist das nicht darauf hin, daß eine möglichst klare und zuverlässige historische Darstellung beabsichtigt war?

Leider wird etwas zuviel Ordnung hergestellt. Die Figuren und Ereignisse werden nach geradezu ästhetischen Prinzipien über Raum und Zeit verteilt. Daher kommen einem, je mehr man in diese Schrift eindringt, desto mehr Zweifel, ob hier noch jene Demut gegenüber dem Faktum vorhanden war, die für eine geschichtliche Aussageabsicht letztlich entscheidend bleibt.

Fast immer treten Paare auf. Schöpfung und Flut sind die beiden einzigen auserzählten Themen der Urzeit. Noach und Abraham sind die beiden Empfänger einer Berit. Abraham und Jakob sind die beiden Erscheinungsempfänger der Väterzeit. Mose und Aaron sind die beiden Führer Israels bei Befreiung und Wanderung. Die Manna- und die Sinaiperikope sind die beiden Kultstiftungsgeschichten, die eine für den Sabbat, die andere für das Heiligtum und seinen Gottesdienst. Zweimal wird gesündigt, bei der Kundschaftersendung und am wasserspendenden Felsen. Aaron muß sterben, und Mose muß sterben. Eleasar wird eingesetzt, und Josua wird eingesetzt. Und so gibt es noch viele Paare.[44] Dann gibt es Siebenerschemata: Sieben Tage der Schöpfung, sieben Tage, bis Mose auf den Berg ins Feuer gerufen wird. Oder es ist die Zahl 10: Zehn Generationen zwischen Schöpfung und Flut, zehn Generationen zwischen Noach und Abraham, zehn Toledot-Überschriften. Ist hier das Gefühl für die verwirrende und undurchsichtige Vielfalt geschichtlicher Faktizität nicht ausgetrieben, und erst recht das Gefühl für jene unberechenbaren und unvoraussagbaren Wendepunkte des Menschheitswegs, wo Freiheit und Zufall am Werk sind?

Die alten Pentateuchquellen, bei allem Abstand vom modernen Umgang mit Geschichte, hatten doch für all dies einigen Sinn. Er

---

[43] Der "Raum" wird in Gen. i erstellt, die Völkertafel in Gen. x füllt ihn in einer ersten Annäherung mit Bewohnern (weitere Differenzierungen folgen später in den Stämmetafeln), die Wanderungen, von denen erzählt wird, beleben ihn. Meist haben sie mit einer Korrektur falscher Verteilungen der Menschen im Gesamtraum zu tun.

[44] Die Vorliebe für Paarungen zeigt sich auch mehr im Kleinen. So finden wir in den Toledot Terachs: Wanderung Terachs und Wanderung Abrahams, Geburt Ismaels (und Beschneidung) und Geburt Isaaks (und Beschneidung), Tod Saras (und Begräbnis) und Tod Abrahams (und Begräbnis). Als Trenner zwischen diesen kleineren Einheiten spielen Zeitangaben eine Rolle.

spiegelte sich im ungefügen Beieinander der aufgehäuften und nur 208 leicht bearbeiteten Traditionsmassen. Eine derartige Zurückhaltung hat sich P^g nicht auferlegt. Der Verfasser schuf schöne Gestalt, indem er seinen Vorlagen Gewalt antat. Er ließ aus, baute um, veränderte, fügte in souveräner Freiheit Neues ein.

Ich kann jetzt immer nur Beispiele bringen. Um die Zweiheit Abraham - Jakob herauszuarbeiten, strich er die Isaaks- und Josefsgeschichte zusammen. Weil er das Thema "Sünde" erst bei der Wüstenwanderung behandeln wollte, entfernte er in der Jakobserzählung den betrügerischen Erwerb des Vatersegens und die Feindschaft der Brüder (Gen. xxviii 1-45). Für den Zug Jakobs nach Osten fand er einen neuen Grund: Jakobs Eltern schickten ihn nach Paddan Aram, weil er keine kanaanäische Frauen heiraten sollte.[45] Das Motiv war keine neue Erfindung. Aber in den Vorlagen fand es sich bei Isaak.[46] So wurde Isaak nicht gebraucht, wohl aber ein Motiv aus seiner Sage, und das Motiv wanderte zu Jakob hinüber. Da war doch offenbar nicht mehr die Historie gefragt, sondern nur noch die Ereigniskonstellation und das in ihr sich aussprechende Problem: Wo man seine Frauen holen sollte, aus den Völkern oder aus dem eigenen Volk. Für derartige Verpflanzungen von Inhalten, die an sich einmal eine feste geschichtliche Stelle hatten, ließen sich noch viele Beispiele bringen: Kleinigkeiten, wie in Gen. xvii 17 die Umwandlung des Lachens Saras in ein Lachen Abrahams,[47] und auch Gewichtigeres, wie das theologisch wahrlich folgenreiche Schweigen bezüglich der Sinai-Berit.[48] Dies letztere zeigt, daß es 209 bei all dem nicht nur einfach um die Ästhetik der Darstellung ging, sondern daß diese selbst wiederum Vehikel für genau überlegte theologische Aussagen sein sollte.

Ähnliches gilt von den Genealogien und der Chronologie. P^g wurde zu einer Zeit abgefaßt, als in Jonien schon die gelehrten Mythogra-

---

[45] Gen. xxvi 34f., xxvii 46, xxviii 1-9.
[46] Gen. xxiv. Dort zieht nicht Isaak selbst nach Osten, um sich eine Frau aus der Verwandtschaft zu holen, sondern der Knecht seines Vaters. Zum Hauptmotiv vgl. Gen. xxiv 3f. Es dürfte sich in Gen. xxv 20, der zu vergleichenden Passage von P^g, trotz ihres fragmentarischen Erhaltungszustands kaum befunden haben. Zur Gesamtbehandlung der Tradition in der Jakobserzählung von P^g vgl. Groß, "Jakob" (wie Anm. 29), S. 339f. Zum Umgang mit der Tradition in Bezug auf die Motive Schuld und Strafe in ganz P^g vgl. Lohfink, "Ursünden" (wie Anm. 33), S. 41-7.
[47] Alte Quellen: Gen. xviii 12-15. Zur Abhängigkeit von den alten Quellen vgl. zuletzt McEvenue, *Narrative Style* (wie Anm. 16), S. 145f.

phen ihre Stammbaumsysteme entwarfen und einer von ihnen, Hekataios von Milet, schon zum erstenmal, mithilfe der Genealogien und eines Durchschnittswerts für eine Generation rückwärtsschreitend, eine absolute Chronologie für die Zeit der Heroen zu erstellen versuchte.[49] Eine Ähnlichkeit der chronologischen Technik läßt sich auch bei P^g nicht verkennen, wobei der Durchschnittswert für eine Generation 100 Jahre betragen zu haben scheint.[50] Aber im ganzen dürfte P^g auch in den Genealogien und Zahlen eher in der altorientalischen Tradition stehen.[51] Darauf weist die Anordnung der linearen Genealogien um die Flut als Mitte herum,[52] vielleicht auch die Rolle

---

[48] Dazu vgl. vor allem W. Zimmerli, "Sinaibund und Abrahambund", in: ders., *Gottes Offenbarung* (München, 1963). S. 205-16. H. Cazelles, der Ex xix 3b-8 zu P rechnet, sieht hier trotzdem nur eine "Erneuerung" der Abrahams-Berit: "Alliance du Sinai, Alliance de l'Horeb et Renouvellement de l'Alliance", in H. Donner, *Beiträge zur alttestamentlichen Theologie* = Festschrift W. Zimmerli (Göttingen, 1977), S. 69-79. Man wird kaum mit Kutsch, "Gott" (wie Anm. 16), S. 386, sagen können, wenn P^g den Terminus b^erit für die Sinai-Ereignisse nicht verwende, biete sie gegenüber der älteren Überlieferung "nichts Neues", denn die Vorstellung von einem Sinai-Bund habe es überhaupt "in Israel nicht gegeben". Denn selbst wenn, wie Kutsch annimmt, alle Belege für b^erit im nichtpriesterschriftlichen Teil der Sinaierzählungen dem "deuteronomisch-deuteronomistischen Bereich" zuzuordnen sind, können wir sie trotzdem schon der P^g vorgegebenen Überlieferung zurechnen. Ferner geht es ja nicht einfach um das Wort b^erit, sondern auch um die ältere Verbindung der Sinaitradition mit Rechtskündigung. Wie aufregend der Abbau des Sinaibundes selbst in priesterlichen Kreisen war, zeigt die recht bald erfolgte Rückgängigmachung durch den Einbau von H. Vgl. dazu Lohfink, "Abänderung" (wie Anm. 33).

[49] Zur griechischen Mythographie, deren Höhepunkt im 6./5. Jh. vor Christus lag, vgl. (mit weiterer Literatur) W. Speyer, "Genealogie", in *Realenzyklopädie für Antike und Christentum* 9 (Stuttgart, 1976), S. 1166-70. Das Werk des Hekataios von Milet trägt den Titel "Historiae", aber auch "Heroologia" oder "Genealogiae".

[50] Zur Generationenkalkulation zumindest des MT in P^g vgl. unten, Anm. 60.

[51] Vgl. die oben Anm. 36 zitierten Arbeiten sowie M. Ramlot, "Les généalogies bibliques, un genre littéraire oriental", *Bible et vie Chretienne* 60 (1964), S. 53-70. Eine weitere Dimension der Abhängigkeit von mesopotamischer Wissenschaft tut sich auf, wenn M. Barnouin mit seiner Rückführung der Zahlen in Gen. v und in den Musterungslisten von Num. auf babylonische Mathematik und Astronomie recht haben sollte. Vgl. M. Barnouin, "Recherches numériques sur la généalogie de Gen. V", *RB* 77 (1970), S. 347-65; ders., "Les recensements du livre de Nombres et l'astronomie Babylonienne", *VT* 27 (1977), S. 280-303.

[52] Das entspricht dem Aufbau der Sumerischen Königsliste. Zu ihr vgl. vor allem T. Jacobsen, *The Sumerian Kinglist* (Chicago, 1939).

der Zehnzahl,[53] auf jeden Fall die ursprungsmythische Rückführung aller Fakten auf einen einzigen Anfang.[54] Im einzelnen weiß 210 man gerade in diesem Bereich nie genau, wo von P^g übernommene Tradition, wo eigenes Konstrukt vorliegt. Nur: wenn Tradition übernommen ist, dürfte Wilsons Feststellung gelten, daß es aus der Völkerkunde keinen Beweis dafür gibt, "that genealogies are created for the purpose of making historical record",[55] und da, wo wir den Verfasser von P^g selbst am Werk sehen, zeigen sich andere als geschichtliche Intentionen. Der jahwistische Metuschael wird als Metuschelach geführt, damit er schon im Namen als Sünder erkennbar sei und deutlich werde, daß die Flut Folge von Sünde war.[56] Die Lebensalter vor der Flut sind so eingerichtet, daß Sünder wie Metuschelach in der Flut selbst umkamen,[57] und daß andererseits alle

---

[53] Daß 10 Generationen die ideale genealogische Tiefendimension darstellen, vertrat Malamat, "King Lists" (wie Anm. 36). Wilson, "Genealogies" (wie Anm. 36), widerspricht. Aus der Bibel wäre vor allem die 10 Generationen umfassende Ahnentafel Davids in Rut iv 18-22 zu vergleichen. Durch die Aufgliederung des Gesamtwerks in 10 "Toledot" präsentiert sich P^g vielleicht sogar als so etwas wie potenzierte "Toledot".

[54] Das geschah in der Antike allerdings selten mit solcher Konsequenz und Ausdrücklichkeit wie in P^g. Doch als Grundprinzip steckt es selbst in einem Werk wie in den Hesiod zugeschriebenen "Frauenkatalogen" oder "Ehoien", wo verschiedene große Geschlechter auf je verschiedene Ahnfrauen zurückgeführt werden, die aber alle Verkehr mit Göttern hatten.

[55] "Genealogies" (wie Anm. 36), S. 189.

[56] Metuschelach, Vater Lamechs, in Gen. v 21 P^g ist zweifellos identisch mit Metuschael, Vater Lamechs, in iv 18 J. Vielleicht hat der Verfasser von P^g nicht frei geändert, sondern es gab zwei Alternativformen des gleichen Namens. So M. Tsevat, "The Canaanite God Šālaḥ", *VT* 4 (1954), S. 41-9, der im zweiten Element den Namen des Unterweltsgottes sieht: *šelaḥ* oder *š^{e}ol*. Aber selbst dann dürfte P^g die Form Metuschelach ausgewählt oder gegen J bewahrt haben, weil diese den Bestandteil *šelaḥ* "Geschoß, Wurfwaffe" zu enthalten schien, was dazu paßt, daß die Flut, in der Metuschelach umkam, in *ḥamas* "Gewalttat" ihre Ursache hatte. Weiteres zu den Namensformen in der Genealogie von P^g immer noch gut bei K. Budde, *Die biblische Urgeschichte (Gen. 1-12,15)* (Gießen, 1883), S. 98-100.

[57] Nach den Zahlen des MT starb Metuschelach im Jahre der Flut (geboren *anno mundi* 687, Alter 969 Jahre; die Flut selbst trat ein *anno mundi* 1656). Nach den Zahlen von Sam. trifft dies überdies auch für Jered und Lamech zu, und das dürfte ursprünglich sein, vgl. unten Anm. 61. Dann besteht genau die zweite Hälfte der zehnköpfigen vorsintflutlichen Genealogie — Henoch und Noach natürlich ausgenommen — aus Sündern, die in der Flut umkommen. Man kommt kaum daran vorbei, daß in P^g der Einbruch der Sünde hierdurch ausgedrückt wird. Skepsis dagegen gebührt der immer wiederkehrenden

Urväter zugleich die Entrückung des vollkommenen Henoch miterleben konnten.[58] Alle Väter von Noach ab, im ganzen 10 Generationen, konnten zugegen sein, als Abraham das Licht der Welt erblickte, dann erst starben sie ⌐211¬ nacheinander.[59] Durch die Zahlen werden also einfach bestimmte Gestalten und Ereignisse herausgestrichen. Die Gesamtchronologie im masoretischen Text setzt den Exodus in den *annus mundi* 2666. Das sieht nach zwei Dritteln eines Weltjahrs von 4000 Jahren aus, und der *annus magnus et mirabilis* wäre, wenn man andere biblische und außerbiblische, in der Makkabäerzeit zugängliche Informationen zu Hilfe nimmt, nach unserer Zeitrechnung das Jahr 164 v. Chr., also das Jahr der Wiedereinweihung des Tempels.[60] Das kann natürlich nur ein in der Makkabäerzeit hineinretuschiertes System sein. Aber wir haben Grund anzunehmen, daß auch das ursprüngliche Zahlenwerk auf ein *annus mirabilis* hin durchsichtig war, vermutlich den Tempelbau Salomos.[61] Für das meiste Genealogische und Chronologische in P^g ist uns der Schlüssel verlorengegan-

---

Behauptung, die abnehmenden Lebensalter drückten die Zunahme der Sünde aus. Diese Behauptung läßt sich kaum am Text verifizieren, vgl. Van den Wijngaert, "Sünde" (wie Anm. 32), S. 36f. Zum ganzen vgl. Budde, *Urgeschichte* (wie Anm. 56), S. 92-103.

[58] Henoch wurde nach dem MT *anno mundi* 987 entrückt. In diesem Jahr lebten noch und schon alle vorsintflutlichen Väter außer Adam, der 930 gestorben war, und Noach, der erst 1056 geboren wurde. Nach dem Samaritanus, der vermutlich die ursprünglichen Zahlen hat, wurde Henoch 887 entrückt, und auch Adam, der 930 starb, und Noach, der schon 707 geboren wurde, konnten es miterleben.

[59] Nach dem MT, der hier die ursprünglichen Zahlen haben dürfte, wurde Abraham *anno mundi* 1946 geboren. Noach starb 2006, Sem 2094, Schelach 2124, Heber 2185, Peleg 1994, Regu 2014, Serug 2047, Nahor 1995, Terach 2098 — also alle nach Abrahams Geburt.

[60] Vgl. zuletzt Johnson, *Genealogies* (wie Anm. 36), S. 32f. Die 2666 Jahre bis zum Exodus lassen sich (für die letzten zweizweidrittel Generationen allerdings nur mithilfe der Levitengenealogie in Ex. vi 16-25 P^g) als die Zeit der 26⅔ Generationen von Adam bis Eleasar bestimmen, falls man die Generation mit 100 Jahren ansetzt (als mögliche Basis dafür vgl. Gen. xv 13-16).

[61] Die mir plausibelste Rekonstruktion der ursprünglichen Chronologie von P^g stammt von A. Jepsen, "Zur Chronologie des Priesterkodex", *ZAW* 47 (1929), S. 251-3. Demnach wären für die Zeit vor der Flut die Zahlen des Sam., für die Zeit nach der Flut die des MT ursprünglich. Dafür lassen sich bei Vergleich der verschiedenen Zahlenreihen Gründe angeben. Dann wäre der Exodus *anno mundi* 2320 anzusetzen. Da der salomonische Tempelbau 480 Jahre nach dem Exodus begonnen wurde (nach 1 Kön. vi 1, einem Text, der P^g schon vorgelegen haben dürfte), kommt man auf den *annus mundi* 2800 als *annus mirabilis*.

gen — doch die wenigen Türen, die wir öffnen können, führen uns nicht zur Geschichte.

Wenn das bei den Namen und Zahlen so ist, was ist dann von den Worten und Taten zu halten? Elliger hat von der Transparenz der priesterschriftlichen Darstellung gesprochen. Zwar wird in Vergangenheitsform erzählt. Aber das, was erzählt wird, entspricht Situationen, Möglichkeiten, Erfahrungen und Problemen der angezielten Leserschaft. Ihr bietet es im Gewand der Vergangenheit Lebenshilfen und Lösungsmöglichkeiten an. Der Sachverhalt läßt sich oft dadurch nachweisen, daß terminologisch auf prophetische Texte der Exilszeit angespielt wird.

Als Beispiel diene die Kundschaftererzählung in Num. xiii-xiv.[62]
|212| Die Sünde, die Israels Stammesvertreter und das ganze Volk in der Wüste Paran begehen, erhält einen genauen Namen: *dibbat ha'areṣ* "Verleumdung des Landes" (Num. xiii 32, xiv 36f.). Die Verleumdung wird auch zitiert, und die entscheidende Formulierung lautet: *'ereṣ 'okelet jošᵉbeha hi'* "ein Land, das seine Bewohner auffrißt, ist es" (Num. xiii 32). Nimmt man beide Formulierungen zusammen, dann wird man geradezu zwangsläufig zu Ez. xxxvi 1-15 geführt, der Prophezeiung "an die Berge Israels". Diese Berge sind verödet und in den Besitz anderer Völker gekommen. Sie sind hineingeraten in den *dibbat 'am,* in die "Verleumdung durch die Leute" Ez. xxxvi 3. Jahwe verheißt ihnen nun, er werde das Volk Israel in sie zurückbringen und dort wieder zahlreich und glücklich leben lassen. Wie hatten die Leute die Berge Israels verleumdet? Sie hatten, wie gegen Ende des Orakels zitiert wird, gesagt: *'okelet 'adam 'atti* "eine Menschenfresserin bist du".[63] Der Zusammenhang der beiden Texte dürfte deutlich sein.[64] Offenbar konnten die Leser von P^g ihn auch erkennen. Sie lebten in einem Augenblick, wo man wieder zurückkehren konnte. Aber vielleicht reizte viele die Rückkehr gar nicht. In solchem Zusammenhang wollte die Anspielung auf die Ezechieltexte besagen, daß eine Verzögerung der Heimkehr und ihre Begründung durch abschätzige

---

[62] Zum folgenden vgl. vor allem McEvenue, *Narrative Style* (wie Anm. 16), S. 90-144, und Lohfink, "Ursünden" (wie Anm. 33), S. 52-4.
[63] Ez. xxxvi 13; vgl. xxxvi 14.
[64] Die neueste Diskussion der Frage, ob P^g auch die Vokabeln des Fruchtbarkeitssegens (*prh* und *rbh,* in Gen. i 22 und oft) aus Ez. xxxvi 11 habe, findet sich bei M. Gilbert, "Soyez féconds et multipliez (Gn 1,28)", *Nouvelle Revue Théologique* 106 (1974), S. 733.

Äußerungen über das Land nichts anderes wären als sündige Übernahme des Urteils der anderen Völker. Sieht man das, dann erkennt man auch den Sinn der Veränderungen, die P^g in der Kundschaftererzählung gegenüber deren älterer Gestalt vorgenommen hat. McEvenue hat gezeigt, daß P^g aus der alten Kundschafter- und Kriegserzählung alles Kriegerische ausgetrieben hat.[65] Eine friedliche Inspektion des zu beziehenden Landes wird erzählt. Auch das macht die Geschichte durchsichtig auf die Verhältnisse im Perserreich. Da mußte ja nichts erobert werden. Wohl aber ist es denkbar, daß zuerst einmal Delegierte vorausreisen mußten, um die Neuansiedlungsmöglichkeiten zu studieren, und daß dann erst größere Heimkehrerkarawanen organisiert wurden. Vieles hing natürlich an dem Urteil, das eine solche Delegation bei ihrer Rückkehr abgab.

|213| Auf ähnliche Weise ließe sich auch bei vielen anderen Erzählungen und Motiven von P^g zeigen, wie wenig es um das vergangene Faktum, wie sehr dagegen um die möglichst große Durchlässigkeit der Darstellung für die Welt des Lesers ging. Auch die Urgeschichte wurde auf diese Weise mit der Gegenwart verbunden. Die Sintflut wurde ja heraufgeführt durch die Sünde von "allem Fleisch".[66] Diese Sünde, offenbar die menschliche Grundsünde überhaupt, erhält ebenfalls einen genauen Namen. Sie heißt *hamas* "Gewalttat".[67] Das bringt sicher die Sünde Kains und die Rachgier Lamechs auf den Begriff (Gen. iv 1-16, 23f.). Aber wieder liegt zugleich ein Verweis auf Echeziel vor. Die Gesamtheit der in Gen. vi 9-13 zur Einleitung der Sintflut benutzten Begriffe schlägt die Brücke zu Ez. xxviii 1-19, dem dritten Wort gegen den König von Tyrus. Ich kann das hier nicht im einzelnen dartun. Jedenfalls ist in jenem Tyrus-Orakel ein alter Mythus vom Himmelsturz eines Urwesens verwertet. Dessen ursprüngliche Sünde, der Hochmut, wird dort im Hinblick auf das, was Tyrus getan hat, als *hamas* interpretiert.[68] In dieser

---

[65] Zum "Pazifismus" von P^g vgl. noch oben Anm. 30.
[66] Für das Folgende vgl. McEvenue, *Narrative Style* (wie Anm. 16), S. 20-32 und 41f.; Lohfink, "Ursünden" (wie Anm. 33), S. 48-52; vor allem aber — trotz des Verdikts von Westermann, *Genesis I* (wie Anm. 36), S. 559: "hat im Text keinen Anhalt" — Van der Wijngaert, "Sünde" (vgl. Anm. 32), S. 40-48.
[67] Gen. vi 11, 13. Zum innerpriesterschriftlichen Bezug dieses Begriffs auf Gen. i 29 und ix 2f. weiter unten in Teil II.
[68] Ez. xxviii 16. Zum Wort vgl. H. J. Stoebe, "*ḥāmās* Gewalttat", in *THAT* I (München, 1971), Sp. 583-7.

Konkretisierung und unter Weglassung des ursprünglichen Hochmuts bietet P^g seinen Lesern den alten Sündenfallmythus subtil anspielend an. Das, was damals Gottes gute Schöpfung verdarb,[69] war jene Gewalttat, deretwegen auch jetzt noch prophetische Völkerorakel ergehen müssen. Auch heute müßte eigentlich die Flut wieder kommen — so sollen die Leser folgern. Sündenfall der Urmenschheit und ferne Sintflut am Morgen der Welt werden also über die Brücke eines Ezechielorakels aus der Vergangenheit heraufgeholt und zu etwas Heutigem gemacht.

Auf diese Weise könnte man fast ganz P^g durchkommentieren. Jedes Ereignis ist transparent erzählt. Was einmal war, kann also wiederkehren. Die Strukturkongruenz erhellt die Gegenwart des Lesers, ja vielleicht jede mögliche Gegenwart.

Wie soll man die Intention, die hinter solchem Erzählen steht, benennen? Sie geht auf schon Geschehenes. Doch bleibt es ihr dabei gleichgültig, wann etwas geschah, wie es mit allem vorher Geschehenen [214] zusammenhängt, wie es alles Spätere beeinflußt. Wichtiger ist, daß alles, was irgendwann einmal geschah, zur Zeit des Lesers wiederkommen kann. Dadurch kann das Damalige das Jetzige erhellen. Dies ist ein Verständnis von Geschichte, für das es gewissermaßen einen Vorrat paradigmatischer Weltkonstellationen gibt, die alle schon da waren und die wiederkommen können. Es lohnt sich, von ihnen zu erzählen, denn wenn sie wiederkehren, kann ihre Kenntnis nützlich sein.

In Mesopotamien setzte die Omen-Literatur vermutlich ein ähnliches Geschichtsverständnis voraus.[70] Sie rechnete natürlich nicht nur mit einer Wiederholbarkeit von Weltkonstellationen, sondern dazu noch mit der Korrespondenz zwischen Welt-Großsituation und

---

[69] Vgl. die Wurzel šḥt in Gen. vi 11, 12, 13.
[70] Als Überblick vgl. A. L. Oppenheim, *Ancient Mesopotamia* (Chicago, 1964), S. 206-24. Wichtigste Veröffentlichungen bei H. Hirsch, "Akkadische Wahrsageliteratur", in *Kindlers Literaturlexikon* I (Zürich, 1965), Sp. 341-3. Wichtig sind für unseren Zusammenhang vor allem die "historischen Omina", die quantitativ allerdings ein Randphänomen darstellen. Zur Geschichtsauffassung vgl. H. Gese, "Geschichtliches Denken im Alten Orient und im Alten Testament", *ZThK* 55 (1958), S. 132: "Der Geschichtsbegriff ... ist folgender: Jede Situation oder Zeitart ist schon einmal in der unübersehbaren Abfolge der Situation dagewesen, jede kehrt auch wieder, doch ist diese Abfolge als solche unbestimmbar ... Eine Entwicklung eines Zustands aus dem andern im Zeitverlauf wird hier nicht gedacht, geschweige denn, daß Geschichte Ziel und Abzweckung hätte".

Omenbefund. Ferner disponierte sie ihr Material gewöhnlich nach anderen Gesichtspunkten als denen der zeitlichen Abfolge und ist in diesem Sinn doch noch einmal ganz anders situationsisolierend als die Priesterschrift. So scheut man sich schließlich doch, sie hier zum Vergleich heranzuziehen. Entferntere Beziehungen der Geisteshaltungen sind dennoch nicht ausgeschlossen. Auch in Israel waren die Priester mit Orakeln betraut, eine der letzten Dispositionen Gottes in der Priesterschrift ist die Unterordnung Josuas unter den Priester Eleasar, der das Urim-Orakel bedienen kann (Num. xxvii 21), und in P^g geschieht kaum etwas, was vorher nicht von Gott angesagt oder befohlen wurde.[71]

Sei dem wie immer — im folgenden sei ein anderer Weg versucht, die Intention, die in P^g hinter der Transparenz des Erzählens von der Vergangenheit steckt, zu bestimmen. Es ist der Vergleich mit der mythischen Rede, speziell mit dem Urzeitmythus.[72]

[215] Dieser erzählt in der Überzeitlichkeit der Urzeit Dinge, die immer und überall gelten und so auch das Jetzt erklären können. Es kann vorkommen, daß auch historische Gestalten in den Mythus einsinken. Aber der Mythus ist nicht darauf angewiesen, daß seine Figuren einmal gelebt haben.

Die priesterliche Erzählung kommt demgegenüber — wenn man von der Urgeschichte der alten Quellen absieht — von ausgebreiteter historischer Substanz her. Sie bleibt ihr auch, bei aller Freiheit, etwa in der Abfolge der Hauptgeschehnisse, treu. Dennoch erzählt sie nun alles, als erzähle sie Mythen. Sie verwandelt gewissermaßen Geschichte in Mythus zurück. Deshalb muß man den Eindruck gewinnen, als handle es sich bei aller zeitlichen Abfolge letztlich um eine große, nach künstlerischen Prinzipien zusammengestellte Bildersammlung. Sie kommt von der Geschichte her, doch sie tendiert auf Paradigmata. Sie geht nicht so weit, diese völlig voneinander zu isolieren. Sie baut sogar die Genealogien aus und führt eine Chronologie ein, offenbar, um der

---

[71] Hier wäre allerdings noch einiges zu differenzieren, vgl. McEvenue, "Fulfilment" (wie Anm. 24). Ferner wäre im Zusammenhang die mesopotamische Vorstellung von der Bestimmung des Schicksals durch die Götter hinzuzuziehen. Vgl. W. G. Lambert, "Destiny and Divine Intervention in Babylon and Israel", in *The Witness of Tradition, Oudtestamentische Studiën* 17 (Leiden, 1972), S. 65-72.

[72] Literatur zum Thema "Mythus und AT" ist zusammengestellt bei Dequeker, "Noah" (wie Anm. 21), S. 120, Anm. 19.

Isolierungstendenz ihres Erzählens bewußt entgegenzuwirken und den Ereignisfaden auf keinen Fall reißen zu lassen. Aber Verkettungen von Einzelmythen gibt es in Urzeitmythen auch, etwa im Atraḫasīs-Mythus, von dem sofort zu sprechen sein wird. Vielleicht kann man als vorläufiges Ergebnis formulieren, in P^g ende die Urzeit nicht nach der Flut, sondern sie sei über die ganze erzählte Geschichte hin ausgedehnt worden.

II. Die Ablehnung einer dynamischen Welt

Auch einen Erzähler, der nicht Geschichte, sondern Paradigmata erzählen will, kann man fragen, was für eine Auffassung von Geschichte, was für eine "Geschichtsphilosophie" er habe. Auch er muß sich ja seinen Reim darauf machen, wie die Gegenwart seiner Adressaten sich zu Vergangenheit und Zukunft verhält. Er kann dies auch in seinen einzelnen Paradigmata oder in deren Gesamtkomposition zum Ausdruck bringen. Um wieviel mehr die priesterliche Geschichtserzählung, die ja von Geschichtswerken herkommt und trotz ihrer anderen Erzählintention diese Herkunft auch keineswegs verleugnen will.

In den alten Pentateuchquellen steckte Geschichtsphilosophie. Gen. xii 1-3 macht Abraham vor dem Hintergrund einer dem Fluch verfallenen Gesamtmenschheit zum Anfang eines neuen, von Gott her dynamisch sich ausbreitenden Segens für alle Völker.[73] Die Geschichte 216 der Erzväter und — mindestens von einer frühdeuteronomischen Bearbeitung des Pentateuchs an — die gesamte Geschichte Israels bis zur Landnahme wird mit den Kategorien "Verheißung - Erfüllung" gedeutet.[74] Das Deuteronomium und das damit verbunde-

---

[73] Vgl. vor allem Wolff, "Kerygma" (wie Anm. 34).
[74] Gute Einführung (wobei allerdings P auf eine Linie mit JE gebracht wird) bei G. von Rad, *Theologie des Alten Testaments* 1 (München, ⁶1969), S. 181-4. Die Kategorie zieht sich als Leitmotiv durch die Arbeiten, die bei C. Westermann, *Probleme alttestamentlicher Hermeneutik* (München, 1960), zusammengestellt sind. Die neuere Diskussion um die redaktionelle Zuordnung der Verheißungstheologie im Pentateuch wurde, mit einiger Spätzündung, durch J. Hoftijzer, *Die Verheißungen an die drei Erzväter* (Leiden, 1956), ausgelöst. Die Einschränkungen im Text sind im Hinblick auf Rendtorff, *Problem* (wie Anm. 28), gemacht. Doch vgl. auch J. Van Seters, "The Yahwist as Theologian? A Response", *Journal for the Study of the Old Testament* Issue 3 (1977), S. 17f. Daß die Theologie der Landverheißung an die Väter keineswegs einfach übernommen werden mußte, zeigt die Geschichtstheologie des "kleinen

ne Geschichtswerk, dazu auch einiges in der Sinaiperikope, fügen noch die Kategorie eines "Vertrages" zwischen Jahwe und Israel als Deutungsprinzip hinzu.[75] Daher kann man die Frage nicht umgehen, wie P^g sich zu all dem gestellt habe.

Und eine andere Frage tritt sofort hinzu. Mindestens vieles in den paradigmatischen Perikopen von P^g hat ja mit exilischer und nachexilischer "Hoffnung auf Heimkehr" zu tun.[76] Dadurch vereint sich der Verfasser von P^g mit dem Chor der Propheten seiner Zeit, denn auch diese singen Hoffnung auf Heimkehr. Bei ihnen verbindet sich das nun aber mit dem, was man Dynamisierung der Geschichte nennen könnte. Die Zukunft wird größer sein als die Vergangenheit je war. Ein neues, alles Frühere übertreffendes Handeln Jahwes steht bevor. Die Linie der Zeit steigt. Das Eigentliche steht noch aus. Vor allem Deuterojesaja dynamisiert auf diese Weise das Geschichtsverständnis. Aber nicht nur er. Ist auch P^g, weil Hoffnung auf Heimkehr verkündend, mit von der Partie?

[217] Die Frage lag fern, solange man in der von P^g erzählten Geschichte nur eine Legitimation der nachexilischen Kultgemeinde sah. Inzwischen ist sie aber schon in die Vermutung verdichtet worden, die priesterliche Kultgemeinde in der Wüste stelle vielleicht gar nicht eine Urgestalt, sondern ein Zukunftsideal, wenn nicht ein Eschaton dar.[77] Wie steht es damit?

---

historischen Credo" von Dtn xxvi 5-9. Vgl. dazu: N. Lohfink, "Dtn 26,5-9: Ein Beispiel altisraelitischer Geschichtstheologie", in *Geschichte, Zeugnis und Theologie = Kerygma und Mythos* VI-7 (Hamburg-Bergstedt, 1976), S. 100-07.

[75] Ich sage bewußt "Vertrag", nicht "Bund" oder gar "Bestimmung", wie E. Kutsch, *Verheißung und Gesetz, Untersuchungen zum sogenannten "Bund" im Alten Testament*, BZAW 131 (Berlin, 1973), etwas zu sehr auf die Wortbedeutung von b^{e}rit fixiert, möchte. Trotz vieler Bedenken im einzelnen ist der Grundthese von einer ausgesprochenen Bundestheologie der dt/dtr Literatur zuzustimmen, die L. Perlitt, *Bundestheologie im Alten Testament* (Neukirchen-Vluyn, 1969), entwickelt hat. Zum Zusammenhang mit neuassyrischer Staatsideologie und zu dem wissenssoziologischen Prozeß, der zur Ausbildung dieser Vertragstheologie geführt hat, vgl. N. Lohfink, *Unsere großen Wörter* (Freiburg, 1977), S. 24-43, ders., "Deuteronomy", *IDBSuppl.* (Nashville, 1976), S. 231.

[76] Vgl. Anm. 19 und 21.

[77] Eher aus einer Art Vollständigkeitsbedürfnis hat man auch in der Zeit der älteren Auffassung von P schon die Frage nach der "Wirksamkeit des messianischen Gedankens" in der Priesterschrift gestellt, allerdings ohne viel damit anfangen zu können. Vgl. Holzinger, *Einleitung* (wie Anm. 9), S. 338. Zur neueren Literatur vgl. oben Anm. 17.

Da der Verfasser von P^g das, was er sagen will, gewöhnlich auch deutlich sagt, sollten wir nach reflexen Äußerungen suchen. Dabei ist es angebracht, bei jener Geschichtsdeutung einzusetzen, die seine Vorlagen enthielten. Das Thema "Abraham als Beginn des Segens für alle Völker" hat er nicht aufgegriffen.[78] Die deuteronomische Bundestheologie hat er offenbar abgelehnt und deshalb eine andere Aussage an das Wort b^{e}rit gehängt.[79] Anders jedoch mit der Kategorie "Verheißung - Erfüllung". Sie spielt eine den gesamten erzählten Geschichtsverlauf übergreifende Rolle.[80]

Sie erscheint nicht erst bei den Patriarchen, sondern schon im Zusammenhang der Schöpfung.[81] Steck hat gezeigt, daß die Worte |218| des Schöpfergottes in Gen. i nicht Befehle sind, die sich sofort ganz realisieren, sondern so etwas wie Entwürfe des von Gott

---

[78] Es besteht Anlaß zur Annahme, daß der Verfasser von P^g seinen Lesern die Gelegenheit geben wollte, mitzuerleben, wie er dieses Thema elegant abwürgte. Denn er greift im Zusammenhang der Abrahamsverheißung das Stichwort "Völker" auf. Aber nur in dem Verstand, daß von Abraham eine Menge von Völkern abstammen sollen: Gen. xvii 4-6. Also schon ein "Völkersegen", aber nicht mehr für "alle" Familien oder Völker der Erde. Gen. xvii 16 stellt klar, daß dieser Segen nur die Nachkommen Saras betrifft, also sehr klar eingegrenzt ist. Zur Textkritik in diesem Vers vgl. N. Lohfink, "Textkritisches zu Gen 17, 5.13.16.17.", *Biblica* 48 (1967), S. 439f. Gen. xvii 20 unterstreicht das, indem Ismael zwar zu einem großen, aber doch nur zu *einem* Volk werden soll. Jakob dagegen wird die Verheißung unterstrichen wiederholt: Gen. xxviii 3, xxxv 11, xlviii 3. Dabei macht das Nebeneinander von *goj* und *q^{e}hal gojim* in xxxv 11 klar, daß nichts anderes gemeint war als einfach das Volk Israel. So wird aus dem Segen für alle Völker der Erde langsam aber sicher die Zusicherung gemacht, aus Abraham solle das natürlich sehr zahlreiche Volk Israel abstammen. Zur traditionsgeschichtlichen Problematik dieser Formulierungen vgl. Groß, "Jakob" (wie Anm. 29), S. 326f.

[79] Vgl. Anm. 48. Ferner R. Clements, *Abraham and David* (London, 1967), S. 71-8.

[80] Wichtige stilistische Elemente in diesem Zusammenhang werden erfaßt durch McEvenue, "Fulfilment" (wie Anm. 24), und Blenkinsopp, "Structure" (wie Anm. 21).

[81] Zwar finden sich auch schon in den alten Quellen in der Urgeschichte einige Verheißungsmotive (vgl. Gen. iii 15, iv 15, viii 21f.), aber sie sind anderer Art und wirken sich gerade nicht literarisch greifbar in der späteren Geschichte Israels aus.

angezielten Endzustands der Welt, wobei der Schöpfer in seinem schöpferischen Tun mehrfach nur einen Anfang setzt, aus dem sich dann im Lauf der Zeit der Endzustand ergeben wird.[82] Das gilt in besonderer Weise beim zweiten Werk des sechsten Tags, dem letzten und höchsten der gesamten Schöpfung. Hier gibt Gott im Segen über den Menschen, den Gen. i 28 enthält, einen Vorentwurf für die ganze Ereigniskette, die das Geschichtswerk dann schildert.[83] Diesem Segen, der teilweise auch im Gang der Darstellung wiederholt und wiederaufgenommen wird, entsprechen später auch Erfüllungsnotizen.[84] So |219| fragen wir nun im Hinblick auf eine vermutete Eschatologie in P^g, ob in Gen. i 28 etwas angekündigt wird, dessen Erfüllung im Werk selbst nicht geschildert wird und, wenn möglich, auch in exilisch-nachexilischer Zeit noch ausstand.[85]

---

[82] O. H. Steck, *Der Schöpfungsbericht der Priesterschrift* (Göttingen, 1975).

[83] Insofern P^g sich um die anderen Schöpfungswerke (von ihrer Gefährdung bei der Sintflut abgesehen) nicht mehr weiter kümmert, sie also aus seiner Darstellung entläßt, liegt hier beim Menschen allerdings ein Spezialfall vor, der, wie Steck ebd. S. 129-58 ausführlich darlegt, die Gesamtgestaltung von Gen. i 26-31a tief beeinflußt hat. Die letzte Untersuchung zur hier vorliegenden Thematik ist Brueggemann, "Kerygma" (wie Anm. 21), der allerdings zu unvermittelt in Gen. i 28 eine Aussage über Israel und seine Hoffnung, aus dem Exil in sein Land heimzukehren, herausliest. Meine eigene Analyse von Gen. i 28 findet sich in N. Lohfink, "'Macht euch die Erde untertan'?", *Orientierung* 38 (1974), S. 137-42; vgl. ders., "Die Priesterschrift und die Grenzen des Wachstums", in *Theologisches Jahrbuch 1976* (Leipzig, 1977), S. 223-48. Die dort gegebene Interpretation der Herrschaft des Menschen über die Tiere ist jedoch im Lichte dessen, was nun folgt, zu revidieren.

[84] Zum Folgenden vgl. jeweils Tafel IV. Dort sind jene Formulierungen nicht aufgenommen, die sich auf die Vermehrung der Tierwelt oder auf die Seitenlinien in der Nachkommenschaft Abrahams beziehen, ferner ist nur der Wortschatz von Gn. i 28 berücksichtigt.

[85] Bei J zum Beispiel ist das der Fall. Denn die "Erfüllungen" von Gen. xii 1-3, die Wolff in der Patriarchengeschichte aufgewiesen hat, sind doch nur so etwas wie "Erfüllungen *in nuce*", und die volle Erfüllung des Völkersegens stand in der Zeit, in der J verfaßt wurde (gleichgültig wie man diese ansetzt), auf jeden Fall noch aus.

Tafel IV
Gen. i 28 als Vorentwurf von P^g

		BRK	PRH	RBH	ML' 'RṢ	KBŠ 'RṢ	RDH (Tiere)
Segen	Gen. i 28	×	×	×	×	×	×
	ix 1, 7	×	×	×	×		
	xvii 2, 6, 16	×	×	×			
	xxviii 3	×	×	×			
	xxxv 9, 11	×	×	×			
	xlviii 3f	×	×	×			
Erfüllung	xlvii 27	×	×				
	Ex. i 7	×	×	×			
	Jos. xviii 1				×		
						YR' + ḤTT	
Revision	Gen. ix 2					×	×

Nach Gen. i 28 soll zunächst einmal die anfänglich kleine Menschheit sich vermehren und über die Erdoberfläche ausbreiten: *p^{e}ru ur^{e}bu umil'u 'et ha'areṣ*.[86] Dieser Segen wird nach der Flut, wo die Menschheit wieder am Anfang steht, wiederholt und dann insbesondere noch einmal Abraham und Jakob, aus denen das Volk Israel werden soll, gegeben. Die Erfüllung wird zweimal konstatiert, in Gen. xlvii 27 und in Ex. i 7. Zumindest die zweite dieser Erfüllungsnotizen meint den Segen über Abraham-Jakob und den Segen über die ganze Menschheit zugleich.[87]

Dem Vermehrungssegen schließt sich in Gen. i 28 der Segen dafür an, daß die durch die Vermehrung entstehenden Völker jeweils ihr Land in Besitz nehmen. Denn so scheint mir der Imperativ *kibšuha*

---

[86] Hierzu vgl. vor allem noch Gilbert, "Multipliez" (wie Anm. 64).
[87] Daß eine Erfüllungsnotiz zweimal gegeben wird, muß nicht erstaunen, da P Wichtiges gern paarweise auftreten läßt. Daß die zweite Notiz *per modum unius* sich auch auf den Segen bei der Schöpfung bezieht, geht klar aus zwei Ausdrücken hervor, die sie hat, die aber nicht zum Abraham-Jakobssegen gehörten: *šrṣ* vgl. Gen. ix 7; *ml'* (Land) vgl. Gen. i 28, ix 1. Die Reihenfolge ist hier chiastisch zu Gen. ix 1, 7.

verstanden werden zu müssen.[88] Dieses Verheißungs- und Segensmotiv erscheint von neuem von Abraham an, da jedoch unter anderem Vokabular: Es ist die Verheißung des Landes Kanaan an Abraham und Isaak und die ständige Bezugnahme auf sie im Fortgang der priesterlichen Erzählung.[89] Nachdem der Vermehrungssegen am Anfang des Buchs Exodus erledigt ist, bestimmt sie den Gang der Handlung, wie vor allem Ex. vi klarstellt. Israel ist noch nicht in seinem Land und muß in dieses Land gebracht werden. Daß dies wirklich die Ausführung von dem ist, was in Gen. i 28 zur ganzen Menschheit gesagt wurde, macht einer der letzten Sätze von P^g deutlich. Denn in Jos. xviii 1 wird nun wieder die Vokabel von Gen. i 28 aufgenommen, die zwischendurch niemals gebraucht worden war: "Die volle Versammlung der Söhne Israels kam zusammen in Schilo, und dort errichteten sie das Zelt der Begegnung, als das Land in Besitz genommen vor ihnen lag" (*w^eha'areṣ nikb^ešah lipnehem*). Dies ist die literarische Klammer um das ganze Werk.

So bleibt aus Gen. i 28 nur noch ein Element, die menschliche Herrschaft über die Tiere.[90] Für sie fehlt in P^g jede Erfüllungsnotiz. Aber das liegt nicht daran, daß hier nun endlich ein noch ausstehendes Eschaton zu greifen wäre, so schnell sich uns hierfür vielleicht auch Parallelen vom messianischen Tierfrieden anbieten möchten,[91] sondern dieses Thema wird innerhalb von P^g anders als durch Erfüllung erledigt: Durch eine Revision des Weltentwurfs. Im Blick auf die Herrschaft über die Tiere bekommt der Mensch, um mesopotamisch zu reden, noch einmal neu "sein Schicksal bestimmt".

Der unmittelbar auf Gen. i 28 folgende vegetarische Speisebefehl für Mensch und Tier in i 29 zeigt, daß die Herrschaft der Menschen über die Tiere auf jeden Fall als etwas ganz paradiesisch-Friedliches gemeint war. Genau dies zerstört jedoch die Sünde von *kol baśar* "allem Fleisch" — Mensch und Tier sind beide in diesem Ausdruck

---

[88] Vgl. Lohfink, "Erde" (wie Anm. 83), S. 138f.
[89] Analyse der relevanten Texte bei Cortese, *Canaan* (wie Anm. 19). Die im Gegensatz zum Fruchtbarkeitssegen veränderte Terminologie hängt an der traditionellen Landverheißung und an speziellen priesterlichen Vorstellungen vom sakralrechtlichen Charakter des Landbesitzes Israels. Offenbar sollte hier doch nicht alles in den Bereich der Gesamtmenschheit übertragen werden, deshalb die andere Terminologie in Gen. i 28.
[90] Zur Bedeutung von *rdh,* das man nicht von dem fragwürdigen Beleg Joel iv 13 her bestimmen darf, vgl. Lohfink, "Erde" (wie Anm. 83), S. 139.
[91] Etwa Jes. xi 6-9.

eingeschlossen —, welche die Sintflut heraufführt.⁹² Sie ist ja *ḥamas* "Gewalttat". Menschen wie Tiere haben zu töten begonnen, offenbar um gegen Gottes Speiseordnung fleischliche Nahrung zu sich zu nehmen. Nach der Flut wird Gott Noach zusagen, nie mehr eine neue Flut zu senden.⁹³ Doch damit er dies machen kann, muß er vorher gewissermaßen das Maß möglicher Gewalttat vermindern. Das tut er, indem er den Menschen erlaubt, von nun an Fleisch zu essen. Das ist der Sinn jener mit der Sprache des heiligen Kriegs arbeitenden Einführung eines Kriegszustands zwischen Mensch und 221 Tier in Gen. ix 2: "Furcht und Schrecken vor euch *(moraʾakem wᵉḥittᵉkem)* soll sich auf alle Tiere der Erde legen, auf alle Vögel des Himmels, auf alles, was sich auf der Erde regt, und auf alle Fische des Meeres. Euch sind sie in die Hand gegeben *(bᵉjedkem nittanu)*".⁹⁴

Auch das letzte Element von Gen. i 28 weist also nicht über jene Geschichte hinaus, die in Pᵍ erzählt wird. Eine andere Verheißung, die sich nicht auch innerhalb ihrer Erzählung erfüllt, kommt nicht in Sicht. Die Verheißung, Abraham und Jakob seien Stammväter von Königen, ist mindestens für die Leser von Pᵍ längst in Erfüllung gegangen.⁹⁵ Ebenso die, Jahwe werde ihr und ihrer Nachkommen Gott sein.⁹⁶ So können wir getrost sagen, Pᵍ kenne kein Mehr, das

---

⁹² Gegen A. R. Hulst, "Kol baśar in der priesterlichen Fluterzählung", in *Oudtestamentische Studiën* 12 (Leiden, 1958), S. 28-68, und ohne die komplizierte Erklärung von J. Scharbert, *Fleisch, Geist und Seele im Pentateuch* (Stuttgart ²1964), S. 53f., der Mensch als "Spitze" allen Fleisches sei gewissermaßen "alles Fleisch", weil die Tiere ja vom Gericht über den Menschen mitbetroffen seien.

⁹³ Gen. ix 8-17. Zur Analyse vgl. vor allem McEvenue, *Narrative Style* (wie Anm. 16), S. 72-8, und Groß, "Berit" (wie Anm. 16). Die meisten Arbeiten verbauen sich den Zugang zu diesem Text durch Nichtbeachtung des Tempussystems und der stilistischen Figuren.

⁹⁴ Zur Verbindung des Wortpaars *jrʾ + ḥtt* mit dem Krieg vgl. Dtn. i 21, xxxi 8; Jos. viii 1, x 25; 1 Sam. xvii 11; 1 Chr. xxii 13, xxviii 20; 2 Chr. xx 15, 17, xxxii 7. Zur Verbindung der sprachlichen Form mit dem Jahwekrieg vgl. Dtn ii 25, xi 25. Daß *ntn bᵉjad* der feste Ausdruck des Heilsorakels im Krieg war, bedarf keiner Diskussion.

⁹⁵ Sie findet sich in Gen. xvii 6, 16, xxxv 11. Sie deutet an, daß die Abrahamsberit bei Pᵍ sich in die Tradition der Natansverheißung stellt, die als Davidsberit verstanden wurde und zunächst nicht in deuteronomischen Kategorien zu denken war. Vgl. dazu Clement, *Abraham* (wie Anm. 79).

⁹⁶ Sie erfüllt sich am Sinai, wenn Gott kultisch in Israels Mitte Wohnung nimmt. Dies ist mit der bei Pᵍ üblichen Wiederholungstechnik mit Ex. vi 7 als Brücke in Ex. xxix 45f. an strategischer Stelle der Sinaioffenbarung eindeutig zum Ausdruck gebracht.

über die in der geschilderten Geschichte beschriebenen Realitäten in Zukunft noch hinausgehen werde. P^g kennt keine dynamische, sich immer wieder selbst übersteigende und auf ein ungeahntes Eschaton hinsteuernde Geschichte, nachdem Israel einmal den Jordan überschritten hat.

Eher ist im Zusammenhang mit paradiesischem Vegetarismus und dessen Aufhebung nach der Flut eine absteigende Linie sichtbar geworden. Sollte Ewald doch recht gehabt haben, wenn er die im ganzen ja geschichtspessimistische Theorie von den vier Weltaltern zum Vergleich heranzog? Zwar wäre sie nicht selbst in P^g zu finden, wohl aber gäbe es auch nach P^g in der Geschichte einen analogen Abstieg aus einer besten Welt in eine neue nur noch zweitbeste.

In gewissem Sinn scheint mir das zuzutreffen. Wir sind allerdings in der Lage, eine viel naheliegendere Parallele heranzuziehen als irgendeinen Text über einen Abstieg von einem goldenen zu einem eisernen Zeitalter. Es handelt sich um den Atraḫasīs-Mythus (vgl. Anm. 26).

Er steuert bekanntlich recht schnell auf die Erschaffung der Menschheit [222] zu, sein erstes großes Ereignis, und dann schildert er die Geschichte der Menschen und Götter bis kurz nach der Flut. In diesem Augenblick schließen die über der Flut und der Rettung des Sintfluthelden Atraḫasīs zerstrittenen Göttergruppen einen Kompromiß, in dem das Dasein der Menschen in der Welt neu geordnet wird. Was eigentlich zum Götterbeschluß, die Menschen durch eine Flut zu vernichten, geführt hat, ist unter den Assyriologen offenbar noch umstritten. War es menschliche Rebellion — so G. Pettinato[97] —, war es der Griff nach Höherem, als für den Menschen vorgesehen war — so z. B. W. von Soden[98] —, oder war es das rein biologische Faktum, daß die Menschen sich zu rasant vermehrten und deshalb zu zahlreich wurden — so A. D. Kilmer und W. L. Moran?[99] Vielleicht war es sowohl Sünde als auch Biologie. Doch wenn man sich an das halten

---

[97] "Die Bestrafung des Menschengeschlechts durch die Sintflut", *Orientalia,* N.S. 37 (1968), S. 165-200. Lambert und Moran haben sich dazu recht kritisch geäußert.

[98] "Der Mensch bescheidet sich nicht. Überlegungen zu Schöpfungserzählungen in Babylonien und Israel", in *Symbolae Biblicae et Mesopotamicae Francisco Mario Theodoro de Liagre Böhl dedicatae* (Leiden, 1973), S. 349-58.

[99] Moran, "Atrahasis" (wie Anm. 26); Kilmer, "The Mesopotamian Concept of Overpopulation and Its Solution as Reflected in the Mythology", *Orientalia,* N.S. 41 (1972), S. 160-77.

will, was in dem uns zugänglichen Text deutlich zutage tritt, nämlich die Kompromißformulierungen nach der Flut, dann scheint sich doch vor allem die Überbevölkerungsproblematik zu spiegeln. Denn der Kompromiß bezieht sich auf Maßnahmen, die dazu dienen, die Zahl der Menschen kleiner zu halten als vorher.[100] Auf jeden Fall wird nach dem Atraḫasīs-Mythus nach der Flut eine neue Welt eingerichtet, weil die erste sich nicht bewährt hat, und hierin scheint mir eine klare Parallele zur Priesterschrift vorzuliegen, so unterschiedlich die Gründe zu sein scheinen, deretwegen es in den beiden Werken zur Flut kommt.

Was bedeutet dies nun für das Geschichtsverständnis von $P^{g?}$ Der
|223| Atraḫasīs-Mythus erzählt offenbar deshalb von einer bewegten, noch nach Endgültigkeit tastenden Phase der Welt, weil er eine jetzige, ruhig gewordene Welt in ihrem Sosein erklären will.[101] Nichts anderes tut die Priesterschrift. Nur durchläuft sie den Weg durch die Dynamik zur Statik zweimal. Ein erstes Mal parallel zum Atraḫasīs-Mythus, bis hin zu einer ersten Beruhigung nach der Flut. Jetzt steht das Weltgebäude, und es wird nicht mehr erschüttert werden. Doch für die menschlichen Bewohner des Gebäudes folgt noch einmal eine zweite Periode der Dynamik. Sie wird im wesentlichen an Israel exemplifiziert. Die Menschheit hat das, was ihr am Schöpfungsmorgen entworfen wurde, ein wenig revidiert, noch einmal als Aufgabe vor sich. Sie muß in ihre Zahl hineinwachsen, und jedes Volk muß dann das ihm zustehende Land in Besitz nehmen. Das ist wieder Dynamik, ist auf eine größere Zukunft hinstrebende Geschichte. Doch dann wird der von Gott entworfene Zustand erreicht. Hier bricht die

---

[100] Möglicherweise wird die Zahl der Menschen auf ein Drittel der bisherigen Menschheit reduziert. Als Mittel dazu dienen Unfruchtbarkeit mancher Frauen, der Paschittu-Dämon (Kindersterblichkeit) und die Institution kinderloser Priesterinnen. Der Text (Worte des Gottes Enki an die Muttergöttin Nintu) wird von Kilmer so übersetzt: "He opened his mouth to speak, saying to the Lady of Birth, the Mother-womb: O Lady of Birth, Creatress of the Fates, (Let there be for the peoples...) *(etwa 5 weggebrochene Zeilen)* ...Moreover, let there be a third-category among the people (? *oder:* only one-third of the people?). (Let there be) among the people bearing women and barren women, Let there be among the people a *Pašittu*-demon, Let it seize the baby from the mother's lap. Establish *Ugbabtu*-priestesses, *Entu*-priestesses, and *Igiṣitu*-priestesses, they shall indeed be tabood, and thus cut off child-bearing" (S. 171).

[101] Diese Überlegungen sind breiter ausgeführt bei N. Lohfink, "Die Priesterschrift und die Grenzen des Wachstums", *Stimmen der Zeit* 192 (1974), S. 435-50.

Erzählung ab, so wie der Atraḫasīs-Mythus nach dem Kompromiß nach der Flut abbrach. Die Welt ist jetzt so, wie sie sein soll, und benötigt keine Veränderung mehr. Es fehlt auch nicht das erzählerisch-formale Elemente einer Katastrophe am Ende der zweiten dynamischen Phase und einer Revision der alten Ordnung durch Gottes Wort. Die Sünde des Volks in der Kundschaftererzählung und die Sünde der geistlichen Führer in der Erzählung von der Wasserspende führen in der Wüste zum Untergang einer gesamten Generation mitsamt ihrer Führungsspitze — wer denkt da nicht an die Flut am Ende der Urzeit?[102] Und in Num. xxvii werden für die Zeit von der Landnahme ab die Führungsverhältnisse in Israel umgebaut: In der dynamischen Phase verkehrte Mose mit Gott, und Aaron war ihm untergeordnet; jetzt wird Eleasar, der Priester, Josua, dem Nachfolger Moses, sagen, was Gott ihm durch Orakel mitteilt.[103]

Die Stabilität der in zwei Schüben von Gott in ihre endgültige Form gebrachten Welt wird garantiert durch die doppelte Berit. Die Berit mit Noach garantiert die Stabilität des Weltgebäudes, die Berit mit Abraham die Volkszahl, den Landbesitz und die Gegenwart Gottes im Heiligtum in Israels Mitte. In beiden Fällen handelt es sich um eine b^erit '$olam$, "eine ewige Zusage".[104] Ihre Geltung ist nicht mehr, wie die der deuteronomischen b^erit, von der Bundestreue der Menschen abhängig. Wenn eine menschliche Generation sündigt, fällt sie zwar heraus, es trifft sie die Strafe. Aber von Gott aus ist nichts zurückgenommen, und die nächste Generation kann wieder in die stabile Endgültigkeitsgestalt der Welt zurückkehren.

Auch das Israel im Exil, das heißt die Leser der priesterlichen Erzählung, ist herausgefallen. Die Wüstensituation ist wieder da, oder sogar die ägyptische Situation. Aber auch Hoffnung auf Heimkehr ist da, und sie gründet nicht in irgendeiner Eschatologie und nicht in der

---

[102] Man könnte sogar fragen, ob die Plagen- und Schilfmeerthematik nicht auch in diesen Zusammenhang gehören soll.
[103] Für die Neuverteilung der Macht in Israel hatte man gewöhnlich nur den priesterlichen Machtanspruch in der nachexilischen Zeit als Erklärung parat. Der muß nicht gefehlt haben, aber warum wurden die Dinge dann nicht gleich von Anfang an so erzählt, daß die späteren Verhältnisse sich spiegelten? Dies sieht sich anders an, sobald man die Strukturanalogie zum Urzeitmythus einführt.
[104] Zur b^erit-Theologie von P^g, auf die hier nicht mehr weiter als in dieser formalen Aussage eingegangen werden kann, vgl. die Anm. 48 und 93 genannte Literatur.

Erwartung neuer, alles Frühere übertreffender Setzungen Gottes in der Zukunft, sondern in dem, was seit dem Jordanübergang unsere Welt von Gott her immer schon hat und von ihm her auch nie verlieren kann. Daß die Geschichten, die P^g erzählt, paradigmatisch sind, hängt gerade damit zusammen, daß die Welt immer wieder aus ihrer Vollgestalt ins Unvollkommene des Werdens zurückfallen kann. Dann müssen die Wege der dynamischen Phase gewissermaßen nochmals gegangen werden. Dies verbindet die Ergebnisse des ersten Teils unserer Überlegungen mit dem, was hier im zweiten Teil zur Geschichtsphilosophie der Priesterschrift erarbeitet wurde.

Dieses Geschichtsverständnis leistet für das Israel im Exil genau das gleiche wie ein eschatologisch bewegter Prophet: Es gibt ihm Hoffnung. Dabei wirft es aber nicht jene unauslöschliche Unruhe in die Menschenherzen, die die Propheten geschaffen haben. Vielleicht ist das allein schon ein Grund, warum wir uns heute, da die Menschheit an den "Grenzen des Wachstums" angekommen zu sein scheint, etwas genauer mit der Vision einer statischen Welt beschäftigen sollten, die uns die priesterliche Geschichtserzählung bietet.

Diese Vision ist im übrigen so differenziert, daß die ehemalige Alternative "Gesetz oder Geschichte" nicht mehr existiert. Die erzählte Vergangenheit legitimiert keineswegs mehr einfach die bestehenden Verhältnisse. Die Leser der Priesterschrift leben ja gar nicht innerhalb der herrlichen und ruhigen Ordnungsgestalten, die von Gott her vorgesehen sind und herrschen könnten. Andererseits ist aber auch die Erwartung nicht auf ein neues, noch unbekanntes, [225] völlig überraschendes Eschaton hin dynamisiert. Die Idealgestalt der Welt war schon da und ist bekannt. Sie ist von Gott her immer da, und man muß nur zu ihr zurückkehren.

Man kann vielleicht fragen, ob die Überladung der priesterlichen Geschichtserzählung mit legislativem Material dann nicht doch die Gewichte zum "Gesetz" hin verschoben hat. Oder ob im endgültigen Pentateuch nicht doch das viel mehr "geschichtliche" Erzählen der alten Quellen oder die deuteronomische Bundestheologie durchschlagen, sodaß der eigentümliche Umgang von P^g mit der Geschichte dadurch nicht mehr sichtbar bliebe. Daher ist die Frage, mit der ich begonnen habe, jetzt am Ende immer noch offen. Sie muß ja überdies dann noch einmal vom Kanonverständnis her gestellt werden, dem jüdischen oder dem christlichen. Aber auf jeden Fall wird man ihr nur beikommen können, wenn man im Umgang mit so differenzierten

Gebilden, wie es die priesterliche Geschichtserzählung ist, auf so unreflektierte Begriffe wie etwa den beliebten Begriff der "Heilsgeschichte" verzichtet.

Die Schichten des Pentateuch und der Krieg

1 Einführung

1.1 Die Relativität der Vorstellung von der kriegerischen Landnahme, gezeigt am Beispiel des ChrG

[51] Selbst wer noch dabei bleibt, die Entstehung des Stämmegebildes „Israel" sei lediglich das allmähliche und absolut friedliche Seßhaftwerden von wandermüde gewordenen Schaf- und Ziegenhirten gewesen, wer also historisch die gewaltfreieste aller je aufgestellten Theorien über den Ursprung Israels hält, wird kaum daran zweifeln, daß in Israel zumindest von deuteronomischer Zeit an alle davon überzeugt waren, ganz Israel sei einmal mehrere Generationen lang in Ägypten gewesen, und nachher habe es das ihm von Jahwe, seinem Gott, geschenkte Land in einem gewaltigen Eroberungszug in Besitz genommen. Die kriegerische Landnahme erscheint uns als selbstverständlicher Hauptsatz im alttestamentlichen Credo.

Und doch hat Sara Japhet vor kurzem in einer außerordentlich genauen und überzeugenden Analyse nachgewiesen, daß das Chronistische Geschichtswerk diesem Glaubensartikel nicht nur durch Auslassungen, sondern sogar durch positive Gegenaussagen – wenn auch vorsichtig angebracht und in Nebenbemerkungen verschlüsselt – eindeutig und offen widerspricht[1]. Efraim und Manasse, die nach den alten Schriften in Ägypten geborenen und gestorbenen Söhne Josefs, lebten nach der Chronik nicht in Ägypten, sondern im Lande [52] Kanaan. Die Genealogie Efraims wird in 1 Chr 7 unterbrochen, um die Händel seiner Sippe mit Gat zu erzählen, die ihn in Trauer versetzten. Josua aber gehört, lange nach diesen Ereignissen, die sich schon im Land Kanaan abspielten, erst der zehnten Generation an (1 Chr 7,14-29). Kein Zweifel, die Chronik will uns sagen, ein gewaltsamer Einmarsch des Volkes Israel in sein Land habe niemals stattgefunden.

---

[1] *S. Japhet*, Conquest and Settlement in Chronicles: JBL 98 (1979) 205–218. Zu Efraim und Josua vgl. 213–216.

Ich beginne mit dieser Beobachtung an der ganz späten Geschichtsschreibung des Alten Testaments, um von vornherein für Offenheit gegenüber der Möglichkeit zu werben, daß es im Alten Testament sehr unterschiedliche Auffassungen von der Landnahme gegeben haben könne. Es scheint nötig zu sein, für solche Offenheit zu werben. Ich habe schon mehrfach meine Meinung geäußert, die Priesterschrift lehne den Krieg ab, und deshalb sei in ihr, auch wenn man mit einer priesterschriftlichen Landnahmeerzählung rechnet, auf keinen Fall die Darstellung eines kriegerischen Eroberungszugs zu erwarten. Ich bin dabei unter Kollegen immer wieder auf freundliche, aber entschiedene Skepsis gestoßen. Es scheint eben undenkbar, daß eine Pentateuchquelle, wenn sie überhaupt den Einzug ins Land Kanaan erzählt, diesen nicht als Eroberungszug schildert. So sehr dominiert das jetzige Buch Josua die Forscherfantasie.

Der Umbau der heiligen Geschichte durch die Chronik sollte unserem Denken größere Beweglichkeit verleihen. Dabei hat die Chronik die Eroberung des Landes durch Josua keineswegs deshalb aus ihrem Geschichtsbild gestrichen, weil sie gegen „Heilige Kriege" gewesen wäre. Im Gegenteil: Nirgends im Alten Testament gibt es so hingebend beschriebene Heilige Kriege wie gerade in der Chronik[2]. Sie hat nach Sara Japhet ein ganz anderes Interesse. Israel und sein Land gehören zusammen. Sie dürfen nicht erst irgendwann einmal geschichtlich zusammengekommen sein, sondern Israel muß als autochthones Volk in dem ihm von seinem Gott zugewiesenen Land betrachtet werden[3]. Doch wenn der Grund für die Ablehnung des Buches Josua durch die Chronik auch nicht in pazifistischer Einstellung ⟨53⟩ zu suchen ist, auf jeden Fall war es selbst in dieser Spätzeit noch möglich, die deuteronomistische Theologie von „Krieg und Sieg" als der ersten von „Jahwes Gaben" an das junge Israel schlichtweg auszustreichen[4]. Deshalb sollten wir auch für ältere

---

[2] Vgl. *G. von Rad*, Der Heilige Krieg im alten Israel (AThANT 20) Zürich 1951, 80f. Es gibt allerdings zugleich tiefgründige Reserven gegen die Kriege Davids: vgl. *M. Bič*, Davids Kriegsführung und Salomos Bautätigkeit, in: Travels in the World of the Old Testament = FS.M.A.Beek (SSN 16) Assen 1974, 1–11.

[3] *Japhet* ebd. (vgl. Anm. 1) 218.

[4] Die in Anführungszeichen gesetzten Formulierungen nach *W. Zimmerli*, Grundriß der alttestamentlichen Theologie (ThW 3) Stuttgart ²1978. Dort werden Krieg und Sieg noch vor dem Land und seinem Segen als Gaben Jahwes behandelt.

1.2 Die Neuheit der Fragestellung

Was die im Pentateuch vereinten Darstellungen angeht, so ist es auffallend, daß Gerhard von Rad in seinem klassischen Werk über den „Heiligen Krieg im alten Israel" zu deren jeweiliger Einstellung zur kriegerischen Landnahme nichts zu berichten hat. Selbstverständlich äußert er sich zum Deuteronomium. Außer diesem wird aber nur noch Ex 13 als eine „vergeistigte Kriegserzählung" aus dem Bereich der „nachsalomonischen Novellistik" ein wenig gründlicher behandelt[5].

Mir ist auch keine andere eine Gesamtschau anstrebende Abhandlung über die Aussagen des Alten Testaments zum Krieg begegnet, die die literarischen Schichten des Pentateuch unter dieser Rücksicht auf eine Differenz hin befragen würde[6]. Die gewöhnlich hervorgehobene Differenz ist die zwischen der aus Einzelerzählungen, Liedern und anderen Hinweisen in Pentateuch und historischen Büchern erkennbaren Wirklichkeit und Theorie des Jahwekriegs in Israels frühen Jahrhunderten einerseits und der deuteronomischen Theorie des Heiligen Kriegs andererseits[7].

---

[5] *Von Rad*, Heiliger Krieg (vgl. Anm. 2) 45–47.
[6] Am ehesten käme noch *F. Stolz*, Jahwes und Israels Kriege. Kriegstheorien und Kriegserfahrungen im Glauben des alten Israel (AThANT 60) Zürich 1972, in Frage. Stolz strebt in der Behandlung der Texte, die vom Jahwekrieg sprechen, Vollständigkeit an. Bei Texten aus dem Pentateuch stellt er auch immer die Quellenzugehörigkeit fest. Doch er geht nicht der Frage nach typischen Gesamtanschauungen bestimmter Schichten nach.
[7] Etwas anders *L. Perlitt*, Israel und die Völker, in: G. Liedke (Hg), Frieden – Bibel – Kirche (SFF 9) Stuttgart 1972, 17–64. Hinsichtlich des Themas „Krieg" behandelt er nacheinander die historischen Fragen (19–29), die Jahwekriegstheorie in der seit David entstehenden Literatur (38–50) und die speziell am Buch Dtn festgemachte „deuteronomische Absonderungstheologie", die eine ausgesprochene „Staatstheologie" sei (50–56). Für die Darstellung der „Jahwekriegstheorie" zieht er selbst dtr Texte heran. Doch rechnet er mit der Entstehung dieser Theorie im 10. Jh. (39). Zur Stellung der Vätererzählungen des Jahwisten zum Krieg vgl. *M. Rose*, „Entmilitarisierung des Kriegs"? Erwägungen zu den Patriachen-Erzählungen der Genesis: BZ 20 (1976) 197–211. Hierauf werde ich weiter unten eingehen.

[54] Der Grund hierfür läßt sich angeben. Fragt man etwa nach dem „Kerygma" von Jahwist, Elohist oder Priesterschrift[8], dann begegnet der Krieg kaum als beachtenswertes Element, auch wenn diese Werke einzelne Kriegserzählungen oder Kriegsgesänge enthalten[9]. Noch weniger rasselt der Säbel, wenn man bei der literarkritischen Abgrenzung der Quellenschriften nur noch eine Art Minijahwisten und Minielohisten übrigbehalten hat[10]. Da kann es dann sein, daß – vom Schilfmeerwunder bei J abgesehen – Krieg und Kampf gar nicht mehr vorkommen.

Nur müßte gerade dies alles Aufsehen erregen. Denn wenn man voraussetzt, daß es an sich im vorliterarischen Erzähl- und Liedgut recht häufig nach Krieg und Brandschatzung gerochen hat und daß es zwischenhinein in der deuteronomischen Schicht des Pentateuch eine geradezu rabiate Kriegstheologie gab, dann müßte das Zurücktreten oder gar das völlige Fehlen des Kriegs in anderen Schichten als „bemerkenswertes Schweigen" gelten. Es wäre ein Schweigen an Stellen des traditionellen Aussagenablaufs, wo man eigentlich die Rede vom Krieg erwartet. Es wäre im vorgegebenen Syntagma eine Null-Aussage, das heißt – es wäre eine Aussage.

Deshalb scheint es mir sinnvoll zu sein, die verschiedenen Schichten des Pentateuch noch einmal neu vergleichend auf ihre Einstellung zum Krieg hin zu befragen. Es geht dabei vor allem um die Einstellung zu einer gewaltsamen Landnahme Israels. Mein Hauptinteresse richtet sich auf die Differenz zwischen der deuteronomisch-deuteronomistischen Schicht und der priesterlichen.

1.3 Literarkritische Voraussetzungen der Untersuchung

[55] Für das, was Julius Wellhausen nach Abzug alles Priesterschriftlichen und Deuteronomischen das „jehovistische Geschichtsbuch"

---

[8] Das Stichwort geht auf mehrere einflußreiche Aufsätze von *H. W. Wolff* zurück. Sie finden sich in seinen Gesammelten Studien zum Alten Testament (TB 22) München 1964 (vollständig erst seit der 2. Aufl. 1973). In *W. Brueggemann*, The Vitality of Old Testament Traditions, Atlanta 1975, sind sie übersetzt, interpretiert und ergänzt.

[9] Vgl. die lakonische Bemerkung von *W. Caspari*, Was stand im Buch der Kriege Jahwes?: ZWTh 54 (1912) 110–158, 123: „Vermutlich war aber schon der Elohist auch nur ein Zivilist".

[10] Wie etwa *P. Weimar*, Untersuchungen zur Redaktionsgeschichte des Pentateuch (BZAW 146) Berlin 1977; *ders.*, Die Berufung des Mose. Literaturwissenschaftliche Analyse von Exodus 2,23–5,5 (OBO 32) Freiburg i.Br. 1980.

genannt hat, möchte ich mich relativ kurz fassen. Bei der augenblicklichen Diskussionslage ist es nicht möglich, für Schichtenzuteilungen und Zeitansätze in diesem Literaturbereich irgendeinen Konsens vorauszusetzen. In diesem Rahmen ist es aber auch nicht möglich, eigene Theorien zu entwickeln. Nur an einem möchte ich festhalten. Ich betrachte das „jehovistische Geschichtsbuch" als den deuteronomisch-deuteronomistischen Texten und erst recht den priesterschriftlichen vorgegeben und bin höchstens bei einzelnen Texten bereit, darüber zu streiten, ob sie pentateuchischen Spätredaktionen angehören[11]. Die Haupt- oder Schlußredaktion des Geschichtsbuchs oder doch wenigstens seine letzte deutende Glossierung dürfte in protodeuteronomischen Händen gelegen haben – also gerade jene Aktivität gewesen sein, bei der die „Deuteronomisten" ihre ersten Gehversuche machten[12].

Für die „Priesterschrift" setze ich voraus, daß P^g, die „Priesterliche Geschichtserzählung", mehr war als eine Serie von Ergänzungen, die zum „jehovistischen Geschichtsbuch" hinzugefügt worden wären[13]. Vielmehr war sie ein selbständiges Werk, das als Alternative zum „jehovistischen Geschichtsbuch" und zwecks Ersetzung 56 desselben im ausgehenden Exil oder bald danach abgefaßt wurde[14]. Sie war die literarische Grundlage bei der redaktionellen Komposition des Pentateuch und bei seiner Auffüllung mit zahlreichen legislativen

---

[11] Anders in neuerer Zeit *J. Van Seters*, Confessional Reformulation in the Exilic Period: VT 22 (1972) 448–459 (JE ist vom Schlüsselphänomen der Behandlung der Patriarchen-Landverheißung her D nachzuordnen); *H. Vorländer*, Die Entstehungszeit des jehowistischen Geschichtswerkes (EHS.T 109) Frankfurt 1978 (369: „Nachdem das dtr Geschichtswerk eine ‚Ätiologie des Landverlustes' entworfen hatte, bot das jehowistische Werk eine ‚Ätiologie des Landbesitzes'"); *M. Rose*, Deuteronomist und Jahwist. Untersuchungen zu den Berührungspunkten beider Literaturwerke (AThANT 67) Zürich 1981 (Der „Jahwist" verlängert das deuteronomistische Geschichtswerk durch sukzessive Vorbauten nach rückwärts). Alle drei Arbeiten werden den Befunden vor allem im Buch Dtn nicht gerecht. Zu Van Seters vgl. vor allem *D. E. Skweres*, Die Rückverweise im Buch Deuteronomium (AnBib 79) Rom 1979; zu Rose meine Besprechung in ThPh 57 (1982) 276–280 sowie unten Anm. 66.
[12] So schon Wellhausen in seiner Composition des Hexateuch.
[13] So erstmalig K. H. Graf. Volle Bibliographie: *N. Lohfink*, Die Priesterschrift und die Geschichte, in : Congress Volume, Göttingen 1977 (SVT 29) Leiden 1978, 189–225, 197 Anm. 28. Meine Abgrenzuung von P^g: 198 Anm. 29.
[14] Vgl. *Lohfink*, ebd. 199–201 Anm. 31–33.

Stoffen. In dieser Spätphase sind auch noch im narrativen Bereich Glossen, Zusätze, ja ganze Perikopen eingefügt worden.

2 Das „jehovistische Geschichtsbuch" und der Krieg

Ich formuliere zunächst einige Thesen, dann gehe ich noch etwas näher auf einen Aufsatz von Martin Rose zur „Entmilitarisierung des Kriegs" in den Patriarchenerzählungen der Genesis ein.

2.1 Sechs Thesen

2.1.1 Historisch: Die faktischen Anfänge Israels und der Krieg

Faktisch dürften die Anfänge Israels kämpferischer und kriegserfüllter gewesen sein, als man längere Zeit hindurch meinte. Man stand zu sehr unter dem Eindruck der Theorie allmählicher und friedlicher Seßhaftwerdung machtloser Schaf- und Ziegenhirten[15]. Gerhard von Rads Studie über den Heiligen Krieg im alten Israel hat diese Vorstellung eher noch gesteigert, da dort sogar die Kriege der „Richterzeit" als reine Verteidigungskriege interpretiert werden[16]. Inzwischen haben sich selbst unter der Voraussetzung, Israel gehe auf die Ansiedelung von Nomadengruppen zurück, Zweifel am friedlichen Charakter dieser Vorgänge ergeben[17]. Sie mehren sich da, wo man nun doch beginnt, die Zerstörungsschichten kanaanäischer Städte am Übergang von der Spätbronze zu Eisen I aufgrund des damit verbindbaren Kulturwechsel und der siedlungsgeschichtlichen Veränderungen der gleichen Epoche mit dem Fußfassen der späteren

---

[15] Klassische Studie: *A. Alt*, Erwägungen über die Landnahme der Israeliten in Palästina: PJ 35 (1939) 8–63 = *ders.*, Kleine Schriften zur Geschichte des Volkes Israel I, München 1959, 126–175. Alles ist schon grundgelegt in *ders.*, Die Landnahme der Israeliten in Palästina. Reformationsprogramm der Universität Leipzig 1925 = Ks I, 89–125. Kriegerische Vorgänge gehören nach Alt erst einem zweiten Stadium an, dem „Landesausbau".

[16] Heiliger Krieg (vgl. Anm. 2) 26: „Diese Kriege scheinen ... tatsächlich ausschließlich Defensivkriege gewesen zu sein." Er beruft sich auf Caspari, Buch der Kriege Jahwes (vgl. Anm. 9), der diese These ausführlich zu begründen versucht hatte.

[17] Erstmals in deutlicher Form bei *R. Smend*, Jahwekrieg und Stämmebund (FRLANT 84) Göttingen 1963; dann vgl. etwa *Perlitt*, Israel und die Völker (vgl. Anm.7) 20: „Landnahme, Landausbau und Landsicherung ... sind ohne ein bestimmtes Maß an kriegerischer Aktion nicht vorstellbar...Landnahme

Die Schichten des Pentateuch und der Krieg 261

Größe Israel zusammenzusehen[18]. Das Kriegslager wird schließlich, wenn auch in einem anderen Sinn als bei dem ganz in Wüstennomadenkategorien denkenden Wellhausen, wirklich wieder zur „Wiege der Nation", wenn man den soziologischen Deutungen der Entstehung und der Frühzeit Israels Aufmerksamkeit schenkt, die neuerdings vor allem in Nordamerika entwickelt worden sind[19].

Die „Richterzeit" war keineswegs friedlich. Zur Zeit Sauls und Davids gehörte der Krieg zum täglichen Brot. Daher ist es höchst unwahrscheinlich, daß die Erinnerungen der Israeliten an ihre Vergangenheit, wie sie etwa zur Zeit Davids und Salomos existierten und weitergegeben wurden, nicht weithin von Kampf und Krieg handelten. Das schließt zwar nicht aus, daß es gleichzeitig auch Erinnerungen von der Art der Patriarchenerzählungen gab, die um Stammväter, Hoffnung auf Nachkommen, Frauenzwist, Bruderzwist, Zwist zwischen Herrn und Gesinde kreisten. Denn auch diese | 58 | Thematik ist für eine egalitäre und segmentär organisierte akephale Bauerngesellschaft, wie es das Israel der vorstaatlichen Zeit gewesen zu sein scheint[20], unentbehrlich. Doch daß zur Zeit Davids

---

bedeutete intentional (und einStück weit auch praktisch) Eroberung. Landausbau bedeutete mehr oder weniger gewaltsame Unterwerfung der wehrhaften Kanaanäerstädte, neben denen die Stämme jedenfalls nicht auf die Dauer schiedlich-friedlich leben konnten. Landsicherung bedeutete gegenüber diesen ersten Stufen der Festsetzung und Ausdehnung dann sehr bald sowohl Abwehr nachrückender nomadischer Stämme, die die jungen Siedler gefährlich bedrohten, als auch Befreiungskampf gegen die Philister." So besteht für ihn kein Zweifel, „daß Kampf und Krieg in ihren verschiedensten Größenordnungen und Motivationen das Anfangserlebnis Israels bildeten".

[18] Es sei auf drei neuere Aufsätze hingewiesen: *Y. Yadin*, The Transition from a Semi-Nomadic to a Sedentary Society in the Twelfth Century B.C.E., in: F. M. Cross, Symposia Celebrating the Seventy-Fifth Anniversary of the Founding of the American Schools of Oriental Research (1900–1975), Cambridge MA, 1979, 57–68; *M. Weippert*, Canaan, Conquest and Settlement of, in: IDB Suppl. 125–130; *A. Mazar*, Giloh: An Early Israelite Settlement Site near Jerusalem: IEJ 31 (1981) 1–36, bes. 33–36. Für die Besiedlungsgeschichte vgl. *T. L. Thompson*, The Settlement of Palestine in the Bronze Age (BTAVO.B 34) Wiesbaden 1979; *ders.*, The Background of the Patriarchs: A Reply to William Dever and Malcolm Clark: JSOT 9 (1978) 2–43, bes. 28–38.

[19] Erstmalig in: *G. E. Mendenhall*, The Hebrew Conquest of Palestine: BA 25 (1962) 66–87; jetzt monumental entfaltet: *N. K. Gottwald*, The Tribes of Yahweh. A Sociology ot the Religion of Liberated Israel 1250–1050 B.C.E, Maryknoll, N.Y., 1979. Hierzu vgl. meine Rezension in ThPh 58 (1983).

[20] *Gottwald*, Tribes of Yahweh (vgl. vorige Anm.), vor allem Teile VI–IX; *F. Crüsemann*, Der Widerstand gegen das Königtum. Die antiköniglichen Texte

und Salomos die kriegerische Thematik näherlag, zeigt das, was sich in den Samuelbüchern als Literatur über jene Zeit aus jener Zeit selbst erhalten hat.

2.1.2 Der Krieg in vorpentateuchischen Traditionen Israels

Aus dem, was aus dem Pentateuch und den Büchern Josua bis Samuel an älterem vorliterarischem Material erschlossen werden kann, geht eindeutig hervor, daß schon in der davidisch-salomonischen Epoche (der ältesten für eine Pentateuchquellenabfassung üblicherweise ins Auge gefaßten Periode) vielfaches Traditionsmaterial zur Verfügung stand, in dem Kampf und Krieg (auch mit Landeroberung verbunden) eine große Rolle spielten und Jahwe gefeiert wurde als der für Israel den Krieg führende und den Sieg erringende Gott.

An Textgruppen sind besonders zu nennen: a) Siegeslieder und andere Arten kriegerischer Lyrik wie z. B. das Deboralied oder das Mirjamlied[21], teilweise mindestens gesammelt vorliegend im „Buch der Jahwekriege" und vielleicht auch im „Buch der Wackeren"[22];

---

des Alten Testamentes und der Kampf um den frühen israelitischen Staat (WMANT 49) Neukirchen-Vluyn 1978, 194–222. Die von Crüsemann vor allem als Analogiefeld herangezogenen Beobachtungen der Social Anthropology sind am leichtesten zugänglich durch *F. Kramer* und *C. Sigrist* (Hg), Gesellschaften ohne Staat, Band 1: Gleichheit und Gegenseitigkeit; Band 2: Genealogie und Solidarität, Frankfurt 1978; *C. Sigrist*, Regulierte Anarchie. Untersuchungen zum Fehlen und zur Entstehung politischer Herrschaft in segmentären Gesellschaften Afrikas, Frankfurt ²1979.

[21] Um diese Texte hat sich seit Albright vor allem die nordamerikanische Forschung bemüht. Als Schlüssel kann die 1947/48 ausgearbeitete, mit einem Nachwort und Literaturverweisen aber erst 1975 veröffentlichte Dissertation von *F. M. Cross* und *D. N. Freedman*, Studies in Ancient Yahwistic Poetry (SBLDS 21) Missoula, Montana, 1975, dienen. Unter unserer Fragestellung vgl. vor allem *P. D. Miller*, The Divine Warrior in Early Israel (HSM 5) Cambridge, Massachusetts, 1973. Kritisch zur angewandten Methode: *D. W. Goodwin*, Text-Restoration Methods in Contemporary U.S.A. Biblical Scholarship (Pubblicazioni del Seminario di Semitistica, Ricerche 5) Neapel 1969.

[22] Zum „Buch der Jahwekriege" vgl. Num 21,14, zum „Buch der Wackeren" vgl. Jos 10,13; 2 Sam 1,18. Zum Inhalt des „Buchs der Jahwekriege" formuliert etwa *F. Schwally*, Semitistische Kriegsaltertümer, I. Der heilige Krieg im alten Israel, Leipzig 1901, 4, die übliche Auffassung: „Nach Num. 21,14 gab es ein Werk über die Kriege Jahve's, worin die Kämpfe um die Eroberung Palästinas aufgezeichnet waren." Ein höchst detaillierter Versuch, diese Auffassung zu widerlegen, ist Caspari, Kriege Jahwes (vgl. Anm. 9). Interessant, wenn auch keineswegs sicher, ist die Rekonstruktion des Zitats aus dem „Buch der

|59| b) Kriegs- und Eroberungserzählungen, die oft auch Angaben über den Kriegs-*ḥeræm* enthielten[23]; c) Stammessprüche, die oft Bezug auf die Kriegstüchtigkeit oder die Kriegserfolge der gelobten Gruppe enthielen[24]; d) kultische Texte von der Art des privilegrechtlichen Manifests von Ex 34,10–26, die Landeseroberung, Bündnisverbot und Vertreibungsverheißung im besonderen Verhältnis Israels zu Jahwe verankerten[25].

2.1.3 Altorientalische Gemeinsamkeiten in der Kriegstheologie

Die Theologisierung von Kriegen und Siegen ist keine Erfindung Israels, so daß man dafür auf die Propheten oder eine geeignete Ursprungssituation in deuteronomischer oder exilischer Zeit warten müßte. Sie ist ein gemeinaltorientalisches Erbstück. Aussagen wie die, daß in der Schlacht eigentlich der göttliche Schrecken alles bewirkt, daß die Gottheit allein der wirkliche Handelnde ist, daß der Mensch nur zu vertrauen hat, standen Israel vermutlich von Anfang an zur Verfügung, sogar der Gedanke, daß die Gottheit sich gegen ihr eigenes Volk wenden könnte[26].

Jahwekriege" in Num 21,14f durch *D. L. Christensen*, Num 21:14–15 and the Book of the Wars of Yahweh: CBQ 36 (1974) 359f. Dann handelte es sich um die Schilderung des theophanen Herbeikommens Jahwes zu einem Kampf, ähnlich wie im Debora-Lied. Abwegig ist *N. H. Tur-Sinai*, Was There an Ancient ‚Book of the Wars of the Lord?' (Hb.), BIES 24 (1959/60) 146–148.

[23] Eine durchgehende Analyse dieser Erzählungen findet sich bei *Stolz*, Kriege (vgl. Anm. 6). Zu vermutlich alten *ḥāram*-Erwähnungen in diesen Texten vgl. *N. Lohfink*, *ḥāram*, in: ThWAT III, 192–213, bes. 206.

[24] Vgl. *H.-J. Zobel*, Stammesspruch und Geschichte. Die Angaben der Stammessprüche von Gen 49, Dtn 33 und Jdc 5 über die politischen und kultischen Zustände im damaligen „Israel" (BZAW 95) Berlin 1965.

[25] Neueste Monographie: *J. Halbe*, Das Privilegrecht Jahwes Ex 34,10–26. Gestalt und Wesen, Herkunft und Wirken in vordeuteronomischer Zeit (FRLANT 114) Göttingen 1975. Dort ältere Literatur.

[26] Vgl. die Parallelen bei *Stolz*, Kriege (vgl. Anm. 6) 187–191; *M. Weippert*, „Heiliger Krieg" in Israel und Assyrien. Kritische Anmerkungen zu Gerhard von Rads Konzept des „Heiligen Krieges im alten Israel": ZAW 84 (1972) 460–493; *M. Weinfeld*, „They fought from Heaven" – Divine Intervention in War in Israel and the Ancient Near East (Hb.), in M. Haran (Hg.), H. L. Ginsberg Volume (EI 47) Jerusalem 1978, 23–30. Zur Wendung einer Gottheit gegen das eigene Volk vgl. aus einem der ältesten biblischen Texte den Vers Num 21,29.

2.1.4 Die „natürliche" Einstellung zum Krieg im „jehovistischen Geschichtsbuch"

[60] Setzt man dies alles voraus, dann läßt sich die Einstellung zum Krieg und auch zum Gedanken einer gewaltsamen Eroberung des Landes oder einzelner Teile desselben, wie sie sich im „jehovistischen Geschichtsbuch" findet, als diejenige bezeichnen, die schon zur Zeit Davids und selbstverständlich auch später gewissermaßen „natürlich" war.

Wenn das „jehovistische Geschichtswerk" mit Landeroberungserzählungen endete, dann waren diese Jahwekriege der natürliche Höhepunkt der von Jahwe gelenkten Vorgeschichte des Volkes. Wenn es schon vorher endete, dann enthielt es doch Verweise auf den späteren Lebensraum, ja auf dessen volle Gestaltwerdung im Reich Davids. Zumindest in Gedichten wie dem Siegeslied von Ex 15 oder dem Bileamsegen in Num 24,15–19 war genügend angedeutet, daß Jahwe seine Verheißungen durch die Kriegstaten Davids erfüllen werde.

Zu weiteren Einzelheiten möchte ich in den folgenden Thesen unter Bezugnahme auf die klassischen Quellen sprechen. Was dort gesagt wird, gilt, wenn man diese Quellenscheidung ablehnt, *mutatis mutandis* natürlich vom „jehovistischen Geschichtsbuch".

2.1.5 Die „natürliche" Einstellung zum Krieg im jahwistischen Werk

Bei der traditionellen Unterscheidung zwischen J und E gilt für J, daß die soeben definierte „natürliche" Einstellung zu Krieg und Landnahme etwa vom Buch Ex an beobachtet werden kann. Dagegen kommt der Krieg nicht vor in Urgeschichte und Vätergeschichte[27]. In der Urgeschichte fehlt eine Götter- oder Chaoskampfmythologie, die sonst im Alten Orient die irdischen Kriege urbildlich legitimiert. Ihr Fehlen dürfte mit der Alleinverehrung Jahwes zusammenhängen. Inhaltlich ist sie, wenigstens andeutend, zum Schilfmeerereignis verlagert und dort historisiert worden. Der sehr friedliche Charakter der Vätergeschichte dürfte teilweise mit den Interessen [61] dieser

---

[27] Hinweise auf Autoren, die den friedlichen Charakter des jahwistischen und elohistischen Werks betonen, finden sich bei Vorländer, Entstehungszeit (vgl. Anm. 11) 297.322.328.331 – wobei es stets um die Begründung bestimmter Datierungen geht.

Tradition zusammenhängen, die für segmentäre Gesellschaften durchaus typisch sind (vgl. oben 2.1.1). Doch kommt selbst dann, wenn die Vätertraditionen auch kriegerischere Elemente vor ihrer Verarbeitung im jahwistischen Werk gehabt haben sollten, eine literarische Strategie hinzu. Die Vätergeschichten werden chronologisch und genealogisch vor die Exodus-, Wüsten- und (eventuell) Landnahmetraditionen gebaut. Daher dürfen in ihnen noch gar keine Eroberungen geschildert werden. Ich werde sofort bei der Besprechung eines Aufsatzes von Rose darauf zurückkommen.

2.1.6 Die „natürliche" Einstellung zum Krieg in den elohistischen Texten

Auch in den traditionell der elohistischen Pentateuchquelle zugeordneten Texten fehlen Kriege nicht – etwa die Amalekiterschlacht in Ex 17 oder die Besiegung Sihons in Num 21. Mehr kann man beim fragmentarischen Erhaltungszustand der Schrift, falls es je eine selbständige Schrift war, nicht verlangen[28]. Spricht man diese und vergleichbare Texte allerdings E ab, dann stellt sich unter Umständen die Frage, ob die verbleibenden Texte nicht von einer antimilitärischen Grundeinstellung mitgeprägt sind.

2.2 Zu M. Rose, „Entmilitarisierung des Kriegs"?

Nun zu M. Roses „Erwägungen zu den Patriarchenerzählungen der Genesis" über eine dort geschehene „Entmilitarisierung des Kriegs"[29]. Dieser Aufsatz hat das Verdienst, die Frage nach der Stellung zum Krieg in einem bestimmten Bereich des „jehovistischen Geschichtsbuchs" überhaupt einmal aufgeworfen zu haben. Er verficht die These, die Vätertraditionen seien keineswegs so friedlich ⸤62⸥ gewesen, wie sie jetzt erscheinen, sondern künstlich „entmilitarisiert" worden[30].

---

[28] Als neueste Monographien, die mit einer ursprünglich selbständigen elohistischen Quelle rechnen, vgl. *K. Jaroš*, Die Stellung des Elohisten zur kanaanäischen Religion (OBO 4) Freiburg 1974 (23–37: literarkritische Tabelle; 435–496: Literaturverzeichnis); *A. W. Jenks*, The Elohist and North Israelite Traditions (SBLMS 22) Missoula, Montana, 1977 (67f: Die E-Texte im Pentateuch).
[29] *Rose*, Entmilitarisierung (vgl. Anm. 7).
[30] Das idiolektal gebrauchte Wort „Entmilitarisierung" wandelt in den Schriften

2.2.1 Zum Argument aus den vom „Jahwisten" aufgenommenen Texten

Ein erster Beweisgang bezieht sich auf das in den Vätererzählungen verarbeitete Traditionsmaterial. Hier findet Rose stehengebliebene Restbestände, die auf ursprünglich kriegerischeren Charakter verweisen. Was er dann aufführt, wird allerdings außer den Gottesnamen $^a bîr\ ja^a qob$ und $pāḥād\ jiṣḥaq$, der Ätiologie für Mahanajim in Gen 32,2f, dem Kampf am Jabbok in Gen 32,23–33, der Dinageschichte in Gen 34 und dem Wort Jakobs in Gen 48,22, er habe das Grundstück bei Sichem dem Amoriter „mit Schwert und Bogen" entrissen, nicht allgemein dem Jahwisten oder dem Elohisten zugeteilt: nämlich vor allem Gen 14 und Gen 15. Doch meint er, derartige Kapitel hätten sich nicht mit einer Person verbinden können, die in der Tradition dafür „nicht den geringsten Anknüpfungspunkt" geboten hätte. Ich stimme dieser Argumentation zu. Ich würde ihr auch noch einige Beobachtungen beifügen, die Rose erst später bringt: den Brautsegen für Rebekka in Gen 24,60 vgl. 22,17 („Deine Nachkommen sollen das Tor ihrer Feinde erobern") und den „Gottesschrecken", der Gen 35,5 E schützend mit Jakob durchs Land zieht. Ferner sollte man beachten, daß das einzige uns erhaltene und unter Umständen auf einen Patriarchen beziehbare inschriftliche Zeugnis uns ausgerechnet eine Nomadenfehde und eine ägyptische Militäraktion gegen die in Kriegshändel verwickelten Gruppen dokumentiert. Denn die kleinere Stele Sethos' I. aus Bet-Schean führt uns die Gruppe der Abraham-Nomaden (falls es sich um diese handelt) vor, wie sie eine kriegerische Auseinandersetzung mit einer Hapiru-Gruppe hat[31]. So spricht in der Tat einiges dafür, daß die jahwistische Nacherzählung der alten Vätergeschichten bewußt deren kriegerische Gehalte ausgelassen hat.

2.2.2 Zum Argument aus redaktionellen Texten des „Jahwisten"

63 Ein zweiter Beweisgang Roses für seine These geht eher von redaktionellen und theologisch deutenden Texten der Vätererzählun-

---

von Rose seine Bedeutung. Hier meint es die Entfernung aller Aussagen über Kampf und Krieg aus einem Textkorpus. In der späteren Schrift „Deuteronomist und Jahwist" (vgl. Anm. 11) kann es auch zur Charakterisierung theologisierter, jedoch im Text verbliebener Kriegserzählungen dienen. Es ist dann gleichbedeutend mit „Theologisierung".

[31] Vgl. M. *Liverani*, Un' ipotesi sul nome di Abramo: Henoch 1 (1979) 9–18.

gen aus. Hier glaubt er, gewissermaßen ins Unkriegerische gewendete Sprachelemente der Heilig-Kriegs-Terminologie nachweisen zu können. Das hält er dann für eine bewußte Aktion des Redaktors, also des „Jahwisten". Doch scheint mir nicht bewiesen zu sein, daß die Ermutigungsformel „Fürchte dich nicht" nur in Kriegsorakeln vorkam. Die Formel „ich will dir das Land geben" hätte er nie mit der Übergabeformel des Kriegsorakels „ich will den und den in deine Hand geben" vergleichen dürfen. Die anderen „Sippen" bzw. „Völker" werden in den wirklich jahwistischen Texten gerade nicht als Feinde eingeführt. Auch für die Beistandszusicherung („ich werde mit dir sein") scheint mir alleiniges Vorkommen im Kontext des Krieges nicht gesichert zu sein. Schließlich baute man im alten Orient auch in anderen Fällen als nur nach einem gewonnenen Krieg einen Altar oder eine Stele. So erscheint mir dieser zweite Beweisgang Roses fragwürdig. Doch genügt der erste, um ernsthaft mit einer bewußten „Entmilitarisierung" der Vätertraditionen durch den „Jahwisten" zu rechnen.

2.2.3 Zu Roses Schlußfolgerungen

Aus ihr folgert Rose nun allerdings, eine derartige Tendenz passe nicht in die davidisch-salomonische Ära, geht auf die Suche nach passenderen Epochen und gelangt nach Erörterung verschiedener Möglichkeiten schließlich zu einem schmalen Zeitraum zwischen Jesaja und dem Deuteronomium. Wie wenig er selbst von dieser Argumentation überzeugt ist, zeigt sich daran, daß er inzwischen in seinem Buch „Deuteronomist und Jahwist" für den „Jahwisten" exilischen oder nachexilischen Ursprung vermutet. In der Tat fragt sich zunächst, ob man aus einem Befund in den Vätererzählungen wirklich auf den Zeitansatz des jahwistischen Gesamtwerks schließen darf. Vom Auszug aus Ägypten an kann der „Jahwist" ja durchaus mit dem Säbel rasseln. Daher liegen die oben schon gebrachten erzählstrategischen Erklärungen zur Deutung des Befunds an sich näher. Aufgrund der Entscheidung, ursprünglich unverbunden und durchaus nebeneinander stehende Erzählblöcke narrativ in ein zeitliches Nacheinander zu bringen, ergab sich die Notwendigkeit, daß [64] innerhalb des Traditionsblocks „Vätergeschichten" von einer Landeroberung noch keine Rede sein konnte.

Doch selbst wenn man glaubt, allein von den Vätergeschichten aus nach deren Abfassungszeit fragen zu können (weil man vielleicht eher im Sinne einer Fragmenten- als einer Dokumentenhypothese denkt), ist der Schluß von einer „entmilitarisierten" Erzählung auf eine von Kriegswirren freie Abfassungszeit keineswegs notwendig. Gerade in harten Zeitläuften kann der Traum von einem goldenen Zeitalter hochkommen, in dem die Menschen sich alle friedlich vertrugen[32]. Und daß die friedlichen Vätererzählungen gerade auch unter diesem Gesichtspunkt sogar recht gut in die salomonische Situation passen könnten, hat H. W. Wolff in seinem Aufsatz über das Kerygma des Jahwisten[33] zumindest gezeigt, und eine Reihe sich anschließender Veröffentlichungen hat diesen Gesichtspunkt noch vertieft.

Man wird also aus Roses Darlegungen festhalten können, daß bei Annahme eines vom späten „jehovistischen Geschichtsbuch" zu unterscheidenden älteren jahwistischen Geschichtswerkes in diesem Werk die Vätererzählungen bewußt friedsam gefärbt wurden, unter Beseitigung kriegerischer Züge, die in der aufgenommenen Tradition offenbar enthalten waren. Als Motiv wird zunächst eine erzählstrategische Notwendigkeit deutlich: in der narrativ konstruierten „Väterzeit" war die Landeseroberung noch nicht fällig. Doch gerade bei Annahme davidisch-salomonischer Abfassungszeit könnte überdies noch ein paradigmatisches Anliegen vorhanden gewesen sein: den im davidischen Reich nun enger als vorher zusammenlebenden Israeliten und Nichtisraeliten sollte ein Vorbild des friedlichen Umgangs miteinander gegeben werden.

2.3 Zusammenfassung

Im „jehovistischen Geschichtsbuch" als Gesamtkomplex sind auch in den Vätererzählungen wieder etwas mehr kriegerische Züge vorhanden. So läßt sich abschließend für diese literarische Größe doch aufrechterhalten, daß die Kriegsthematik zwar nicht zentral war, aber doch gewissermaßen „natürlich". Der Krieg ist das selbstverständlich Miterzählte und als solches weder beim Verfasser noch bei den erwarteten Lesern Problematisierte. Wenn Jahwe Israel wollte, dann mußte er auch Krieg, Eroberung und Vernichtung wollen.

---

[32] Vgl. *Vorländer*, Entstehungszeit (vgl. Anm. 11) 297f, mit Verweisen auf Holzinger und Mowinckel.
[33] EvTh 24 (1964) 73–98 = ders., Gesammelte Studien (vgl. Anm. 8) 345–373.

Eine in der Schilderung des Meerwunders durchaus aufgeworfene Frage ist die, wer letztlich die Kriege führt, Israel oder sein Gott Jahwe. Aber daß Jahwe die Ägypter um Israels willen vernichtet, stellt kein Problem dar. Daß Jahwe sich auch gegen sein eigenes Volk wenden kann, wird ebenfalls erörtert, etwa in Num 13f – aber auch das ist ja eine Konkretisierung eines verbreiteten Theologumenons, das schon in vorstaatlicher Zeit von Israel in seiner Geschichte verifiziert worden war[34].

Die deuteronomistischen Schriften werden die Gewichte umbauen. Sie werden vor allem einen ganz anderen Aufwand an Kriegstheorie treiben. Sie sind nun in Auge zu fassen.

3 Das Deuteronomium und der Krieg

3.1 Methodischer Ansatz

Hier versuche ich, meine bisherigen Vorarbeiten zusammenzufassen und weiterzuführen[35]. Ich bin der deuteronomischen Kriegstheorie vor allem im Zusammenhang mit Wortuntersuchungen begegnet, die für das Theologische Wörterbuch zum Alten Testament bestimmt waren. Es handelte sich um die Wurzel *ḥrm*, bei der die Verbformen wohl denominativ von *ḥeræm* „Vernichtungsweihe" sind, und um die Wurzel *jrš* „in Besitz nehmen", die im Hifil wohl nicht, wie in der deutschen, von Luther bestimmten Tradition meist angenom-

---

[34] Man denke z. B. an die in der Ladeerzählung behandelten Vorgänge, die in der Ladeerzählung in diesem Sinne gedeutet sind. Vgl. vor allem *A. F. Campbell*, The Ark Narrative (1 Sam 4–6; 2 Sam 6). A Form-Critical and Traditio-Historical Study (SBLDS 16) Missoula, Montana, 1975.

[35] *N. Lohfink*, Darstellungskunst und Theologie in Dtn 1,6–3,29: Bib 41 (1960) 101–134; Die deuteronomistische Darstellung des Übergangs der Führung Israels von Moses auf Josue: Schol 37 (1962) 32–44; *ḥāram* (vgl. Anm. 23); Kerygmata des Deuteronomistischen Geschichtswerks, in: J. Jeremias und L. Perlitt (Hg), Die Botschaft und die Boten = FS H. W. Wolff, Neukirchen-Vluyn 1981, 87–100; *jāraš*, in: ThWAT III 953–985. In den beiden Wörterbuchartikeln finden sich ausführliche Literaturlisten. Stark auf die Frage des Krieges konzentriert, aber wenig hilfreich ist neuerdings: *U. Köppel*, Das deuteronomistische Geschichtswerk und seine Quellen. Die Absicht der deuteronomistischen Geschichtsdarstellung aufgrund des Vergleichs zwischen Num 21,21–35 und Dtn 2,26–3,6 (EH XXIII, 122) Bern 1979. Nicht erreichbar war mir: *S. Siwiec*, La guerre de conquête de Canaan dans le Deutéronome (Diss. Studium Biblicum Franciscanum/Antonianum Jerusalem/Rom 1971).

men wird, „vertreiben", sondern entsprechend der Tradition der alten Übersetzungen und der angelsächsischen Exegese „vernichten" bedeutet. Von diesen beiden Wurzeln her läßt sich die Kriegstheorie des Deuteronomiums recht deutlich in den Blick nehmen. Sie weisen auch sofort auf ihr Typicum: die Grausamkeit, die umfassende Radikalität und die enge Verbindung mit der Inbesitznahme des Israel zugesprochenen Landes. Letzteres wird reflex statuiert im Kriegsgesetz des Deuteronomiums (Dtn 20,10–18). Denn dieses unterscheidet klar zwischen entfernter liegenden Städten und den Städten „dieser Völker, die Jahwe, dein Gott, dir als Erbbesitz gibt" (20,16). Nur in diesen Städten muß der *ḥeræm* vollzogen werden, die völlige Vernichtung von allem, was Atem hat – was in diesem Zusammenhang bedeutet: von allen Menschen[36].

3.2 „DtrL" als die relevante Schicht

Diese ganze Kriegstheorie scheint nun nicht etwas zu sein, das von Anfang an in der deuteronomisch-deuteronomistischen Tradition da war und sich allmählich entwickelte. Im vorjoschijanischen und joschijanischen Gesetz scheint sie noch nicht enthalten gewesen zu sein. Sie findet sich erst in deuteronomistischen Schichten des Gesetzes und in den ebenfalls deuteronomistischen Teilen des Buchs Dtn vor und hinter dem eigentlichen Gesetz. Dies gründet allerdings auf der Annahme, daß der Text des deuteronomischen Gesetzes vor der ältesten deuteronomistischen Schicht noch nicht als Moserede, die unmittelbar vor dem Jordanübergang zu einer gewaltsamen Landeseroberung gehalten worden wäre, stilisiert gewesen sein kann. Doch ist eine solche Stilisierung auch nicht erst durch ein „deuteronomistisches Geschichtswerk" im Sinne Martin Noths geschaffen worden, das von Dtn bis 2 Kön reichen würde und erst aus der Exilszeit [67] stammen könnte. Vielmehr nehme ich an, dieses Geschichtswerk habe mehrere Vorarbeiten in sich integriert, die nur kleinere Zeitabschnitte darstellten und schon etwas älter waren. Die Vorstufe, die hier interessiert, ist eine Schilderung der Landnahme Israels und umfaßt die Hauptmasse des jetzigen Texts von Dtn 1 bis Jos 22. Ich nenne sie DtrL (= deuteronomistische Landnahmeerzählung)[37]. In ihr ist die eigentliche deuteronomistische Kriegstheorie entwickelt worden.

---

[36] Vgl. Jos 11,13f, wo in vermutlich der gleichen Schicht die gleiche Formulierung steht, das Vieh aber ausdrücklich ausgeschlossen ist.
[37] Vgl. für Näheres *Lohfink*, Kerygmata (vgl. Anm. 35) 92–96.

Die DtrL war um das dt Gesetz herum angelegt und enthielt es. Dieses selbst wurde im Rahmen der DtrL überarbeitet und erweitert. Auf dieser Stufe wurde es als Abschiedsrede Moses an Israel unmittelbar vor seinem Tod und vor der Jordanüberschreitung unter Josua stilisiert. So hat die DtrL zwei Themen: Die Landnahme und das Gesetz. Dies entspricht den beiden uns bekannten Hauptinteressen von König Joschija in seinen späten Jahren. Er wollte seinen Staat durch das die Urzeit Israels wieder herstellende Gesetz innerlich erneuern und wollte ihn im Hinblick auf die Wiederherstellung des alten Israel in der ihm zukommenden Größe nach allen Seiten ausdehnen, vor allem aber nach Norden. Daher rechne ich damit, daß die DtrL aus den späten Regierungsjahren Joschijas stammt, in seinem Auftrag erarbeitet worden ist und mehreres zugleich sein soll: Eine neue, allen durchschaubare und einleuchtende Synthese der wichtigsten Traditionen Israels über seine Gesellschaftsstruktur und seine territorialen Rechte, eine Art stategisches Planungspapier des Königs und eine Art Propagandaschrift, die für seine Absichten werben und seine Aktionen legitimieren sollte[38].

3.3 Die Vorstellung von DtrL über den heiligen Eroberungskrieg Israels beim Einzug in das verheißene Land

68 Im Zusammenhang dieser DtrL ist nun also auch die deuteronomistische Kriegstheorie formuliert worden. Es gab durchaus so etwas wie eine vorausliegende Grundvorstellung vom „heiligen Krieg"[39]. Sie prägte die auch damals vorhandenen Muster, in denen Kriege abliefen. Sie steckte in den alten Erzählungen des „jehovistischen

---

[38] Zur Funktion der ganzen dt/dtr Literatur vgl. *N. Lohfink*, Unsere großen Wörter. Das Alte Testament zu Themen dieser Jahre, Freiburg i. Br. 1977, 24–43 (Pluralismus. Theologie als Antwort auf Plausibilitätskrisen in aufkommenden pluralistischen Situationen, erörtert am Beispiel des deuteronomischen Gesetzes). Ich habe für diese Überlegungen sehr viel dem Soziologen und Pastoraltheologen F. Mennekes zu verdanken. Mit ihm zusammen hielt ich 1972 in Toronto ein Ferienseminar über die Thematik ab. Daran nahm auch *P.-E. Dion* teil, der inzwischen einen Artikel zur Frage veröffentlicht hat: Quelques aspects de l'interaction entre religion et politique dans le Deutéronome: ScEs 30 (1978) 39–55.

[39] „Heiliger Krieg", nicht notwendig „Jahwekrieg", weil vieles natürlich von alters her den Völkern des alten Orients gemeinsam war und weil das damalige Kriegführen und Reden vom Krieg zweifellos stark unter assyrischem Kultureinfluß stand.

Geschichtsbuchs" und anderer Traditionen, auch derer, die dann in der neuen Darstellung, vor allem im Bereich des Buches Jos, verarbeitet wurden. Vielleicht lagen sie auch schon in Form einer Sagensammlung vor. Aus all diesen Vorgaben hat nun die DtrL ein festes Schema vom Ablauf eines Jahwe-Landeroberungskriegs heraussystematisiert. Wenn in Einzelfällen, speziell im Buch Josua, die alten Vorlagen nicht ganz in das Schema hineinpaßten, wurden sie durch einige Ergänzungen der Normalvorstellung angenähert. So etwa bei der Erzählung von der Eroberung der Stadt Ai. Einige wichtige Elemente dieser systematisierten Vorstellung seien im folgenden besprochen[40].

3.3.1 Die Auslösung des Krieges

Ein Krieg hat mit einem Unterwerfungsangebot an den Gegner zu beginnen. So sagt es das Kriegsgesetz (Dtn 20,10f), so schildert es die Modellerzählung (Dtn 2,26). Israel darf nur in den Krieg eintreten, wenn das Angebot abgelehnt wurde. Allerdings ist die DtrL der Meinung, Jahwe habe bei der Landeroberung die Feinde Israels stets verstockt, so daß sie sich faktisch selbst stets dem Mechanismus des Kriegs auslieferten. So ausdrücklich im Summarium Jos 11,19f.

Der Krieg ist Jahwekrieg. Jahwe schickt seinen Schrecken gegen Israels Feinde. Aber in der DtrL ist Israel deshalb nicht einfach untätig. Israel muß zwar glauben und Mut haben. Trotzdem muß es auch in die Schlacht ziehen und kämpfen. Wenn der „Glaube" von Jes 7,9 Verzicht auf die normalen Wege der Machtpolitik bedeutet, dann der von Dtn 1,32 die Bereitschaft, zur gewaltsamen Eroberung des Landes auszuziehen.

3.3.2 Der ḥeræm

Der *ḥeræm*, die Vernichtungsweihe, hatte – anders als Gerhard von Rad meinte – ursprünglich keineswegs zu jedem heiligen Krieg, auch nicht zu jedem Jahwekrieg gehört. Die Deuteronomisten fanden in ihren Vorlagen und alten Quellen eine beschränkte Anzahl von *ḥeræm*-

---

[40] Den Hintergrund bildet dabei stets die klassische Darstellung der „Theorie vom heiligen Krieg" bei von Rad, Heiliger Krieg (vgl. Anm. 2) 6–14, wo das Material aus DtrL durchaus das Bild prägt. Daher kann im folgenden auch auf Vollständigkeit verzichtet werden.

Erzählungen und *ḥeræm*-Nachrichten vor. Uns sind sie nur noch greifbar in Num 21, Jos 6f, 1 Sam 15 und Jos 10f. Aber darüber hinaus hatten sie offenbar eine alte Völkerliste zur Verfügung, die Namen von Völkern enthielt, die es jetzt nicht mehr gab. Ferner gab es eine alte Zusage Jahwes, er werde die Bewohner des Landes vertreiben. Sie ist uns greifbar in Ex 23, Ex 34 und Ri 2. Ja, Ex 23,23 sprach von Vernichtung, nicht nur von Vertreibung. Vielleicht verfügten die Deuteronomisten sogar über einen Text mit einem Gebot der Völkervertreibung oder Völkervernichtung. Dtn 20,17 enthält eine Rückverweisformel auf ein solches Gebot der Vernichtung. Ein solches läßt sich allerdings in nachweisbar älteren Texten, die wir noch besitzen, nicht verifizieren. Doch sind die Rückverweisformeln im Deuteronomium im allgemeinen nicht aus der Luft gegriffen, sondern echte literarische Verweise[41]. Mir scheint, daß die Deuteronomisten diese verschiedenen Vorgaben miteinander kombinierten und sie systematisierten. So kamen sie zur Annahme, Jahwe habe vor der Landeseroberung ein Gebot erlassen, die Bevölkerung des Landes vollständig zu vernichten. Es wäre das Gebot des *ḥeræm* gewesen.

Dieser *ḥeræm* war dann allerdings gerade nicht mehr das, was er ehedem, als er noch praktiziert wurde, gewesen war: Spezieller Beuteverzicht aufgrund eines besonderen Gelübdes oder eines besonderen Prophetenworts bei einzelnen, keineswegs bei allen Kriegszügen. Jetzt war die Basis des *ḥeræm* ein generelles Jahwegebot, das für den gesamten Landeroberungsvorgang galt. Das Objekt der Vernichtung ⟦70⟧ war nicht mehr die Beute, sondern die Bevölkerung. Die Sachgüter und das Vieh sollten verschont und einfach übernommen werden. Dadurch verlor in der deuteronomistischen Sprache das Wort *ḥrm hifil* auch seinen spezifischen Sinn („der Vernichtung weihen und diese Vernichtungsweihe durchführen"). Es wurde zum Synonym der vielen anderen Wörter für Vernichtung, die die DtrL und auch die späteren dtr Schichten kennen.

3.3.3 Die Gesamtbevölkerung als Objekt der Vernichtung

Norman K. Gottwald hat beachtenswerte Gründe dafür beigebracht, daß in den historischen Anfängen Israels die *jošᵉbê ha'araṣ*, auf die

---

[41] Vgl. *Skweres*, Rückverweise (vgl. Anm.11). Zu der Basis des Rückverweises in Dtn 20,17 vgl. seine Diskussion S. 43–47. Sie endet nach meiner Meinung mit einem *non liquet*.

die Vertreibungsverheißung sich bezog, nicht die „Bewohner des Landes", sondern die „Beherrscher des Landes" waren. Denn *jošeb* + Ortsname konnte auch den Herrscher einer Stadt, der Plural davon die Patrizierschicht derselben bezeichnen[42]. So scheint ein begründeter Verdacht dafür zu bestehen, daß die bekannte dt/dtr Völkerliste ursprünglich ethnische Gruppen bezeichnete, die in den kanaanäischen Städten die Herrschaftselite bildeten[43]. Es mag also in der historischen Wirklichkeit vielleicht nur um die Vertreibung der Führungseliten in den kanaanäischen Städten und damit um den Sturz des herrschenden gesellschaftlichen und politischen Systems gegangen zu sein. Die Institution des *ḥeræm* hatte damit nichts zu tun. Der *ḥeræm* war ein manchmal in Kriegen der Gottheit gelobter Beuteverzicht, vornehmlich auf Sachgüter bezogen. Erst die deuteronomistische Traditionssystematisierung machte daraus eine von Gott gebotene Ausrottung der gesamten Bevölkerung.

3.3.4 Die juristisch-theologische Konzeption der Inbesitznahme des Territoriums

[71] Zum Krieg gehörte der Abschluß des Kriegs durch kultische Siegesfeier und Heimkehr. Diese Elemente treten in der DtrL völlig in den Hintergrund. An ihre Stelle tritt als Höhepunkt des ganzen Vorgangs die Inbesitznahme des eroberten Territoriums, natürlich zusammen mit allen auf ihm existierenden Gütern. Deshalb wird das Wort *jrš* „in Besitz nehmen" zu einem der häufigen deuteronomistischen Wörter. Natürlich hat das Wort in älteren Kriegserzählungen nicht gefehlt. Doch es war keineswegs ein notwendiges Element. Jetzt in der deuteronomistischen Landeseroberungstheorie wird es unent-

---

[42] *Gottwald*, Tribes of Yahweh (vgl. Anm. 19) 507–534.
[43] Zur Bedeutung der Ethnie als quer zu andere Systemen laufender gesellschaftlicher Kategorie im alten Orient vgl. jetzt vor allem: *K. A. Kamp* und *N. Yoffee*, Ethnicity in Ancient Western Asia During the Early Second Millenium B.C., Archaeological Assessments and Ethnoarchaeological Perspectives: BASOR 237 (1980) 85–104. Es ist durchaus vorstellbar, daß einzelne in der Völkerliste genannte Gruppen die Patrizierschicht in verschiedenen, politisch nicht zusammengehörigen Stadtstaaten bildeten und gleichzeitig ein ethnisches Identitätsbewußtsein hatten. Als Versuch, die einzelnen Völker der Liste geographisch einzuordnen, vgl. *N. Lohfink*, Die Landverheißung als Eid. Eine Studie zu Gn 15 (SBS 28) Stuttgart 1967, 67f.

behrlich. Es wird außerdem in eine ausgebaute juristische Vorstellung hineingebunden.

In den üblichen Kriegstheorien des alten Orients und dementsprechend auch des alten Israel kämpfte der Gott eines Volkes im Krieg für sein Volk. War der Sieg errungen, gehörte ihm und seinem Volk das Erkämpfte. Damit war auch die Rechtsfrage geklärt, etwa bezüglich des eroberten Territoriums. Der Sieger hatte einfach dadurch schon das Recht auf seiner Seite, daß er den siegreichen Gott auf seiner Seite hatte[44]. Diese Legitimationsfigur für den Besitz eines bestimmten Territoriums finden wir zum Beispiel noch in der anscheinend so ganz deuteronomistisch klingenden, in Wirklichkeit aber zumindest typologisch vordeuteronomistischen Argumentation der Boten Jiftachs vor dem Ammoniterkönig in Ri 11,24: „Ist es nicht so: Wen Kemosch, dein Gott, vernichtet, in dessen Besitz trittst du ein, und alles, was Jahwe, unser Gott, bei unserem Ansturm vernichtet, in dessen Besitz treten wir ein?"[45] Das ist das Recht des Volksgottes. Die Deuteronomisten entwickeln demgegenüber [72] ein System, das man als das „Recht des Weltgottes" bezeichnen kann[46].

In der DtrL steht das „Inbesitznehmen" des eroberten Territoriums in klarer Beziehung zum Schwur Jahwes an die Väter, ihren Nachkommen des Land zu „geben". Doch nicht nur den Israeliten wird in der DtrL Land zur Inbesitznahme gegeben. Auch den Edomitern, Moabitern und Ammonitern hat (nicht jeweils ihr Gott, sondern) Jahwe nach Dtn 2,5.9.19 ihr jeweiliges Land zum Besitz gegeben. Jahwe steht also über allen Völkern und gibt ihnen allen ihren Besitz.

---

[44] Vgl. hierzu vor allem G. Furlani, Le guerre quali giudizi di dio presso i Babilonesi e Assiri, in: Miscellanea G. Galbiati III, Mailand 1951, 39–47.

[45] Am überzeugendsten scheint mir für Ri 11 immer noch die Analyse bei W. Richter, Die Überlieferungen um Jephtah Ri 10,17–12,6: Bib 47 (1966) 485–556. Dort S. 538: „Die Argumentation Ri 11,16–26 zeigt keine Einflüsse von Dt, wird ihm also zeitlich vorausliegen; sie folgt treu der in Num 21 bezeugten Geschichtsschau." Aber selbst eine übersubtile Schichtenaufteilung, wie sie zuletzt M. Wüst, Die Einschaltung in die Jiftachgeschichte, Ri 11, 13–26: Bib 56 (1975) 464–479, vorgelegt hat, kommt im Endeffekt zumindest zu hohem typologischem Alter von Ri 11,24. Denn die späteste Schicht in 11,24 entnahm nach Wüst ihr Argument „dem zur Grundschicht gehörenden Vers 23" (477).

[46] Richter, Jephtah (vgl. Anm.45) 546, spricht (etwas mißverständlich) von einer „Zentralisierung" der Vorstellung von Ri 11,24 durch das Deuteronomium. „Hier entscheidet Jahwe souverän, nicht mehr in Auseinandersetzung mit den Göttern anderer Völker" (547).

Diesen können sie – wenn nötig, durch Eroberung und Vernichtung der vorigen Bevölkerung – in Besitz nehmen. Wir haben es hier mit einer Theologisierung einer Art „königsrechtlicher" Landkonzeption zu tun[47]. Wie ein Landesherr Lehen vergibt[48], vergibt Jahwe den verschiedenen Völkern ihre Territorien. Zum Vollzug dieses Aktes hat er sich im Sonderfall Israels vorlaufend durch einen Eid an die Stammväter des Volkes verpflichtet[49]. Jetzt „gibt" er Israel sein Territorium. Wie beim babylonischen Kaufgeschäft deutlich zwischen dem Akt der Übereignung und dem der Besitzergreifung unterschieden wird[50], so muß nun noch die Besitzergreifung des Territoriums durch Israel erfolgen. Für sie wird das Wort *jrš* verwendet, das selbst den Zusammenhang mit Eroberung evoziert. Der Eroberungskrieg Israels ist also, theologisch-juristisch gesehen, der korrespondierende Akt des Lehnsempfängers [73] zum verleihenden Akt des göttlichen Weltkönigs. Das Recht des Siegers ist in ein umfangendes Recht der göttlichen Weltverteilung zurückgebunden.

3.4.1 Die Rechtfertigung der territorialen Expansionspolitik Joschijas

Wir müssen die Frage stellen, welchen Zweck eine derartige „juristische Theologie" mit ihrer Verfeinerung der bisherigen Vorstellungen verfolgt haben mag. Geht man vom zeitlichen Ansatz unter Joschija und vom Zusammenhang mit seinen realen Interessen aus, dann läßt sich vielleicht folgendes sagen: Wenn man vom Recht des Volksgottes, der für sein Volk in den Krieg zieht, und vom damit verbundenen Recht des Siegers her denkt, dann war es völlig in Ordnung, daß die israelitischen Nordgebiete seit mehr als einem Jahrhundert assyri-

---

[47] Sie ist als eine dritte neben die beiden von *G. von Rad*, Verheißenes Land und Jahwes Land im Hexateuch: ZDPV 66 (1943) 191–204 = ders., Gesammelte Studien zum Alten Testament (TB 8) München ³1965, 87–100, herausgearbeiteten Konzeptionen zu stellen: die „geschichtliche" und die „kultische".

[48] Vgl. im AT: 1 Sam 8,14; 22,7; 27,6. Über die für Landverleihungen besonders wichtigen *našû-nadānu*-Urkunden und die Ausstrahlung ihrer Terminologie vgl. zuletzt *J. C. Greenfield, našû-nadānu* and its Congeners, in: M. de Jong Ellis (Hg), Essays on the Ancient Near East in Memory of Jacob Joel Finkelstein (MCCA 19) Hamden, Connecticut, 1977, 87–91 (Lit.!).

[49] Die Verbindung aller drei Elemente (Väterschwur, „geben" und *jrš*) findet sich in der DtrL an folgenden Stellen: Dtn 1,8; 10,11 und Jos 21,43f – also genau in Rahmenposition.

[50] Grundlegende Untersuchung: *M. San Nicolò*, Die Schlußklauseln der altbabylonischen Kauf- und Tauschverträge (MBPF 4) München 1922.

scher Besitz waren. Die Assyrer hatten sie erobert, so besaßen sie dieselben rechtens. Kein Joschija konnte Ansprüche darauf erheben. Natürlich konnte er sie zu erobern versuchen. Aber dann konnten sie auch, wenn Assur wieder erstarken sollte, ebenso schnell und mit wiederauflebendem altem Rechtstitel der Assyrer zurückerobert werden. Außerdem scheint es gar nicht der Fall zu sein, daß Joschija seine Grenzen in einem eigentlichen Eroberungskrieg nach Norden ausgedehnt hat. Jedenfalls fehlt uns jede Nachricht davon. Er hat eher einen herrschaftsleer gewordenen Raum langsam mit neuer Herrschaft überzogen, ein wenig nach der Rechtsvorstellung der Aneignung herrenlosen Guts. Aber diese Vorstellung war doch wohl zu schwach oder zu ungeeignet zur öffentlichen Legitimation seines Handelns. Zwar nicht für die Assyrer, wenn sie je wieder erstarken sollten, wohl aber zumindest für die eigene judäische Bevölkerung sowie für die Bevölkerung der annektierten Nordgebiete konnte dagegen gerade die in der DtrL entwickelte Rechtsvorstellung diese Aufgabe hervorragend leisten. Denn nach ihr waren die Assyrer, auch wenn sie die Gebiete des Nordens erobert hatten, keineswegs rechtens im Land. Das Land war von Jahwe, dem Herrn aller Lande, Israel zugeteilt worden, und Israel hatte es vor Zeiten auch in Besitz genommen. Joschija als der Inhaber und Repräsentant der alten Rechte des Volkes Israel war geradezu verpflichtet, das Land Israel wieder zu annektieren. Das Recht wäre sogar auf seiner Seite, wenn er die Wiederinbesitznahme durch [74] einen neuen Eroberungskrieg durchführen müßte, ja wenn dieser die gewalttätigen Züge jenes ḥeræm-Krieges aufwiese, die den ursprünglichen Eroberungszug unter Mose und Josua auszeichneten. Das Letztere dürfte eher Säbelgerassel als schon gezückte Waffe gewesen sein. Aber es faßte auch eigentlich nicht beabsichtigte Eventualitäten ins Auge, und auf jeden Fall konnte es hartes Durchgreifen in Einzelfällen, wie etwa in Betel (vgl. 2 Kön 23,15–20), legitimieren. So konnte im ganzen durch die DtrL der Bevölkerung Judas wie des Nordens verständlich gemacht werden, daß Joschija von Jerusalem mit seiner Politik keine privaten Abenteuer betrieb, sondern genau das tat, was aus dem göttlichen Bereich von ihm erwartet wurde.

3.4.2 Der Wiederaufbau der judäischen Plausibilitätsstrukturen

Für die Härte und Brutalität des in der DtrL gezeichneten ursprünglichen Landeroberungskriegs muß allerdings – über das bisher Gesagte hinaus, aber durchaus in engem Zusammenhang damit – wohl noch ein weiterer Grund vorhanden gewesen sein. Das Vernichtungsgebot Jahwes verbindet sich in der DtrL ja mit dem Namen von Völkern, die es in der joschijanischen Zeit gar nicht mehr gab. Allein das zeigt schon, daß hier nicht ein Modell für von Joschija real geplante Kriegszüge vorgestellt werden sollte. Es geht wohl eher um so etwas wie moralische Aufrüstung und Kräftigung der im Jahrhundert der assyrischen Oberherrschaft mut- und ziellos gewordenen Bevölkerung Judas. Die assyrische Propaganda arbeitete damals, wie wir wissen, bewußt und massiv mit dem Mittel der Einflößung von Angst und Furcht vor der militärischen Macht Assurs und seines Gottes. Die Eroberungserzählungen der DtrL sind dazu die Gegenpropaganda. Der noch schrecklichere Schrecken des Weltgottes, der auf Israels Seite steht, wird narrativ entfaltet. Niemand in Israel braucht sich zu fürchten, wenn es um das von Jahwe schon den Vätern zugeschworene Land geht. Da alles aber so formuliert ist, daß es als Anweisung nicht mehr in die Gegenwart hineinragt, braucht zugleich niemand Angst zu haben, daß er unter Umständen selbst zur Betätigung von solchem Gemetzel und Blutbad eingesetzt werden würde.

Die deuteronomistische Kriegstheologie, wie sie dann durch das Buch Dtn in den Pentateuch gelangte, hatte also ursprünglich offenbar [75] einen sehr präzisen Handlungsbezug. Sie sollte dazu dienen, die Plausibilitätsstrukturen der in der Königszeit und dann noch einmal ganz neu unter dem assyrischen Herrschafts- und Kulturschock aus den geistigen Fugen geratenen Gesellschaft Judas wieder neu herzustellen. Dadurch sollte Joschija für sein staatsmännisches Tun von der Bevölkerung her, auf deren inneres Einverständnis er angewiesen war, Bewegungsraum geschaffen werden.

3.5 Die deuteronomistische Theorie des Eroberungskriegs und der innere Zusammenhang von Recht und Gewalt

Dabei ist eine sehr enge Verbindung zwischen Kategorien des Rechts und Kategorien der Gewalt hergestellt worden. Das Recht wird durch Gewalt durchgesetzt, und hinter allem steht die Gottheit. Mir scheint, hier entlarvt sich auf eine selten so deutliche Weise, in welchem Maß das Recht, auch das zwischen den Völkern, auf der Gewalt gründet und immer wieder neu Gewalt zu entbinden droht. Der in dieser Theologie ansichtig werdende Gott kann, ebenso wie ein irdischer Herrscher, das von ihm gewollte Recht nur durchsetzen, indem er

Gewalt einsetzt und Leben vernichtet. Man müßte darüber noch sehr viel reflektieren. Vor allem scheint mir in diesem Zusammenhang wichtig zu sein, daß die deuteronomistische Bewegung, zumindest unter Joschija, ja den ersten und bis auf die makkabäische Bewegung einzigen größeren Versuch darstellt, den nicht-, ja antistaatlichen Gesellschaftsentwurf des frühen Israels gerade in der Form des Staates durchzuführen.

Historisch ist dies gescheitert. Die Priesterschrift bedeutet demgegenüber nun einen völlig anderen gesellschaftlichen Ansatz.

4 Die Priesterschrift und der Krieg

4.1 Der Bezug von P^g zu älteren Werken

Die Priesterliche Geschichtserzählung (P^g), von der allein ich zunächst handeln möchte, setzt in der eigenen Darstellung sowohl das „jehovistische Geschichtsbuch" als auch das exilische „deuteronomistische Geschichtswerk" voraus. Darüber hinaus erwartet sie bei 76 ihren Lesern Bekanntschaft wenigstens mit dem „jehovistischen Geschichtsbuch". Denn sie läßt manchmal Personen auftreten, ohne sie einzuführen und spielt auf Fakten an, die der Leser nur aus dem „jehovistischen Geschichtsbuch" kennen kann[51]. Dies sei ausdrücklich festgestellt. Denn erst dadurch wird das Fehlen des Krieges in der P^g wirklich relevant.

4.2 Das Fehlen des Krieges in P^g

In der Priesterlichen Geschichtserzählung gibt es den Krieg nicht.

---

[51] Beispiele: Auftritt von Personen ohne Einführung: Mose in Ex 6,2 (was nachher – neben der stärkeren Herausarbeitung der Bedeutung Aarons – einer der Gründe für die Zufügung von Ex 6,13–30 gewesen sein dürfte); Anspielung auf in P^g selbst ausgesparte Angaben aus JE: Anspielung auf den Ort Kadesch-Barnea in Num 20,12 (P^g muß das Ereignis ja wohl noch vor der in Num 20,14–21 erzählten Verhandlung mit Edom vor dem Aufbruch von Kadesch angesetzt haben; vermutlich wird P^g die später auch ausdrücklich gewordene Identifizierung von Meriba in Ex 17,7, der Vorlage der Wasserwundergeschichte, mit Kadesch ebenfalls schon gemacht haben; P^g selbst lokalisierte die Geschichte nicht ausdrücklich in Kadesch, weil Kadesch schon ins verheißene Land gehören sollte, vgl. Num 34,4 P^g; spätere Harmonisierung findet sich z. B. in Num 27,14; Dtn 32,51).

4.2.1 Urgeschichte und Vätergeschichte

Das überrascht noch nicht in der Urgeschichte und in der Vätergeschichte, da dort auch im „jehovistischen Geschichtsbuch" das Thema „Krieg" erst einigemale angeschlagen wird. Immerhin gibt es dort dreimal breit das Thema des „Streites": in der Kainerzählung, in der Jakobsgeschichte und in der Josefsnovelle. In der P^g kommt Kain nicht vor. Die Jakobsgeschichte ist so abgeändert, daß es keine Auseinandersetzungen zwischen Jakob und Esau oder zwischen Jakob und Laban mehr gibt[52]. Die Josefsgeschichte ist so zusammengestrichen, daß vom Hauptthema der alten Novelle nichts mehr übrigbleibt.

4.2.2 Vernichtung der Ägypter im Schilfmeer

Die erste große Heiligkriegserzählung des „jehovistischen Geschichtsbuchs" ist die Vernichtung der Ägypter am Schilfmeer. |77| Dazu, wie die P^g sie abgewandelt hat, gibt es jetzt eine sehr genaue Untersuchung von Jean-Louis Ska[53]. Zwar werden die Israeliten beim Auszug aus Ägypten als „Jahwes Heerscharen" bezeichnet, und für die Truppen des Pharao werden in Ex 14 nachdrücklich militärische Fachausdrücke benutzt (Streitmacht, Pferde, Streitwagen, Reiter). Trotzdem kommt gerade kein Krieg zustande. „Es gibt weder einen Kampf zwischen Israel und Ägypten noch einen Sieg Israels über Ägypten; es gibt nur eine Selbstoffenbarung Jahwes vor den Augen der Ägypter"[54]. Als Modell für das, was vor sich geht, dienen der P^g die „Gerichte" Jahwes über die Völker, die der Prophet Ezechiel ankündigt. Indem sie in diesen „Gerichten" untergehen, erkennen die Völker, wer Jahwe ist. Schon im „jehovistischen Geschichtsbuch" war die Heiligkriegserzählung in der Schilfmeergeschichte ganz auf Alleinwirksamkeit Jahwes im Kampf hin stilisiert. Doch sie blieb auch Kriegserzählung. Hier ist der Krieg jetzt sogar als Referenzrahmen der Aussage verlassen.

---

[52] Man lese die priesterliche Begründung der Reise Jakobs zu Laban in Gen 27,46; 28,1–5 und die friedliche Trennung Esaus von Jakob nach dessen Heimkehr in Gen 36,6–8.

[53] J.-L. Ska, La sortie d'Égypte (Ex 7–14) dans le récit sacerdotal (P^g) et la tradition prophétique: Bib 60 (1979) 191–215.

[54] Ebd. 203 Anm. 21 (meine Übersetzung).

4.2.3 Lagerordnung

Die P^g eilt dann über die Mannaerzählung sofort zur breit ausgebauten Sinaiperikope. Dort findet sich gegen Ende, in Num 2, eine Lagerordnung der Israeliten. In der Tradition spielte das Lager vom Auszug aus Ägypten ab immer wieder eine Rolle, und von den Darstellungen der Philisterkämpfe bis ins deuteronomische Gesetz ist das Lager Israels fast stets ein Kriegslager. Auch hier hat die P^g gründlich umgebaut. Ich kann hier auf die überlieferungsgeschichtlich vergleichende Studie von Arnulf Kuschke verweisen. Unter allen Aspekten, die er behandelt, stellt er immer wieder fest, daß „das Kriegerische im Lager der P-Erzählung völlig fehlt"[55].

4.2.4 Kundschaftergeschichte

Die erste Erzählung des „jehovistischen Geschichtsbuchs", die die P^g nach dem Aufbruch vom Sinai breiter aufgreift, ist die Geschichte von der Aussendung der Kundschafter in Num 13f. Hier hat Sean E. McEvenue [78] den zu fordernden Vergleich angestellt[56]. Aus der militärisch abgezweckten Auskundschaftung des südlichen Landesteils im „jehovistischen Geschichtsbuch" wird eine Art feierlicher Prozession von Delegierten durch das ganze verheißene Land Kanaan, je einer aus einem Stamm. Es geht nicht um Spionage im Hinblick auf einen geplanten Eroberungsfeldzug. Vielmehr soll das von Jahwe als Geschenk zugesagte Land inspiziert und beurteilt werden. Das ist der Sinn des hier von der P^g eingeführten Leitwortes *tûr*. Genau an dieser Aufgabe versagen die Delegierten. Deshalb müssen sie und ihre ganze Generation in der Wüste sterben. Die P^g hat eine Sündengeschichte geschaffen, in der es vor allem auf die paradigmatisch gemeinte Sünde ankommt. Diese hat nichts mit Krieg zu tun – dann wäre es Mutlosigkeit und Unglaube, wie in Dtn 1. Sie ist vielmehr *dibbat ha'aræṣ* „Verleumdung des Landes", also negative Beurteilung der von Jahwe angebotenen guten Heilsgabe.

---

[55] A. *Kuschke*, Die Lagervorstellung der priesterschriftlichen Erzählung. Eine überlieferungsgeschichtliche Studie: ZAW 63 (1951) 74–105; Zitat: 99.
[56] S. E. *McEvenue*, The Narrative Style of the Priestly Writer (AnBib 50) Rom 1971, 90–127. Zum Text als „Sündenerzählung" vgl. N. *Lohfink*, Die Ursünden in der priesterlichen Geschichtserzählung, in: G. *Bornkamm* und K. *Rahner*, Die Zeit Jesu. FS Heinrich Schlier, Freiburg i. Br. 1970, 38–57, hier: 52–54.

4.2.5 Einsetzung Josuas

Der nächste Text in der P^g, wo Militärisches zur Sprache kommen könnte, ist Num 27,12–23[57]. Hier wird in einer Szene, die dem Tod Moses unmittelbar vorangeht, die Nachfolgefrage aufgerollt und bei dieser Gelegenheit überhaupt einiges zu den Ämtern in Israel gesagt. Mose bittet Gott um einen Nachfolger für sich, und er erhält Josua. Das entspricht der Situation in Dtn 31, das zur DtrL gehört. Dort wird Josua feierlich als der Nachfolger Moses eingesetzt, und als seine Aufgaben werden Landeseroberung und Landesverteilung bestimmt[58]. Er wird also mit dem Eroberungskrieg beauftragt, den dann die erste Hälfte des Buches Josua schildern wird. Die Anlehnung der P^g in Num 27 an die DtrL von Dtn 31 läßt sich bis ins Sprachliche aufweisen. In Dtn 31,2 begründet Mose die Einsetzung Josuas mit seinem eigenen Alter. Dabei sagt er: *lo' ûkǎl 'ôd laṣe't w^{e}labô'* „ich kann nicht mehr ausziehen und heimkehren". In Num 27,16f bittet Mose Jahwe um einen Mann für die Gemeinde, *^{a}šær jeṣe' lipnêhæm wa^{a}šær jabo' lipnêhæm wa^{a}šær jôṣî'em wa^{a}šær j^{e}bî'em* „der an ihrer Spitze auszieht und der an ihrer Spitze heimkehrt und der sie hinausführt und der sie zurückführt". Die Formel „hinausziehen und heimkehren" in Dtn 31,2 meinte im Zusammenhang der DtrL sicher Mose vor allem als den Feldherrn[59]. Unter Mose hatte Israel ja das Ostjordanland erobert. Und Josua sollte ihm als Feldherr für die

---

[57] Für den dazwischenliegenden Weg bis zu den „Steppen von Moab", dem Schauplatz von Moses letzten Handlungen vor seinem Tod, vgl. *J. Wellhausen*, Die Composition des Hexateuchs und der historischen Bücher des Alten Testaments, Berlin ³1899, 108: „Von Schwierigkeiten mit den Nachbarvölkern scheint dieser Bericht nichts zu wissen, er behandelt das Terrain wie tabula rasa. Die Israeliten ziehen von Kades direkt nach Osten durch Edom und lassen sich ungestört in den Arboth Moab nieder." – Für Num 27,12–53 hat *S. Mittmann*, Deuteronomium 1,1–6,3 literarkritisch und traditionsgeschichtlich untersucht (BZAW 139) Berlin 1975, 110f, eine Analyse vorgelegt, die mir abwegig zu sein scheint: Typische sprachliche Prozeduren der P^g werden ihrer inneren Spannungselemente dadurch beraubt, daß sie sofort in literarkritischer „Stratigraphie" aufgelöst werden.

[58] Vgl. *Lohfink*, Übergang (vgl. Anm. 35).

[59] Vgl. für Josua in der gleichen literarischen Schicht Jos 14,11, wo *lǎmmilḥamah* den militärischen Sinn sicherstellt. Weiteres zu dem Doppelausdruck bei *J. G. Plöger*, Literarkritische, formgeschichtliche und stilkritische Untersuchungen zum Deuteronomium (BBB 26) Bonn 1967, 178–181; *H.-D. Preuß, jāṣa'*, in: ThWAT III 795–822, hier: 799f (für Num 27,17.21: „kultisch uminterpretiert").

Eroberung des Westjordanlandes nachfolgen. Die P^g beläßt die Szene am gleichen Ort und am gleichen Zeitpunkt: in den Steppen von Moab, jenseits des Jordan, bei Jericho (vgl. Num 22,1) und unmittelbar vor Moses Tod (vgl. Num 27,13). Nur hat Mose Israel bis an diesen Punkt geführt, ohne daß von einer kriegerischen Eroberung auch nur ein Wort gefallen wäre. Doch die Bitte, die Mose jetzt äußert, ist eindeutig die nach einem militärischen Anführer für Israel. Durch die Entfaltung der Formel vom „Hinausziehen und Heimkehren" klingt sie noch entschieden militärischer[60]. Doch entscheidend ist die Antwort, die Mose von Jahwe erhält. Er soll Josua als seinen Nachfolger einsetzen. Aber er soll dann Eleazar, dem Priester, untergeordnet sein. Eleazar soll für ihn die Urim-Befragung durchführen. Und dann gilt: *'al pîw jeṣ^eʾû w^eʿal pîw jabo'û* „auf Eleazars Weisung sollen sie ausziehen und auf seine Weisung sollen sie heimkehren"[61], *hû' w^ekål b^enê jiśraʾel ʾittô w^ekål haʿedah* „er und alle Israeliten zusammen mit ihm, also[62] die ganze Gemeinde" (Num 27,21). Hier wird nicht nur der Feldherr dem Priester untergeordnet, sondern sein Feldherrntum selbst wird gewissermaßen aus der Sprache herausgespült. Zwar bleibt das Wortpaar „hinausziehen – heimkehren". Aber Josua zieht nicht mehr „an ihrer Spitze" aus und ein. Ja, er wird sogar sofort pluralisch mit ihnen in einer Einheit zusammengefaßt, und dann wird diese Einheit erst in einer Apposition auseinandergefaltet. Doch sofort wird die Einheit wieder zusammengeschlossen, und zwar durch das Wort *ʿedah* „Gemeinde". Von diesem Wort gilt nach der gründlichen Untersuchung von Leonhard Rost: „Es wird nie von einer kriegerischen Handlung der *ʿdh* berichtet.

---

[60] Für *jṣ' lipnê* NN im Sinne des Voranziehens des königlichen Heerführers, wenn es in den Krieg geht, vgl. 1 Sam 8,20.

[61] Sam und Vulg lesen die Verben im Singular. Die LXX stützt den Plural des MT. Dieser ist zweifellos die *lectio difficilior*. Da die Vulg normalerweise nicht mit Sam zusammengeht, dürfte sich die singularische *lectio facilior* zweimal unabhängig entwickelt haben. Die LXX bezeugt zwar die pluralische Lesung, hat aber durch eine Änderung an einer anderen Stelle ebenfalls erreicht, daß das Bild von Josua, dem Feldherrn und obersten Haupt Israels, bleiben konnte. Sie übersetzt: „Und vor Eleazar, dem Priester, soll er stehen, und *sie* (Plural!) sollen *ihn* (wohl Eleazar; statt ‚für ihn' = ‚für Josua') nach der Entscheidung der Urim befragen, und auf seine Weisung (das kann jetzt von Josua verstanden werden!) sollen sie ausziehen und auf seine Weisung (dasselbe!) sollen sie heimkehren: er und die Söhne Israels gemeinsam und die ganze Gemeinde".

[62] Es dürfte sich hier um unterstreichend-zusammenfassendes Waw handeln, da *b^enê jiśraʾel* ja sonst Parallelwort zu *ʿedah* ist.

Vielmehr wird an der einzigen Stelle, an der sich die *'dh* mit einem Kriegszug befaßt (Num 31), aus ihr ein *'m* ausgelesen, der dann nach errungenem Sieg der *'dh* berichtet"[63]. Es dürfte deutlich sein, daß die P^g genau an dieser Stelle in höchst beziehungsreichem Sprachspiel die Tradition von der gewaltsamen Landeseroberung unter Josua hinweginterpretiert[64].

4.2.6 Einzug in Kanaan

Mose stirbt dann. Damit ist nach der von M. Noth, ja schon von Wellhausen vorgetragenen Meinung, der heute die meisten Ausleger folgen, die P^g am Ende. Doch wenn man nach allem bisher Ausgeführten von vornherein daran zweifeln muß, daß P^g von Josua geführte Eroberungskriege enthalten haben könne, bildet die kleine Zahl der Textstücke des Buches Josua, die im Gewand priesterschriftlicher Sprache auftreten, kein so großes Problem mehr. Es wird leichter denkbar, daß eine priesterschriftliche Darstellung des Einzugs in Kanaan relativ kurz war. So könnte es sie doch gegeben haben, wenn auch ohne alle Kriegstrompeten. Und eigentlich erwartet man sie – zu vieles in der P^g war auf sie hin angelegt[65]. Da im Buch Josua die

---

[63] L. Rost, Die Vorstufen von Kirche und Synagoge im Alten Testament. Eine wortgeschichtliche Untersuchung (BWANT 76) Stuttgart 1938, 84. Num 31 gehört nicht zur P^g, sondern ist jünger. Doch kann es auf jeden Fall als Zeugnis für priesterschriftliches Sprachgefühl herangezogen werden.

[64] Zusätzlich sei auf folgendes aufmerksam gemacht: Mose redet in seiner Bitte um einen Feldherrn-Nachfolger in 27,17 von der *ʿdat JHWH*. Diese Wortverbindung ist ein Hapaxlegomenon. Am ehesten versteht man es noch als eine bewußte priesterschriftliche Anverwandlung von *'am JHWH*, und zwar im Sinne von Jahwe-Heerbann. Hier läßt die P^g Mose gewissermaßen vor Gott versuchen, eine militärische Variante des Gemeindebegriffs ins Leben zu rufen. Dann ist der zusammenfassende Ausdruck *w^{e}kål ha'edah* in 27,21 die göttliche Antwort darauf: Es bleibt bei der bisher in ihren Merkmalen schon voll aufgezeigten „Gemeinde", und Militärisches kommt nicht hinzu.

[65] Liest man z.B. das Buch von E. Cortese, La terra di Canaan nella Storia Sacerdotale del Pentateucho (SupplRivBib5) Brescia 1972, so begreift man einerseits, daß die hohe Autorität von M. Noth ihn davon abhielt, die literarkritischen Fragen, die er für Num aufgerollt hat, auch für Jos zu stellen, wird aber immer skeptischer gegenüber der Annahme, die P^g habe ihre Darstellung mit dem Tod Moses abgebrochen. Noths Logik ist an den entscheidenden Stellen nicht zwingend. Ihm fällt in Num 27,15–23 auf, daß P bei der Formulierung der künftigen Aufgabe Josuas von der Besetzung des Westjordanlandes „geradezu geflissentlich schweigt" und die „Aufgabe der

P^g auch mit Sicherheit nicht mehr, wie im Pentateuch, als Basis für die große redaktionelle Quellenzusammenarbeit gedient haben kann, ist es ferner leicht denkbar, daß von einem solchen Ende der P^g nur noch eine Serie von Bruchstücken, nicht mehr, wie bisher, im wesentlichen alles erhalten ist. Die Verse im P-Stil, die, übers Josuabuch verstreut, aus dem Endstück der P^g stammen könnten, sind: Jos 4,19; 5,10–12; 14,1f; 18,1; 19,51. Daß sie wirklich so zu erklären sind, scheint mir vor allem aus 18,1 hervorzugehen. Dort werden nämlich zwei Themen, denen in der P^g eine zentrale Rolle zukommt, überhaupt erst an ein Ende gebracht. Einerseits wird das heilige Zelt im Lande an einem festen Ort aufgeschlagen, in Schilo. Andererseits wird festgestellt, daß das Land von den Israeliten in Besitz genommen war. Dafür wird aber nun nicht das Verb *jrš* verwendet, sondern das seltenere *kbš*. Dieses stand als eine Art Programmwort unmittelbar nach der Schöpfung der Menschen in Gen 1,28: „Seid fruchtbar, vermehrt euch, erfüllt die Erde und nehmt sie in Besitz *(w^ekibšuha)*". In Jos 18,1 lesen wir 82 nun, nachdem das Wort in der gesamten P^g zwischendurch niemals gebraucht wurde, *w^eha'arœṣ nikb^ešah lipnêhœm* „und das Land war in Besitz gegeben vor ihnen". Alle anderen Ansagen von Gen 1,28 waren im Gang der Erzählung aufgegriffen und erfüllt oder weitergeführt worden. Jede Erfüllung war auch durch Erfüllungsnotiz konstatiert worden. Nur die Besitzergreifung der Erde stand noch erzählerisch aus. Hier wird sie zwar nicht für die ganze Menschheit konstatiert, doch für das Volk Israel, auf das sich die Erzählung in ihrer zweiten Hälfte ja eingeschränkt hatte. Am Beispiel Israel zeigt sich auch die Wahrheit dieses Elements des Gotteswortes bei der Schöpfung. Hier ist nun der letzte am Anfang ausgezogene Bogen an sein Ende gekommen. Allein diese Wahrnehmungen genügen, in Jos 18,1 noch mit der Hand von P^g zu rechnen. Dann hat die P^g aber den Einzug Israels in das ihm verheißene Land Kanaan erzählt, wenn auch sicher in jener Knappheit, die diese Schrift so meisterhaft beherrscht, und unter bewußter Auslassung aller militärischen Aktionen. Die für die

---

Kriegsführung" nicht erwähnt. Daraus folgert er dann, das Thema Landnahme habe „außerhalb des Kreises der von ihm für sein Werk in das Auge gefaßten Stoffe" gelegen (*M. Noth*, Überlieferungsgeschichtliche Studien, Tübingen ²1957, 191). Logisch folgt an sich nur, daß keine kriegerische Landnahme ins Auge gefaßt war. Man könnte also auch die Möglichkeit diskutieren, daß die Landnahme ins Auge gefaßt war, nur nicht als eine kriegerische.

P^g wichtigste Notiz im Zusammenhang mit dem Einzug ins Land Kanaan, abermals das Ende eines narrativen Bogens, dürfte uns in Jos 5,10–12 erhalten sein: Genau in Gilgal feierten die Israeliten das Pascha, wie unmittelbar vor dem Aufbruch vom Sinai in Num 9,1–5 P^g. Am Tag darauf gab es kein Manna mehr, und sie begannen, sich von den Erträgen des Landes zu ernähren. Diese Notiz ist schon in Ex 16,35 vorbereitet worden[66].

4.2.7 Schlußfolgerungen

83 Die P^g hat also den Krieg aus der von ihr erzählten, paradigmatisch gemeinten[67] Geschichte der Anfänge der Welt, der Menschheit und des Gottesvolkes völlig entfernt. Er ist nicht etwa als faktisch vorhanden geschildert und dann als böse verurteilt. Er existiert überhaupt nicht. Wo er entstehen möchte, bei den Ereignissen am Schilfmeer und bei der Einsetzung Josuas, werden seine sich sprach-

---

[66] Die letzte, ausführliche Behandlung von Jos 5,10–12 bei *Rose*, Deuteronomist (vgl. Anm. 11) 25–53, ist trotz einer breiten bibliographischen Anmerkung, die den lange währenden Konsens der Zuteilung zu P belegt (S. 25, Anm. 18), so auf die Auseinandersetzung mit E. Otto und E. Zenger fixiert, daß die Gründe für den früheren Konsens gar nicht wirklich ins Auge gefaßt werden. Das einzige diskutable Argument gegen eine Zuteilung des gesamten Textes an P^g scheint mir die Zeitangabe *ba'æræb* in Jos 5,10 (wie in Dtn 16,4.6 gegenüber *bên ha'ărbájim* in den vergleichbaren P^g-Texten Ex 16,12; Num 9,3.5) zu sein. Auf der Ebene, auf der Rose, der auch P^g heranzieht, argumentiert, ist das Argument gegen die Möglichkeit von *ba'æræb* in P allerdings nicht ganz schlüssig. Er hat übersehen, daß *ba'æræb* auch in Ex 12,18; 16,(8).13; Lev 6,13; 23,32 vorkommt – das sind alles P zugeschriebene Texte und außer im Fall von Lev 6 stets aus Kapiteln, aus denen Rose die Belege dafür anführt, daß die typische P-Formulierung *bên ha'ărbájim* laute. Eine der Gegeninstanzen ist sogar aus P^g: Ex 16,13. Es ist die Erfüllungsnotiz zu der Ankündigung in Ex 16,12, in der *bên ha'ărbájim* steht. Daraus scheint mir hervorzugehen, daß man selbst P^g nicht auf den einen Ausdruck festlegen muß; an dieser Stelle hat die P^g offenbar bewußt variiert. So ist für Jos 5,10 zumindest nicht ausschließbar, daß auch *ba'æræb* schon in der P^g stand. Außerdem ist es durchaus denkbar, daß hier entweder bei der redaktionellen Einarbeitung der P-Texte ins Josuabuch oder im Lauf der späteren Textüberlieferung die weniger weit entfernten deuteronomischen Festgesetze harmonisierenden Einfluß ausübten. Jedenfalls scheint mir der Ausdruck *ba'æræb* nicht stark genug zu sein, um die Theorie einer deuteronomistischen Hand oder einer nachpriesterlichen und/oder nachdeuteronomistischen Hand zu tragen.

[67] Hierzu: *Lohfink*, Priesterschrift (vgl. Anm. 13).

lich gerade erhebenden Ansätze von Gott selbst verwandelt in Andersartiges. Die Welt der P^g ist kriegslos.

4.3 Die Sanktion der Störung der Ordnung nach P^g

Doch ist nun zu erklären, was das bedeutet. Wenn es in der P^g keine Kriege gibt, dann heißt das zum Beispiel nicht, es gebe keine Toten. Gott setzt in der Welt seine Ordnung durch. Dabei geht es oft für die Menschen um Leben und Tod. Nur – für all dies braucht Gott keine menschliche Armee als sein Werkzeug. Das kann er allein.

4.3.1 Zusammenhänge mit älterer Kriegstheologie

Wenn man die Vorstellung der Priesterschrift von Gottes Weise, die Weltgeschichte zum Weltgericht zu machen, vom Krieg her genetisch verstehen will, dann setzt man am besten bei jener Konzeption des Heiligen Krieges an, in der die menschliche Aktivität immer mehr zurückgedrängt wird und die göttliche Tätigkeit im Krieg langsam auf die Idee göttlicher Alleinwirksamkeit zusteuert. Die Schilfmeererzählung des „jehovistischen Geschichtsbuchs" ist hier schon sehr weit gediehen. Der klassische Vertreter der Konzeption ist der Prophet Jesaja. Wenn man seine Vorstellung vom Heiligen Krieg bis ins letzte Extrem stößt und am Ende sogar die Idee des Krieges selbst ausschaltet und dafür Worte wie „Gericht" oder „Strafe" einsetzt, dann gelangt man wohl zu dem, was die P^g meint. Es gibt vier Erzählungen[68] von Sünde und Strafe in der P^g. In der Sintflut macht Gott allein der Gewalt, die die Schöpfung erfüllt, ein Ende. Am Schilfmeer bereitet Gott allein dem Pharao, der die Israeliten unterdrückt und ausgebeutet hat, sein Ende. In der Wüste bereitet Gott der Generation Israels, deren Delegierte das Land Kanaan verleumdet haben, ihr Ende. Schließlich bringt er auch Aaron und

---

[68] In meiner Arbeit über die Ursünden in der P^g (*Lohfink*, Ursünden, vgl. Anm. 57) habe ich mit drei Erzählungen gerechnet und die Erzählung vom Auszug aus Ägypten und der Vernichtung der Ägypter davon ausgeschlossen (S. 43–46). Die Untersuchung von *J.-L. Ska*, Séparation des eaux et de la terre ferme dans le récit sacerdotal: NRT 113 (1981) 512–532, hat mich überzeugt, daß mit einer Vierzahl zu rechnen ist. Zu ihrer Systematik vgl. ebd. 526 Anm. 30: „purification de l'univers" (Gen 6–9), „d'Israël et des nations" (Ex 1–14) „d'Israël seul" (Num 13–14), „de l'élite d'Israe'l" (Num 20,1–13).

Mose, die Anführer Israels, die ihm nicht geglaubt und seinen Namen nicht geheiligt haben, an ihr Ende, bevor eine neue Generation das Land Kanaan betreten darf. Schuld findet also wahrlich ihre Strafe. Nur: Gott allein bewirkt sie. Er braucht dazu keine menschlichen Soldaten oder Gerichtshöfe.

4.3.2 Zusammenhänge mit der Schöpfungsaussage

Sein strafendes Auslöschen menschlicher Existenz verbindet sich unmittelbar mit seiner Eigenschaft als Schöpfer. Dies ist zumindest in den beiden ersten Schuld-Strafe-Erzählungen deutlich gemacht. Denn sowohl die Sintflut als auch die Vernichtung der Ägypter sind auf je verschiedene Weise Zurücknahme des vom Schöpfer hergestellten Bereichs des Trockenen und damit verschlingendes Vordringen des chaotischen Wassers: „Das Chaos holt sich zurück, was zu ihm gehört", die chaotisch gewordene Gesellschaft[69]. Die beiden anderen Schuld-Strafe-Erzählungen handeln in der Wüste. So kommt hier die Chaos-Wasser-Symbolik nicht zum Zug, und der Tod der Schuldigen wird unmittelbar von Gott herbeigeführt, in Num 14,37 durch eine *maggepah*, einen „Schlag" durch göttliche Berührung. Bei der aquatischen Chaos-Vorstellung von Gen 1, Gen 6 – 8 und Ex 14 steht zweifellos auch der Mythos vom Chaoskampf des Schöpfergottes mit dem Wassergott, in Ugarit etwa Baals mit Jammu, im fernen Hintergrund. Neben diesem Mythos gibt es aber den vom Kampf mit dem Gott des Todes, der Dürre, der Erde, der Unterwelt, in Ugarit Baals mit Mutu[70]. Man kann sich zumindest fragen, ob die P^g in Num 13–14 nicht mit diesem mythologischen Hintergrund des schöpferischen Kampfes mit dem Erd-Monster spielt. Die Kundschafter würden das ihnen zur Begutachtung gezeigte Land als das mit Tod und Unterwelt identische Erd-Monster bezeichnen: „Es ist eine Erde, die ihre Bewohner auffrißt" (Num 13,32)[71]. Das Volk, das diese

---

[69] Ebd. 525 (meine Übersetzung).
[70] Für den Zusammenhang der beiden Monstergestalten und für biblische Belege der Vorstellung vom Erdmonster (allerdings ohne Belege aus der P^g) vgl. M. K. Wakeman, The Biblical Earth Monster in the Cosmogonic Combat Myth: JBL 88 (1969) 313–320; *dies.*, God's Battle with the Monster. A Study in Biblical Imagery, Leiden 1973.
[71] Zum möglichen Zusammenhang mit Ezechieltexten vgl. *Lohfink*, Ursünden (vgl. Anm. 57) 53; *McEvenue*, Narrative Style (vgl. Anm. 56) 135f.

Botschaft vernimmt, würde sich aus Angst vor dem todbringenden Monster noch lieber den Tod „in dieser Wüste" wünschen (Num 14,2). Und das würde sich in einer Art Märchen-Wortmagie[72] erfüllen: „Genau so, wie ihr es vor meinen Ohren formuliert habt, will ich es an euch verwirklichen: In dieser Wüste werden eure Leichen herumliegen" (Num 14,28f). Die wohl schon im „jehovistischen Geschichtsbuch" enthaltene Datan-Abiram-Geschichte enthielt die Vorstellung von dem durch Jahwes schöpferisches Tun[73] die aufrührerische Rotte lebendig verschluckenden Erd-Monster schon in ganz expliziter Gestalt (vgl. Num 16,28–34). Die P^g hat diese Erzählung nicht aufgenommen. Aber es wäre typisch für sie, daß sie in einem anderen Erzählungszusammenhang doch Motive daraus hätte anklingen lassen. Hat sie es getan, dann doch in sehr verhaltener Form. Offenbar soll doch im ganzen das Wasser ihr Symbol des Chaotischen bleiben. So verbleibt sie in den beiden letzten Schuld-Strafe-Erzählungen doch eher im Abstrakten. Aber zweifellos ist es auch hier Jahwe als der Schöpfer, der die Sünder durch sein Wort wieder ins Nichtsein zurückschickt.

4.4. Die Entfernung des Krieges und der Entwurf einer sakralen Gesellschaft

4.4.1 Das Problem der Aussageabsicht von P^g

86   Man kann sich natürlich die Frage stellen, ob das Verschwinden des Krieges aus dem Vorrat narrativer Handlungselemente mehr ist als eine Folge erhöhter Abstraktion. Ist mit der Auslieferung der Ägypter an die Wasser des Chaos und dem durch Gottes Wort bewirkten Tod rebellischer Menschen in der Wüste nicht eigentlich doch nur eine Art Interpretation (letztlich handelt hier Gott der Schöpfer) gegeben für jene Vorgänge in der menschlichen Geschichte, deren unmittelbare Handlungsträger dann doch die Menschen sind und die wir gemeinhin als Krieg und als Bestrafung von Verbrechern bezeichnen? Und insofern wäre der Krieg dann doch nicht eliminiert, sondern es würde nur auf eine andere Weise und unter einem anderen

---

[72] Vgl. *McEvenue* ebd. 127–144.
[73] Vgl. 16,30. Allerdings ist diese Verbindung des Verbums *br'* mit einem Strafakt Jahwes einmalig, ebenso wie das in etymologischer Figur davorgesetzte Nomen *b^{e}rî'āh*. – Ferner scheint die LXX einen anderen Text gelesen zu haben. So könnte es sein, daß hier eine spätere interpretierende Textabwandlung vorliegt.

Blickwinkel von ihm gesprochen. Er würde dann vielleicht mehr vergöttlicht, als das in allen anderen denkbaren Kriegstheologien geschähe.

Mit dieser Frage nach der eigentlichen Aussage der auf der Oberfläche der Darstellung zweifellos kriegsfreien Handlung der P^g komme ich zum ungleich schwierigeren Teil der Ausführungen. Soll in dieser Geschichtserzählung nur eine Tiefendimension unserer bekannten, von Kriegen durchsetzten Geschichte geschildert werden? Dann würde gesagt: Es gibt natürlich den Krieg, aber genau gesehen ist es nicht menschlicher Krieg, sondern göttlich-schöpferisches Gerichtshandeln. Oder soll eine andere, von Gott her denkbare und mitten in der uns sichtbaren irgendwie auch vorhandene reale Gesellschaft und deren Geschichte geschildert werden, deren Darstellung so sehr die Aufmerksamkeit auf sich zieht, daß die andere, kriegdurchsetzte Gesellschaft und Geschichte aus dem Blickfeld entschwindet? Man könnte sich unter Umständen auch eine Kombination beider Intentionen denken.

Ich glaube, einige Hinweise darauf zu sehen, daß die zweite Möglichkeit zutrifft. Die P^g denkt von einer Gesellschaft und damit von einer Weltkonstruktion her, die zumindest zwischen Menschen ohne den Einsatz von Gewalt funktioniert oder funktionieren könnte. Es ist eine vom Kult her friedlich gewordene und auch durch die Macht des Rituals im Frieden haltbare Welt.

4.4.2 Der „heilige Krieg" zwischen Mensch und Tier in P^g

[87] Am besten nähert man sich dem Sachverhalt von der Beobachtung aus, daß der Krieg aus der P^g doch nicht vollständig eliminiert ist. Es gibt ihn zwar nicht mehr unter Menschen, wohl aber zwischen den Menschen und den Tieren.

Bei der Schöpfung wird den Menschen die Herrschaft über die Tiere zugeteilt (Gen 1,26.28). Nach Walter Groß macht dies sogar seine Gottebenbildlichkeit aus[74]. Diese Herrschaft soll gewaltfrei sein. Das geht daraus hervor, daß den Menschen ebenso wie den Tieren nur pflanzliche Nahrung zugewiesen wird (1,29)[75]. Herrschaft ist offenbar

---

[74] *W. Groß*, Die Gottebenbildlichkeit des Menschen im Kontext der Priesterschrift: TQ 161 (1981) 244–264.

[75] Selbstverständlich schließt sich Gen 1,29f an Ideen von ursprünglichem Vegetarismus an, die es in verschiedenen Kulturkreisen gab und die unter

eher als sorgende Führung, nicht als vernichtende Ausbeutung gesehen[76]. Töten und Verspeisen von Tieren gehört nicht dazu. Die Sintflut wird nicht wegen der Verderbtheit der Menschen allein über den Kosmos gebracht. Vielmehr war „alles Fleisch" verderbt, das heißt Mensch *und* Tier (6,12)[77]. Alle begingen *ḥamas* „Gewalttat" und füllten die Erde damit an (6,11.13). Es gab also wohl gewaltsame Tötung zwischen Mensch und Mensch, Tier und Tier, Mensch und Tier. Aus der Revision der ursprünglichen Weltordnung, die nach der Sintflut vorgenommen wird, scheint mir hervorzugehen, daß im Sinne der P^g jene Überflutung der Erde mit Gewalttätigkeit, die die Sintflut hervorrief, vor allem zwischen Mensch und Tier entsprungen sein muß.

Diese Revision besteht darin, daß jetzt der Gewalttat ein begrenzter Raum zugestanden wird: Die Menschen dürfen Tiere töten und essen (Gen 9,2–6)[78]. Das ist die nachsintflutliche Gestalt der Herrschaft des Menschen über die Tiere. Und diese Aussage wird nun mit der traditionellen Terminologie des Heiligen Krieges zum Ausdruck gebracht! Denn die Worte Gottes, die die neue Ordnung stiften, sind gewissermaßen ein „Heilig-Kriegs-Orakel": „Furcht und Schrecken

---

Umständen auch in anderem Sinnkontext als dem des Herrschaftsverhältnisses zwischen Mensch und Tier standen. Doch die Formulierung von P^g ist eigenständig und muß auf jeden Fall aus dem Zusammenhang verstanden werden, in dem sie in P^g steht. Vgl. *C. Westermann*, Genesis I (BK I, 1) 223–225.

[76] Vgl. *Westermann* ebd. 227: „Dasein für den Untergebenen".

[77] Übersicht über die Deutungen von *kāl baśar* in Gen 6,12: *A. R. Hulst*, Kol Basār in der priesterlichen Fluterzählung: OTS 12 (1958) 28–68. Nach ihm ist es zumindest nicht sicher, daß die Tiere gemeint sind. An den Menschen allein denken in jüngerer Zeit *Westermann* ebd. 560 und *J. Scharbert*, Fleisch, Geist und Seele im Pentateuch (SBS 19) Stuttgart ²1964, 53f. Mir scheint, die Gesamtheit der hier mitspielenden Aussagen von P^g läßt sich nur in ein logisch einwandfreies System bringen, wenn die Tiere miteingeschlossen sind.

[78] *McEvenue*, Narrative Style (vgl. Anm.56) 68–71, hat die These von Rudolf Smend und Heinrich Holzinger wiederaufgenommen, 9,4–6 gehörten nicht zum ursprünglichen Text von P^g. Die Gegenüberlegung bei *Westermann*, Genesis (vgl. Anm.75) 621, überzeugt mich nicht. Allenfalls sollte man unter Voraussetzung der These von Walter Groß, die Gottesebenbildlichkeit des Menschen bestehe in der Herrschaft über die Tiere (vgl. Anm.74), 9,6b bei der P^g belassen. Das Problem, daß Gott von sich selbst in dritter Person spricht, besteht auch schon, wenn man keine Zusätze annimmt. In 9,6b wird auf jeden Fall Gott ein freies Zitat von 1,27 in den Mund gelegt. Wenn 9,2f die Modalitäten der Herrschaft des Menschen über das Tier neu ordnet, wäre 9,6b der sachgemäße Abschluß. Für die von mir erörterte Frage bleibt die Frage der Zuteilung von 9,4–6a sekundär.

vor euch sei auf allen Landtieren, auf allen Vögeln des Himmels, auf allem Kriechenden des Ackerbodens und auf allen Fischen des Meeres. Sie sind euch in die Hand gegeben. Alles Bewegliche, das lebendig ist, sei eure Speise" (9,2f)[79].

4.4.3 Die Tötung von Tieren als Möglichkeitsbedingung von Opferkult

An dieser uns so fremdartigen Erzählabfolge fällt uns sicher vor allem auf, wie sehr hier Menschen und Tiere in einer Art gemeinsamer „Gesellschaft" zusammengeschlossen sind. Die Gottebenbildlichkeit und Herrschaftsstellung des Menschen unterscheidet ihn zwar vom Tier, schließt ihn aber zugleich mit ihm zu einer Gemeinschaft zusammen, von deren Funktonieren Untergang und Bestand des Kosmos abhängt. Und dabei ist das Zentralproblem das der Gewalttätigkeit. Uns bringt das heute recht schnell auf Grundgedanken des |89| ökologischen Denkens. Und das ist zweifellos berechtigt. Aber im Rahmen unserer Frage nach den eigentlichen Gründen für die Beseitigung des Kriegs aus der menschlichen Geschichte ergibt sich noch eine ganz andere Beobachtung.

In der Welt, aus der die P^g kommt, ißt man ja normalerweise nur Fleisch, das vorher in kultischem Ritual der Gottheit dargebracht wurde[80]. Umgekehrt ist das Ritual, von dem her die P^g denkt, ohne

---

[79] Zur Verbindung des Wurzelpaares *jr'* + *ḥtt* mit dem Krieg vgl. Dtn 1,21; 31,8; Jos 8,1; 10,25; 1 Sam 17,11; 1 Chr 22,13; 28,20; 2 Chr 20,15.17; 32,7. Die engsten Formulierungsparallelen für das Aussagegerüst von 9,2a.bα finden sich in zwei deuteronomistischen Gotteszusagen für das Gelingen des Eroberungskriegs: Dtn 2,25 und 11,25. *ntn b^{e}jad* NN in 9,2bβ ist der tragende Ausdruck des Heilsorakels im Krieg. So klingt 9,2 im ganzen wie ein Heilsorakel, das den Krieg der Menschen gegen die Tiere legitimiert und eröffnet. Den Zweck des Krieges expliziert dann 9,3: Die Tiere werden dem Menschen zur Nahrung bestimmt, in Abänderung der ursprünglichen Speiseordnung. Was sich dabei durchhält, ist die Herrschaft des Menschen über das Tier, seine Gottesebenbildlichkeit (9,6b). Vgl. *McEvenue*, Narrative Style (vgl. Anm.56) 68; *Westermann*, Genesis (vgl. Anm.75) 619. *Groß*, Gottebenbildlichkeit (vgl. Anm.74) 261, spricht von der „Schreckensherrschaft" des Menschen über das Tier.

[80] Die deuteronomische Einführung der Profanschlachtung kann in diesem Zusammenhang vernachlässigt werden, denn die priesterschriftliche Gesetzgebung macht sie ja wieder rückgängig. Ebenfalls kann vernachlässigt werden, daß es nach der P^g nur im Gottesvolk, nicht in der ganzen Menschheit Kult gibt, und den erst vom Sinai an. Die Frage, ob die P^g den Erwählungsgedanken

tierische Opfer nicht vorstellbar[81]. Aber könnten denn Tiere im Ritual getötet und von Menschen verzehrt werden, wenn noch die ursprüngliche vegetarische Nahrungszuweisung von Gen 1,29 mit ihrer Implikation der Gewaltlosigkeit zwischen Mensch und Tier in Geltung wäre? Das heißt: Der von Gott in Gen 9,2 im Rahmen eines Segens gestiftete Krieg des Menschen gegen das Tier ist die Möglichkeitsbedingung dafür, daß die Gemeinde Israel in der für sie typischen, vom Kult und damit von der Gegenwart Gottes her bestimmten Gestalt überhaupt von Gott angestrebt und geschaffen werden konnte. Es ist zuzugeben, daß im Text der P^g keine positiven Hinweise auf diesen Zusammenhang gegeben werden. Andererseits scheint es mir kaum denkbar, daß der Verfasser der P^g diesen Sachzusammenhang zwischen seiner Anfangsthematik und seiner Hauptthematik nicht gesehen und nicht positiv beabsichtigt hätte.

4.4.4 Die Tötung von Tieren und die Kriegsproblematik

Doch noch einen Schritt weiter: Er hätte dann die Möglichkeit für den Menschen, Tiere zu töten und zu verspeisen, immer noch darstellen können, ohne nun gerade durch die sprachliche Formulierung die Erinnerung an den heiligen Eroberungskrieg unter Josua zu wecken, dessen deuteronomistische Darstellung er mit allen Mitteln seiner Kunst aus seiner eigenen Darstellung eliminiert hatte. Wenn er aber genau das tat, dann mag er vielleicht doch einen Zusammenhang zwischen der Eliminierung des Kriegs aus der von ihm geschilderten Welt und der Einführung des Kriegs in das Verhältnis von Mensch und Tier gesehen haben.

---

impliziert oder ob sie am Beispiel der Söhne Israels das darstellt, was eigentlich für alle menschlichen Gesellschaften gelten sollte, scheint mir noch nicht wirklich geklärt zu sein. Doch selbst abgesehen davon geht es der P^g eben gerade um jenes Volk, das aus seinem ihm von Gott geschenkten Kult lebt – und das genügt für unsere Überlegungen.

[81] Die Opfer erscheinen zwar in der P^g erst ganz am Rande. Aber sie sind völlig selbstverständlich, und recht bald wurde ja dann die breite Opfergesetzgebung in die P^g hineingeholt. Das ist sicher nicht von ungefähr, sondern zeigt die starke Affinität zum Opferritual, die von Anfang an da war.

4.4.5 Das Fehlen des Kriegs und die Gegenwart Gottes

Und noch eine dritte Tatsache: Das, was den Krieg ersetzt, steht in der Darstellung der P^g stets im Zusammenhang mit der Gegenwart der Herrlichkeit Gottes. Am Schilfmeer schafft sich Jahwe durch die Vernichtung der Ägypter *kabôd* „Ehre/Herrlichkeit" (Ex 14,17), in der Mannaerzählung zeigt sich sein *kabôd* zum erstenmal, am Sinai schafft Jahwe seinem *kabôd* die Möglichkeit bleibender Gegenwart inmitten seiner Gemeinde, und von da an wird ihr alles gegeben, wohin der *kabôd* sie führt, und letztlich geht alle Vernichtung des Sündhaften von dem *kabôd* aus. Zweifellos gibt es keine Kriege mehr, weil Israel unter dem *kabôd* lebt. Doch zu dem, was die Gegenwart des *kabôd* beständig macht und sie ihrer tödlichen Gefährlichkeit entkleidet, gehört das blutige Opferritual.

4.4.6 Zusammenfassung: Der Entwurf einer sakralen Gesellschaft archaischen Typs

Jetzt können wir höchstens noch eine Frage stellen, da die P^g selbst keine Verbindungslinien auszieht. Ist es möglich, daß hier ein Zusammenhang zwischen einer von Krieg und Gewalttat befreiten Gesellschaft, dem dies bewirkenden Kult als ihrem Zentrum und der Gewalttätigkeit der Menschen gegen die Tiere gesehen wurde?

Mit dieser Frage sind wir in unmittelbare Nähe zu Theorieelementen von René Girard geraten, und zwar von solchen, die sich auf die archaische, vom Ritual her lebende Gesellschaft beziehen. Dort wird nach Girard der allgemeine Hang der Menschen zur Gewalttätigkeit präventiv gedämpft, indem im Rahmen des Rituals der Sündenbockmechanismus symbolisch durchgespielt wird. Entscheidend ist dabei auch die Tötung des Opfers, sei es eines Menschen oder als Ersatz eines Tieres. Zwischen den Teilnehmern am Ritual entsteht auf diesem sakralen Weg Abbau der Aggressivität, Versöhnung und Befriedung.

| 91 | Selbstverständlich wird eine solche Theorie in der P^g nicht selbst entwickelt. Das Opferwesen bleibt ungedeutet, erkennbare Deuteansätze laufen in eine andere Richtung[82]. Doch gehört es zur

---

[82] Als jüngste Interpretation des priesterschriftlichen Opferverständnisses vgl. *A. Schenker*, Versöhnung und Sühne. Wege gewaltfreier Konfliktlösung im Alten Testament. Mit einem Ausblick auf das Neue Testament (BB 15) Freiburg i. Br. 1981, 81–119. Dort ältere Literatur, vgl. vor allem die Anm. 132, 135 und 138.

Theorie Girards, daß der eigentliche gewaltmindernde Mechanismus verborgen bleiben muß, um wirksam zu werden. Die Frage an unsere Texte kann nur sein, ob in ihnen eine Gesamtkonstellation sichtbar wird, aus der man auf einen Gesellschaftsentwurf schließen kann, der untergründig von den archaischen Mechanismen her lebt. Das scheint mir höchst wahrscheinlich der Fall zu sein.

Dann hätte sich die P^g offen zwar nur in ihrer gesamtmenschheitlich, ja gesamtanimalisch orientierten Urgeschichte ausdrücklich mit dem Problem der Gewalttätigkeit befaßt, doch insgeheim, durch Eliminierung des Kriegs aus der entworfenen Welt und Konstruktion der beschriebenen Gesellschaft von der im Kult aktivierten Präsenz des Heiligen her, auch da, wo sie ihren Gipfelpunkt erreicht, ständig weiter davon gehandelt, ohne es ausdrücklich zu sagen. Der Verzicht auf Ausdrücklichkeit würde dabei zum Wesen der entworfenen Lösung gehören.

4.5 Die sakrale Gesellschaft von P^g als exilisch-nachexilisches Projekt

4.5.1 Die sakrale Gesellschaft als Regression

Dies bedeutet, gesellschaftsgeschichtlich gesehen, so etwas wie eine Regression. Die P^g setzt ja faktisch eine Welt voraus, in der zur Bändigung der Gewalttätigkeit schon ein Rechtssystem und auch eine den internationaler Umgang regulierende Kriegstheorie gehören. Ihre eigene Lösung – Friede unter den Menschen durch das Blut geopferter Tiere – weist in archaischere Kulturen zurück. Mensch und Tier bilden noch eine Einheit, und die Probleme der menschlichen Rivalität werden an den Rand zum Tierreich hin abgedrängt. Dort bleibt der Krieg, auch wenn er in der menschlichen Welt nicht mehr vorkommt.

4.5.2 Alte Wurzeln

[92] Diese Sicht hat zweifellos ihre Wurzeln in priesterlichen Traditionen, die von den archaischen Zeiten selbst herkommen mögen. Sie lebten weiter in der Sinndeutung dessen, was als Ritus immer an den Heiligtümern vollzogen wurde, oft vielleicht sogar

---

Schenker sieht im Opfer eine Ersatzleistung für die im Strafverfahren zwischen Gott und Mensch erlassene, eigentlich fällige Strafe. Eigentliches Analogon ist das zwischenmenschliche Vergleichsverfahren.

allein noch im unverstanden weitergeübten Ritual selbst[83]. Daß dies alles in der ausgehenden Exilszeit oder sogar nach dem Exil plötzlich lebendig wurde, den engen Raum der heiligen Handlungen und des priesterlichen Berufswissens sprengte und zur inneren Leitidee einer mit den bedeutenden Geschichtsdarstellungen Israels radikal konkurrierenden neuen Geschichtserzählung wurde, muß einen ganz besonderen Anlaß gehabt haben.

4.5.3 Abschied vom Staat

Ich kann ihn nur erkennen im Verlust der Staatlichkeit, der Überzeugung, daß es niemals wieder zu einem Staat kommen sollte, und zugleich dem festen Glauben daran, daß Gott das eigene Volk als seine Gesellschaft auch in Zukunft weiter in der von ihm geschaffenen Welt haben wolle. Diese innere Konstellation hat damals verschiedene Entwürfe der Zukunft Israels und seiner Gestalt in dieser Zukunft gezeitigt. Ein Deuterojesaja gehört genauso dazu wie diejenigen Vorstellungen, die sich in der überarbeiteten Gestalt der Bücher Jeremia und Ezechiel ausdrücken. Die P^g hat vielleicht die eigengeprägteste Gestalt. Zunächst fällt sicher vor allem ihr ganz und gar uneschatologischer Charakter auf[84]. Doch noch wichtiger scheint mir das zu sein, was sich in unserer Untersuchung gezeigt hat: der archaisch-kultische Ansatz. Es wird offenbar damit gerechnet, daß Israel bald wieder in seinem Land leben könnte – und dann sollte es ganz als eine Gesellschaft um ein Heiligtum und um den dort geschehenen Kultvollzug herum existieren. Dann werden die Probleme der menschlichen Gewalttätigkeit auf eine völlig andere Weise gelöst werden, als das in der damaligen Welt überall der Fall war.

4.5.4 Die Leistung des Projekts für die nachexilische Tempel-Gemeinde

| 93 | Faktisch trug diese Konzeption wesentlich zur dritten großen gesellschaftlichen Gestalt Israels im Gang seiner Geschichte bei. Nach

---

[83] Als Vergleichsbild sei auf das hingewiesen, was *J.-M. de Tarragon*, Le culte à Ugarit d'après les textes de la pratique en cunéiformes alphabétiques (CahRB 19) Paris 1980, für Ugarit erarbeitet hat, wo viele archaisch-kultische Deutungsaspekte, die sich in den priesterschriftlichen Texten finden, gar nicht belegbar sind, etwa die Unterscheidung von Rein und Unrein.

[84] Hierzu vgl. *Lohfink*, Priesterschrift (vgl. Anm. 13).

der egalitären, aber zugleich nach außen wehrhaften, ja aggressiven bäuerlichen Stammesgesellschaft war der Versuch gekommen, einen gerechten Staat zu schaffen, dessen König nach Art üblicher Könige im Namen Jahwes herrscht. Der letzte ideologische Ausbau dieser Gesellschaft war der deuteronomische Entwurf gewesen. Nach dem Zusammenbruch des Staats kam es nun zu der im Rahmen einer Großreichs-Weltgesellschaft als eine Art Enklave lebenden, stark sakralisierten Subgesellschaft um den Jerusalemer Tempel herum. Auf ihr Selbstverständnis hat die Konzeption der P^g zweifellos großen Einfluß gehabt. Trotzdem war das, was real entstand, nicht von ihr allein her geprägt. Nur in abgeschwächtem Sinn wird man von einem nachgeholten Experiment einer Gesellschaft archaischer Sakralität sprechen können. Äußeres Zeichen dafür ist schon, daß das Basisdokument dieser Gesellschaft nicht aus der P^g allein, auch nicht aus der um viele priesterschriftliche Texte vermehrten P^g bestand, sondern als „Pentateuch" aus mehreren vorhandenen Texten redaktionell zusammengebaut wurde – wenn die P^g dabei auch gewissermaßen die literarische Grundlage abgab. Mit dieser Einschränkung muß man aber dann doch sagen, daß durch die P^g eine Gesellschaftskonzeption wirksam wurde, die davon ausging, daß der Krieg aus der menschlichen Welt verbannt werden könnte. Das war ein Anspruch, den weder die Stämmegesellschaft der Frühzeit noch der Staat auch nur aus der Ferne an sich gestellt hätten.

5 Späte Bearbeitungsschichten und der Krieg

Wellhausen sprach gern von der „epigonischen Diaskeuase". In der Tat sind „jehovistisches Geschichtsbuch", „deuteronomistisches Geschichtswerk" und „priesterliche Geschichtserzählung" sowohl vor als auch bei und nach ihrer redaktionellen Zusammenarbeit bearbeitet und erweitert worden, und vielleicht würden wir heute sogar das Wort „epigonisch" eher vermeiden, da es zu leicht einen abwertenden Klang annimmt. An Texte aus diesem Bereich soll im folgenden [94] die Frage gestellt werden, wie sie sich zum Krieg und speziell zur Tradition von der kriegerischen Eroberung Kanaans stellen. Folgen sie der zeitlich letzten Quelle, also P^g, oder setzen sich wieder ältere Konzeptionen durch? Ich strebe keine Vollständigkeit an, sondern bringe mir wichtig erscheinende Beispiele.

5.1 Die Beibehaltung der Einstellung zum Krieg in der Phase der wechselseitigen Anpassung der noch getrennt existierenden Pentateuchquellen

Vor der Pentateuchredaktion liegt zweifellos eine Phase, in der die noch unabhängig voneinander vorliegenden Werke wechselseitig aneinander angepaßt wurden. Die Priesterschrift wurde dem deuteronomistischen, das Deuteronomium dem priesterschriftlichen Denken und Sprechen angenähert, und zwar durch teilweise recht umfangreiche Erweiterungen. Das betrifft oft zentrale Theologumena und Sprachmerkmale der beiden Werke. Doch wird dabei eigentümlicherweise zunächst der Unterschied in der Einstellung zum Krieg auf beiden Seiten aufrechterhalten.

5.1.1 H kennt keinen Eroberungskrieg

Die Deuteronomisierung der Priesterschrift geschah vor allem durch den Einbau des Heiligkeitsgesetzes in die Sinaiperikope[85]. Hierdurch wurde überhaupt erst ein in Form von Gesetzen formulierter Entwurf einer Sozialordnung in Analogie zum deuteronomischen Gesetz in den priesterschriftlichen Zusammenhang eingebracht, durch bedingten Segen und bedingten Fluch im Schlußkapitel Lev 26 wurde die priesterschriftliche Bundestheologie der deuteronomischen angepaßt[86], und den Gesetzen wurde eine der deuteronomischen vergleichbare Paränese eingefügt.

In den Rechtsregelungen des H wird der Krieg, anders als im dt Gesetz, nicht berührt. In Lev 26 wird zukünftiger Krieg eingeführt – 95 das enthielt wohl die Vorlage, und es sollte ja auch in den Flüchen eine Art Vorausdarstellung der Geschichte bis zu Exil und Heimkehr gegeben werden[87]. Wichtig ist für unseren Zusammenhang

---

[85] Jüngste Monographie zu H: *A. Cholewiński*, Heiligkeitsgesetz und Deuteronomium. Eine vergleichende Studie (AnBib 66) Rom 1976 (Lit.). Der „Einbau" von H dürfte überhaupt erst seinen „Zusammenbau" bedeutet haben.

[86] Vgl. *N. Lohfink*, Die Abänderung der Theologie des priesterlichen Geschichtswerks im Segen des Heiligkeitsgesetzes. Zu Lev. 26,9.11–13, in: H. Gese und H. P. Rüger (Hg), Wort und Geschichte, FS K. Elliger (AOAT 18) Kevelaer 1973, 129–136.

[87] Sowohl bei den Texten, die man der agendarischen Vorlage, als auch bei denen, die man der uns interessierenden redaktionellen Schichten zuzuteilen pflegt, spielt das deutlich personifizierte „Schwert" eine Rolle. Von ihm ist siebenmal

vor allem die Paränese der entscheidenden Schicht in 20,22–24 (Kapitel über die todeswürdigen Verbrechen) und vorher schon in 18,24–30 (Kapitel über die Unzucht). Denn hier wird aus der vorausgesetzten Situation am Sinai Bezug auf Landverheißung und Landnahme genommen. Wird hier die priesterschriftliche Beseitigung des Eroberungskriegs unter Josua durchgehalten oder nicht? Wie bei der DtrL hat nach Lev 20,24 Jahwe den Israeliten ihr Land gegeben, damit sie es in Besitz nehmen. Doch es wird vermieden zu sagen, Jahwe oder die Israeliten hätten die Bewohner des Landes vernichtet oder ausgerottet. Das Wortspiel zwischen *jrš qal* und *jrš hifil* hätte hier nahegelegen. Aber statt dessen wird formuliert, Jahwe habe die Landesbewohner beim Kommen der Israeliten „weggeschickt": ^{a}sær ^{a}nî m^{e}šalleăḥ mipp^{e}nêkæm (20,23 vgl 18,24). Allerhöchstens wird ein halbmythisches Bild gebraucht: Das Land hat seine Bewohner „ausgespien" (18,25.28 vgl. 20,22). Also trotz hoher Nähe zur deuteronomistischen Paränese noch die alte Scheu der P^g vor einer militärischen Sicht der Landnahme Israels!

5.1.2 Der „Überarbeiter" von Dtn 7–9 bleibt beim Eroberungskrieg

Umgekehrt ist es bei den ausgleichenden Schichten im Buch Deuteronomium. Die größte Nähe zur Theologie der P^g zeigt sich bei jener Hand, die Dtn 7 überarbeitet, Dtn 8 eingeschoben und die Erzählung von der Bundeserneuerung nach dem Bundesbruch am Horeb durch Dtn 9,1–8.22–24 in einen neuen Deutungszusammenhang gebracht hat[88]. Im Gegensatz zur üblichen deuteronomischen Ansetzung | 96 | der Bundeskategorie am Horeb und bei der Proklamation des deuteronomischen Gesetzes selbst wird hier ebenso wie in der P^g der „Bund" schon bei Gottes eidlicher Zusage an die Väter gesehen, auf

---

die Rede: 26,6.7.8.25.33.36.37, wovon der Vorlage zugerechnet werden: 7.33a (und vielleicht auch 6). Die nach meiner Meinung noch nicht wirklich geklärte Frage der Vorlage kann hier nicht aufgerollt werden (vgl. z. B. 26,33a mit Ez 5,12; 12,14). Könnte bei der Rede vom „Schwert" eine Tendenz wirksam sein, den Krieg zu fast mythischem Jahwewirken zu machen? In Dtn 28 kommt das „Schwert" nicht vor (in 28,22 ist nach Vulgata in *ûbăḥoræb* umzuvokalisieren; hinter der masoretischen Lesung steckt wohl Harmonisierungsbedürfnis zu Lev 26).

[88] N. *Lohfink*, Das Hauptgebot. Eine Untersuchung literarischer Einleitungsfragen zu Dtn 5–11 (AnBib 20) Rom 1963, 167–218; *ders.*, Kerygmata (vgl. Anm.35) 99f.

die Israel dann trotz der eigenen Sünde auf jeden Fall trauen kann, da sie ohne eine Bedingung gegeben wurde: vgl. Dtn 7,12; 8,18, ferner 7,8; 9,5[89].

Diese eher priesterschriftliche Bundes- und Gnadentheologie entwickelt der spätdeuteronomistische Überarbeiter aber nun weithin im Zusammenhang mit dem Thema der gewaltsamen Landeseroberung, von der die ihm vorliegenden Texte handeln. Schon in Dtn 7,17–24 scheint er einen alten Text[90] so ausgebaut zu haben, daß G. von Rad glaubte, trotz des „ausgesprochen späten und theoretisierenden" Charakters hier ein „Formular" für „Kriegsansprachen" vor sich zu haben, wie sie vor dem nach seiner Meinung zur Joschijazeit wiederbelebten Heerbann gehalten worden sein könnten[91]. Wahrscheinlich wollte der Überarbeiter aber hier nur den Grund legen für seine entscheidenden Ausführungen in Kapitel 9[92], die praktisch eine Vorausformulierung paulinischer Lehre von der Rechtfertigung des Sünders allein aus Gnade sind. Denn daß Israel ganz und gar in der Sünde steckt und keinerlei Rechtstitel vor seinem Gott hat, wird an seinem Verhalten in der Wüstenzeit aufgewiesen[93], der Grund für Jahwes dennoch gegebenes Heil ist neben der Sünde der alten Landesbewohner nur die Zusage an die Väter[94], doch das Heil selbst wird konkret geschildert als das jahwegewirkte Gelingen des [97] Eroberungskriegs, der bei der Verkündigung des Deuteronomiums gemäß der deuteronomistischen Geschichtsfiktion unmittelbar be-

---

[89] Zur Nähe zu P^g vgl. noch *N. Lohfink*, Die These vom „deuteronomischen" Dekaloganfang – ein fragwürdiges Ergebnis atomistischer Sprachstatistik, in: G. Braulik (Hg), Studien zum Pentateuch. FS W. Kornfeld, Wien 1977, 99–109, speziell 103 Anm.15.

[90] Vgl. 7,20 mit Ex 23,28; 7,22 mit Ex 23,29f; 7,23 mit Ex 23,27; 7,24 mit Ex 23,31. Besonders markant sind die Zusammenhänge mit Ex 23,28 ṣir'ah und mit der Begründung der langsamen Eroberung in Ex 23,29f. Vgl. die letzte Behandlung des Abhängigkeitsproblems bei *G. Schmitt*, Du sollst keinen Frieden schließen mit den Bewohnern des Landes. Die Weisungen gegen die Kanaanäer in Israels Geschichte und Geschichtsschreibung (BWANT 91) Stuttgart 1970, 13–24. Neueste Untersuchung von Ex 23,20–33: Halbe, Privilegrecht (vgl. Anm. 25) 483–499.

[91] *G. von Rad*, Deuteronomium-Studien (FRLANT 58) Göttingen 1947, abgedruckt in: ders., Gesammelte Studien zum Alten Testament II (TB 48) München 1973, 109–153, 36–39 = 138–141.

[92] Bei *G. von Rad*, ebd. 37 = 139 unten, ist 8,1 in 9,1 zu verbessern.

[93] Dtn. 9,7f.22–24.

[94] Dtn 9,5.

vorsteht[95]. Dabei wird auf verschiedenste ältere Schichten zurückgegriffen: vgl. 9,1f mit 1,28 und 9,4 mit 6,19[96]. Das Wortspiel mit *jrš* wird voll durchvariiert: Die Wurzel hat in 9,1–6 sieben Belege!

5.2 Beim Zusammenbau des „jehowistischen Geschichtsbuchs" und der Priesterschrift setzt sich die deuteronomistische Vorstellung durch

So bleibt sowohl in der Priesterschrift als auch im Deuteronomium bei aller gegenseitigen Anpassung die jeweilige Auffassung von der Landnahme – kriegerisch oder ohne jeden Krieg – unangetastet. Das ändert sich in dem Augenblick, wo es zur Zusammenfügung bisher getrennt existierender Schriftwerke kommt. Falls es zunächst eine redaktionelle Vereinigung des „jehovistischen Geschichtsbuchs" mit der Priesterschrift, noch unter Aussparung des Deuteronomistischen Geschichtswerks, gab, muß trotzdem schon in diesem Augenblick die kriegsfreie Darstellung der Priesterschrift in Frage gestellt gewesen sein. Denn zumindest nach der bisher gängigen Auffassung enthielt das „jehovistische Geschichtsbuch" vor dem Tod Moses schon Aussagen über Eroberungskämpfe im Ostjordanland (in Num 21) und über die Ansiedelung von Gad und Ruben daselbst (in Num 32), und wenn man mit einem jehovistischen „Hexateuch" rechnet, muß man sogar Eroberungsnachrichten aus dem Westjordanland voraussetzen. Wurden die verschiedenen Sichten unverbunden nebeneinandergestellt, oder wurden verbindende Texte geschaffen, die eine Brücke zwischen den entgegengesetzten Darstellungen sein sollten? Letzteres scheint der Fall zu sein. Dabei setzte sich die Vorstellung von einer kriegerischen Eroberung durch[97].

---

[95] Dtn 9,1–3 vgl. 9,4.5.6. Zur Gnadentheologie dieses Textes vgl. jetzt *G. Braulik*, Gesetz als Evangelium. Rechtfertigung und Begnadigung nach der deuteronomischen Tora: ZThK 79 (1982) 127–160.

[96] Zur Zugehörigkeit von Dtn 6,19 zu DtrN (dazu vgl. unten Anm. 111) vgl. *Lohfink*, Kerygmata (vgl. Anm. 35) 98f. Bei dem Überarbeiter in Dtn 7–9 handelt es sich also um die Bearbeitung einer theologisch selbst schon recht markanten Bearbeitung des DtrG.

[97] Da die ganze Frage der Pentateuchredaktion und ihrer Phasen höchst hypothetisch bleibt, gilt dies natürlich auch von der Verbindung der im folgenden behandelten Texte mit R^{JEP}, um das klassische Sigel zu gebrauchen. Doch würde sich an den Ergebnissen der folgenden Darstellung kaum etwas ändern, wenn es sich schon um Texte aus einer späteren Redaktionsstufe oder

5.2.1 Num 32–34 als Untersuchungsfeld

| 98 | Dies sei an Texten aus Num 32–34 verdeutlicht. Nach dem Faden der P^g ist Israel schon in Num 22,1 in den Steppen von Moab angekommen, in Num 27,12–23 ist Mose schon aufgefordert worden, den Berg zu besteigen, auf dem er sterben soll, und er hat schon Josua als Nachfolger eingesetzt. Es stehen also nur noch die allerletzten Gottesworte an Mose aus, und dann sein Tod. Die göttliche Umschreibung des Landes Kanaan, die jetzt in Num 34,1–12 steht, dürfte unmittelbar an Num 27,23 angeschlossen haben. Zwischen der Einsetzung Josuas und dieser westjordanischen Landumschreibung wurden nun aus dem „jehovistischen Geschichtsbuch" die Notizen über die Ansiedelung von Gad und Ruben im Ostjordanland untergebracht. Sie bilden jetzt den Grundbestand von Num 32. Es ist mir hier nicht möglich, dieses Kapitel im Detail zu analysieren[98]. | 99 |

---

gar um Texte jenseits der Pentateuchhauptredaktion handeln würde. Denn, wie sich zeigen wird, das DtrG war auf jeden Fall schon mit im Blick, auch wenn es noch nicht miteingebaut wurde. Daß ich gerade im Bereich von Num 32 und 33 mit Erweiterungen in einer Redaktionsstufe vor dem Einbau des Buchs Deuteronomium rechne, hängt damit zusammen, daß diese Erweiterungen in dem Augenblick, wo man das Deuteronomium schon als integrierenden Bestandteil des Pentateuch ansieht, eigentlich eher als sinnlos erscheinen, weil sie nur Texte des Dtn verdoppelnd vorwegnehmen. Als letzten Versuch zur Redaktionsgeschichte des letzen Teils von Num vgl. *M. Wüst*, Untersuchungen zu den siedlungsgeographischen Texten des Alten Testaments, I. Ostjordanland (BTAVO B,9) Wiesbaden 1975, vor allem 213–221. Mich überzeugen aber nicht alle seine Begründungen.

[98] *M. Noth*, Das vierte Buch Mose. Numeri (ATD 7) Göttingen 1966, 204, meint grundsätzlich, der Bestand der älteren Pentateuchquellen sei hier „so eng mit späteren Bearbeitungen und Zusätzen verquickt, daß es nicht gelingt, eine saubere und überzeugende literarkritische Scheidung durchzuführen". In der Tat hat Wellhausen die Analyse, die er in der „Composition" (vgl. Anm. 57) 113–115 vorgelegt hat, auf einen Artikel von *A. Kuenen*, Bijdragen tot de critiek van Pentateuch en Jozua I–III: Theologisch Tijdschrift (1877) 465–496; 545–566 (hier: 478ff; 559ff), hin in den Nachträgen zur 3. Auflage (ebd. 352) schlicht widerrufen, ohne eine neue eigene Auffassung zu bekunden. Kuenen selbst hat in der späteren 2. Auflage seiner „Einleitung" für Num 32,1–5.16–32 aber auch keine genauere Analyse gewagt und die kühne Annahme geäußert, hier habe der Redaktor, der JE und P vereinigte, vielleicht einen eigenen, beide Traditionen und ihre Sprache verbindenden Text geschaffen: vgl. *A. Kuenen*, Historisch-kritische Einleitung in die Bücher des Alten Testaments hinsichtlich ihre Entstehung und Sammlung (deutsch von T. Weber) I, 1, Leipzig 1887, 97f. Die jüngsten Analysen finden sich bei *Mittmann*, Deuteronomium 1,1–6,3 (vgl. Anm. 57) 95–104, und bei *Wüst*, Untersuchungen (vgl. Anm. 97) 91–118. Bei

Doch soll im folgenden auf eine Passage aus einer Bearbeitungsschicht hingewiesen werden, die in Verbindung mit priesterlichen Sprachelementen deuteronomistische Eroberungstheorie für das Westjordanland vorträgt. Daher wurde es wohl dann auch als notwendig empfunden, der vorgegebenen priesterlichen Landumschreibung von Num 34,1–12 zunächst einmal noch einen klaren göttlichen Befehl zur Landeroberung durch Vernichtungskrieg voranzustellen, und dem dürfte Num 33,50–56 seinen Ursprung verdanken[99].

Wüst 94 finden sich Überblicke über die Annahmen anderer Autoren. Wüst macht auf eine Reihe von Schwächen der Analyse Mittmanns schon aufmerksam. Ich würde, von Kleinerem abgesehen, vor allem noch hinzufügen, da die Gründe für die Aufteilung von 32,6–15 in zwei Schichten nicht überzeugend sind (leider ist Wüst hier Mittmann gefolgt); ferner, daß 32,12–15 und 32,20–23 nicht zur gleichen Schicht gehören können, da die Sündenfolgen einmal ganz Israel, einmal nur die sündigenden Stämme treffen sollen. Wüst rechnet mit einer etwas umfangreicheren Grundschicht als Mittmann, sicher zu Recht. Seine Annahme über Bearbeitungsschichten und Ergänzungen scheinen mir jedoch zum Teil ebenfalls fragwürdig. So leuchten mir seine Gründe für die Annahme einer umfangreichen sekundären Ergänzung innerhalb von 32,20aβ–23 gar nicht ein. Die Aufteilung schafft eher Schwierigkeiten, und es gibt positive Gründe für den Zusammenhang. Das genüge zur Kritik der jüngsten Entwürfe. Ich behandle das von mir als Einheit aufgefaßte Stück 32,6b–15 in unserem Zusammenhang nicht. Es scheint mir erst der Pentateuchhauptredaktion anzugehören. Hinter ihm dürfte die Absicht stehen, aus ganz Num 32 eine Gegengeschichte zu Num 13f zu machen. Wenn damals das Versagen einer Gruppe aus Israel zum Tod einer ganzen Generation Israels in der Wüste führte, so ergab sich jetzt, eine Generation später, eine analoge Gefahr des Versagens einer Gruppe, doch sie wurde abgewendet, und die Landnahme konnte vonstatten gehen.

[99] In der oben gemachten Zuteilung von Num 34,1–12 zur P^g folge ich *Cortese*, Terra di Canaan (vgl. Anm. 65) 41–51. Er widerlegt Noths Argumente für eine Abhängigkeit von und einen Zusammenhang mit Jos 13–19. Cortese will jedoch auch Num 33,50–56 zur P^g schlagen (ebd. 51–58). Das geht nicht. Wie *Wellhausen*, Composition (vgl. Anm. 57) 115 mit Recht schon feststellt, erscheint hier „ein fremdes Element in Q". Die Fakten sind im Detail schon gut bei *B. Baentsch*, Exodus-Leviticus-Numeri (HkAT I, 2) Göttingen 1903, 683, zusammengestellt. Zu diesen eher sprachlichen Beobachtungen kommen noch redaktionsgeschichtliche. Innerhalb von 33,50–56 wird man 33,54 nicht als nochmals späteren Zusatz betrachten dürfen. Denn das gesamte Stück 33,51b–56 wird gerade durch die Beziehung von 33,54 zu 34,13 als Teil einer Rahmung von 34,1–12 konstituiert. Ferner wäre die kaum zufällige Siebenzahl von *ha'araṣ* in 33,51b–56 bei Eliminierung von 33,54 nicht mehr vorhanden. Nun ist aber 33,54 zweifellos sekundär gegenüber Num 26,52–56 (ein Text, der selbst schon jünger als die P^g und in sich wiederum mehrschichtig ist). Vgl. dazu

5.2.2 Num 32,20–33

[100] In Num 32 war der Gedanke einer gewaltsamen Landnahme vom Osten her vom Textbestand des „jehovistischen Geschichtsbuchs" her vorgegeben[100]. Die Erweiterung in Num 32,20–23, über die allein ich im folgenden handeln möchte, bringt nun Vorstellungen und Sprachelemente sowohl aus der deuteronomistischen als auch aus der priesterschriftlichen Sphäre in den Zusammenhang hinein. Bevor Mose den Gaditern undRubenitern gestattet, Städte und Pferche im Ostjordangebiet zu errichten (32,24), bindet er sie durch bedingten Segen (32,20aβ–23) und bedingte Strafandrohung (32,23) zur Beteiligung an der Eroberung des Westjordanlandes. Dies ist eine typisch deuteronomische Form des Verpflichtens. Die konkrete Formulierung von 32,20b.21a im ersten Vordersatz ist überhaupt nur als eine Übernahme von Jos 5,13 verständlich zu machen[101]. Es folgt in 21 b *jrš hifil* mit Jahwe als Subjekt[102], ebenfalls ein typisch deuteronomisti-

---

Noth, Studien (vgl. Anm. 65) 203 Anm. 2; *Wüst*, Untersuchungen (vgl. Anm. 97) 198f mit Anm. 627. Das zwingt für ganz Num 33,50–56 zu einem erheblich späteren Ansatz als die P^g. Das stimmt damit zusammen, daß hier ja im Gegensatz zur P^g die Landnahme im höchsten Maße kriegerisch vorgestellt wird.

[100] Das gilt selbst von der äußerst schmalen „Grundschicht", mit der Mittmann rechnet: Num 32,1.16.17a.34f.37f (alle Verse noch nach Entfernung von späteren Erweiterungen). Denn in 17a erklären die Gaditer und Rubeniter: „Wir rüsten uns und ziehen bewaffnet vor den Israeliten her, bis wir sie an ihren Ort gebracht haben." Allerdings lag das Interesse des Textes ganz auf der Ansiedelung der beiden Stämme im Ostjordanland, und ihre Hilfe für die westjordanischen Stämme stellte noch kein großes Problem dar.

[101] Die Formulierung „vor Jahwe zum Krieg ausziehen" ist ganz ungewöhnlich. Wenn ich recht sehe, findet sich nur in Jos 4,13 die Formulierung „den Jordan vor Jahwe zum Krieg überschreiten". Dies meint dort, daß die Israeliten bzw. die ostjordanischen Stämme (vgl. 4,12) an der Lade, die mitten im trockenen Flußbett Aufstellung genommen hatte, vorübergezogen, um dann gegen Jericho zu kämpfen. In Num 32,20 mußte zunächst das Verb aus 32,17 aufgegriffen werden, und daran schloß man den Rest der Formulierung aus Jos 4,13. Doch was dabei herauskam, war wohl so ungewöhnlich, daß dann in 32,21 noch einmal alles mit dem richtigen Verb und der Nennung des Jordan gebracht wurde, nur durch Auslassung von „zum Krieg" gekürzt. Durch das zweimalige „vor Jahwe" war damit zugleich eine Leitformel geschaffen, die die ganze Einheit zusammenhalten sollte (Wiederkehr in 32,22a und b).

[102] Es wäre allerdings auch möglich, daß *kål ḥaluṣ* das Subjekt wäre. Dann läge schon hier vor, was auf jeden Fall für Num 33,50–56 festgestellt werden muß: die Übertragung der Vernichtungsaussage von Jahwe auf die Israeliten.

scher Ausdruck. Doch statt dann die Besitzergreifung der westjordanischen Stämme mit dem üblichen deuteronomistischen Wortspiel durch *jrš qal* anzuschließen[103], wird hierfür das 101 ausgesprochen priesterschriftliche Verb *kbš* benutzt (32,22a)[104]. Vor Augen steht sicher Jos 18,1 – denn nur im Hinblick auf die dort ebenfalls genannte Aufstellung des heiligen Zeltes in Schilo ist die Formulierung „wenn das Land unterworfen vor Jahwe liegt" voll verständlich[105]. Im Nachsatz 32,22b wird dann der ostjordanische Landbesitz mit dem typisch priesterschriftlichen Wort *ªḥuzzah* bezeichnet[106]. Die Drohung in 32,23 aβ beginnt mit einer wohl wörtlichen Anlehnung an Dtn 9,16 und hebt damit die Situation in die der Ursünde Israels, der Herstellung des goldenen Kalbs[107]. Schließlich dürfte auch die Rede von den Sünden, die die Sünder gewissermaßen suchen und dann

---

[103] An den dtr Parallelstellen Dtn 3,20 und Jos 1,15 steht *jrš qal*. Zum Wortspiel vgl. Dtn 9,3.4.5; 11,23; 18,12; Jos 23,5; Ri 11,23.24.

[104] Es umrahmt die P^g: Gen 1,28; Jos 18,1 – vgl. oben 4.2.6. Das Nifal ist sonst nur noch in Num 32,29; 1 Chr 22,18 und – in anderem Zusammenhang – Neh 5,5 belegt.

[105] In Jos 18,1 liegt das Land unterworfen vor den Israeliten. So hat es Num 32,29, das zur gleichen oder zu einer jüngeren Bearbeitungsschicht gehört und keinem Leitwortzwang zur Benutzung des Ausdrucks „vor Jahwe" unterlag, auch übernommen. Von einer Landverlosung „vor Jahwe" ist die Rede in Jos 18,6.8.10; 19,51. Dabei ist stets an Schilo gedacht.

[106] Ein Ausdruck *ªḥuzzah lipnê JHWH* ist allerdings nicht belegbar. Hier sollte das Leitwort „vor Jahwe" wohl einfach das erste Bedingungsgefüge vollklingend abschließen. Doch wäre auch denkbar, daß zusammen mit dem weiter vorn stehenden „und ihr kehrt um" eine Art Kontrastanspielung auf Dtn 1,45 beabsichtigt ist, wo es nach einem von Jahwe nicht gewollten Kriegszug, der mit einer Niederlage endete, heißt: „Da *seid ihr umgekehrt* und habt *vor Jahwe* geweint, doch er hat auf eure Klagen nicht gehört und hatte kein Ohr mehr für euch".

[107] Dtn 9,16: *wᵉhinneh ḥªṭaʾtæm lJHWH ªᵉlohêkæm*; Num 32,23: *hinneh ḥªṭaʾtæm lJHWH*. Ich rechne mit einer wörtlichen Anlehnung, obwohl die Vokabel *ḥṭʾ* häufig belegt ist. In der Priesterschrift und Ezechiel steht das Verb absolut, nicht mit *l* (einzige Ausnahme: Ez 14,13), dagegen wird es mit *lᵉ* gern in dtr Texten gebraucht. Dort steht es, was wohl die sachlich originäre Verwendung darstellt, in der 1.Person (Dtn 1,41; Jos 7,20; Ri 10,10; 1 Sam 7,6; 12,23; 2 Sam 12,13) oder, berichtend, in der 3. Person (Dtn 20,18; 1 Sam 2,25; 14,33; 1 Kön 8,33.35.46.50; 2 Kön 17,7). In der 2.Person findet es sich nur in der sachlich fernerliegenden Stelle 1 Sam 14,34 und dann eben in Dtn 9,16, wo wörtliche Übereinstimmung besteht. In den gleichen Zusammenhang der Sünde durch das goldene Kalb führt die Parallele Ex 32,33. Ihr Aussageakzent liegt darauf, daß nur die Schuldigen selbst bestraft werden sollen.

„finden", deuteronomistischem Sprechen nachempfunden sein[108]. Im ganzen also eine bewußt aus deuteronomistischen und priesterlichen Sprachelementen gemischte Passage. Der Unterschied zwischen den beiden Vorstellungs- und Sprachwelten wird aufgehoben. Die kriegerische Eroberung des Westjordanlandes durch Israel erhält Eintritt in den priesterschriftlichen Bereich.

5.2.3 Num 33,50–56

[102] Dies geschieht noch deutlicher, indem in 33,50–56 der göttlichen Definition des Israel geschenkten Landes Kanaan ein ausdrücklicher Befehl zur kriegerischen Eroberung vorangestellt wird. Der Bau der Sätze ist nach priesterschriftlicher Manier. Daß es um die kriegerische Vernichtung der Landesbewohner geht, wird an der Wiederaufnahme dieses Themas im eher deuteronomistischer Tradition entstammenden bedingten Fluch erkennbar, der den Text in 33,55f abschließt[109]. Wir begegnen in Einzelformulierungen dem Bewußtsein, daß man von der gewaltsamen Eroberung in der Sprache einer ganz bestimmten Tradition reden muß, der „Gilgaltradition"[110]. Sprach sie ursprünglich von der Vertreibung der Landesbewohner, so war daraus in der deuteronomistischen Theologie deren Vernichtung geworden. Einem exilischen Bearbeiter des Deuteronomistischen Geschichtswerks, den Rudolf Smend entdeckt und als den „deuteronomistischen Nomisten" bezeichnet hat (DtrN)[111], muß sie besonders am Herzen gelegen haben. Er hat offenbar den ihm schon vorgegebenen älteren

---

[108] Vergleichbare Texte sind hier: Dtn 4,30; 31,17 (zweimal). 21; Ri 6,13; 2 Kön 7,9; Ps 119,143; Ijob 31,29; Est 8,6.

[109] An sich wäre denkbar, daß der Vordersatz von 33,51b zunächst weiterläuft und erst in 33,54 der Nachsatz einsetzt. Die Entscheidung fällt von 33,55f her, und die Weiterführung der Geschehenskette über die Vernichtung der Landesbewohner hinaus bis zur Landverteilung erklärt sich aus dem Interesse der Anbindung des Textes an 34,1–12, die durch den Zusammenhang von 33,54 mit 34,13 hergestellt wird – vgl. oben Anm. 99.

[110] So habe ich sie vor Jahren einmal in Anlehnung an Ri 2,1 genannt: *Lohfink*, Hauptgebot (vgl. Anm. 88) 178. Wichtigste spätere Untersuchungen: *Schmitt*, Keinen Frieden (vgl. Anm. 90); *Halbe*, Privilegrecht (vgl. Anm. 25). Vgl. oben S. 25 und 96.

[111] *R. Smend*, Das Gesetz und die Völker. Ein Beitrag zur deuteronomistischen Redaktionsgeschichte, in: H. W. Wolff (Hg), Probleme biblischer Theologie. FS Gerhard von Rad, München 1971, 494–509.

Text Ri 2,1–5 in das Werk eingefügt und seinen eigenen Schlüsseltext, Jos 23,1–16, von dieser Tradition her formuliert. Diesen Text vor allem scheint nun Num 33,50–56 vor Augen zu haben. Denn 33,55 *lişnînim bᵉşiddêkæm* „zu Stacheln in euren Seiten" dürfte die Abwandlung einer ziemlich einmaligen Formulierung von Jos 23,13 sein[112]. Wie in Dtn 7 verbindet sich mit dem Gebot der Vernichtung der Einwohner auch in Num 33,52 das Gebot der Vernichtung der Kultobjekte derselben. Die zu vernichtenden Objekte werden allerdings nicht mit den Begriffen 103 aus Dtn 7,5 und 12,3 bezeichnet, sondern mit Ausdrücken, die im Heiligkeitsgesetz vorkommen[113]. So ist auch hier wiederum der Priesterschriftliches und Deuteronomistisches mischende Charakter des Stücks mit Händen greifbar. Der Sache nach wird jedoch in einen ehemals bewußt kriegslosen Kontext die deuteronomistische Theorie von der kriegerischen Eroberung des Landes Kanaan eingetragen.

Ja, diese erhält sogar eine neue Wendung. Als Verb wird ja in 33,52 *jrš hifîl* verwendet: *wᵉhôrăštæm 'æt kål jošᵉbê ha'aræs mippᵉnêkæm* „dann vernichtet alle Bewohner des Landes vor euch her". Im folgenden Vers (33,53) wird es, wohl in genau gleichem Sinn, wenn auch in verkürzter Formel, noch einmal aufgegriffen[114]. Damit ist dieses Verb betont in eine Position gebracht, die es so in der deuteronomistischen Tradition nicht hatte. Zwar hatte es schon alte Nachrichten gegeben, in denen referierend oder gar bedauernd oder

---

[112] Zum Zusammenhang der beiden Verse vgl. noch Num 33,55 *tôtîrû* mit Jos 23,12 (Vordersatz zu 13) *bᵉjætær*. In Num 33,55 ist ebenso wie in Jos 23,13 von den Augen und den *şiddêkæm* („Seiten"?) die Rede, doch wechseln die Unheil zufügenden Instrumente oder Gegenstände. Die *şᵉnînim* wandern von den Augen in Jos 23,13 zu den Seiten (?) in Num 33,55. Möglicherweise steht im Hintergrund dieser uns nicht mehr ganz entschlüsselbaren Vorstellungen das Wort *şiddîm* in Ri 2,3, das nicht mit hb. *şād* „Seite", sondern ursprünglich mit akk. *şaddu* „Zeichen, Vorzeichen" zusammenhängen könnte (vgl. BHS z.St.), was aber dann vielleicht nicht mehr verstanden worden war.

[113] *maśkijjot* vgl. Lev 26,1; *măssekot* vgl. Lev 19,4 (allerdings auch in einem Gilgaltext: Ex 34,17, und häufiger im DtrG, wenn auch außer in 1 Kön 14,9 stets im Singular); *bamot* vgl. Lev 26,30 (natürlich auch häufig im DtrG); *şælæm* (33,52) ist ein Wort aus der P^g, wenn auch dort in einem anderen Zusammenhang; im hier gebrauchten Sinn steht es in 2 Kön 11,18, vor allem aber in Ez 7,20; 16,17.

[114] Zum textkritischen Problem in Num 33,53 vgl. N. Lohfink, Textkritisches zu jrš im Alten Testament, in: P. Casetti u. a. (Hg), Mélanges Dominique Barthélemy (OBO 38) Fribourg 1981, 273–288 (277).

tadelnd berichtet wurde, die Israeliten hätten bei der Landeseroberung die Bewohner bestimmter Gebiete nicht „vernichten" können. Sie finden sich in Ri 1 und im Bereich von Jos 13–17. Es gab auch schon Formulierungen des Vernichtungsgebots mit anderen Verben. *jrš hifil* dagegen war die typische Vokabel einer Verheißung gewesen: Jahwe werde der sein, der beim Einmarsch der Israeliten ins Westjordanland die Landesbewohner „vernichtet". Der DtrN hatte vor diese Verheißung eine Bedingung gesetzt. Nur wenn Israel das Gesetz beobachtet, werde Jahwe sie alle vernichten. Auch Num 33,50–56 redet bedingt. Aber im Vordersatz wird als Israels Leistung nicht etwa die Treue zum Gesetz gefordert, sondern die Vernichtung der Landesbewohner, die vorher gerade Jahwes Werk war. Wenn Israel 104 das Blutbad nicht durchführt, wird es die Folgen zu spüren bekommen in der Not, die die weiterlebende Vorbevölkerung über Israel bringt. Nach dem, was hier traditionsgeschichtlich aufgegriffen wird, ist das erschreckend untheologisch. Die Verfasser müssen es selbst empfunden haben. Im abschließenden Vers 33,56 versuchen sie, die vorher vergessene theologische Dimension noch nachzuliefern: „Wie ich mir vorgestellt habe, daß ich ihnen tun werde, so werde ich euch tun." Man muß Num 33,50–56 nur mit dem auf den ersten Blick so ähnlichen Text Ri 2,1–3 vergleichen, um den Unterschied der Sicht zu erkennen[115].

Die Passage ist schichtenmäßig zu selbständig, als daß man von einem breiteren Kontext her sagen könnte, ob hinter ihrer neuen Nuancierung der alten Vorstellung vom Eroberungskrieg am Anfang der Volksgeschichte ein realer zeitgenössischer Hintergrund mit einem speziellen Anliegen anzunehmen sei. Vielleicht handelt es sich doch nur um reine literarische Verbindungsarbeit, die ihren Vorlagen nicht mehr voll gewachsen war. Dagegen dürfte hinter dem im folgenden zu behandelnden Kapitel über den Midianiterkrieg wohl doch eine neue

---

[115] Es sei allerdings darauf hingewiesen, daß die Verschiebung im sprachlichen Umgang mit *jrš hifil* schon bei der deuteronomistischen Hand einsetzt, die (in Auseinandersetzung mit dem DtrN) Dtn 7–9 überarbeitet hat und dort eine antinomistische Gnadentheologie einbrachte. Denn in Dtn 7,17 wird Israel mit der Frage eingeführt, wie es denn möglich sei, daß es alle diese überlegenen Völker vernichten (*jrš hifil*) könne. Dann wird allerdings geantwortet, Jahwe werde das tun. In Dtn 9,3–5 wird die Vernichtung der Völker des Landes dreimal mit Hilfe von *jrš hifil* ausgesagt, und zweimal ist dabei Jahwe, einmal aber auch Israel das Subjekt der Aussage.

Situation der nachexilischen Gemeinde mit einem neuen Anliegen stehen.

5.3 Die nachexilische Aktualisierung der deuteronomistischen Kriegstheologie im Bereich der Pentateuchgesamtredaktion

5.3.1 Literargeschichtliche Zuordnung von Num 31

Selbst wenn W. F. Albright und O. Eißfeldt recht haben sollten, daß in Num 31 einige uralte und aufschlußreiche Nachrichten über ein Midianiterreich mit Protektoratsrechten über die Nachbarreiche im ausgehenden 2. Jahrtausend erhalten seien[116], gehört das Kapitel zu den „sehr späten Stücken des Pentateuch" und stellt vermutlich einen „Nachtrag zum Gesamtpentateuch" dar[117]. Der Anfang, 31,1, schließt das Kapitel der Sache nach an 25,17f, einen nachpriesterlichen Text, an, setzt aber zugleich schon den Text von 27,12–14 voraus. Der Anfang von Num 31 ist also für den jetzigen Ort im Buch verfaßt. Die Stelle hinter Num 25, wo der Midianiterkrieg zweifellos besser hingepaßt hätte, war offenbar nicht mehr frei, weil dort die „zweite Volkszählung", auch ein später Zusatz, schon fest verankert war. Die Erzählung wirkt sprachlich eher priesterschriftlich, doch lassen sich im einzelnen auch andersartige, darunter auch deuteronomistische Elemente nachweisen[118]. Sie ist an dem Vernichtungsfeldzug gegen die Midianiter eigentlich nur so weit interessiert, als dieser zur Aufhängevorrichtung für exemplarisch vorgeführte Regeln über die zu tötenden Personengruppen, das Verhalten bei der Heimkehr vom Feldzug, die Verteilung der Beute und die freiwilligen Sühneabgaben heimgekehrter Krieger dient. Insofern ist eine Ergän-

---

[116] *W. F. Albright*, Midianite Donkey Caravans, in: H. T. Frank und W. L. Reed (Hg), Translating & Understanding the Old Testament. FS H. G. May, Nashville, N.Y., 1970, 197–205; *O. Eißfeldt*, Protektorat der Midianiter über ihre Nachbarn im letzten Viertel des 2. Jahrtausends v. Chr., in: ders., KlSchr 5, Tübingen 1973, 94–105 (erweiterte Fassung des gleichbetitelten Aufsatzes in JBL 87, 1968, 383–393). Auf der gleichen Linie vgl. *W. J. Dumbrell*, Midian – A Land or a League?: VT 25 (1975) 323–337.

[117] Zitate aus *Noth*, Numeri (vgl. Anm. 98) 198. Nur *G. von Rad*, Die Priesterschrift im Hexateuch. Literarisch untersucht und theologisch gewertet (BWANT 65) Stuttgart 1934, 132–134, ordnet ein Stück des Kapitels (31,1–12) der ursprünglichen Priesterschrift zu. Widerlegung bei *Noth*, Studien (vgl. Anm. 65) 200f.

[118] Belege bei *Baentsch*, Ex-Num (vgl. Anm. 99) 651.

zungs-, wenn nicht in einzelnem sogar eine Korrekturabsicht gegenüber der später im Pentateuch kommenden deuteronomischen Kriegsgesetzgebung zu vermuten[119]. Das setzt den Einbau des deuteronomischen Gesetzes in den Pentateuch schon voraus.

5.3.2 Num 31 und die kultisch-militanten Interessen des Jerusalemer Tempelstaats

[106] Die Geschichte ist so konstruiert, daß sie auch für Kriege vom nachexilischen Jerusalem aus noch vorbildhaft sein kann. Einerseits liegt sie noch vor dem Einsetzen der Thematik der Eroberung des Westjordanlands. Damit ist Josua aus ihr ferngehalten, und man kann den in ihr geschilderten Krieg nicht als ein für allemal beendeten Landnahmekrieg betrachten. Kriege dieser Art sind auch später noch denkbar. Mose hat andererseits schon seinen letzten Tag angekündigt bekommen und nimmt Kriege nicht mehr, wie etwa bei dem Rückblick in Dtn 1–3, selber in die Hand. So kann Eleasar, der Nachfolger Aarons, stärker in den Vordergrund treten, ja sogar statt Mose einen Teil der Gesetzesverkündigung übernehmen (31,21–24). Darüber hinaus erhält der Sohn des Hohenpriesters Eleasar, der Priester Pinhas, die Leitung des Feldzugs[120]. Hier wird doch wohl

---

[119] Inhaltlich gilt zum Beispiel folgendes: Die israelitische Truppe hielt sich an das Gesetz Dtn 20,12–15 (für Kriege gegen Städte außerhalb des verheißenen Landes) und tötete keine Frauen und Kinder. Mose regelt nun in Num 31,14–18, daß nur die Mädchen, die noch keinen Geschlechtsverkehr hatten, am Leben bleiben dürfen. Doch ist die Frage der grundsätzlichen Korrekturabsicht insofern auch wieder in der Schwebe, als diese Regelung mit einer besonderen Sünde der midianitischen Frauen begründet (31,16) und der ganze Krieg als ein Rachekrieg bezeichnet wird (31,2). Es bleibt offen, ob dies in allen späteren Kriegen gegen Feinde außerhalb des Landes Kanaan gelten soll.

[120] Das wird nicht ganz offen mitgeteilt. Doch was kann 31,6 (Mose sendet die Tausenderkontingente der 12 Stämme und dazu Pinhas zum Kriegszug aus), kombiniert mit 31,14, vor allem aber 31,48 (die Befehlshaber des Heeres bzw. die Befehlshaber, die den Tausendschaften der Truppen zugeordnet waren, dann in Apposition expliziert als die Hauptleute der Tausendschaften und die Hauptleute der Hundertschaften) anderes meinen, als daß Pinhas an der Spitze steht. Nach Num 31,13 gehen Mose, Eleasar und *kol nᵉśîʾê haʿedah* der heimkehrenden Truppe entgegen. So scheint es mir kaum möglich, in 31,14, vor allem aber in 31,48 den Appositionscharakter von *śarê haʾᵃlapîm wᵉśarê hammeʾôt* zu bestreiten. Die älteren Kommentare beeilen sich bei der Auslegung von 31,6 zu versichern, daß Pinhas nicht das Kommando übernommen habe. Aber warum denn nicht? Sie geben keine Gründe an. Vielleicht ist hier auch ein

|107| schon die Struktur des nachexilischen Tempelstaats angedeutet, in der die Familie des Hohenpriesters die verschiedenen Leitungsfunktionen durch verschiedene Mitglieder wahrnahm, darunter durchaus auch die polizeilich-militärischen.
Das Interesse des Kapitels scheint mir vor allem auf zwei Dinge zu gehen. Einerseits wird ein Stück der Grausamkeit des Vernichtungskrieges, der in der deuteronomistischen Darstellung bewußt auf die Landeseroberungssituation begrenzt worden war, nun auch für spätere, nicht an diese Situation gebundene Kriege, möglich gemacht. Dies geschieht vor allem durch 31,15–18. Die dort für die erhöhte Grausamkeit gegenüber der feindlichen Zivilbevölkerung angegebene

---

Blick auf die Kriegsrolle von Qumran instruktiv, obwohl man von dorther für Num 31 natürlich nichts beweisen kann. Selbstverständlich vergießen die Priester dort selbst kein Blut. Aber sie sind die emsig Tätigen. Ein vielleicht von anderen Qumranschriften her als der davidische Messias identifizierbarer *nśj(') kl h'dh* kommt zwar vor, aber doch so wenig, daß Y. Yadin in seiner wirklich gründlichen Analyse der Kriegsrolle (The Scroll of the War of the Sons of Light against the Sons of Darkness, London 1962) es offenbar weder gewagt hat, sich eingehender zu seiner Funktion zu äußern, noch überhaupt ein Kapitel über die Kommandohierarchie zu schreiben. Es ist keineswegs sicher, daß das „große Feldzeichen, welches an der Spitze des ganzen Heeres ist" (1 QM III,12) das Kommandosignal des *nśj(') kl h'dh* ist. Denn auf den Feldzeichen der Stämme steht der Name des jeweiligen *nśj hš(bṭ)* geschrieben (ebd. III,14), ebenso vermutlich auch auf den Feldzeichen der vier Lager die der entsprechenden Lager (hier ist in der Handschrift eine Lakune aufzufüllen, und die Kommentatoren sind sich über die genaue Auffüllung nicht einig). Auf dem „großen Feldzeichen, welches an der Spitze des ganzen Heeres ist", steht dagegen nur „Volk Gottes" und dann die Namen Israel, Aaron und die der zwölf Stämme (ebd. III, 12f). Der Name des *nśj(') kl h'dh* steht nicht darauf. Seine Gestalt taucht erst ganz am Ende der Darstellung der Feldzeichen auf, und zwar im Zusammenhang mit einem nicht hierarchisch durchbehandelten Gegenstand, dessen Lesung leider auch umstritten ist. Meist liest man *mgn* „Schild", aber es wird auch *ns* „Panier", *mṭ = mṭh* „Stab, Szepter", *klj* „Gerät, Waffe, Kleidung" vorgeschlagen (ebd. V, 1). Darauf steht dann sein Name und die Namen von Israel, Levi, Aaron, von den zwölf Stämmen und von den Sarim der zwölf Stämme (ebd. V, 1f). Alles spricht dafür, daß hier ein literarisch sekundäres Element vorliegt, dem sonst in der Kriegsrolle nichts entspricht. Vgl. die ausführliche Argumentation in diesem Sinn bei *P. R. Davies*, IQM, the War Scroll from Qumran. Its Structure and History (BibOr 32) Rom 1977, 35f. Doch selbst wenn es sich nicht um einen literarischen Nachtrag handeln sollte, so wird die Gestalt des *nśj(') kl h'dh* zumindest aus dem Hauptsystem der militärischen Hierarchie herausgehalten, und zwar in Form einer Nach-, nicht einer Vorausstellung. In Num 31 kommt selbst eine damit vergleichbare Figur nicht vor.

Begründung, daß die Frauen der Feinde die Israeliten dazu verführt hätten, von Jahwe abzufallen, war ja auch in nachexilischer Zeit nicht unmöglich[121]. Ob es tatsächlich Kriegshandlungen gab, in denen nach dem Modell des Midianiterkrieges verfahren wurde, ist eine andere Frage, die wir aus Mangel an Quellen nicht beantworten können. Doch zumindest die theoretische Möglichkeit dazu wurde durch Num 31 geschaffen. Andererseits richtet sich das Interesse von Num 31 deutlich auf kultisch-rituelle Aspekte der Kriegführung, wie etwa die Tabuperioden und Reinigungsriten für heimgekehrte Soldaten (31,19–24) und die Beuteanteile, die an das sakrale Personal und den Tempel gehen (Leitthema ab 31,25). Auch dies spiegelt die nachexilische Situation. Im ganzen wird man sagen müssen, daß in Num 31 nicht nur das kultische Interesse der Priesterschrift und die radikale Kriegsideologie der deuteronomistischen Literatur, die ursprünglich in Gegensatz zueinander standen, |108| zu einer Einheit zusammengeschmolzen wurden, sondern daß der ursprünglich eher als Vergangenheitsschilderung und identitätsfördernder Mythos gedachte deuteronomistische Vernichtungskrieg gegen die alten Landesbewohner nun plötzlich zu einer auch in der Zukunft denkbaren Handlungsweise wurde.

6 Der Pentateuch als ganzer und der Krieg

Die soeben behandelten Texte aus Spätschichten des Pentateuch haben schon bis zur Schlußredaktion desselben geführt, ja in Num 31 vielleicht schon über sie hinaus. Abschließend ist auch diese Schlußredaktion selbst noch einmal ins Auge zu fassen.

6.1 Die Herstellung des Pentateuchs als Relativierung der kriegslosen Gesellschaftstheorie von P^g

Die Herstellung des Pentateuch bedeutet auf jeden Fall, daß die Priesterschrift sich nicht als die ausschließliche Theorie des um den Tempel von Jerusalem herum konstruierten Gebildes, dem man nur in einem eingeschränkten Sinn die Qualifikation eines „Tempelstaates" geben kann, durchsetzte. Die im „jehovistischen Geschichtsbuch"

---

[121] Vgl. Esr 9f; Neh 10,31; 13,23–29. Esra konstruiert die Sünde allerdings als Verletzung des Verbots des Konnubiums mit den Ureinwohnern des Landes: vgl. etwa Esr 9,1 mit Dtn 7,1–4.

und im Deuteronomium niedergelegten, wesentlich militanteren Konzeptionen der Vergangenheit kamen ebenfalls in den kanonischen Text und warfen ihr Licht auch über die priesterschriftlichen Teile.

6.2. Die Ausschließung des Josuabuchs aus dem Tora-Kanon geschah nicht wegen der dort erzählten Kriegshandlungen

Nun könnte man allerdings die Frage stellen, ob es in diesem Zusammenhang nicht relevant sei, daß das Buch Josua, die Aufgipfelung kriegerischen Erzählens aus deuteronomistischer Feder, abgekappt wurde. Wollte man vielleicht im kanonischen Basistext der neuen Wirklichkeit doch diesen blutrünstigen Anfang der Volksgeschichte nicht sehen? Oder haben zumindest die persischen Kontrollinstanzen dieser kleinen Nebenprovinz mit privilegiertem Sakralstatus [109] eine derartige militärische Selbstinterpretation nicht zugestehen wollen?

Auf solche Gedanken mag man kommen, doch angesichts der im vorangehenden Abschnitt untersuchten Spätschichten mit ihrer Anverwandlung der Priesterschrift an die deuteronomistischen Vorstellungen muß man sie sich auch wieder bald aus dem Kopf schlagen. Daß in ihm so harte und siegreiche Kriege erzählt werden, kann nicht der Grund dafür gewesen sein, daß das Buch Josua nicht in den grundlegenden Kanon hineinkam.

Vermutlich hatten die Schlußredaktoren des Pentateuch doch einfach den Auftrag, aus alten Dokumenten die Gesetze zusammenzustellen, auf Grund deren die Juden in Jerusalem und in den jüdischen Gemeinden im Perserreich fürderhin leben sollten. Sie entledigten sich dieses Auftrags in höchst konservativer Weise, indem sie möglichst viel von den alten Schriften, in denen sich die Gesetze befanden, in seinem Bestand erhielten. Dies war literarisch möglich, weil die Gesetzgebung schon vorgängig zu ihnen fast ganz mit der Gestalt Moses verbunden war. So konnten sie ein Werk schaffen, das – vom Vorbau der Genesis abgesehen – einfach den Lebensbogen Moses nachzeichnete. Wenn er starb, dann waren auch alle relevanten Gesetze Israels ausgesprochen. Das Buch Josua war nicht mehr nötig. Die Frage kriegerischer oder nichtkriegerischer Landnahme, die Frage von mehr oder weniger Krieg in Israels Frühzeiten spielte in diesem Zusammenhang keine Rolle.

6.3 Die Kriegstheologie der Spätschichten und nachpentateuchische Entwicklungen

Wie man zum Krieg stand, wird eher aus den Texten deutlich, die in jener Redaktionsphase noch neu geschaffen wurden. Sie aber zeigen, daß es durchaus nicht von ungefähr war, wenn die Chronik, obwohl sie eine Eroberung des Landes durch Israel ablehnt, sonst den von religiösen Riten verzierten und von religiösem Pathos getragenen Krieg durchaus kennt, wenn später der Makkabäeraufstand von einer Priesterfamilie entfesselt und getragen wurde und wenn in der Gemeinde von Qumran schließlich die Schrift vom Krieg der Söhne des Lichts gegen die Söhne der Finsternis entstehen konnte. Dies ist allerdings die Beschreibung eines für das Eschaton erwarteten Krieges. ͟110͟ Und das bedeutete zugleich die Gewaltlosigkeit für die Zwischenzeit bis dahin[122].

Auch diese gewaltlos lebende Gemeinde der Zwischenzeit hat ihre Basis im Pentateuch. Nur findet sich diese nicht in den Texten, von denen hier zu handeln war, sondern in den Gesetzen selbst, die im Pentateuch die Sozialordnung des Gottesvolkes entwerfen, vor allem in Lev 19[123].

Hier, und nicht an der durch ein blutiges Opfersystem erkauften und dann auch wieder in der Geschichte des Pentateuchs selbst

---

[122] Vgl. I QS X,16–19: „Ich weiß, daß in seiner Hand das Gericht über alles Lebendige liegt und Wahrheit alle seine Werke sind. Und wenn sich Not auftut, will ich ihn rühmen, und über seine Hilfe will ich gleichfalls jubeln. Nicht will ich jemandem seine böse Tat vergelten, mit Gutem will ich jeden verfolgen. Denn bei Gott ist das Gericht über alles Lebendige, und er vergilt dem Mann seine Tat. Ich will nicht (wie später die Zeloten) eifern im Geist der Gottlosigkeit, und nach (in revolutionärer Aktion) gewaltsam angeeignetem Besitz soll meine Seele nicht trachten. Und Streit mit den Männern der Grube (zur Zeit der Zeloten wären das die Römer) will ich nicht aufnehmen bis zum Tag der Rache (d.h. der eschatologischen Schlacht, die Gottes endgültiges Gericht darstellt)." Übersetzung nach *E. Lohse*, Die Texte aus Qumran. Hebräisch und deutsch, München 1964, 39; verdeutlichende Bemerkungen in Klammern von mir.

[123] Zum Beispiel dürfte in dem Satz „nicht will ich jemandem seine böse Tat vergelten" im Zitat der vorigen Anmerkung trotz der anderen Terminologie der Text von Lev 19,18aα im Hintergrund stehen. Die andere Terminologie ist durch die beabsichtigte Gegensatzparallele zum Vergeltungshandeln Gottes bestimmt, wofür eine biblisch gut begründete Terminologie verwendet wird.

Die Schichten des Pentateuch und der Krieg   315

verdrängten und übermalten kriegslosen Welt der priesterlichen Geschichtserzählung wird auch der gewaltfreie Gesellschaftsentwurf der Bergpredigt Jesu ansetzen.

Bibelstellenregister
(in Auswahl)

Genesis
1 *206*
1,26-28 *11-28*
1,28 *203, 232, 245-249, 285*
1,29 *21, 290*
2f *29-45*
2,4 - 3,24 *169, 173*
3,15 *47-66*
6-9 *178-184, 239f*
6,9 *53f*
9,2-6 *291f*
9,2 *21, 23f*
10,32 *173*
11,1-9 *173*
12,1-3 *242*
12,3 *54*
17,1 *76*
17,4-8 *160*
17,4-6 *244*
17,5 *67-70*
17,7f *201*
17,13 *67-70*
17,16f *67-70*
17,16 *244*
18,17-33 *174*
18,22-32 *170*
19,29 *174*
22,1 *139f*
24,60 *266*
28,1-9 *174*
32,2f *266*
32,32-33 *266*
34 *266*
35,5 *266*
35,28f *174*
36,6-8 *174*
37,2 *229*
48,22 *266*

Exodus
1,7 *246*
1,13f *25*
1,14 *175*
2,23-25 *25*
6,2-8 *72-78*
6,3 *72*
6,4 *161*
6,5-8 *175*
6,6-8 *201*
6,6 *25*
6,7 *161*
6,11 *176*
7,2 *176*
12,12 *177*
14 *280*
15,1-18 *79-89, 264*
15,22-27 *91-155*
16 *175, 208*
16,4 *96, 108, 147-150*
16,28 *149f*
16,35 *286*
20,20 *139f*
21,23 *54*
23,25f *130f*
23,25 *117f*
24,15-18 *206*
24,16 *27*
25,8f *27*
29,43-46 *161f, 204*
32 *173*
34,10-26 *129f, 263*

35,5-10 *26*
35,30-33 *26*

Leviticus
18,24-30 *299*
19 *314*
20,22-24 *299*
26,3-13 *157-168*
26,14-38 *158f*
26,42-45 *168*

Numeri
2 *281*
9,1-5 *286*
11 *148f, 174*
13f *178, 184-186, 202, 238, 269*
14,37 *288*
20,1-12 *178, 187-189*
24,15-19 *264*
27,12-23 *200, 251, 282*
31 *309-312*
32-34 *302f*
32,20-33 *304-306*
33,50-56 *303, 306-309*
34,1-12 *302f*

Deuteronomium
1,6-8 *169*
1,8 *276*
1,19-46 *169, 184*
1,28 *301*
1,32 *272*
2,26 *272*

5,28-31 *140*
6,19 *301*
7,5 *104*
7,15 *117f, 133f*
7,17-24 *300*
8,2-6 *142-144*
8,2 *141*
8,16 *141*
9,1-8 *300f*
9,9 - 10,11 *173*
9,16 *305*
9,22-24 *300f*
10,11 *276*
13,4-6 *144f*
13,19 *116f*
20,10-18 *270*
20,10f *272*
20,12-15 *310*
20,17 *273*
28,13 *62*
28,21f *134-137*
28,22 *299*
28,27-33 *135*
28,27-29 *134-137*
28,27 *104, 117f*
28,34f *134-137*
28,45 *62*
28,58-61 *137*
28,60 *104, 117f*
31 *282*
32,39 *118*
33,8 *139, 141*

Josua
4,19 *285*
5,10-12 *285f*
5,13 *304*
7,25 *54*
11,19f *272*
14,1f *285*
18,1 *194, 202-205, 247, 285, 305*
19,51 *285*
21,43f *276*
23,1-16 *307*

Richter
2,1-5 *307f*
2,11-3,6 *145-147*
11,16-26 *275*

2 Samuel
7,6f *163*
12,12 *60f*

1 Könige
20,42 *54*
21,19 *57*

2 Könige
23,15-20 *277*

1 Chronik
7,14-29 *255*

Psalmen
68,28 *22*
78,12-41 *148f*
78,48-51 *105*
91,13 *65*
110,1 *66*
137,5 *54*

Weisheit
17 *105*

Jesaja
7,9 *272*

Ezechiel
20,5-7 *76*
28,1-19 *183*
34,25-31 *158*
36,1-15 *185f, 238*
38,1-19 *239f*

Hosea
4,5f *60-62*

Joël
4,13 *21*

Micha
7,19 *20*

Maleachi
3,20 *123*

Sachregister

Abrahamsbund 67-70, 76f, 160, 166, 195f, 201, 235, 251, 275, 299f
Amphiktyonie 85
Anthropologie 11-28, 213-253
Arbeit 204-209
Asarhaddon-Nachfolgeverträge 135
Assyrien 132, 277
Ätiologie 29-45, 216
Atraḫasīs-Epos 15f, 18, 182, 197f, 200, 221f, 242, 249-251

Babylonisches Exil 14f, 24, 184, 186, 189, 220, 226, 243, 250-253, 259
Bildvorstellung 64, 81
Botenformel 57
Bundesbuch 130
Bundesformel 161

Chaoskampf, Drachenkampf 64, 264, 288
Chronistisches Geschichtswerk 255-257
Chronologie (in der Priesterschrift) 229, 234-238, 241f
Club of Rome 11

Dekalog 76f
Deuteronomisch-deuteronomistische Sprache 112-119
Deuteronomistisches Geschichtswerk 167, 169f, 172, 270
Deuteronomistische Theologie 138-147, 269-279, 299-301
DtrL 270-279

DtrN 115, 145-147
Dynamische Welt 242-253

Einsetzung Josuas 282f
Elohist 8, 258
Entmilitarisierung von Erzählungen 265-268
Enuma Eliš 65
Erd-Monster 288f
Ergänzungstheorie (Pentateuch) 221f, 224f
Erprobung 138-151
Erwählung Israels 205
Erzväter 242, 244, 264
Eschatologie 153, 195, 210, 252

Familienreligion 124-127
Fluch 57-59, 62, 134-138, 165f
Freiwilligkeit 26

Genealogien 228f, 234-238, 241f
Gericht (Gottes), Gerichtsankündigung 57-61, 287, 290
Geschichte 179, 213-253
Gesetz 98f, 112, 151-155, 213-216, 252f, 313
Gesundheit 91-155
Gewalt 180-184, 199, 210, 248, 278f, 290f, 294-296, 314
Gilgaltradition 306
Gilgameš-Epos 16f
Glaube 187-189
Gottebenbildlichkeit 12, 17, 207, 290, 292
Gottesbund 30, 60, 71f, 77, 129, 163, 232, 234f, 243, 251
Gotteserscheinung 72-75

Gottesfurcht *140*
Gottesnamen *71-78*, *232*

Hamartiologie *169*
Heilgott *109*, *121-129*
Heiliger Krieg *184*, *256f*, *260*, *264*, *267*, *271*, *287*, *290-293*
Heiligkeitsgesetz *157-168*, *298f*, *307*
Heiligtum *26*, *158*, *164*, *206*, *251*
Hekataios von Milet *235*
Herrlichkeit Gottes *294*
Herrschaftseliten *274*
Hesiod *214*, *236*
Himmelskönigin *125*, *145*

Immanenz Gottes *204-209*
Inspiration *29f*, *40*, *42*, *45*

Jahwename *71-78*
Jahwist *8*, *45*, *48f*, *62*, *169f*, *173*, *258*, *266-268*
Jehowistisches Geschichtsbuch *172*, *225f*, *258-264*, *279-281*, *301f*, *304*
Jesus von Nazaret *91f*, *154*, *210*
Joschia *270-279*
Josuabuch *223f*, *284-286*, *313*

Kadesch *188*
Kadesch-Hypothese *119*
Kallimachos von Kyrene *34*
Königsliste (sumerische) *235*
Königsrechtliche Landkonzeption *276*
Kontrastgesellschaft *131*, *136*, *152*, *155*
Krankheit *104-106*, *117f*, *123-138*
Krieg *199*, *255-315*
Kult, Ritual *204-209*, *218f*, *290*, *292-296*, *314f*
Kulturschock *278*

Kundschaftergeschichte *184-186*, *281*, *288f*
Kunst *26*

Lagerordnung *281*
Land (Kanaan) *202-204*, *218*, *247*, *288f*
Landnahme, Landeroberung *255-315*
Literarische Gattung *31*, *38-43*, *179*

Manna *208*
Mara *93-98*, *109*, *111*, *122*
Massa *138*
Midianiterkrieg *309-312*
Murr-Geschichten *96*
Mythologie, Mythos *32-34*, *38*, *41*, *227-242*

Naherwartung *195*
Nehuschtan *122*
Noachbund *196*

Offenbarung *29f*, *71-78*
Omen-Literatur *240*

Pazifismus (der Priesterschrift) *223*, *239*, *256*, *279-287*
Pentateuch *8*, *138*, *213-253*, *255-315*
Pentateuchredaktion *119f*, *148*, *309-315*
Perserzeit *137f*
Personennamen *124f*
Plagenerzählungen *104-106*, *120*, *138*, *176*
Plausibilitätsstrukturen *278*
Polytheismus *124f*
Priesterliche Geschichtserzählung *7f*, *10*, *14f*, *17*, *19*, *24-27*, *71-78*, *159-189*, *194-253*, *256*, *279-297*
Pristerliche Geschichtserzählung in Josua? *223f*, *284-286*

Sachregister

Priesterschriftliche Sprache 67, 112-119, 220
Privilegrecht Jahwes 130, 263
Propheten 126, 128, 145, 181-183, 252
Protoevangelium 47-66
P^s 171

Qumrangemeinde 314

Recht 278
Rechtfertigungslehre 300f, 308
Regression 295
Richterzeit 261
Ruhe 207f

Sakrale Gesellschaft 289-297
Schilfmeerereignisse 79-89, 175, 264, 269, 280, 287
Schlange 48, 50-56, 66
Schöpfung 191-211, 244-247
Schöpfungssegen 17-21, 203, 210, 245-249
Schöpfungstheologie 192f, 288f
Segen 100-104, 113, 133f, 157-168
Selbstvorstellung Gottes 75-78, 101
Sigensigšar 16f
Sinaiereignisse 26
Sintflut 183, 198f, 235-237, 239f, 248-250, 291
Spätbearbeitungen der Pentateuchquellen 297-309
Staat 296f
Staatsbildung 130
Stabile Welt 242-253
Stil-Analyse 81

Strafe 169-189, 287f
Streit 280
Sünde, Sündenerzählungen 169-190, 195, 234, 236f
Sündenbockmechanismus 294
Syndetischer Satzanschluß 51
Systematisierung von Traditionen 274

Talionsdenken 53-55, 61, 103
Taufe 79
Technik 24-27
Tempel-Gemeinde (nachexilisch) 296f
Textkritik 13, 54, 67-70, 85f, 144, 283, 307
Theodizee 143, 145
Tier 17, 21-24, 199, 290-295
Toledot-Formeln 229-231, 233

Übervölkerung 18, 24, 196f, 250
Urgeschichte 29-45, 179, 264
Ursünde(n) 29, 169-189
Utopie 143

Vegetarische Urordnung 247, 249
Verheißung — Erfüllung 242, 244
Verleumdung des Landes 184-186, 281
Völkerliste 273f

Wandernotizen 93-98, 109f, 230f
Weltzeitalter-Lehre 214f
Wohlstand 143
Wunderheilung 91f
Wüste, Wüstenwanderung 93f, 184-189, 195

Register hebräischer Wörter
(Auswahl)

ʾmn *188*
bḥn *138f*
băʿăl zᵉbûb *122f*
brʾ *289*
dwš *55f*
dmm *84*
heqîm bᵉrît *166f*
zû *83*
ḥzq *176*
ḥjh *126f*
ḥoq ûmišpaṭ *98-100, 103, 112*
heræm *263, 269-274*
ḥtt *248, 292*
jdʿ *72*
jṣʾ *94*
jrʾ *248, 292*
jrš *83, 269f, 274-277, 304f, 307f*
jšb *83, 273f*
kbd *176f*
kbš *19-21, 285, 305*
kål baśar *181, 247f*
lwn *96, 178*

măḥᵃlā *118*
mar *94*
massôt *139*
npl ʿăl panîm *73f*
nsh *99f, 138-151*
ntn bᵉjad *248, 292*
ʿedā *283f*
ʿnh II *142*
ʿæræb *286*
ṣiddîm *307*
ṣll II *83*
qdš *188*
qšh *176*
rʾh *72-75*
rdh *13, 21-23, 247*
rjb *178*
rᵉpaʾîm *121*
śjm *99, 103*
šᵉʾôl *236*
šwp, šʾp *48-50*
šḥt *180f*
šælăḥ *236*
šam *97f*
twr *185, 281*

Autorenregister
(Auswahl: nur Berichte und Stellungnahmen)

Albertz, R. *124-126, 132, 194*
Albright, W. F. *37f, 309*
Alonso-Schökel, L. *30-33, 43-45*
Amery, C. *11-28, 200*

Barnouin, M. *235*
Baudissin, W. W. Graf *123, 126*
Blenkinsopp, J. *232*
Braulik, G. *300f*

Cazelles, H. *110f, 119*
Coats, G. W. *93, 178, 187*
Cortese, E. *184-189, 284f, 303f*

Eißfeldt, O. *309*
Eitz, A. *220*
Elliger, K. *157-168, 218-220*
Ewald, H. *214f*

Furlani, G. *275*

García López, F. *141f, 144*
Gese, H. *240f*
Girard, R. *294f*
Gottwald, N. K. *273f*
Greenfield, J. C. *276*

Halbe, J. *129-133*
Hornung, E. *14*
Hulst, A. R. *181, 248, 291*
Hurvitz, A. *226*

Japhet, S. *255f*
Jepsen, A. *237*
Jülicher, A. *112-119, 151f*

Kaufmann, Y. *227*
Kilmer, A. D. *197f, 250*
Köppel, U. *269*
Kuschke, A. *281*
Kutsch, E. *235, 243*

Lehming, S. *139*
Liedke, G. *99*
Loewenstamm, S. E. *105*

McEvenue, S. E. *184-189, 202, 220, 223, 239, 281, 291*
McKenzie, J. L. *188*
Meadows, D. L. *11-28*
Merendino, R. *144*
Meyer, E. *97, 122f*
Mittmann, S. *282, 302f*
Moran, W. L. *197f*
Mowinckel, S. *224*

Nebel, G. *191f*
Negretti, N. *205-209*
Noth, M. *37, 217f, 223f, 270f, 284-286*

Oliva, M. *205-209*

Perlitt, L. *260f*
Pettinato, G. *182, 249*
Polzin, R. *226*

Rad, G. von *193, 215f, 257, 260, 300*
Rahner, K. *29-45*
Rendtorff, R. *71-78, 224f*
Rose, M. *259, 265-268, 286*

Scharbert, J. *169, 172, 248, 291*
Schmid, H. H. *147f*
Seybold, K. *124-126*
Ska, J.-L. *280, 287*
Smend, R. *145-147, 306f*
Steck, O. H. *203*

Van Seters, J. *259*
Vink, J. G. *172, 226f*
Vorländer, H. *259*

Weimar, P. *229-231*
Weinfeld, M. *125, 135*

Wellhausen, J. *108-120, 215f, 223f, 284-286*
Westermann, C. *57-59, 291*
Wette, W. L. M. de *214*
Wilson, R. R. *236*
Wüst, M. *301f*

Yadin, Y. *311*

Zimmerli, W. *165f*